JN180411

国際法で世界がわかる

国際法で世界がわかる

【ニュースを読み解く32講】

森川幸一 Koichi Morikawa
森 肇志 Tadashi Mori
岩月直樹 Naoki Iwatsuki
藤澤 巌 Iwao Fujisawa
北村朋史 Tomofumi Kitamura

岩波書店

はしがき

最近、「国際法」という言葉を見聞きすることが増えていないでしょうか？

*

たとえば日本経済新聞の記事検索システムに「国際法」と入力してみましょう。1年毎の記事数(電子版)を挙げてみると、2010年は64件、2011年は84件、2012年は215件、2013年は245件、2014年は266件、2015年は262件、2016年は11月30日までに310件でした。2012年以降急増していることが分かります。今年の7月には、フィリピンと中国との仲裁裁判に関連し、「中国　国際法違反」といった見出しなどを目にした方も多いのではないでしょうか？

国際法に関するニュースがすべて「国際法」という言葉を含んでいるわけではありません。国家間で結ばれる「条約」も国際法の一種ですが、「条約」で検索すると、2010年は1331件、2011年は1206件、2012年は899件、2013年は949件、2014年は925件、2015年は1084件、2016年も11月30日までに1104件もの記事がヒットします。

とはいえ、本書を手に取ってくださったみなさんも、「国際法ってなに？」という人の方が多いのではないでしょうか？「国際法って、国際社会の法だろう？」と言ってくださる方や、ご自身の仕事に直接関わる条約などはよくご存知の方でも、「国際法が私たちの生活に密接に関わるようになってきている」と言われてもピンと来ないかもしれません。

本書の目次を見てください。ニュースなどで目にしたことのあるキーワードが並んでいるのではないでしょうか？ ここ数年のニュースの中から、日本に関連し、私たちにとって身近なものを中心に選びました。ニュースやキーワードには覚えがある方も多いと思いますが、そうしたニュースと国際法とが結びつく人は少ないかもしれません。

その点こそが、私たち編者一同がもどかしく思っていた点でした。日本に関わるニュースの中で、国際法に密接に関連するものはどんどん増えてきています。にもかかわらず、そのことが十分に意識されず、不正確だったり、国際法的な視点を入れればなにが問題かが分かりやすくなったのにと思わされるようなものも少なくありません。

現在世界で起こっている国際問題や、世界から日本に対して求められるようになってきていることなどは、国際法を知ると格段に理解しやすくなります。国際法というのは国際社会で一般的に受け入れられているスタンダードにほかなりません。したがって、国際法を知らないままだと、そうしたスタンダードを踏まえて問題を適切に捉え、考えることが難しくなってしまいます。

こうしたことは何となく分かっているという人も、国際法の教科書を手にとるところまではいかないというのが実際ではないでしょうか。どうしたらそうした人たちにも国際法のものの見方や考え方について知ってもらうことができるだろうか。そのために専門的な知見を分かりやすく提供するためにはどうしたらよいだろうか。そう考えるなかから生まれたのが、本書です。

*

本書は、こうした問題意識にもとづいて、ここ数年のニュースの中から、日本と国際法とに密接に関わるものを取り上げ、それらの背景にある国際法に関わる問題を解説し、問題の解決や将来に向けて、なにをどのように考えていくことが重要なのかを示そうとするものです。そのことによって、国際法が私たち日本人にとって身近な存在になってきていることや、背景にある国際法を理解するとニュースが分かりやすくなることを実感していただき、国際法的なものの見方を感じてもらうこと、さらには身近なニュースを国際法的な視点から読み解き、語れるようになっていただくことを目的としています。

そのため本書では、正確さを保ちつつ(執筆者は全員第一線で活躍する国際法学者です)、できるだけ分かりやすく書くよう心がけました。またいわゆる教科書的な構成はとっていません。本書は堅苦しい教科書ではなく知的な読み物です。どこからでも構いません。興味をもった項目から読んでみてください。

本書を通じ、国際関係における国際法の重要性を再認識し、国際法に関心を持っていただければ幸いです。

2016年11月

編者一同

目　次

※関連する内容が別の章で論じられている場合には、（⇒○）で表しています。

1　環太平洋経済連携(TPP)協定は主権を目減りさせる?

——国際条約を結ぶ意義とその民主的統制

森 肇志

1　なにが問題か?

環太平洋経済連携(TPP)協定(⇒21)の締結交渉が行われていた頃、テレビニュースのコメンテーターが、「TPP協定を結ぶことは国民の主権を目減りさせることになる」と発言していました。具体的には、2016年2月に署名されたTPP協定は食品の安全基準について国際的な基準を踏まえることを求めているのですが、その結果各国が独自の基準を設けることが困難になることを取り上げ、主権者である日本国民が、自らの生活に直結する事項について、日本政府や国会を通して決定することができなくなることを強調していました(章末追記参照)。

こうした、「条約を結ぶことが国民の主権を目減りさせる」という発言は、その表現の是非はともかくとして、言わんとする趣旨は理解できます。実際、世界中で大きな問題になっていると言ってもよいでしょう。

それではそもそも、「条約を結ぶことが国民の主権を目減りさせる」とはどういうことを言おうとしているのでしょうか? その上で、そのことについて、私たちはどう考えるべきでしょうか? ここではTPP協定に限定せず、条約を結ぶこと(条約の締結)一般と国民の主権との関係について考えてみたいと思います。

なお、本章で条約というときには、国や国際組織の間で、文書によって締結され、国際法によって規律される、国際的な合意を指します(一般的には文書によらないものも含まれることもあり、また「国際約束」と言われることもあります)。したがって、条約という名称の文書(たとえば日米安全保障条約)だけでなく、この定義に当てはまる限り、国際連合憲章、国際人権規約、国際通貨基金協定、京都議定書、国際刑事裁判所規程、行政取極など、さまざまな名称のものが含まれます。

2 「条約を結ぶことが国民の主権を目減りさせる」?

(1) 国民の主権と条約の締結

国家は、しばしば主権国家と呼ばれるように、主権を有するものとされます。主権には、国内の統治について他の権力からの制約を受けないという側面(対内主権)と、対外関係において相互に独立であり、自らの意思によって合意したこと以外には拘束されないという側面(対外主権)とがあります。自国のことは自国で決めることができ、外からあれこれ言われることはない、と言い換えてもいいでしょう(⇒9)。

また、日本を含む多くの国では、現在では国民主権の原理がとられ、主権は(君主などではなく)国民にあるとされ、同時に国家主権の拠り所も国民にあると理解されています(日本国憲法1条)。同原理の下で、国家のあらゆる活動は主権を有する国民の意思に基づいて決定される必要があり、通常は国民による選挙を通して民主的に選ばれた代表からなる議会(国会)によって決定されます(憲法41条)。したがってごく簡単に言えば、国家は主権を有し、外からあれこれ言われることはなく、自国のことは自国で決めることができ、自国のことを決めるのは最終的に国民であり、具体的には議会(国会)だということになります。

もっとも、1点気をつける必要があります。さきほど「自らの意思によって合意したこと以外には拘束されない」と書きました。言い換えれば、たとえば条約などのように、「自らの意思によって合意したこと」には拘束されます。したがって、国家は条約などを結ばなければ、「自国のことは自国で決めることができ、外からあれこれ言われることはない」のですが、条約などを結ぶと、その条約を守らなければならず、その分自分たちで決められることは減り、その幅は狭くなってしまいます[1)]。

(2) 条約による規律の深化

条約を結ぶと各国が自ら決められる幅が狭くなるということ自体は、今に始まったことではなく、昔からそうでした。そのことがとくに言われるようになったのは、第二次大戦後、とくに冷戦終結過程の開始以降の国際関係の進展が関係し

---

1) 国際社会を規律する法としては、主として、条約以外に慣習国際法というものがあり、国家はそれにも拘束されているため、慣習国際法に反することを国内法で勝手に決めることは、やはり許されません。

ています。

第二次大戦後、とりわけ冷戦終結以降、さまざまな人間活動が世界大化し、同時に世界規模の問題が生じる中で、まず第1に、条約によって規律される分野が大きく広がってきました。かつての国際法や条約は、国家間の相互的な利害関係の調整が主要な課題とされていました。これに対し、第二次大戦後、とくに冷戦終結過程の開始以降、人権、国際犯罪、経済、環境、軍縮・軍備管理といった分野を規律する条約が急増してきました。こうした分野は、伝統的には国際法によっては規律されず、国家の裁量が広く認められていました。しかし、たとえば地球温暖化問題であれば、1980年代になって問題の存在が指摘されるようになり、次第に、それはすべての国に関わる問題であると同時に、いずれかの国家だけでは解決できず、他国と協力することで効果的に対処することが期待されるものであり、したがって共通の目標を設定して調整する必要があるということが受け入れられていきました。こうした問題に対応することが国家間の共通の利益と考えられるようになり、そうした共通の利益を保護するために多くの(できればすべての)国家による協力が必要とされ、そのために多数の国家によって条約(多数国間条約)が結ばれるようになったのです。地球温暖化問題については気候変動枠組条約(⇒24)が1992年に結ばれています。元々認められていた国家の裁量の範囲が狭められ、新たに国際的な規制が導入されたということになります。

第2に、こうした問題に対応するため、単に条約を結ぶだけでなく、それが確実に各国で実現されることを確保する必要が強くなってきました。伝統的な条約では、実現すべき結果を約束するだけで、その達成手段については各国に委ねるものが多かったのですが、近年の多数国間条約の中には、各国で作成されるべき国内法令や執られるべき措置の内容を特定し、条約上の義務の履行の仕方について、各国の裁量権の範囲を狭めるものが増えてきています。

第3に、こうした問題に対応するためには、1回限りの合意をするだけでは十分ではなく、そうした合意が守られているかを監視したり、事態の推移に応じて新たなルールを作る必要などが生じることがあります。そのため、そうした条約の多くにおいては、国際組織や締約国会議(COP⇒24)が設置され、そうした課題に取り組んでいます(多数国間条約体制と言われることもあります)。たとえば、自由貿易を促進するために1947年に結ばれた貿易と関税に関する一般協定(GATT)という条約がありましたが、1995年にそれが拡大された際に、世界貿易機関

(WTO)という国際組織が設置され、その中に強力な紛争処理手続が設けられました(⇒20, 21)。

こうした取組みも、各国の裁量の幅を狭めることにつながります。条約の実施は伝統的には各国に委ねられていたのですが、条約が履行されるための手続が整備されると、条約が実施されているかどうか、すなわち条約義務が履行されているかどうかが、第三者機関によって精査されることになります。そうした精査の結果条約が守られていないと判断されれば(国家を法的に拘束するものと拘束しないものとがあります)、条約違反の状態を是正するか、少なくとも条約を守る努力をすることが期待されます。また自国の行為がその対象となっていない場合でも、そうした精査を通じて、条約の義務内容がより明確化、精緻化されることも多くあります。その分、国家が自由に決められる幅(主権的裁量の幅)は狭くなってしまいます。

また、締約国の会議などで新たなルールが作成される場合にも同様の問題が生じます。たとえば有害廃棄物の国際的な移動を規制するバーゼル条約に関しては、規制対象となる物質は締約国の会議で多数決で随時定められます。締約国はそれに拘束されないという意思表示をすることもできますが(オプト・アウト)、中身が技術的であるため、そうした意思表示は実際にはほとんどなされません。さらに、同条約を実施するための日本の国内法(特定有害廃棄物等の輸出入等の規制に関する法律2条)においても締約国会議の決定がそのまま反映されることになっています。このことは、規制対象物質の増加に伴う日本国民の新たな義務が、日本の国会が関与することなく生じる場合があるということを意味します。

このように、第二次大戦後の国際関係の進展の中で、国際社会全体で対応すべき問題が認識されるようになり、それらに対処するための条約が作成されてきました。そのこと自体、国家が自由に決められる幅を狭めるものですが、それに加えて、そうした条約の中でさまざまな制度が設けられ、多数国間条約体制がいわば自己展開することにより、時間の経過とともに、さらに国家が自由に決められる幅が狭められてきました。このことは、民主主義国家においては国民が民主的に決められることが減ることを意味します。

ごく簡単に言えば、これが「条約を結ぶことが国民の主権を目減りさせる」というコメントで言おうとしていることだと考えられます。もっとも、もともと主権にもとづいて条約を締結したわけですし、手続にしたがって条約から脱退すればあらためて自国のことは自国で決められるという状態を回復することもできるので、主権が「目減り」するという表現が適切かは疑問があります。重要なことは、自ら決めることのできる幅が狭くなる(主権的裁量の幅が制限される)、という点です[2)]。

3 条約の締結と民主主義

(1) 民主的統制

条約を締結することによって主権的裁量の幅が制限されるとしても、それが民主主義と相反する、ということではありません。このことを理解するために、日本における条約締結の仕組みを確認しましょう。

日本では、条約を締結することは内閣(行政府)の職務ですが(日本国憲法73条3号)、同時に、「事前に、時宜によつては事後に、国会の承認を経ることを必要とする」(同)とされています。すなわち、条約締結交渉を行うのは行政府ですが、通常、二国間条約でも多数国間条約でも、署名や採択によって条約文が確定した後、条約に拘束されることについての同意の表明(批准[3)])というプロセスを経ます。この批准も行政府によって行われますが、通常その前に、条約を締結することについて国会の承認が必要とされます[4)]。そうすることで、条約が行政府だけによって結ばれるのではなく、民主的に選ばれた国民の代表からなる国会が関与するようになっているのです(条約締結過程の民主的統制)。

ここでいくつか注意が必要です。第1に、国会が行えるのは、内閣が結ぼうとしている条約を承認するか否かであり、条約内容の一部に不満があるとしても、その修正を審議したり決定することはできません。憲法上、条約の締結権は内閣

---

2) 2016年6月に行われた国民投票で、英国民はEUからの離脱を選択しました。離脱派のキャンペーンにおいて「主権を取り戻す」と言われていたように、こうした動きも、EU加盟によって主権的裁量の幅が制限されていたところ、EUから脱退することによって主権的裁量を回復しようとしたものとも位置づけられます。実際に(どの程度)そうした裁量を回復できるのかは、今後の交渉次第と思われます。

3) 日本では、条約に拘束されることについての同意の表明一般を批准と言うことが多いですが(広義の批准)、そうした同意の表明方式としては、批准(狭義の批准)、受諾、承認、加入などが認められています。このうち狭義の批准は、国際的にももっとも厳格な手続とされていますが、日本国憲法においても天皇の国事行為とされており(憲法7条8号)、やはりもっとも厳格なものです。実際にはこうした同意は、狭義の批准以外のより簡易な方法で表明されることが多く見られます。

4) なお、こうした国会による条約の承認に関しては、衆議院の優越が認められています(憲法61条、60条2項)。

にあり、国会の権限は条約締結を承認するか否かに限定されているという理解に基づきます。

第2に、国会はすべての条約について承認を行うわけではありません。日本が締結する条約の数は、1年に約300–400本に上ります。これらすべてについて国会の承認を求めると時間がかかりすぎるなどのため、憲法で定められた国会の権限と行政府の権限とのバランスを踏まえ、一定の類型の条約のみが国会による承認の対象となります(国会承認条約)。その数は1年に約15–20本です。

国会承認条約の類型としては、①「法律事項」を含む条約(条約上の義務を履行するために、新たな立法措置を要するか、既存の法律を変更せず維持する必要が生じるもの。税法上一定の措置を義務付ける各国との租税条約、刑事法規に関連する犯罪人引渡条約など)、②「財政事項」を含む国際約束(すでに予算または法律で認められている以上の財政支出を行う義務を国に負わせるもの。戦後処理としての各国との賠償協定や在日米軍駐留経費負担特別協定、国際組織への加盟条約など)、③国家間の基本的な関係を規律するという意味で政治的に重要な国際約束であり、その発効のために狭義の批准が要件とされているもの(日中平和友好条約など)、が挙げられます(当時の外務大臣の名前から「大平三原則」と呼ばれます)。

他方で、これらに該当せず、国会承認が必要とされずに行政府のみによって締結することができるものは行政取極(とりきめ)と言われます。①すでに国会の承認を経た条約の範囲内で実施できるもの(航空協定の付表の改正など)、②すでに国会の議決を経た予算の範囲内で実施できるもの(政府開発援助(ODA)の資金協力の供与に関する取極など)、③既存の法律の範囲内で実施できるもの(ワーキングホリデーに関する協定、秘密軍事情報保護協定、防衛装備品技術移転協定、ODAの技術協力協定、ODAの青年海外協力隊の派遣に関する協定など)に分けられます。

このように、条約締結は内閣の職務とされていますが、少なくとも大平三原則の類型に該当する重要な条約については、国会の承認という形で民主的統制が行われます。(行政取極についても、行政府の権限の中で結ぶことができるというものなので、国会の承認が必要とされないとは言え、民主的統制という点で問題があるわけではありません。)さらには、そうした内閣自体、議院内閣制(憲法66–69条)の下では、少なくとも衆議院の多数派の支持を受けて構成されるのであり、それ自体が民主的に構成されていると言うことができます。したがって、従来は国家が自由に決めることができた分野について新たに条約を作成することも、その中でいかなる義務を定めるかも、またどのような履行手続を定め、その結果にどのような効果を与えるかも、さらには締約国会議によるルール形成を認めることも[5]、すべては日本が合意したことであり、しかもそうした合意は民主的手続を経て行われていると言えるのです。

(2) 細くて長い糸

このように述べても、そうした手続の民主的な性格は形式的なものにすぎないのではないかという疑問が生じるかもしれません。

たしかに、条約やその履行手続と国民とが民主的手続という糸でつながっているという意味は、国会で法律を作るという場合とは大きく異なります。国会で法律を作る場合にも、現在の日本では、ほとんどの場合は政府が法案を作りますが、国会で審議し、必要に応じて修正をして、国会の多数が賛成して、法律となります。それに対して、条約の場合には、内閣が交渉をして作られた条約案を、国会で審議することになりますが、条約を修正する権限は認められていません。認められているのは、承認するかしないかです。また、実際にはこれまで承認されなかった例はありません。

さらに、先にも触れたように、多数国間条約の場合には、履行手続を通じてルールの精緻化などが行われることも多くあります。締約国による定期的な会議などが予定され、そうした場で新たなルールが形成されることもあります。こうした場合には、国会も内閣も離れた締約国会議などの場において、ルールの新たな形成や精緻化が行われ、それらが日本に課され、ひいては国民に課せられることになります。上で述べたように、こうした場合であっても、それらと国民は、民主的な決定の連鎖という細い糸でたしかにつながっているわけですが(国民→国会→内閣→国際組織・締約国会議→履行機関など)、その距離が非常に長くなっており、自分たちの手の届かないところで決定がなされていると感じられるところに問題があると言えそうです。

---

5) そうして形成されたルールに国内法上どのような効果を与えるかも、日本の国会が決めたことと言えます。先に挙げた特定有害廃棄物等の輸出入等の規制に関する法律2条の例でも、立法の際に、バーゼル条約締約国会議における規制対象となる物質の決定を国内法にそのまま反映させない(毎回法律を改正する)という選択肢もありえたと考えられます。

4　ではどうすればよいのか？

(1)　国家はなぜ条約を結ぶのか？

では、条約を結ぶと自ら決められる幅が狭くなるのであれば、条約を結ばなければよいのでしょうか？　この点に入る前に、国家がなぜ条約を結ぶのかについて考えてみましょう。

国家がなぜ条約を結ぶのかという問題は、基本的には個人が誰かと約束をしたり、集団内でルールを作る場合と同様に考えられます。すなわち、それを結ぶことによってお互いの状況が改善される場合に条約を結ぶわけです。A国はB国、C国……と条約を結ぶことにより、自ら一定の行為を約束することになりますが、同時に他国が一定の行為をとるという約束を手に入れることができます。約束の交換です。ここで言う約束には、しばしば二国間条約において見られるように、相手が何かをしてくれるなら自分も何かをするといった、相互的なものもありますし、しばしば多数国間条約において見られるように、国家間に共通の利益が存在することを認め、それぞれがそれを守ることを約束する場合もあります。国際的に人権や環境を守るという約束は、通常後者の例と理解されます。

そうした約束をすることによって自ら決められる幅は狭くなりますが、同時に他国がみずから決められる幅も狭くなります。こうして他国の行動に枠をはめることが可能になります。多数国間条約をはじめとして、国家間の共通の利益が問題となっている場合には、こうした約束をすることではじめてそうした利益が得られます。たとえば地球温暖化問題について、自国だけが単独で温暖化物質の削減を決めてもほとんど意味はありません。できるだけ多くの国を巻き込んで、全体として温暖化物質を削減する必要があります。さらには、条約を締結すること自体が、国際協調を促す効果があるとされています。国家間の協力を制度化することによって、各国の行動の予測可能性が高まることに加え、各国の関わりを強化し問題解決を促し、協調から期待される利益を増加させるからです。

そうだとすれば、条約を結ぶと自ら決められる幅が狭くなるという側面――自国が約束をするという側面――のみを見ることは片面的と言えそうです。条約を結ぶ際には、他国にも何らかの約束をさせているのであり、そうさせることによって、自国が約束するに見合った価値を得ているかどうかを考えることが重要です。また、そうした価値を得るためには、ルールを作る段階から主体的に関与し、自国にとって望ましいかたちでルールが形成されることを確保することが重要だとも言えるでしょう。なお、自国にとって望ましいかたちとは、単純に自国の利益を最大化するという意味ではありません。自国の利益を関係国の共通の利益の中に位置づけた上で、共通の利益の最大化を通じて自国の利益の増大を図るという構図になります。狭い意味での自国の利益の最大化に固執すれば、合意の形成は困難になるでしょう。

(2) 条約の締結と民主主義の両立？

このように、条約を結ぶと自ら決められる幅が狭くなるのも確かですが、得られるものがあるからこそ条約を結ぶのであり、他国と一切条約を結ばないというわけにも行きそうにありません。では、どうすれば条約の締結と民主主義との両立を図ることが可能なのでしょうか？

まず第1に考えられることは、条約の締結に際して求められる国会による承認を、できるだけ実質化することでしょう。議院内閣制であり、内閣は国会の多数派の支持を背景としている以上、そうした多数派の賛成さえ得られれば国会の承認は得られることになりますが、できるだけ多数の賛成を得ることにより、国民→国会→内閣による条約締結という民主的なつながりを、なるべく太くすることが望ましいと考えられます。また、国会承認の実質化という観点からは、政府が国民や国会に対して、条約締結によって生じるメリットだけでなく、デメリットや、締約国会議あるいは履行手続が予定されていることなどから生じるリスクについても説明することが、また国会での論戦もそうした説明を引き出すようなものであることが望まれます。

第2に、条約の締結に関する民主的統制というものを、国会による承認という一時点だけで考えない、ということが大切だと思われます。条約の国会承認は、憲法上認められた重要な制度ですが、国会は国民に公開された議論の場なのであり、そうした特性に照らして、あらゆる機会を通して条約に対する民主的統制を強化することが大切だと考えられます。

そうした努力は実際にもなされています。先に国会承認条約と行政取極との区別を指摘しました。そこでは行政取極については国会の承認が求められないと述べましたが、それらについて国会の外交関係の委員会や予算委員会などで政府に問い質すことは可能です。たとえばODA関連の相手国との行政取極についても、政府に対する質疑等を通して、その目的や使途を明確にしていくことが、条約さらには外交の民主的統制につながります。また、行政取極であっても、なんらかの国会承認条約の実施や運用に関連し、それらを把握する上で必要と思われるものは、国会に資料として提出されることになっています。

さらには、条約締結にあたって国会には、当該条約を承認するかしないかという選択肢しかないわけですが、条約は承認しつつ、その実施に関して政府への要望等を決議することもあります。またTPP協定の締結交渉にあたっては、その方向性について衆参両院で決議が採択されました。交渉段階においても、情報提供を受けた上で国会としての考えを交渉に当たる行政府に伝えるということも考えられます。TPP協定の場合には交渉関係者に守秘義務が課されていましたし、一般的にも交渉段階の情報を政府外に出すことについては交渉相手国との関係等も問題になりますが、秘密会(国会の審議を非公開で行う仕組み)を活用するなどの工夫の余地も指摘されます。

第3に、締約国会議などの場を通して新たなルール形成や精緻化が行われることがあることなどを踏まえるならば、そうした場において締約国として適切に働きかけることが必要になります。たとえば条約の締約国会議が新たなルールを作る場合には、日本にとってより望ましい形でルールが作られるように関与することが期待されます。履行手続についても、日本が当事国の場合でも、第三者の立場で関わる場合でも、より望ましい判断がなされるように主張を明確に、もちろん説得的に述べることが重要でしょう。これらは第一次的には行政府の職務ですが、こうした点についても報告を求め、一定の働きかけを行政府に要請することも、国会の役割として期待することができるでしょう。

最後に、ここでは国会の役割に焦点を当てましたが、国会が十分に機能するためにも、条約の問題点の指摘など、有識者やNGOなどの団体が果たしうる役割も非常に大きいと思われますし、マスメディアにはこうした点も踏まえて報道することが期待されます。

5　まとめ

ここまで述べてきたように、条約を結ぶと各国が自ら決められる幅(主権的裁量の幅)は狭くなりますし、締約国会議などの場においてルールの新たな形成や精緻化が行われることがあります。これらのことから、「条約を結ぶことが国民の主権を目減りさせる」と言われることにも、その表現の是非はともかくとして、一定の理由があるように思われます。しかし他方で、国家は得るものがあるからこそ条約を結ぶのであり、こうした問題があるからといって、一切の条約を結ばないというわけにもいきません。そうであれば、国会による条約の承認という一時点だけでなく、さまざまな機会を通して、行政府による条約締結に対する国会による民主的統制を強めていくことが重要だと思われます。

その前提となるのは、国家間で結ばれる条約が、私たちの生活に密接に関係するようになってきていることを私たち国民が理解し、条約の内容などに関心を寄せること、そしてそれらが国会という場でどのように議論されているかについても関心をもつことではないでしょうか？

〔参考文献〕

＊第二次大戦後における国際法の展開について：
森肇志「連載開始にあたって(国際条約の世界)」『法学教室』421号(2015年)106頁以下。
森肇志「国際法における法の実現手法」佐伯ほか編『岩波講座　現代法の動態2　法の実現手法』(岩波書店・2014年)267頁以下。

＊条約締結手続と民主的統制について：
中内康夫「条約の国会承認に関する制度・運用と国会における議論」『立法と調査』330号(2012年)3頁以下。
林知更「外交作用と国会」大石眞・石川健治編『憲法の争点』(有斐閣・2008年)200頁以下。
松田誠「実務としての条約締結手続」『新世代法政策学研究』10巻(2011年)301頁以下。
柳井俊二「条約締結の実際的要請と民主的統制」『国際法外交雑誌』78巻4号(1979年)391頁以下。

＊国家が条約を結ぶ理由について：
飯田敬輔「法化理論と日本の通商外交」『レヴァイアサン』40号(2007年)205頁以下。
Goldstein, Judith L., et al., "Introduction: Legalization and World Politics", in Goldstein, Judith L., et al. (eds.), *Legalization and World Politics* (The MIT Press, 2001), pp. 7–9.
Guzman, Andrew T., *How International Law Works* (Oxford University Press, 2008), pp. 119–130.

〔追記〕

＊ TPP協定は、日本、米国、ニュージーランドをはじめとする、環太平洋地域の12か国が署名しましたが、米国は2017年1月のトランプ政権発足直後に離脱を表明しました。米国を除く11か国は、TPP協定と基本的に同一の内容を定めた協定(正式名称は環太平洋パートナーシップに関する包括的及び先進的な協定。通称TPP11)を取りまとめ、2018年3月に署名しました。TPP11は2018年12月30日に発効しました。TPP11の下でも、1頁で触れたのと同様の問題が指摘され得ます。

2 日米防衛協力のための指針(日米ガイドライン)は条約ではない?
——非拘束的な合意を結ぶ意義

酒井啓亘

1 なにが問題か?

2015年4月27日にニューヨークで開催された日米安全保障協議委員会において、日本側の岸田外務大臣と中谷防衛大臣(当時)、および米国側のケリー国務長官とカーター国防長官は、21世紀における安全保障上の課題に対処するための日米両国の役割と任務を明らかにした「日米防衛協力のための指針」(日米ガイドライン)を了承し公表することを決定しました。日米ガイドラインは主に自衛隊と米軍の役割と協力の在り方を定めるもので、1978年に策定された当初は日本有事への対応を中心としていましたが、冷戦終結後の安全保障環境の変化に対応するため1997年に見直しが行われた際には新たに周辺有事への対応が追加された経緯があります。2回目の改定となる今回の日米ガイドラインでは、地理的範囲の制約を取り払い、両国がグローバルな同盟関係を結んでグレーゾーンを含む平時から有事のあらゆる事態に対応する切れ目のない防衛協力を行うことが謳われるとともに、2014年7月の閣議決定による集団的自衛権の限定行使容認を反映した活動のほか宇宙・サイバー空間での協力を打ち出すなど、日米両国間の協力が大幅に強化されるような内容が盛り込まれました。

このようにこれら3つの日米ガイドラインは国内外の情勢の変化に応じて内容面での変化がみられますが、その作成過程に注目すると、いずれも日米安全保障条約に基づき設置された日米安全保障協議委員会の下部機関である防衛協力小委員会で協議・作成され、日米安全保障協議委員会で了承されたという点で共通しています。そしてこれらの文書は、実質的には日米両国政府の合意ではありますが、国家間条約という形式ではありません。また、その内容も、それぞれの政府が安全保障上の政策を実施するための方向性を示す「指針」にとどまり、立法上予算上行政上の措置をとることを義務付けてはいません。つまり、日米両政府は自衛隊と米軍との間の防衛協力について法的な義務を定めず、お互いに法的には拘束されない文書の形式を採用したのです。

こうした法的拘束力を持たない合意が国家間で交わされることは決して例外的なことではありません。多くは文書の形式を採用しており、日本もまた、その対外関係にとって重要な意味を有する合意であっても、1972年の日中共同声明や2002年の日朝平壌宣言などのように、法的には拘束されない文書をその合意の形式として選択した例があります。また稀にですが、関係国により文書の形式をとらない法的拘束力のない合意が選択される場合もあります。2015年の日韓慰安婦合意がその例で、この合意では共同記者会見の場で日韓両政府の外相がそれぞれの声明を読み上げるというかたちをとり、それが全体として法的拘束力を持たない合意とされました。

それでは、そのような合意は、国家間で結ばれる条約と比較してどのような特徴を有し、法的拘束力のある合意とはどのように区別されるのでしょうか。また、なぜ国家はそのような法的拘束力を持たない合意を選択して結び、どのような場合にあえて合意に法的拘束力を持たせることはしないのでしょうか。さらにいえば、そのように結ばれた合意はいかなる法的な効果も持たないのでしょうか。ここでは主に文書の形式をとっている法的拘束力を持たない合意を取り上げて、こうした問題を順次検討してみることにしましょう。

2　非拘束的な合意とはなにか？

(1)　法的拘束力を持たない合意文書の多様性

当事者を法的には拘束しない合意を表す用語としては、非拘束的な合意のほかに、紳士協定、了解覚書(MOU)、ソフトローという用語も使われています。いずれも法的な拘束力を持たないという点では共通しているのですが、それぞれの内容はその用語を用いる論者によって違いがあります。たとえばソフトローは必ずしも合意文書だけにあてはまるとは限りません。国家間の合意文書の中の一部の規定がソフトローとされる場合もありますし、国家の一方的な声明だけでなく、国家以外のアクターによる行為、たとえば国際組織の決議や国際組織が定める規則、法典化条約の作成作業を行う国際会議における決議のほか、さらには条約で設置された機関がとる措置もソフトローに含められることがあるからです。このようにソフトローは内容が多岐にわたりますが、紳士協定やMOU、そして非拘束的な合意と同様、法的拘束力のない規範という点では共通しており、後述するように、関係国によるその利用方法についてもこれらの規範は同じような考慮の下におかれます。

このような法的拘束力を持たない合意には、首脳間の会談の結果の合意や政策表明、国家の任意による行動規範やガイドラインなどが含まれます。2016年5月に日本で開催された先進国首脳会議(G7)、いわゆる伊勢志摩サミットでは、世界経済・金融・貿易・難民・女性・気候・エネルギーなど11分野におけるコミットメントを掲げたG7首脳宣言が採択されましたが、こうした宣言も法的拘束力を持たない文書です。したがって、その内容自体は一般的抽象的なものも多いのですが、場合によっては条約と同様に内容が精確で特定されているにもかかわらず、条約と異なり法的拘束力を持たない合意もありえます。外形上は条約と法的拘束力を持たない合意の区別がきわめて困難なことも生じうるのです。

(2) 条約との区別

ここでは、日米ガイドラインがそうであるように、国家間の合意のうち法的な拘束力を伴わないものを非拘束的な合意と呼ぶことにしましょう。そのように定義すると、同じ国家間の合意でも法的な拘束力を持っている合意、すなわち条約(日本の法令用語にいう国際約束は国際法に規律される国際法主体間の合意で、条約はこの国際約束の一形式)との区別が問題となります。ちなみに、非拘束的な合意は文書ではなく口頭での合意という形式をとる場合もあり、条約も一般国際法における定義上は口頭での合意を排除していません。ただ、口頭での合意は当事国間で後の紛議を招きやすいことから、文書での合意とすることが一般的です。

関係国は自らの意図を表す形式を自由に選択できるのですが、国際法では、ある国家間の合意文書が法的拘束力を有するか有しないかという問題について、これに解答を与える明確な基準は用意されていません。有力な考えは、その文書によって法的に拘束される関係国の意思が存在しているかどうかを基準にするものです。しかし、この基準も具体的に適用すると難しいことがあり、決定的とはいえません。というのも、法的に拘束力があるということをわざわざ明示した文書はそれほど多くはないからです。ある合意文書が非拘束的な合意であると認めるためには、たとえば前文で「以下で定める諸原則は法的に拘束するものではない」ということを規定した1985年米国・イスラエル間のサービス貿易宣言のように、その旨の明示の規定が文書中にあればはっきりするのですが、そうではない限り、問題となる文書の文言を解釈することによって法的拘束力がないことを導き出さなければなりません。そして、これまでの例ではそうした明示の規定がない場合がほとんどなのです。

(3) 条約との区別の具体的基準

こうして非拘束的な合意であるという関係国の意思を確認するためには、通常、その文書で用いられている定式や用語、合意文書が締結される際の事情、合意文書が締結された後の当事国の行動も考慮することになります。他方、こうした合意文書を締結しようとする関係国も、法的拘束力を有する文書と混同されないように、実務の観点から、文書の名称や、文書中の用語、そしてその後の手続的処理など、形式上外形上手続上、条約と異なる対応を行います。したがって、合意締結後は、こうした点を手掛かりに問題の合意文書が法的拘束力を有するかどうかが判断されることになるのです。

たとえば、非拘束的な合意では、そのタイトルを「条約(Treaty; Convention)」「協定(Agreement)」「規約(Covenant)」「議定書(Protocol)」などとはせずに、「了解覚書(Memorandum of Understanding: MOU)」「共同宣言(Joint Declaration)」「共同声明(Joint Statement)」といった用語が用いられることが多いですし、文書中でも法的義務や法的拘束力があることを想起させるような文言(article, shall, undertake, obligations, contracting parties)は避けて、それとは異なるけれども類似の意味を持つ言葉(paragraph, will, carry out, commitments, participating states)が使われることが多いのです。ただし、そのような形式だけから関係国の意図が明確に判明するとは限りません。たとえば日本と旧ソ連との間の戦争状態を終了させた日ソ共同宣言(1956年)は、「共同宣言」という名称ではありますが、「批准書の交換の日に効力を有する」ことが明示された法的拘束力を有する文書です。

さらに、問題の合意が実際に解釈・適用される段階において、関係国間でそれが法的拘束力を持つかどうかについて見解が相違することも理論的には考えられます。このように合意の締結後に関係国の見解が相違した場合には、その時点での関係国の相異なる意図よりもむしろ、合意そのものの文言やさかのぼって締結時の事情などから法的拘束力の有無を判断せざるをえません。その合意文書で条文番号が付されて法的な権利や義務が明記されていたり、その締結時等において、関連規定の自国への適用除外を意図した留保を関係国が行うような実行があれば、それが条約のような法的拘束力を持つ文書であるという推定が強く働くでしょう。

もっとも、非拘束的な合意でも条約に用いられるような精緻な文言が使われることもあります。たとえば1974年に国連総会で採択された経済的権利義務憲章は、国連総会決議ですから非拘束的な合意であることについて関係国は当初から同意しており、その点では異論はないわけですが、名称も条約である国連憲章と同じく「憲章(Charter)」としたり、本文でも権利や義務という言葉が用いられ、第1条、第2条のように条文番号まで打たれており、条約にきわめて近い形式を採用しています。したがって、文言の形式は法的拘束力の有無にとって決定的な基準ではなく、せいぜいのところ、当該文書が法的拘束力を持っているかどうかに関する情報の提供にとどまることになります。

結局、文書の外形的要素だけでは決定的な判断基準にはなりません。ギリシャとトルコとの間のエーゲ海大陸棚事件では、両国の首相により1975年に発表された共同コミュニケ(Joint Communiqué)が法的拘束力を持つかどうかについて両国間で見解が分かれましたが、国際司法裁判所はその管轄権判決(1978年)において、共同コミュニケのような形式でも法的拘束力ある国際合意は可能としたうえで、実際に法的効力を有するかどうかを検討するためにはその実際の文言と文脈に考慮を払う必要があると述べました。国際司法裁判所はさらに、カタール・バーレーン間の陸地海洋境界事件における管轄権・受理可能性判決(1995年)でも同じ判断基準を踏襲しています。すなわち、ある合意が非拘束的な合意かどうかは、当該合意の文言と文脈に照らして、関係国が法的拘束力を持たない合意を意図したと考えることが妥当かどうかによって決まるのです。

3　非拘束的な合意はなぜ利用されるのか？

(1)　非拘束的な合意が有する手続的特徴に基づく選択

非拘束的な合意が利用される理由としては、その手続的な特徴——便宜性と非公然性——があげられます。

これら2つの特徴のうち、便宜性とは、非拘束的な合意が簡易な形式であるがゆえに、締結に至るプロセスやその後の手続において、柔軟かつ迅速に対応できるという利点があるということを表しています。

非拘束的な合意は条約よりも簡易で柔軟な形式を採用することができるので、関係国の希望に応じて運用開始を簡便な要件にすることも可能です。その結果として非拘束的な合意は、通常、国会審議や批准・公布といった国内手続を経ることなく、文書の採択やそれへの署名によって運用が開始されることが多いのです。

また、柔軟性ということで言えば、非拘束的な合意には、国家だけでなく、NGO などの非国家的実体もその内容の作成段階に参加可能であるということもその特徴を表しています。たとえば、2002 年に南アフリカのヨハネスブルクで国連が主催して持続可能な開発に関する世界首脳会議が開催されましたが、そこで採択された持続可能な開発に関するヨハネスブルク宣言はそうした例の１つです。この首脳会議では、国連経済社会理事会の会議に参加が認められている NGO に対しても政府間交渉の会議場に入ることが認められ、最終的に採択されたこの宣言の内容には参加した NGO の意見も反映されているのです。非国家的実体がこうした合意の当事者にならないまでも、その作成、実施及び監視に関与することは、非拘束的な合意の枠組みを利用して自己の主張を国際的なルールの定立や実施に影響を与えうるという点で当該非国家的実体にとっても利点があります。また、国家の側にも、条約と非拘束的な合意とを区別して、法的拘束力を有する条約については原則として主権国家が形成し、他方、法的な義務に縛られない非拘束的な合意については、非国家的実体が有する知見や能力を利用してそうした合意の内容の適正化と実施の実効性を確保するという利点があるのです。

さらに非拘束的な合意は、その簡易な形式により国内の政治的対立を招きかねない国内手続を回避することで、迅速に運用開始に至るということも指摘しなければなりません。この迅速性という点は、その後の内外の情勢や関係国のニーズの変化にあわせて非拘束的な合意の内容を修正する場合にも利点としてあげられます。共同防衛や開発援助といった複雑な技術的事項や財政問題を扱い、時間を経るごとに修正がしばしば必要とされるような約束はこうした形式に適合的ですし、これが多数国間関係であればなおさらそうした関係国すべての間でできるだけ迅速かつ容易に修正が行われることがそうした約束を実効的に実施するには不可欠だからです。最近では宇宙法の分野で登場するようなガイドライン(いわゆる宇宙ゴミの低減策を扱うスペースデブリ低減ガイドライン(2007 年)など)がその例です。

次に、もう１つの特徴として、非拘束的な合意は対外的に非公然性を持つことが多いという点も、この種の合意が国家により選択されることの誘因となります。運用開始の要件として必ずしもそれぞれの国内手続を経なくてもよい以上、国会の承認などの際に審議に付されることもありません。また、非拘束的な合意の場合、条約ではないので、国連憲章102条や国際民間航空条約83条のように、国連や国連機関等に登録する義務は生じません。たとえば1975年に締結された欧州安全保障協力会議最終議定書(ヘルシンキ最終議定書)はこの文書が国連憲章102条に基づく登録の対象とはならないと明示しています。もちろん、そうした登録義務がなくても、関係国がその内容を公表したほうがよいと判断すれば非拘束的な合意も外部に公表されます。たとえば多数国間の非拘束的な合意が公表されるのは、G7の首脳宣言とその付属文書のように、宣言の内容が有する政治的影響力が他の国などに及ぶことを期待してのことでしょう。実際にも非拘束的な合意が対外的に公表されることは少なくありません。しかし、安全保障上の機密や重要な商議上の機密など対外的に公表を控えたほうが国益に適うような理由がある場合には、非拘束的な合意という形式を選択することを関係国は検討するのです。これは、非拘束的な合意が有する手続的な特徴とその合意の内容とが結びついてこうした形式が選択されることを示唆しています。

(2) 主題の内容を考慮した非拘束的な合意の選択

規範の内容や合意される事項の分野によっては、法的な義務となることを避けるために非拘束的な合意が利用されることがあります。たとえば相手国が立てた国連事務総長候補者への支持といった政治的に機微な事項について、国家はそうしたコミットメントを法的義務として引き受けることに消極的となるでしょう。そこで、万一合意内容が実現しなくても法的な責任を問われないようにするために、非拘束的な合意という形式が好まれるわけです。

また、合意の対象となる主題が、これまで存在していなかった新しい問題に対処することを含めて検討されなければならないような場合にも、法的拘束力のない文書が望ましいとされることもあります。たとえば軍備管理に関係する合意については、将来にわたっての軍事面での技術研究の発展やその制限を現時点で詳細かつ明確な文言で規律することが難しいこともあり、関係国間で共有された一般的な懸念と将来の方向性を漠然とした文言で表現したほうがふさわしいことがあります。それには柔軟性に富む非拘束的な合意が望ましいと考えられるのです。

特に多数国間関係であれば、その法的地位がまだ確立しておらず一般的には承認されていないような新しい原則や規範に関係国が従う必要がある場合、いきなり法的義務を課される条約では無理だけれども、非拘束的な合意ということならそうした内容に同意しやすいということもあるでしょう。これは、人権や環境など国際法にとって比較的新しい分野で登場した原則が対象となることが多く、人権分野では世界人権宣言(1948年)、環境分野では環境と開発に関するリオ宣言(1992年)などがそのような例として挙げられます。いずれもこうした宣言がそれぞれの主題の内容について規範的枠組みを提供することもあり、その後に、あるいはそれと同じ時期に、法的拘束力を有する各種条約が作成されることも多いのです。たとえば世界人権宣言が国連総会で採択されたのち、国連人権委員会において同宣言の内容を参照しながら、これをより詳しくした内容を法的拘束力ある文書とする作業が進められ、最終的に1966年に経済的社会的及び文化的権利に関する国際規約(社会権規約)と市民的及び政治的権利に関する国際規約(自由権規約)、そして自由権規約の選択議定書という3つの条約が国連総会で採択されました。まずは、総論としては賛成だが法的義務にはしたくない内容は非拘束的な合意というかたちで各国が同意を与え、その後、当該事項についての社会における認識の変化や進展などを考慮して、関係国に法的義務を課すような法的拘束力ある文書が作成されることになるのです。その場合、非拘束的な合意は、後の拘束的合意の内容を大まかに枠づけ、その作成に向けた水先案内人のような役割を果たすといえるでしょう。ただし、そうした宣言すべてにおいて後続する条約の締結が予定されるわけでは必ずしもありません。

そのほか、ある問題について関係国間で利害関係が一致しない場合や、その問題に取り組む能力に違いがある場合、その問題に取り組むことには賛成するものの、法的な義務を負うことについては関係国間で見解の違いがある場合など、明確な法的な義務を明記するよりもより漠然とした文言で合意の内容を表現したほうが、関係国間で妥協的な解決が得られたり、協力体制を築きやすかったりします。1980年代の日米半導体協定や1990年代の日米包括経済協議の枠組みの下での日米自動車・自動車部品交渉における関係閣僚の共同発表文書などは、非拘束的な合意だからこそ妥協に基づく大胆な解決が打ち出されたと評価されています。

このように、非拘束的な合意の機能に応じて関係国がその形式を選択するのですが、それは、それぞれの分野における規制対象や規制目的の特性に適った非拘束的な合意の有用性が関係国によって検討された結果なのです。

(3) 非拘束的な合意を選択することによる弊害

以上のような理由から、合意の形式として法的拘束力を有しない非拘束的な合意が選択されるわけですが、この形式を選択することでかえって弊害が生じることがあることも指摘しなければなりません。たとえば運用開始について国内手続を回避することは合意内容の迅速な実施という点では利点ですが、国会審議や閣議決定も経ないで実施に移されることから、その内容について国民によるチェックを受ける機会がないなど民主的正統性が損なわれるおそれがあります。対外的に合意の内容や締結自体が公表されなければ、なおさら説明責任の観点からも非難を受ける危険があるでしょう。

また、国会等の承認を受ける必要がないことから合意を実施するために必要な国内立法措置が行われる可能性が減少しますし、さらに法的拘束力がないことを理由に合意と現行の国内法令との整合性を検討する機会が政府部内で少なくなってしまうことも、行政機関を法の支配の下に置くという観点からは重大なデメリットを招くことになりかねません。こうした点は、非拘束的な合意を選択する際に関係当局が十分に留意すべき事柄であるといえます。

4 非拘束的な合意はいかなる法的効果も持たないのか？

非拘束的な合意自体は国際法上の義務を創設するものではありませんから、当該合意を遵守しなかった場合には、それによって利益を侵害された相手国から政治的道義的に責任が追及され、たとえば経済関係上の報復(その行為自体は国際違法行為ではありません)を受けることにはなるかもしれませんが、法的に責任を問われることはありません。しかし、そうした合意がいかなる法的効果も持たないというわけではないのです。

非拘束的な合意は、法的拘束力はないにせよ、後に同じ主題で条約が作成される際には規範的な枠組みを提供することになりますし(前述の世界人権宣言など)、条約が作成されなくても、その後の慣習国際法の形成に影響を与える国家実行ととらえられることもあるでしょう。また、条約の当事国間でその後に非拘束的な合意が締結された場合、この非拘束的な合意は当該条約の関係する規則を解釈する際に考慮すべき「後にされた合意」や「後に生じた慣行」の一部となることが考えられます(条約法条約31条3項(a)及び(b))。

また、信義誠実の原則が法的拘束力ある合意にしか適用できないのかどうかについては意見が分かれていますが、政治的コミットメントにも適用可能だとすれば、たとえば非拘束的な合意を締結した後、関連する条約の交渉過程において誠実に交渉することが求められ、その行動が当該非拘束的な合意に照らして評価される可能性も出てくるでしょう。さらに、ある国が非拘束的な合意に基づく相手国の行為に信頼を寄せることで何らかの期待可能性が生まれた場合には、後にその相手国が当該非拘束的な合意に反する行動を行うと、当初の行為を信じて行動する国に不利益が生じてしまいますから、当初の行為と反対の行動を行うことはできないといういわゆる禁反言の法理(エストッペルともいわれます)が働くことになるかもしれません。この法理に従うと、たとえば非拘束的な合意の内容は国内管轄事項でないからこそ関係国間で国際的な合意の対象になったのですから、それにもかかわらず、後になって関係国の一方がそうした合意の内容は国内管轄事項であるというような主張を提起することは困難となるでしょう。

ただ、国家はわざわざ法的義務を回避するために非拘束的な合意を選択するわけですから、それに法的効果を求めることは元来意図していなかったでしょうし、その後の関係国の作為・不作為に非拘束的な合意を結びつけて容易に法的効果を導き出すことには慎重であるべきです。

5 まとめ

非拘束的な合意が法的拘束力を持たないということは、そうした合意の内容が関係国によって遵守されない、あるいは遵守されることを意図していないということを意味しません。むしろ実際にはそのほとんどは遵守が期待されて締結されるのであり、国家は当初からこれを廃棄することを意図して締結することはないのです。したがって、関係国間相互に利益があると理解される限り、非拘束的な合意であっても遵守されますし、経験的にも、法的拘束力を有する条約の場合とそれほど変わりなく、その内容が実現されてきました。

日米ガイドラインでも、その合意内容や日本と米国のそれぞれの国内事情などを勘案して、新たな法的義務を発生させることなく、非拘束的な合意という形式が日米両国政府によって選択されました。このガイドラインでは、両国とも既存の各国内法制度のほか、二国間協力の実効的な体制の構築に必要な新たな立法措置によりその実施が期待されているのです。そして日米ガイドラインが非拘束的な合意として締結されたのは、その内容からみて、条約のように立法上予算上行政上の新規の国内措置を伴うような新たな国際法上の義務を創設するものではないこと、そうであれば両国の行政府が中心となって合意を成立させ、議会での審議を必要とするような国内政治過程を回避して運用開始までを簡易な手続とし、迅速に運用開始に至るようにすることが望ましいと考えられたことなどがその理由です。そしてその結果、日本では、ガイドラインが公表された翌年の 2015 年 9 月 19 日には既存の関連法規を改正する平和安全法制整備法と新規立法である国際平和支援法が成立、同 30 日に公布され、2016 年 3 月 29 日に施行されました。この立法のすべてが日米間の防衛協力に関係するわけではありませんが、日米ガイドラインを実施するための法整備という側面を有することは間違いありません。

こうした非拘束的な合意の利用は決して珍しいことではなく、むしろ関係国間の円滑な友好関係を維持・発展させるための適当な手段となる場合も多いといえます。ただし、その柔軟さに富む手続上の性格から、条約の場合とは異なり、国会による民主的統制が弱められかねないことには注意しなければなりません。したがって、行政府による非拘束的な合意の利用にはこの点について十分な配慮が求められるべきでしょう。

〔参考文献〕

＊非拘束的な合意の定義や条約との区別、その形式が選択される理由について：
中村耕一郎『国際「合意」論序説　法的拘束力を有しない国際「合意」について』(東信堂・2002 年)とくに 67–84, 104–113 頁。

＊非拘束的な合意の現代的な意義や各分野における非拘束的な合意の役割について：
小寺彰・道垣内正人編『国際社会とソフトロー』(有斐閣・2008 年)とくに 9–22 頁。

3　イスラーム国は国か?
──自称「国家」と国際法上の「国家」

藤澤 巌

1　なにが問題か?

2014年6月29日、イラクとシリアにまたがり活動する武装組織が、カリフ制を再興した「イスラーム国」の樹立を宣言しました。カリフとは、預言者ムハンマドの後継者としてイスラーム法に基づきムスリム共同体全体を指導する者を意味します。この武装組織は、元来、2003年に米国を中心とする諸国がイラクのフセイン政権を打倒したイラク戦争の後、「イラクのアル・カイーダ」や「イラク・イスラーム国」の名でイラクにおいて反米および反シーア派の武装闘争を展開していました。2011年にシリアで内戦が発生すると、シリアにも勢力を拡大し、2013年には「イラクとシャームのイスラーム国(略称ISISまたはISIL)」を名乗り、2014年6月にイラク第2の都市モスルを制圧する至って、「イスラーム国」の樹立を宣言したわけです。

この武装組織を、彼らがみずから主張するとおりに「イスラーム国」と呼ぶか、それともISISやISILまたはアラビア語の頭文字をつないだ「ダーイシュ」などと呼ぶべきか、日本の国会でも議論がありました。この点について安倍総理は、「イスラム国といえば、まるで国として存在しているかのごときの印象を与えますし、いわば国として国際社会から認められている、あるいはまた、イスラムという名前を使っておりますので、イスラムの代表であるかのごとき印象を与えて、イスラムの人々にとっては極めてこれは不快な話になっているわけでございますので、政府としてはISILという呼称を使っているわけでございます」と答弁しています(第189回国会衆議院予算委員会第3号、平成27年1月30日、9頁)。

この国会での議論からは、「イスラーム国」という名称を用いると、①この武装組織が国際社会から認められた国家であるような誤解を与え、また②イスラームを代表するかのような印象を与えるので、日本政府はこの名称を用いないことがわかります。後者②は、カリフ制を標榜するイスラーム国のカリフがムスリム共同体全体の指導者であるという彼らの主張を認めないことを意味すると考えることができます。これに対し、前者①は、イスラーム国が現在の国際社会の一員としての国家ではないという趣旨とみていいでしょう。そして国際社会の一員としての国家とは、なによりもこの国際社会を規律する法である国際法上の国家を指すと考えることができます。つまり日本政府がこの①で言いたいことは、イスラーム国は国際法上の国家ではないということであるわけです。

しかしここで疑問になるのは、ある組織が国際法上の国家であるか否かで、なにか違いが出てくるのかという点です。国際法上の国家であろうがなかろうがなにも結果が変わらないのであれば、議論する必要もないはずです。結論から言えば、国際法上の国家であるか否かによって、国際法上の効果に大きな違いが生じます。抽象的な言い方をするなら、ある組織が国際法上の国家であるならば、その組織は国際法の主体であり、国家としての国際法上の地位や権利を保持し義務を負うことになるのに対し、その組織が国家でないならばそのような地位・権利・義務がその組織に帰属することはありません。たとえば国家は、国際法上、他国と自由に条約を締結して権利を得また義務を負う能力をもち、同時にその条約を誠実に履行する義務を負うことになります。日本が国際法上の国家であることは争いがないので、日本は、国際連合憲章や日米安全保障条約などの条約を締結する能力を与えられており、またこれら条約を締結したならそれらを誠実に履行しなければなりません。

もっと具体的な例を挙げましょう。安倍政権によるいわゆる解釈改憲とそれに基づく安全保障法制の整備の際に、国際法上の集団的自衛権(⇒29)が問題になりました。集団的自衛権とは、単純化すれば、A国が武力攻撃を受けた場合に、直接は武力攻撃を受けていないB国が、A国を助けるために武力を行使するという、国家が他の国家を援助する権利です。したがって、日本が集団的自衛権に基づいて援助できる対象も、国際法上の国家に限定されることになります。援助される側から言えば、集団的自衛権によって援助される資格をもつ団体は、国際法上の国家だけというわけです。実際、国会での安全保障法制の討議の中で、「本法案によって集団的自衛権行使の対象となる密接な関係にある外国には、我が国が承認していない国、それから国連に加盟していない国、国に準ずる組織、他国内部の武装勢力等は含まれますか」という質問に対して、岸田外相は、「まず、対象となるものは国家とされています。そして、その中には、御指摘のように、未承認国あるいは国連に加盟していない国、これは含まれると解されます」と答え、支援対象が国家に限られることを認めています(第189回国会参議院我が国及び国際社会の平和安全法制に関する特別委員会第13号、平成27年8月26日、35頁)。

それでは、イスラーム国は集団的自衛権に基づき援助される資格をもつ国家なのでしょうか。親切なことに、国会ではこの点も議論されています。「ソマリランド、あるいは、例えばですよ、ウクライナの一部、あるいはISIL、いわゆるイスラム国もここで言う国家に当たるのか。国家の定義というものをいま一度明確にしてください」という質問に対し、外相は、「国家の定義としましては、主権があり、そして領土があり、国民がいるということだと思いますが、要は、密接な関係にある他国に該当するのは国家であります。御指摘のようなISIL等は、これは国家には該当しないと考えています」と答弁して、イスラーム国は国家ではないと明言したのです(第189回国会参議院我が国及び国際社会の平和安全法制に関する特別委員会第16号、平成27年9月4日、24頁)。

しかし本当に、イスラーム国は国際法上の国家ではないのでしょうか。そこでここからは、国際法上の国家の要件を見ていきたいと思います。

2　国際法上の国家の要件――実効性の原則

上で紹介した国会での議論の中で、岸田外相は、「国家の定義ですが、国際法上、一般に、一定の領域においてその領域にある住民を統治するための実効的政治権力を確立している主体とされております」と述べています(第189回国会参議院我が国及び国際社会の平和安全法制に関する特別委員会第16号、平成27年9月4日、24頁)。

この答弁からもうかがえるように、国際法上の国家の要件としては、一般に、①領域、②住民、③実効的政治権力(政府)の3つが挙げられます。③の実効的政治権力の概念は、領域内における対内的な支配の排他性と、他国との関係についての対外的な独立の2つの側面を含んでいます。南北アメリカ大陸の国家間で1933年に締結された「国の権利及び義務に関する条約」1条は、「国際法上の人格としての国はその要件として、(a)永続的住民、(b)明確な領域、(c)政府、及び(d)他国と関係を取り結ぶ能力を備えなければならない」と規定していますが、この「他国と関係を取り結ぶ能力を備えなければならない」という第4の要件は、上記③の2つの要素のうち、対外的な独立の要素を、別個の要件として括りだしたものとみることができます。

したがって、ある団体が国際法上の国家であるかを判断する際には、その団体が、一定の領域と住民を排他的に支配しているか否か、そして対外的に他の国家に対して独立しているか否か、が決定的に重要となります。

まず、対内的な支配の排他性について言えば、これは、領域内において、外国による統治や中世ヨーロッパのカトリック教会および封建領主の支配のような、中央政府に従属しない政治権力が存在しないことを指します。19世紀後半に日本が開国し近代化を図った際に、西洋諸国から国際法上の国家として認められるために、明治政府は、日本の領域の範囲を確定しその内部における支配の排他性を実現しようとしました。もっとも問題となったのは琉球(⇒4)の扱いです。江戸時代には、琉球は、薩摩藩による実質的支配を受ける一方で、清朝にも朝貢し琉球王に任命されるという「両属」の立場にありました。明治政府は、琉球は日本の領域であるとみなし、清朝に対する朝貢は「獨立国タル體面ヲ毀損シ萬國公法上ニ於テ大ニ障碍ヲ來スコトアリ」(喜舎場 1952：94頁)として、朝貢の停止を琉球に命じました。その理由は、「内治自主權物件上ノ權萬國平行ノ權等ノ諸權」について、「此諸權ヲ有スルト有セザルトハ其國ヲ成スト成サヾルトノ大義ニ關係シ」、「版圖内ノ當藩ヲシテ清國ニ臣事隷屬セシムルトキハ此諸權中内治自主ノ權物件上ノ權ニ於テ十分有スルコトヲ得ザル」というものでした(喜舎場 1952：55頁)。現代語に意訳すれば、領域内を自由に統治する権利や領土に対する所有権、つまりは対内的な支配の排他性を持つかどうかは、ある団体が国家であるかどうかの大義名分に関わる問題であり、日本の領域内にある琉球藩が清朝に従属することを認めると、対内的な支配の排他性を十分に保持しておらず日本は国家ではないのではないかという国際法上の疑いを生じさせる、ということです。明治政府はこのような名目で朝貢の停止を琉球藩に強要したわけです。

次に、対外的独立ですが、これは、ある領域で住民を支配する政治権力が、他の国家に従属していないことを指します。たとえば東京都や島根県を思い浮かべてみましょう。これらの団体は、一定の領域と住民を支配する政治権力であると捉えることは不可能ではありませんが、国際法上の国家ではありません。東京都や島根県は、日本国憲法を頂点とする日本という国家の法秩序に従属して活動している自治体に過ぎず、対外的に独立しているとは言えないからです。

東京都や島根県のように、その活動が公式に国家の国内法秩序に従属している場合は、これらの団体が対外的に独立していないことは明瞭です。これに対し、一定の領域内の住民を支配する団体が、公式には外国の法秩序に従属せず自前の法秩序に基づいて活動しているが、実質的には外国の意思に従属している場合、この団体は対外的独立の要件を満たしていると言えるでしょうか。この問題については、かつて日本軍の軍事行動によって設立された満洲国のようないわゆる傀儡国家は、たとえ公式には自前の国内法秩序を具備しており他国の国内法に従属していなくても、事実上日本の意思に従属していたので、対外的独立の要件を満たさないと指摘されています。ただし、それでは、対外的に独立していないと言うためにどの程度他国の意思に事実上従属する必要があるかという点については、画一的な基準は存在しないので、事例ごとに判断するより仕方がありません。日本政府に対してアメリカ合衆国が絶大な影響力をもっていることは疑いがありませんが、日本が国際法上の国家であることは争いがありません。満洲国についてすら、「満州国建国に至る経緯や日本国が満州国に対して強い影響力を有していたことから、直ちに、満州国の国家としての主体性が否定されるものではな」いと判断した裁判例があります(神戸地判平 12. 11. 27 判時 1743 号 108 頁)。

3　新国家の分離独立が国際法に違反する場合——合法性の原則

以上のような、一定の領域と住民に対する実効的政治権力の存在という要件は、実効性の原則とも呼ばれます。

これに対し、近年では、国際法上の国家の要件としては、このような実効性の原則だけでは十分ではなく、国家の成立が国際法に違反していないという合法性の原則も必要であるという学説も主張されています。この立場によれば、たとえば、仮に満洲国が実効性の原則を充足していたとしても、満洲国の成立は日本による違法な武力行使によって実現されたものであって合法性の原則を満たしていないので、国際法上の国家ではないことになります。

合法性の原則がとくに問題となるのは、一国内の一地域がその国の中央政府の同意のないまま一方的に独立国家の樹立を宣言する、いわゆる分離(secession)の場合です(⇒4)。この分離の違法性の判断基準については、2008 年にコソボがセルビアからの分離独立を宣言した問題について、国際司法裁判所(ICJ)が 2010 年に下した勧告的意見が、先例として重要です。この勧告的意見でICJは、「コソボ暫定自治諸制度による一方的独立宣言は国際法に適合するか」という国連総会の諮問に対して、個々の具体的な独立宣言を国連の安全保障理事会が非難したことはあるが、「これらの事例のすべてにおいて、安全保障理事会はこれら独立宣言がなされた当時存在した具体的状況に関して決定を行っていた」のであり、「これら独立宣言に付着した違法性は、これら宣言の一方的性格それ自体に由来したのではなく、それらが、違法な武力行使または一般国際法の諸規範とりわけ強行的性格の諸規範(jus cogens)のその他の重大な諸違反事実と、関連していたかまたは関連していたであろうという事実に、由来したのである」として、「一方的独立宣言に対するいかなる一般的禁止も安全保障理事会の実行から推論されてはならない」と判断しました(*I.C.J. Reports 2010*, p. 437, para. 81)。つまり、あらゆる一方的独立宣言を画一的に禁止する国際法は存在しないが、たとえば満洲国の場合のように、個別具体的な独立宣言が、違法な武力行使などの重要な国際法規範の違反に関連してなされたという事情がある場合には、その独立宣言は違法となるというわけです。

2014年3月、ロシアがウクライナの領土であるクリミアを併合したことは記憶に新しいと思います。このときロシアは、クリミアを直接併合するのではなく、ウクライナからの分離独立を宣言した自称「クリミア共和国」をいったん国家として承認(⇒5)したうえで、ロシアに編入する条約を「クリミア共和国」と締結し、この条約に基づいてロシアに編入するという手順を踏みました。このような回り道をしたのは、ロシアがクリミアを直接併合するとウクライナの領域主権の侵害により国際法違反になってしまうので、これを回避するため、併合を国際法に適合した国家間の条約に根拠づけようとしたからだと推測されます。しかし、合法性の原則を前提とする場合、このようなロシアによる正当化の試みが成功するためには、「クリミア共和国」の成立自体が国際法に違反していないことが不可欠の条件です。この点を意識した「クリミア共和国」独立宣言は、その前文で、「国際連合憲章およびその他の国際文書全体にかんがみ、かつ、国の一部による一方的独立宣言はいかなる国際規範も侵害しないと言明する2010年7月22日の国連国際司法裁判所によるコソボの地位の確認を考慮して、合同でこの決定を下す」(http://www.voltairenet.org/article182723.html)と表明し、ICJのコソボに関する勧告的意見に自己の分離独立の正当化根拠を求めました。クリミア併合問題は、この勧告的意見が先例としていかに重要であるかをはっきり示したと言えるでしょう。

さらに言えば、この勧告的意見は、以上のような独立宣言の違法性の判断基準を提示した点で先例として重要なだけでなく、問題の2008年のコソボ独立宣言は上記の判断基準に照らしても違法ではなかったことを示唆している点でも、先例としての意義をもちえます。というのは、コソボの分離が違法ではなかったのならコソボに十分類似した分離の事例も違法ではないと捉えることが可能になり、今後生じる分離の事例においては、その事例がコソボの先例と十分に類似しているかどうかが争点となりうるわけです。たとえば、「クリミア共和国」の独立宣言が違法であるかどうかは、クリミア独立宣言をめぐる諸事情がコソボ独立宣言の際の状況とどの程度似ているのかという問いへの回答にかかってくると考えることができます。

4　まとめ

それでは、これまでの検討を踏まえると、イスラーム国は国際法上の国家であると言えるでしょうか。まず実効性の原則に照らすと、イスラーム国が、2016年半ばの時点で、イラク第2の都市モスルを含むイラクとシリアにまたがる一定の地域とその住民を支配していたことは否定できません。しかし、イスラーム国は、イラク政府および同政府を支援する米国を中心とした有志連合、イラクのクルド自治政府やその他のクルド人諸勢力、シリアのアサド政権および同政権を援助するイランやロシアなどとの間での、複雑な武力紛争の結果、2018年の時点ではほとんど壊滅状態にあるので、まだ実効的政治権力を確立したとは言えないように思われます。つぎに、合法性の原則をみてみましょう。イスラーム国は、シーア派を殺戮し、異教徒を奴隷化し、また人質を斬首するなど、さまざまな蛮行を行っているとされます。これらの行為の一部は、もし事実であるなら、コソボについてのICJ勧告意見が述べた、一般国際法の強行規範の重大な諸違反に当たる可能性があります。たとえばシーア派の殺戮は、一般国際法の強行規範である集団殺害(ジェノサイド)の禁止の重大な違反に当たりそうです。

こうして、イスラーム国は、実効性の原則と合法性の原則のいずれも充足しておらず、現状では国際法上の国家とはいえないと結論づけることができます。

しかし、ここまできて最後にこのようなことを言うのは気が引けますが、そもそもイスラーム国は、国際法上の国家の樹立を目指しているのでしょうか。イスラーム国がカリフ制の再興を標榜していることを思い出してください。このことは、①イスラーム国の公的なことがらは、イスラーム教に基づいて処理されること、そして②カリフは地上にただ一人であり、理念上その統治は特定の領域に限定されることはなく世界全体に及ぶことを意味します。ところが、ここまで検討してきた国際法およびその主体たる国家は、相互の殲滅を目的とするカトリックとプロテスタントの間の宗教戦争に苦しんでいたヨーロッパにおいて、17世紀以降徐々に確立し世界全体に広まったものです。この主権国家と呼ばれる国際法上の国家は、宗教戦争を克服し平和を実現するために、①戦争をはじめとする公共的な問題については、宗教や教会ではなく国王などの世俗の権力が決定権をもち、宗教は私事としてのみ信教の自由が認められること、②この世俗の権力は領域によってその範囲が限定され、その結果世界には領域で区切られた複数の統治者が並存することを、根本原理とするものなのです。イスラーム国のカリフ制は、その実態はともかく、少なくとも理念的には、この原理いずれも正面から否定しているとみることが可能です。さらに、イスラーム国によるシーア派や異教徒の殺戮は、まさに国際法がその誕生の際に廃絶しようとした宗教戦争を彼らが遂行していることを強く示唆します。つまりイスラーム国は、そもそも国際法上の国家たらんとしているのではなく、むしろヨーロッパ起源の国際法と主権国家という考え方そのものの超克を標榜しているとみる余地があるのです。

イスラーム国は国か、という問いは、国際法における国家の要件の問題をあらためて提起するだけでなく、現在の国際法および国家そのものが、時代や場所に関係なく普遍的に通用するものではなく、特定の時代に特定の文脈で発達したものに過ぎないことを、わたしたちに思い出させるきっかけを与えてくれているのではないでしょうか。

〔参考文献〕

＊国際法上の国家について：
廣瀬陽子『未承認国家と覇権なき世界』(NHKブックスNo. 1220・2014年)。
藤澤巌「コソボについての一方的独立宣言の国際法との適合性に関する勧告的意見」『千葉大学法学論集』26巻1・2号(2011年)。
Crawford, James, *The Creation of States in International Law* (2nd ed., Clarendon Press, 2006).

＊イスラーム国およびイスラーム法について：
池内恵『イスラーム国の衝撃』(文春新書・2015 年)。
中田考『カリフ制再興　未完のプロジェクト、その歴史・理念・未来』(書肆心水・2015 年)。
中田考『イスラーム法とは何か？』(作品社・2015 年)。
中谷和弘「『イスラム国』と国際法」『国際問題』642 号(2015 年)。

＊近代国家の歴史的性格について：
長尾龍一『リヴァイアサン　近代国家の思想と歴史』(講談社学術文庫 1140・1994 年)。
カール・シュミット『大地のノモス』(慈学社・2007 年)。
カール・シュミット「レヴィアタン――その意義と挫折」『カール・シュミット著作集 II　1936–1970』(慈学社・2007 年)。
喜舎場朝賢『琉球見聞録』(東汀遺著刊行会・1952 年)。

4　沖縄が日本から独立するかもしれない?
——現在の国際社会における自決権の意義

伊藤一頼

1　なにが問題か?

本章のタイトルを見て、まさか、と思う人も多いでしょう。それまで日本の一地域であったところが、あるとき独立を宣言して新しい国家をつくるなど、小説や映画の中でならともかく、現実に起こりうる話とは思われないかもしれません。ほとんどの人にとって、現在の「日本国」の枠組みはあまりにも当然になっているので、たとえ国の政策にどれほど不満があったとしても、そこで日本からの分離独立をめざすという発想はなかなか出てこないでしょう。

ところが、沖縄に関してはかなり状況が異なります。もともと独立した琉球王国であった地域を[1)]、1879年に日本が武力を背景に併合した(いわゆる琉球処分)という経緯から、沖縄では「ウチナー(琉球)」と「ヤマト(日本本土)」の原初的な区別がつねに意識されてきました。加えて、第二次大戦中の沖縄戦では民間人のおよそ4分の1が命を落とし、戦後は日本本土の主権回復と引き換えにアメリカの占領下に置かれ、日本復帰後も在日アメリカ軍基地の75%を単独で抱えるなど、沖縄は本土の人々の安全や利益を守るために一方的な犠牲を強いられてきた歴史があります。

とりわけ最近は、普天間飛行場の移設および名護市辺野古の新基地建設をめぐる日本政府の強権的な手法に対し、沖縄の人々の不信感と反発はかつてなく高まっています。こうした状況のなか、かねてより個人単位で提唱されてきた様々な沖縄(琉球)独立論に加え、2013年には沖縄独立の可能性を包括的に研究する学術団体として「琉球民族独立総合研究学会」が設立されるなど[2)]、独立を1つの

1)　15世紀に成立した琉球王国は、1609年に薩摩藩による侵攻を受け、以後は同藩に貢納を行う関係になったものの、独立王国としての体裁は維持していました。

選択肢として真剣に考えようとする潮流が少しずつ現れてきているのです。

ところで、「民族自決」という言葉をご存知でしょうか。これは、それぞれの民族集団が、外部からの支配なく自由にみずからの政治的地位を決定できるという考え方であり、特に戦後の植民地解放に際して大きな役割を果たしました。こうした民族自決の原則は、国連憲章1条2項などにも規定され、現代の国際社会における最も基本的な法原則となっています。この概念を当てはめると、もし沖縄の人々が琉球民族としてみずから分離独立の意思を示した場合、それは無視できない意味を持つことになりそうです。

もちろん、2014年に行われたスコットランドの住民投票のように、あらかじめ本国(イギリス)の容認を得たうえで分離独立を試みるのであれば、スムーズに話は進むでしょう(投票の結果は反対多数で独立は否決されましたが)。問題は、本国の了解のないままに、一方的に独立の意思表明をした場合に、それが認められるのかどうかです。民族自決の権利、すなわち「自決権」が国際法上の基本原則である以上、そのような一方的な独立宣言にも無条件に効力が認められるのでしょうか。

2　自決権と分離独立の関係

(1)　自決権の主体としての「民族」?

まず初めに、沖縄の人々は自決権の主体たる「民族」なのか、という疑問があるかもしれません。確かに、沖縄には、日本語とは顕著に異なる琉球語が今も残り、また建築・服飾・料理・信仰などの面でも独自の文化様式が見られるとはいえ、日本本土と共通する部分が多いことも否定できません。ただ、実のところ、純粋に固有の「民族」的特徴を持っていなくとも自決権の主体になることはできます。国連憲章1条2項をはじめ、戦後の国際法においては自決権は一貫して「人民(people)」の自決権と表現されてきました。

人民とは、自決権を民族(nation)という単位から切り離すために導入された用語であり、実際、植民地解放により誕生した国家のほとんどは、多種多様な民族集団が国内に混在するかたちで独立を果たしました。その意味で、人民とはあまり実体のある概念ではなく、むしろ、ある領域の人々が全体として自己決定権を

---

2)　詳しくは同学会のウェブサイト(http://www.acsils.org)を参照してください。

否定された状態にあれば、その単位こそが、自決権を行使しうる「人民」として認識されるのです。もちろん、民族的一体性があれば、独立後の国家運営上も何かと好都合ですが、それは必ずしも分離独立の条件とはなっていない点に留意する必要があります。

(2) 自決権と領土保全

それでは、冒頭で提起した問い、すなわち、分離独立の意思を表明すれば自決権の効果により直ちにそれが認められるのか、という問題を考えてみましょう。これに関しては、実は、分離独立に対する制約となるような、もう1つの国際法上の基本原則が存在します。それは、現在の国家領域の枠組みを変更せずにそのまま維持するという考え方であり、一般に「領土保全原則」と呼ばれています。こう書くと、領土保全とは既存国家の側にとってずいぶん都合のよいルールのように見えます。しかし、かりにどの地域でも独立の意思さえ示せば国家になれるとすると、次から次へと新しい国家ができてしまい、国際秩序が著しく不安定化してしまいます。したがって、むやみに分離独立運動が起こらないよう、通常は領土保全原則が自決権に優位するものと理解されているのです。

ただし、自決権が領土保全原則を凌駕するケースは全くないと結論づけるのは早計です。なぜなら、ある特別な状況では、一方的な分離独立も国際法に違反しないとする有力な考え方があるからです。それはつまり、一部の地域が国内での自己決定の機会を完全に奪われ、いわば植民地同然の状態に置かれていたり、広範かつ深刻な人権侵害を継続的に受けていたりする場合です。こうした極限状況において、その地域の人々が国家による一方的な支配や抑圧から逃れ、自己決定の機会を取り戻すために、最後の手段として分離独立に依拠することを認めるのが、「救済的分離」論と呼ばれる立場です。これは、重大な不正義をともなう統治は拒否できると考える点で、17世紀の啓蒙思想家ジョン・ロックが唱えた「抵抗権」の理念に通じるところがあるでしょう。

各国政府の間でも、この救済的分離論の考え方に対する賛同はかなり広まってきています。その例として、2008年にコソボがセルビアからの分離独立を一方的に宣言したことに関し、国際司法裁判所(ICJ)が審査を行った事件が注目されます。ICJは結局、どのような場合に分離独立が合法となるかについて明確な判断を示しませんでしたが、審理のプロセスにおいて多数の国が、コソボの独立は救済的分離論によって正当化されるとの意見を提示しました。

もっとも、スペインやキプロスなど、分離独立問題を抱えるいくつかの国からは、救済的分離論の効力を否定する見解も示されましたので、この理論が国際法としてすでに確立したとまでは言い切れないかもしれません。ただ、次に述べるように、これまで実際に分離独立が成功した事例はいくつかあり、その多くが救済的分離の要素を含んでいたという点は見過ごすべきではないでしょう。

(3) 救済的分離に関連する事例

ところで、救済的分離の状況にあるかどうかは、誰が判断するのでしょうか。これは、国際社会を構成する他の国々であると言うほかありません。独立を宣言した地域に対し、多くの国がそれを新たな国家として承認(「国家承認」といいます)すれば、そのケースは救済的分離の条件を満たしていて正当性があると判断されたことになります。特に、国連への加盟を認められることは、国家としての地位を確実にするための重要なステップです[3)]。

救済的分離の好例とされるのは、パキスタンから分離独立を果たしたバングラデシュです。この地域は、パキスタン領であった時代に、中央政府から政治的・経済的な差別や搾取を受けていたため、より高度な自治権を求めて運動を開始したところ、中央政府は軍を動員してその鎮静化を図りました。これを受け、同地域は1971年3月にバングラデシュとして独立を宣言しましたが、パキスタン軍は激しい弾圧を行い、100万人以上が死亡、約1000万人がインドへ避難する事態となりました。その後、インドの介入もあって、同年12月にパキスタン軍は撤退し、多くの諸国は異論を唱えることなくバングラデシュの独立に承認を与えました(国連には1974年に加盟)。

このほか、エチオピアから分離したエリトリアや、スーダンから分離した南スーダンも、最終的には中央政府の同意のもとに住民投票を行って独立したものの、その背景には救済的分離の根拠となるような抑圧状況がやはり存在していました。また、インドネシアから独立した東ティモールは、分離独立か植民地解放か位置づけが難しい面もありますが、いずれにせよインドネシアによる過酷な弾圧行為は救済的分離が許容されうる状況を生み出していました。

---

3) 国連への加盟は、安全保障理事会の勧告に基づき、総会が3分の2以上の多数により可決することで承認されます(国連憲章4条2項、18条2項)。

一方、先述したコソボは、特に1999年のコソボ紛争時にセルビア政府から大規模な迫害を受けるなど、確かに救済的分離を論じる余地はあったといえます。しかし、コソボ側も域内のセルビア系住民に対し多大な迫害を加えていましたし、また、コソボが独立を宣言した2008年の時点では、国連安保理が設置した暫定的な統治機構のもとで、すでにセルビアからの弾圧は完全に停止していました。こうした事情から、コソボの分離独立に正当性を認めない国も多く、今のところ世界の約半数の国(112カ国)からしか国家承認を得られていません(国連にも未加盟)。このため、コソボが独立国家になったのかセルビアの一地域にとどまるのか、国際的には依然として不確定な状態にあります。

3 自決権の2つの顔

(1) 外的自決と内的自決

それでは、植民地解放と救済的分離に当てはまる場合にしか、自決権は意味を持たないのでしょうか。もし、自決権の意義が独立国家をつくることのみにあるとすれば、答えはイエスでしょう。しかし、自決権の本質はあくまでも「自己決定」の機会を保障することにあり、それは新国家の樹立という国際的な次元へと向かう前に、まず国内統治のレベルで達成をめざすべき課題であるはずです。つまり、各人が国内の政治的な意思決定プロセスに参与し、しかもそこで他者と対等な発言権を保障される点にこそ、自己決定という理念の第一義的な到達目標があるのです。このように、既存の国家の枠組みを前提に、その内部で自己決定・自己統治の実現を図っていくアプローチのことを「内的自決」といいます。逆に、既存の国家の枠組みを拒否し、新たな国家をつくることで自己決定の機会を確保しようとする手法は「外的自決」と呼ばれます。

国際法における自決権の概念は、特に植民地独立の文脈で活用されたことから、もっぱら外的自決の側面が注目されてきました。しかし、それでは内的自決の要素は国際法の射程外かというと、そうではありません。例えば、代表的な人権条約である国際人権規約の1条1項は、「すべての人民は、自決の権利を有する。この権利に基づき、すべての人民は、その政治的地位を自由に決定し並びにその経済的、社会的及び文化的発展を自由に追求する」と述べています。この条文は、必ずしも植民地状況を前提としておらず、むしろ恒常的に国内で人々に自己決定の機会を保障するよう求める趣旨と解されます。つまり、自決権とは、単に独立の実現のみを目的とする狭い概念ではなく、より広範に国家統治のあり方を問い直していくための拠り所でもあるのです。

(2) マイノリティの自己決定権

内的自決の実現にとって、単に平等な投票権を国民全体に付与すれば十分であるとは言い切れません。これは、国内にマイノリティ(少数者)が存在する状況を思い浮かべれば容易に理解できます。確かに、あらゆる政策決定において、その内容に賛成できず少数派になる人々がいるのは当然のことで、それを自己決定権の侵害と呼んだのでは民主主義は成り立ちません。これに対し、マイノリティとは、社会の主流と異なる文化や信条を持つがゆえに、固定的に少数派の立場に置かれる人々を指します。そのため、たとえ平等な投票機会が保障されていても、マイノリティの意見や利害は国政において常に不完全にしか代表されず、多数者から構造的な支配を受けることになります。

そうだとすれば、マイノリティが真の意味で自己決定の機会を持つためには、何らかの特別な配慮や制度上の工夫が必要となるはずであって、そのことは国際法でも重視されるようになっています。例えば、1992年に国連総会で採択された「マイノリティの権利宣言(民族的又は種族的、宗教的及び言語的少数者に属する者の権利に関する宣言)」(総会決議47/135)は、2条2項で、「少数者に属する者は、文化的、宗教的、社会的、経済的及び公的な活動に効果的に参加する権利を有する」(傍点は筆者)と述べています。これは、マイノリティが政治過程において一定の影響力を発揮しうるような仕組みを整えるよう、各国に促しているものといえます。また、ヨーロッパでは、1998年に発効した「民族的マイノリティの保護に関する枠組み条約」が、上記の国連宣言と同様にマイノリティの「効果的参加」の権利などを保障するとともに、独立の諮問委員会を設置して、各締約国の政治制度が条約に適合的かどうか審査・助言を行っています。

なお、こうしたマイノリティの自己決定権の保障は、救済的分離を回避するための重要な条件でもあります。この点、1993年の国連世界人権会議で採択されたウィーン宣言は、「いかなる種類の区別もなくその領域に属する人民全体を代表する政府」が存在すれば、その国の領土保全は尊重されると述べています(I. 2節)。裏返していえば、政府に人民全体を代表する性格がなく、一部の人々が政治過程から実質的に排除され従属状態に置かれているときは、それらの人々の分離独立につき国際社会が正当性を認める余地が生じるということです。そうしたペナルティがあれば、各国政府はマイノリティの自己決定権により真剣な考慮を払うようになり、国内統治の改善が促進されやすくなるでしょう。ここから分かるように、内的自決と外的自決は、決して切り離して考えるべき問題ではなく、むしろ両者が密接に連動している点にこそ十分な注意を払う必要があるのです。

4　沖縄にとって自決権はどのような意味を持つか？

以上を踏まえ、沖縄の問題を改めて考えてみましょう。まず、沖縄は救済的分離が認められる状況にあるでしょうか。前述のように、沖縄は在日アメリカ軍基地の配置に関し、重大な差別と不利益を被っています。ただ、これまで救済的分離として位置づけられてきた諸外国のケースでは、中央政府による抑圧行為は、大規模かつ深刻な迫害の域にまで達していました。そうした要素を救済的分離の条件に含めるかどうかは、国際社会を構成する諸国の考え方しだいですが、いずれにせよ沖縄が現時点においてそれらの先例と同等の境遇にないことは否定できません。

しかし、かりに外的自決権を直ちに行使しうる状況にないとしても、内的自決の問題を提起することはできます。沖縄の人々は、もちろん平等な参政権を付与されてはいますが、基地の負担に関しては構造的なマイノリティの立場にあり、多数者たる本土の人々の決定に服するだけの関係を強いられています。加えて、日本政府はこれまで、民有地の基地使用や辺野古沿岸の埋立て承認をめぐる様々な手続において、沖縄県側が持っていたはずの判断権をも封じ込めるような、きわめて強権的な立法・行政手法を用いてきました。これでは、沖縄の人々が政治過程に「効果的に参加」できるよう配慮するどころか、むしろそれに逆行する対応をとっていることになります。

少し話がそれますが、1998年にカナダの最高裁が、同国ケベック州の分離独立問題について司法判断を示しています。この判断は、救済的分離論の考え方に一定の理解を示した(ただしケベック州がその状況にあることは否定した)点で世界的に著名ですが、それに加えて裁判所は、内的自決のあり方とも関連する注目すべき見解を提示しています。つまり、もしケベック州の住民が分離独立の明確な意思を表明した場合、それ自体で一方的に分離を可能にする効力はないものの、民主的意思にはやはり重みがあるため、中央政府は少なくとも州との交渉に応じる義務があるといいます。しかも、「交渉」である以上、初めからケベック州の権利を全て否定するような姿勢で臨んではならず、双方の利害をできるだけ融和させるために真剣な考慮を払う必要があると述べています。そしてもし、政府がこうした誠実交渉の義務を果たさなかった場合は、国際社会において統治の正統性を疑問視されることになるだろうと指摘しています。

もちろん、ケベック州と沖縄とでは、様々な面で状況に違いがあります。しかし、例えば沖縄県議会では、基地の整理・縮小やアメリカ軍関係者による犯罪の防止に関し、これまでに全会一致を含む多数の決議が採択され、差別解消を求める沖縄の人々の切実な思いが示されてきました。こうした意思を内的自決の理念に反しない形で受け止めるためには、やはりカナダ最高裁が述べるように、まず中央政府が当該問題について結果を予断せずに話し合いに応じ、そこで歩み寄りの余地を真剣に模索することが必要ではないでしょうか。なお、これに関連して、国連の人種差別撤廃委員会は、日本に対する2010年の総括所見において次のように述べています。

> 沖縄の人々が被っている継続的な差別に懸念を表明する。委員会はまた、沖縄への軍事基地の不均衡な集中が、住民の経済的・社会的・文化的権利の享有に否定的な影響を及ぼしているという、人種主義の現代的形態に関する特別報告者の分析をここに繰り返す。委員会は締約国〔である日本〕に対し、沖縄の人々が被っている差別を監視し、またその権利を促進し適切な保護措置・保護政策を確立するため、沖縄の人々の代表と広範な協議に入るよう勧奨する。(21項)

もし、沖縄の人々の自己決定権に対する配慮が今後もなされず、こうした国際的な懸念や批判がさらに強まるようになれば、それは国際社会が将来的に沖縄の分離独立の是非を議論することになった際に、重要な判断材料となりうるでしょう。

5　まとめ

国際社会や国際法は、一方的な分離独立を無条件に認めているわけではなく、ましてやそれを奨励しているわけでもありません。むしろその逆で、なるべく現在の国家の枠組みのなかで、国内の全ての地域や立場の人々が対等に政治的決定に参加できるような体制をつくってもらうことを望んでいます。そのためには日本政府も、沖縄に関わる事項につき、多数者で決めたことを強引に押し付けるのではなく、真摯に沖縄の人々の見解を聴き、あまりに不公平な基地負担を改めていく姿勢が必要でしょう。そうした取組みをせず、いまのような差別的な処遇を続けていくならば、それはやがて、沖縄に分離独立の資格が発生するための一里塚になるかもしれません。

〔参考文献〕

＊沖縄に対する日本の統治のあり方について：

新崎盛暉『日本にとって沖縄とは何か』(岩波書店・2016年)。

大田昌秀・新川明・稲嶺惠一・新崎盛暉『沖縄の自立と日本――「復帰」40年の問いかけ』(岩波書店・2013年)。

山本英治『沖縄と日本国家　国家を照射する〈地域〉』(東京大学出版会・2004年)。

＊琉球独立論について：

松島泰勝『琉球独立への道――植民地主義に抗う琉球ナショナリズム』(法律文化社・2012年)。

＊マイノリティの権利について：

金東勲『国際人権法とマイノリティの地位』(東信堂・2003年)。

＊自決権がこれからの国際社会で担うべき役割について：

桜井利江「非植民地化以後の自決権の意味――国際社会における分離の実践をめぐって(一)―(三・完)」『東京都立大学法学会雑誌』29巻2号、31巻1号、32巻1号(1988年、1990年、1991年)。

松井芳郎「試練にたつ自決権――冷戦後のヨーロッパの状況を中心に」桐山孝信・杉島正秋・船尾章子編『転換期国際法の構造と機能』(国際書院・2000年)。

5　北朝鮮に対しては国際法を守らなくても良い？
――未承認国家の法的地位

北村朋史

1　なにが問題か？

「北朝鮮は日本にとって国際法上の国ではないから、日本は北朝鮮に対しては国際法上の義務を負わない」と言ったら、みなさんは驚かれるでしょうか？

もちろん、その当否についてはじっくりと検討する必要がありますが、実は日本の裁判所でそのような趣旨の判断がなされた例があるのです。北朝鮮ベルヌ条約事件と呼ばれる事件です。

この事件は、日本のテレビ局がニュース番組においてある北朝鮮映画を放映したところ、北朝鮮法上その映画の著作権を有する北朝鮮の行政機関が、映画を無断で放映した日本のテレビ局の行為は自らの著作権を侵害するとして、賠償金の支払い等を求めたものです。外国の著作物は、日本においても、当然に保護されるというわけではありませんが、日本の著作権法は、条約によって日本が保護する義務を負う著作物は、日本の著作権法によって保護されると規定しています(6条3号)。そして、国際社会には、その締約国の国民の著作物を相互に保護することを義務づける文学的及び美術的著作物の保護に関するベルヌ条約(ベルヌ条約)という条約が存在し、日本と北朝鮮はともにこの条約の締約国になっています。それゆえ、北朝鮮の行政機関は、自らの著作物は条約によって日本が保護する義務を負う著作物で、日本においても保護される著作物であるとして、これを無断で使用した日本のテレビ局を訴えたのです。

しかし、これに対して日本の裁判所(知的財産高等裁判所)は、次のような判断を下しています(平成20年(ネ)10011号・知財高裁平成20年12月24日判決)。「北朝鮮の著作物である本件各映画著作物が、我が国の著作権法による保護を受けることができるか否かは、……我が国が未承認国である北朝鮮に対してベルヌ条約上の義務を負担するか否かの問題に帰着する」、「現在の国際法秩序の下では、国は、国家として承認されることにより、承認をした国家との関係において、国際法上の主体である国家、すなわち国際法上の権利義務が直接帰属する国家と認められる。逆に、国家として承認されていない国は、国際法上一定の権利を有することは否定されないものの、承認をしない国家との間においては、国際法上の主体である国家間の権利義務関係は認められないものと解される。」

少々とっつきにくい文章ですが、要するに裁判所は、日本は北朝鮮を国家として承認(国家承認)していないから、北朝鮮は日本にとっては国際法上の国(国際法上の権利義務の担い手となる国)ではなく、そのため日本は北朝鮮に対して国際法上の義務(ベルヌ条約上の義務)を負わないとして、北朝鮮の行政機関の訴えを退けているのです。

しかし、こうした裁判所の判断は正しいものなのでしょうか？ 北朝鮮は日本にとって国際法上の国ではないから、日本は北朝鮮に対しては国際法上の義務を負わないのだとすれば、逆に北朝鮮も日本に対しては国際法上の義務を負わないということになりそうです。そうすると例えば、北朝鮮の工作員が日本にやってきて、日本国民を拉致したとしても、そうした行為は国際法に違反せず、日本は北朝鮮に対して拉致被害者の返還等を求める国際法上の根拠を有さないということになるのでしょうか？

上の疑問に答えるためには、いくつかの問題について理解しておく必要がありそうです。①まず国家承認というのは、そもそもどのような行為を指すのでしょうか？ ②また国家承認がなされているかどうかで、何が違ってくるのでしょうか？ ある国が国家承認されていなければ、その国は国家承認をしていない国にとっては国際法上の国ではないというのは本当なのでしょうか？ ③さらにある国が国際法上の国でなければ、その国との間にはなんらの国際法上の権利や義務も生じないのでしょうか？ 逆にある国が国際法上の国であれば、あらゆる国際法上の権利や義務が生じることになるのでしょうか？

以下では、これらの問題について順に検討したうえで、上の北朝鮮ベルヌ条約事件判決を振り返ってみることにしたいと思います。

2 国家承認とは何か？

国家承認とは、既存の国からの分離・独立などによって新たな国が成立した際、他国がその国を承認する行為を指します。例えば、近年の日本による国家承認の例として、南スーダン共和国という国に対するそれが挙げられます。南部スーダンは、もともとスーダンという国に属していましたが、2011年7月9日に独立を宣言したのに合わせて、日本の外務大臣が、「我が国は、南スーダン共和国の独立に伴い、本日、同国を承認しました」との宣言を行ったのです(平成23年7月9日外務大臣談話)。

国家承認は、上の例のように承認の意思を宣言等によって明示的に表明するという方式(明示の承認)をとるものが多いですが、承認の意思を一定の行為を通じて暗黙に表示するという方式(黙示の承認)がとられる場合もあります。承認を受ける国は、はっきりとした承認の意思の表明を望む場合が多いでしょうが、承認を行う国が、分離・独立された既存の国に対する政治的な配慮といった理由で、なるべく目立たないやり方での承認を望む場合があるからです。

こうした承認の意思を暗黙に表示する行為には、新国家との外交使節の交換や2国間条約の締結などが含まれます。これに対して、新国家と同じ多数国間条約の当事国になることは、その国を黙示的に承認する行為にはあたりません。また新国家が国際連合への加盟を認められたとしても、そのこと自体は、既存の加盟国からの黙示の承認を意味しません。国際連合への加盟の可否は、総会の決定という加盟国の集合的な意思決定によるため、個々の加盟国がその国を承認していることを推定させるものではないからです。

ところで、新国家が成立した場合、これを承認することは義務なのでしょうか？ 言い換えれば、ある国が領域、住民、政府という国際法上の国家の要件(⇒3)を満たしていたら、他国は必ずその国を承認しなければならないのでしょうか？

各国の国家承認の例によれば、それが義務としてなされているようには見受けられません。例えば、近年の日本によるまた別の国家承認の例として、ニウエ(ニュージーランドの北東に位置する島国)という国に対するそれがありますが(平成27年5月15日外務省報道発表)、日本政府はニウエを承認する理由について、次のように述べています。「本件は、ニウエから、近年我が国に対し、同国の承認及び同国との外交関係の開設について申入れがなされており、我が国にとって、国際場裡における同国の協力及び支持の確保が重要となっていることも考慮し、本日付で同国を国家承認するものであります」(平成27年5月15日閣僚及び閣僚懇談会議事録)。これによれば、日本政府によるニウエの承認には、国際場裡(国際的な交流の場所)における協力や支持の確保という政策的な考慮が関与していたことがわかります。このことは、逆に言えば、ある国が領域、住民、政府という国際法上の国家の要件を満たしていたとしても、そうした政策的な考慮がなければ、承認がなされない場合があることを示唆します。その意味で、国家承認という行為は、個々の国の政策的な判断も許容する裁量的行為としてなされているというわけです。

3 国家承認の効果

以上のように国家承認とは、新たな国が成立した際、他国が明示的または黙示的にその国を承認する裁量的行為を指しますが、国家承認がなされているかどうかによって、なにが違ってくるのでしょうか? ある国が国家承認されていなければ、その国は国家承認をしていない国にとっては国際法上の国ではないということになるのでしょうか?

この点については、2つの対照的な見解が存在します。ひとつめが、創設的効果説と呼ばれるもので、新たに成立した国は、他国に承認されることによってはじめてその国との関係において国際法上の国になるという考え方です。この考え方によれば、領域、住民、政府を備えて新たな国が成立しても、国家承認がなされなければ国際法上の国は成立せず、その意味で、国家承認は国際法上の国を創設する効果を有するというわけです。ふたつめが、宣言的効果説と呼ばれるもので、領域、住民、政府を備えて新たに成立した国は、他国による承認がなくてもすべての国との関係において国際法上の国になるという考え方です。この考え方によれば、逆に国家承認は国際法上の国の成立とは無関係で、国家承認は新たに成立した国の国際法上の国としての地位を確認し、宣言する効果を有するに過ぎないということになります。

国家承認の効果に関するこれら2つの見解のうち、かつては創設的効果説が通説でしたが、現在では宣言的効果説が通説になっています。これにはいくつかの理由がありますが、特に重要なのが次の2点です。

まず第1が、創設的効果説は、国際法の基本原則とされる国家平等原則の趣旨に反するというものです。例えば、南スーダン共和国が領域、住民、政府を備えて新たな国として成立しても、それが国際法上の国として成立し、それゆえ国際法上の権利義務の担い手となりうるかという問題が、もっぱら日本やアメリカ、中国といった既存の国の裁量にかかっているというのは、確かに不平等であるように思われます。そして第2が、創設的効果説によれば、ある国が国際法上の国であるかどうかが個々の国との関係で相対化してしまうというものです。例えば、日本がニウエを承認していることは既に述べた通りですが、国家承認とは裁量的行為ですから、その他のすべての国がこれを承認するとは限らず、実際にニウエを承認している国は多くありません。そうすると創設的効果説によれば、ニウエは日本にとっては国際法上の国だけれども、その他の多くの国にとってはそうではないという状況が生じるのですが、これもやはりおかしな感じがします。

そのため、現在では、創設的効果説はおかしく、領域、住民、政府を備えて新たに成立した国は、他国による承認がなくてもすべての国との関係において国際法上の国になるという宣言的効果説が通説になっているのですが、それでは、なぜかつては創設的効果説という「おかしな」見解がとられていたのでしょうか？

その理由は、かつての国際法は、その構造として、自らを「文明国」と称する西欧諸国を中心とするいわば「社交クラブ」のような性格を有していたという点、そしてかつての国際法においては、その根拠として、国が国際法に拘束されるのはその国自身が同意したからであるという考え方(合意主義)がとられていた点に求められます。つまり国際法が西欧諸国を中心とする「社交クラブ」であった時代にあっては、既存のメンバーが新メンバーの入会の可否を決定することになんら問題はなく、国家承認は、既存のメンバーが新メンバーの「文明性」を審査し、入会許可を与える手続として機能していたのです。そして、国が国際法に拘束されるのはその国自身が同意したからであるという考え方がとられていた時代にあっては、国際法上の国は個々の国による承認の意思表示なくして成立しえず、国際法上の国の相対化という現象は、むしろそうした国際法の根拠に関する考え方の当然の帰結として理解されるものだったのです。

その意味で、創設的効果説から宣言的効果説への変遷は、国際法の構造や根拠に関する考え方の転換を端的に表現するものと言えるでしょう。

4　新国家との権利義務

以上のように国家承認の効果については、宣言的効果説が通説になっていますが、領域、住民、政府を備えて新たな国が成立し、それゆえ国際法上の国になったら、既存の国はその国との間で、どのような権利を有し、どのような義務を負うことになるのでしょうか？

この点について理解するためには、慣習国際法(国際慣習法とも呼ばれます)と条約という2つの種類の国際法を区別して考える必要があります。

このうち慣習国際法というのは多くの人にとって聞きなれない言葉かと思いますが、これは諸国の慣行を基礎に形成された国際法規を指し、それが成立するためには、①多くの国による一様な行為の繰り返し(一般慣行)と②そうした行為が国際法上の権利の行使または義務の履行としてなされているとの認識(法的信念)という2つの要素が存在することが必要となります。具体的にどのような慣習国際法が存在するかを知るためには、まさにこれら2つの要素が存在するかを個々に検討していくほかありませんが、例えば、国はその領域内のすべての人や物を支配する排他的な権利(領域主権)を有するというルールは、慣習国際法として存在していると言われています。そして、慣習国際法は、すべての国際法上の国の間で適用されるという点に特徴があります。国は領域主権を有するというルールが慣習国際法としての性格を有しているならば、日本はすべての国際法上の国に対して領域主権を有し、すべての国際法上の国の領域主権を尊重する義務を負うことになるのです。

そのため、領域、住民、政府を備えて新たな国が成立し、それゆえ国際法上の国になったという場合、慣習国際法上の権利や義務は自動的にその国との間においても生じることになります。例えば、南スーダン共和国が国際法上の国になったら、日本は南スーダン共和国に対しても領域主権を有し、また南スーダン共和国の領域主権を尊重する義務を負うことになるのです。

これに対して、条約がなにかについては説明するまでもないかもしれません。条約には、日米安全保障条約や日韓犯罪人引渡条約のような2国間条約から、WTO協定や国連海洋法条約のような多数国間条約まで様々なものがありますが、これらはすべて国家間の合意によって成立するものです。そして、これらの条約は、すべての国際法上の国の間で適用される慣習国際法とは違って、合意のあった国の間でのみ適用されるという点に特徴があります。例えば、日本とアメリカの合意によって日米安全保障条約が締結されたからといって、日本は他国に攻撃された場合に韓国に防衛してもらう権利を得るわけではありませんし、韓国に対して基地を許与する義務を負うわけではもちろんないのです。

したがって、領域、住民、政府を備えて新たな国が成立し、それゆえ国際法上の国になったとしても、そのことをもって、その国との間に条約上の権利や義務が生じるわけではありません。例えば、日本が南スーダン共和国との間で安全保障条約を締結し、他国に攻撃された場合に防衛してもらったり基地を許与することは自由ですが、そうした条約上の権利や義務は、あくまでも日本と南スーダン共和国との合意があってはじめて生じるのです。

5 北朝鮮ベルヌ条約事件判決

以上、①国家承認とは、新たな国が成立した際、他国が明示的または黙示的にその国を承認する裁量的行為を指し、しかし、②国家承認がなされなくても、領域、住民、政府を備えて新たに成立した国は、国際法上の国となることを妨げられず、③そうして成立した国際法上の国との間には、慣習国際法上の権利や義務が自動的に生じる一方、条約上の権利や義務はそれら国との合意があってはじめて成立することが確認できたかと思います。

それでは、これらの諸点を念頭において、冒頭で紹介した北朝鮮ベルヌ条約事件判決を検討してみましょう。

第1に判決は、日本は北朝鮮を国家として承認(国家承認)していないと述べていましたが、これはその通りであると言えそうです。日本は、南スーダン共和国やニウエと違って「北朝鮮を承認する」と宣言したことはありません。他方、国家承認の方式としては、そうした明示の承認だけではなく、新国家との外交使節の交換や2国間条約の締結などを通じた黙示の承認がありますが、日本は、北朝鮮と外交使節を交換したことも、2国間条約を締結したこともありません。

第2に判決は、日本は北朝鮮を国家として承認していないから、北朝鮮は日本にとって国際法上の国ではないと述べていましたが、この点は疑問です。こうした判決の立場は、創設的効果説の立場にたったものと言えますが、現在では、国家平等原則の趣旨との矛盾や国際法上の国家の相対化といった理由によって、領域、住民、政府を備えて新たに成立した国は、他国による承認がなくてもすべての国との関係において国際法上の国になるという宣言的効果説が通説となっているからです。

もっとも、現在では宣言的効果説が通説になっていることは、あるいは少なくとも創設的効果説が一般的な立場とは言えないことは、国際法の教科書などをみれば分かりそうなもので、裁判所がこの点を認識していなかったとは思えません。にもかかわらず裁判所は創設的効果説の立場にたったのですが、そこには何か特別の事情でもあったのでしょうか？

この点で、注目されるのは、裁判所が「日本国憲法上、外交関係の処理及び条約を締結することが内閣の権限に属するものとされている（憲法73条2号、3号）ことに鑑み」、「政府見解を尊重すべきものと思料する」と述べ、政府見解に対する謙抑的な姿勢を示していたという点です。そして、原審裁判所（東京地裁）が日本と北朝鮮との間のベルヌ条約上の権利義務関係の存否について調査を依頼した外務省と文部科学省の双方が、そうした権利義務関係の存在を否定していたという点です。例えば、外務省は、裁判所への回答において次のように述べています。「我が国は北朝鮮を国家として承認していないことから、2003年に北朝鮮がベルヌ条約を締結しているものの、北朝鮮についてはベルヌ条約上の通常の締約国との関係と同列に扱うことはできず、我が国は、北朝鮮の『国民』の著作物について、ベルヌ条約の同盟国の国民の著作物として保護する義務をベルヌ条約により負うとは考えていない。」

つまり裁判所は、日本は北朝鮮に対してベルヌ条約上の義務を負わないとする政府見解を尊重することを前提とし、そのためには北朝鮮が日本にとって国際法上の国、すなわち国際法上の権利義務の担い手であることを否定する必要があると考えて、創設的効果説の立場にたったとも考えられるのです。

しかし、ここで問題となるのは、日本は北朝鮮に対してベルヌ条約上の義務を負わないとする政府見解を尊重するとしても、創設的効果説をとることがこうした結論を導くために必要だったのかという点です。というのは、上の検討によれば、新たに成立した国際法上の国との間には、慣習国際法上の権利や義務が自動的に生じる一方、条約上の権利や義務はそれら国との合意があってはじめて成立するものだからです。

確かに日本と北朝鮮はともにベルヌ条約の当事国になっています。そのため、北朝鮮が通常の国（日本が承認している国）であったならば、これによって両国の合意が成立したとみなされて、ベルヌ条約上の権利や義務が生じることになります。しかし、日本は北朝鮮を承認していませんから、日本と北朝鮮の双方がベルヌ条約の当事国になっているからといって、両国の合意が成立したと当然にみなしうるかは疑問です。通常の国との間であれば、同じ多数国間条約の当事国になったら両国の合意が成立したとみなされるという一般慣行と法的信念、つまり慣習国際法が存在するのに対して、承認をしていない国との間の場合については、そうした慣習国際法は存在しないからです。そして、日本と北朝鮮の双方がベルヌ条約の当事国になっているからといって、両国の合意が成立したとは当然にはみなしえないのだとすれば、日本がその同意を推定させるような態度をとったというのでなければ、宣言的効果説の立場にたって、北朝鮮が国際法上の国であることを認めたとしても、日本は北朝鮮に対してベルヌ条約上の義務を負わないとの結論を導くことは可能であったように思われるのです。

こうした観点から、上の外務省の見解をもう一度注意深く読んでみると、外務省は、ベルヌ条約という多数国間条約上の権利や義務について、通常の国と北朝鮮を同列に扱うことはできないと言っているだけで、日本は北朝鮮を承認していないから、北朝鮮は日本にとって国際法上の国ではないとは言っていないことに気がつきます。逆にそのように言ってしまったら、日本と北朝鮮の間には、ベルヌ条約上の権利や義務だけでなく、慣習国際法上の権利や義務も存在しないということになって、例えば、北朝鮮の工作員が日本にやってきて、日本国民を拉致したとしても、そうした行為は国際法(日本の領域主権を尊重する義務)に違反しないということになるでしょう。外務省は、こうした点も踏まえて、慎重な回答を与えていたと言えそうです[1)]。

6 まとめ

北朝鮮が国際法上の国であるとしても、日本と北朝鮮の間に日米安全保障条約や日韓犯罪人引渡条約、あるいはWTO協定や国連海洋法条約のような条約上の権利や義務が当然に生じるわけではありません。他方、北朝鮮が国際法上の国でないとしたら、日本と北朝鮮の間には慣習国際法上の権利や義務も存在しないことになります。国家間の合意の有無にかかわりなく、すべての国際法上の国の間で適用される慣習国際法は、国と国が共存していくための最低限のルールを定め

---

1) ただし、日本政府は、2006年に日本は北朝鮮を国際法上の主体と認識しているかについて回答するよう求めた鈴木宗男議員(当時)からの質問に対して、次のように答弁しています。「我が国は、北朝鮮を国家承認していない。したがって、我が国と北朝鮮との間には、……国際法上の主体である国家の間の関係は存在しない」(平成18年6月16日内閣衆質164第322号)。これによれば、日本政府は、宣言的効果説ではなく、むしろ創設的効果説の立場にたっているように思われます。その意味では、国家承認の効果をめぐる日本政府の立場も、必ずしも一貫したものとは言えないようです。

たものと言えます。北朝鮮が日本にとって悩ましい存在であることは確かでしょうが、北朝鮮が国際法上の国であることを否定したとしても、それが実体として存在し、日本が北朝鮮となんとか共存していかなければならないことに変わりはありません。そうであるならば、日本が承認していなくても、北朝鮮が国際法上の国であることを認め、慣習国際法という国際法上のルールにしたがって共存を図っていくことは、日本にとっても有益なことと言えるでしょう。

〔参考文献〕

＊国家承認全般について：

王志安『国際法における承認――その法的機能及び効果の再検討』(東信堂・1999年)。

小寺彰『パラダイム国際法』(有斐閣・2004年)、第7章。

小松一郎『実践国際法(第2版)』(信山社・2015年)、第3章III。

Crawford, James, *The Creation of States in International Law* (2nd ed., Clarendon Press, 2006), Chapter 1.

Talmon, Stefan, "The Constitutive versus the Declaratory Theory of Recognition: Tertium Non Datur?" *British Yearbook of International Law*, Vol. 75 (2005).

＊北朝鮮ベルヌ条約事件について：

臼杵英一「多国間条約と未承認国――ベルヌ条約と北朝鮮」『平成20年度重要判例解説』(有斐閣・2009年)。

北村朋史「北朝鮮ベルヌ条約事件――未承認国に対する多数国間条約上の権利義務」『平成24年度重要判例解説』(有斐閣・2013年)。

濱本正太郎「未承認国家の地位――ベルヌ条約事件」『国際法判例百選(第2版)』(有斐閣・2011年)。

6 日本・韓国・中国がともに主張する「固有の領土」とは？
——領域紛争の解決基準としての領域権原

深町朋子

1 なにが問題か？

「竹島は、歴史的事実に照らしても、かつ国際法上も明らかに日本固有の領土です」。「獨島は、歴史的・地理的・国際法的に明らかに韓国固有の領土です」。

固有名詞を入れ替えただけのようなこの2つの文章は、日本と韓国がそれぞれの外務省ウェブサイトを通じて配布している多言語広報パンフレット（『竹島——法と対話による解決を目指して』、『韓国の美しい島、獨島』）で、自国の基本的立場を説明する箇所に掲げられているものです。獨島というのは竹島の韓国名ですから、日本と韓国は同じ島を「固有の領土」と主張しているわけです。日本はまた、北方領土と尖閣諸島も「固有の領土」と位置づけていますが[1]、2012年に中国国務院が発表した尖閣諸島（中国名：釣魚島）に関する白書を見ると[2]、そのタイトルは「釣魚島は中国固有の領土である」となっていて、日中も日韓と似た状況にあるのが分かります。

ある場所をめぐって、複数の国家が「固有の領土」と主張しあうことにどのような意味があるのでしょうか。そもそも「固有の領土」とは何なのでしょうか。古くからずっと自国に属している領土を指すのでしょうか。以下では、これらの疑問に答えるための手がかりを、国際法の観点から探っていきます。まずは、ある場所が「国際法上明らかに自国の領土」ということを示すための、領域に関わる国際法（これを領域法といいます）の枠組みを理解するところから始めましょう。なお、領域法には海洋法における「国連海洋法条約」のような条約がなく、ルー

1）日本政府のウェブサイトでは、外務省のほか、内閣官房の領土・主権対策企画調整室や、内閣府の北方対策本部などでも、多くの情報が提供されています。
2）日本語の「訳文」を中華人民共和国駐日本大使館のウェブサイトで読むことができます。

ルは基本的に慣習国際法の形で存在していることを最初に述べておきます。

2　領域法のしくみ

(1)　領土、領域主権、領域権原

国際法上、領土は、国家が領域主権(territorial sovereignty)を及ぼすことのできる陸地と定義されます。領域主権というのは、領域を自由に使用し処分する権能と、領域内で排他的な支配を行う権能からなる、包括的で排他的な権利です。国家が領土の一部を他国に譲渡(たとえばロシアは1867年にアラスカを米国に売却しました)できるのは、前者の権能の現れですし、領域内にいる人が外国人であっても統治の対象になるのは、後者の権能の現れです。領域主権は一定の水域と空域にも及んでおり、それぞれ領水(内水と領海)と領空と呼ばれます。領土、領水、領空をまとめたものが領域です。

さて、国家がある陸地を自国の領土というためには、その国家に領域主権が与えられることを正当化する国際法上の根拠を示す必要があります。この根拠を領域権原(title to territory)といいます。つまり、ある陸地が自国の領土であるという主張は、国際法的には、自国に領域権原があるという主張として行うことになるのです。「権限」と同音なので紛らわしいのですが、法律の世界では一般に、権利が付与される根拠となる事実(付権的事実)を「権原」ということばで表します。また、領域権原が「領域」ではなく「領土」の問題として提示されるのは、領水と領空は領土に付随してしか存在せず、領土の帰属といわば運命を共にするからです。

(2)　領域権原概念の射程

ここで注意が必要なのは、伝統的な国際法の考え方では、すべての領土と領域主権に領域権原の概念が適用されてきたわけではないという点です。どういうことかというと、わたしたちが現在、国際法と呼んでいるものは、近代欧州で複数の主権国家が成立した際に、その相互関係を規律する法として生まれました。つまり、国際法の存在にとって近代欧州諸国の存在は所与の前提なのです。その結果、それらの国々が国際法の成立時に有していた領土が、国際法からみてなぜ領土だといえるのか、言い換えれば、その国による領域主権の保持を根拠づけるものは何かを問うのは、不必要であるだけでなく論理的にも困難になります。

では、領域権原概念や領域法は何のために発展したのでしょうか。大航海時代以降、欧州諸国が世界各地で繰り広げた植民地獲得競争について、歴史の授業で習ったのを覚えていますか。領域法の目的は、まさにそうした、既存の欧州諸国による新たな領域の取得を規律することでした。欧州による非欧州の支配を正当化すると同時に、かつ、欧州諸国間の競争に秩序を与えるために、国際法学者たちは領域権原を、いくつかの領域主権取得方式に類型化して論じたのです。

一般に認められてきた取得方式は次の5つです。①どの国家にも帰属していない陸地(無主地)を領有の意思をもって実効的に支配する(先占)。②堆積等の自然作用、または埋め立て等の人工的造成によって、自国領土に新たな陸地が付け加わる(添付)。③合意によって他国から領土を譲り受ける(割譲)。④他国の領土を武力で奪う(征服)。⑤他国の領土または帰属が明確ではない陸地を、領有の意思をもって実効的に支配する(時効)。①と②は、領域主権が設定されたことのない陸地に最初に領域主権を取得するという意味で、「原始取得」ないし「原始権原(original title)」と呼ばれます。

ところで、領域権原が問われてこなかった領土は、実はもう1つあります。それは、既存国家からの独立や複数の国家の合併によって成立する「新国家」の領土です。18世紀にラテンアメリカの植民地が次々に独立を宣言するようになると、国際法は、そうした団体が国際法上の国家(主権国家)とみなされるための基準(国家の要件)や手続(国家承認制度)を整えていきました。基準の1つとされたのが「明確な領域」(ただし、国境線が全て定まっている必要はありません)です。この「領域」、つまり国際法上の国家として認められるために必要な一定の領土は、近代欧州諸国の領土の場合と同様に、国際法からみれば国家の存在そのものと切り離せず、よって、領域主権の保持の根拠は意識されてこなかったのです。

このように、伝統的な領域権原概念と領域法は、既存国家による新たな領域の取得だけを対象にして、領域権原を類型化する方法で形成されました。しかも、主な関心は欧州諸国による植民地取得にありました。これらの特徴はそのまま限界につながります。第1に、関心の対象から外れる「領土」の帰属が問題となる場合には、適用可能なルールや概念を明確に示すことができません。典型例は新国家の領土です。第2に、領土の帰属をめぐる紛争(ある場所がいずれの国の領土であるかを争う紛争のことで、領域紛争とも呼ばれます)では、多くの場合、長期にわたって多様な事実が複雑に積み重ねられているため、類型化された領域権原への当てはめには大きな困難が伴います。第３に、植民地主義を完全に否定する現代国際法との調和が問題になりえます[3)]。こうした制約(詳しくいえば他にもあります)を負っている領域法が、国際法に従って紛争を解決しなければならない国際裁判所にとって、「使いやすい道具」でないことは想像に難くありません。

(3) 国際裁判における帰属判断

意外に思われるかもしれませんが、領域紛争は決して少なくない数が国際裁判(仲裁裁判と司法裁判)にかけられてきました。蓄積された判例の研究を通じて明らかにされてきたのは、領域紛争を付託された裁判所が、伝統的領域法と領域権原概念の制約を乗りこえて帰属判断を行うために、様々な「工夫」をしていることです。

たとえば、裁判所は、係争地の帰属に関する関係国の合意をできる限り見いだすように努め、見いだされた合意には最大限の尊重を与えようとする傾向にあることが指摘されています。これを日本の領域問題に照らして考えるならば、1951年に日本と連合国の間で締結されたサンフランシスコ平和条約が、まずもって重要ということになるでしょう。北方領土の場合は、他にも条約や合意が複数存在していることが特徴的です。また、尖閣諸島については、日清戦争の講和条約である1895年の下関条約を関連合意とみなせるか否かが、争点の１つになっています。

裁判所がしばしば採用するもう１つの手法は、領域主権の現れといえる行為を継続的かつ平穏に行っているという事実(「主権の表示」)を重視して、領域権原の成否を決定するというものです。「主権の表示」は実効支配(⇒8)と表現されたり、エフェクティヴィテ(*effectivités*)というフランス語で言い換えられたりもします。これまでの判決では、審理の対象になっている係争地の具体的状況に応じて、税の徴収や裁判など、立法上、行政上、司法上の様々な国家権能の行使が、権原を生み出す「主権の表示」として認められてきました。ただし、当事者間で紛争が顕在化した後に行われる行為は、裁判所の考慮対象から外されるのが原則です。

裁判所の帰属判断方法には他にも多くの注目点がありますが、後は参考文献などに譲り、むしろここでは、判決はあくまで個別具体的な紛争の解決を目指した

---

3) 国内法と同じく国際法でも、現在の法を過去に遡って適用することは認められていません(時際法の原則)。しかし、過去の法を解釈適用する際に現代的視点が反映される可能性は排除されません。

ものであるという基本的前提を確認しておきましょう。裁判所の様々な「工夫」は、各紛争の歴史的文脈や事実関係の枠内でなされています。領域法における理論上の整合性が保たれるかどうかや、領域法としての一般化が可能なものかどうかという観点は必ずしも重視されません。ですから、裁判所がある事件で用いた法理や概念や解釈を部分的に切り取り、機械的に別の紛争にあてはめるような議論の仕方には、簡単に与しないように心がけることが大切です。

3 「固有の領土」という表現と国際法

さて、「国際法上明らかに自国の領土」ということを示すための領域法のしくみを一通り見てきたわけですが、「固有の領土」という概念は全く登場しませんでしたね。これは、あえて省略したとか避けたというのではありません。北方領土、竹島、尖閣諸島という、日本の領域問題の文脈を離れた一般的な領域法の論述では、この表現は基本的に使われないのです。しかし、国際法や領域法としてはそこで話は終わり、というのもあまりに短絡的です。視点を変えて、国際法上は「固有の領土」という概念が確立していないにもかかわらず、それが一般によく使われて通用するようになっているのはなぜか、それで主張しようとしているものは何であるか、というふうに考えてみることが必要でしょう。そこから、国際法上の何らかの概念やルールとの関連性が浮かび上がってくるかもしれません。以下では2つの例を見ていきます。

(1) 「固有の領土」と領土保全原則

冒頭に引用した日韓両国のパンフレットと中国国務院文書の英語版を読むと、「固有の領土」にあたる部分は、日本と中国が an inherent territory、韓国が an integral part of Korea's territory となっていることが分かります。これは国ごとの訳語の違いというわけではなく、たとえば日本の2006(平成18)年版『外交青書』(外務省ウェブサイトで閲覧可能)の英語版は、inherent(ly)と integral の両者を使っています。

領域法で integral というと、すぐに思い浮かぶ概念は territorial integrity です。日本語では領土保全と呼ばれています(国連憲章2条4項を参照)。領土保全とは、領域の物理的現状ないし一体性がそのまま尊重されることを意味しており、国家は領土保全原則の下で、他国領域を武力やその他の方法で侵害しない義務を相互に負っています。したがって、ある陸地を自国領域のan integral partとするとき、それが領土保全原則の及ぶ正当な自国領域であるという主張と理解されるのであれば、係争地を現実に支配している側の国は、他国にその支配の尊重が法的義務である旨を訴えることができ、係争地の支配を失っている側の国は、紛争相手国が国際法上の重要な義務に違反しているという強い非難を暗示できるといえます。

ただし、当然のことながら、領土保全は領域主権の結果であって、原因や根拠ではありません。その国の領域主権がその場所に正当に及んでいる場合に初めて、領域として領土保全原則の保護を受けるのです。「固有の領土」という表現は、「固有の」という修飾語の語感から、その領土の帰属根拠を表していると捉えられがちです。しかし、領土保全の文脈で「固有の領土」が用いられているケースでは、なぜその場所が法的に自国領土といえるのかについては、実際には何も言っていないのです。領域主権がその場所に正当に及んでいるか否かは、領域権原の概念を使って別に論証すべき事柄です。このことが適切に理解されないまま、議論が錯綜してしまっているケースを時折見かけるので注意してください。

(2) 「固有の領土」と原始権原の概念

もう1つの例に進みましょう。日本は北方領土、竹島、尖閣諸島を等しく「固有の領土」としています。ただし、政府によって「固有の領土」の定義が明確に示されてはきませんでした。前項で取り上げた領土保全の意味合いをもつ場合を除くとして、3つの領土を同じ意味での「固有の」領土と理解した上でそう表現しているのか、それとも、さらに複数の意味で「固有の」という表現を使っているのかを判断するには、各用例を慎重に検討しなければいけません。ここではさしあたって、一番の手がかりとなる北方領土の用例に着目したいと思います。北方領土については、「いまだかつて一度も外国の領土となったことがない我が国固有の領土」(外務省『われらの北方領土2015年版』)といったかたちで、「固有の」という形容の意味内容がある程度特定されるのが一般的だからです(冒頭に引用した竹島の文章と比較してみてください)。

「いまだかつて一度も外国の領土となったことがない」陸地に、既存の国家が領域主権を初めて設定する状況は、領域法では、原始取得ないし原始権原というカテゴリーで表現されることを覚えていますか。「原始」というと非常に古いことのように見えますが、「初めて」であれば時代の新旧は関係ありません。この原始権原の代表例が、無主地先占による領域権原です。そして、詳しい説明は省きますが、尖閣諸島に対する日本の領域主権の取得は、まさに19世紀末の無主地先占によるものとされています[4)]。ということは、とりあえず尖閣諸島は、「いまだかつて一度も外国の領土となったことがない我が国固有の領土」といってもよさそうです[5)]。

他方で、伝統的領域法に従えば、「いまだかつて一度も外国の領土となったことがない」陸地であっても、それが国際法成立時に存在していた欧州諸国の領土である場合には、領域権原概念自体が用いられないのでしたね。それでは、日本(や韓国や中国)のように、古くから非欧州地域に存在していた「国家」が、ある時点(日本の場合は19世紀半ば)に近代国際法を受け容れて、主権国家として国家間関係に入っていった場合はどうでしょうか。その「国家」が、現地の伝統的「国際」秩序のもとで有していた「領域」の帰属は、国際法ではどのように扱われるのでしょうか。

領域法の問題として一般化した場合、ここには少なくとも2つの論点が含まれています。1つは、既存国家による領域の取得とは区別される、国家の創設あるいは存在そのものと関わる領域の帰属を説明する概念や論理が、やはり必要なのではないかということ、もう1つは、そこで「国家の創設」というときに、歴史上、世界各地に存在していた、近代国際法上の主権国家とは異なる「国家」やその「領域」を、議論の射程にどこまで、どのように取り込むのかということです。

これらの論点は、国際司法裁判所が今世紀に入って判決を下したいくつかの領域紛争などを通じて、学界でも注目されるようになっていますが、そこでの議論の鍵概念となっているのは、実は「原始権原」の概念です。たとえば、シンガポールとマレーシアがシンガポール海峡に浮かぶ小島の帰属を争ったペドラ・ブランカ／バトゥ・プテ島事件判決(2008年)では、16世紀前半に東南アジアで成立

---

4) これに対して、竹島の島根県編入(1905年)は無主地先占ではなく、「江戸時代初期にあたる17世紀半ばには、竹島の領有権を確立」していたことを前提に、明治政府が「竹島を領有する意思を再確認」する措置であったと説明されます(外務省『竹島問題10のポイント(Q&A付き)』)。

5) 尖閣諸島の無主地先占が要件を満たして有効に成立したのか、有効に成立したとして、取得された領域主権が放棄や他国への移転などによって失われることなく、現在も有効に存続しているかについては、別に論証が必要です。

したジョホール王国が、一定の「領域範囲(territorial domain)」を自らの主権下に置く主権国家(a sovereign State)であったことには争いがないとした上で、同国がその領域範囲に「原始権原」を有しており、係争地にもそれが及んでいるという論理が用いられました。この場合の「原始権原」は、既存国家による領域取得ではなく、国家の成立あるいは存在そのものに関わる概念と捉えられていることが、複数の論者によって指摘されています。つまり、原始権原には2つめの意味があるというわけです。

以上を踏まえて、北方領土に少しだけ立ち返っておきましょう。日本とロシアは1855年に初めて、近代国際法に基づいた条約(日魯通好条約)を締結し、そのなかで、現在の北方領土を構成する北方四島を国境線の日本側に置くかたちで、両国間の国境画定を行いました。国境の画定は、国境地帯についての領域権原が隣接国のいずれかによって、画定に先立って保持されているという前提がなければ、論理的に成立しません。ということは、「開国」前の日本という「国家」が有していた原始権原の存在が示唆されているともいえそうです。もっとも、原始権原(とくに第2の)概念にはまだ明らかでない点も多いため、具体的事例にどのように適用できるのかは、現在進展している研究の成果を見極めつつ慎重に考えていく必要があるでしょう。

4 まとめ

「固有の領土」という表現に結びつく領域法概念が複数あるのは、「固有の領土」という表現が多義的であることの例証といえます。多義的なことばをあえて用いれば、議論が錯綜する危険を大きくするばかりでなく、異なる意味で理解される可能性を逆手にとって、「思い込み」によるイメージ形成を狙っているという批判を受ける結果にもなりかねません。広く使われている表現ではありますが、少なくとも法的な議論の文脈であれば、適切な国際法上の概念に置き換えるか、それとの関連性を説明しつつ用いるなどの努力が必要と思われます。

東アジアでも、その他の地域でも、未解決の領域紛争が時に国際関係に大きな緊張をもたらしながら存続しています。国際裁判に付託される見込みが非常に低い場合、国際法に一体何ができるのかと疑問に感じるかもしれません。しかし、すぐに裁判や外交交渉で解決できないからこそ、説得力をもって自国の立場を国際社会に発信し、理解や支持を得ることの重要性が高まると考えるべきです。そこでの「伝わる言語」こそ、国際法です。本文で述べてきたように、領域の帰属をめぐる国際法のルールは、領域権原の概念を中心に組み立てられています。ですから、領域権原とはどのようなもので、領域の帰属をどのようにして規律しようとしているのかを、まずはしっかりと把握するようにしましょう。その際には、領域法が生成された歴史的過程を知り、それがもたらしている種々の特徴や制約を認識するよう努めることがとても大切です。さらに、条文が整備された国内法や、ルールを網羅した条約が成立している国際法のいくつかの分野と違って、領域法では、そもそも何がルールなのか、それぞれの概念の意味は何か、といったことを確定するのに多くの手間と困難が伴うことも、常に心に留めておいてください。

〔参考文献〕

＊領域法および領域権原について：

小寺彰ほか編『講義国際法　第2版』(有斐閣・2010年)、第9章。

許淑娟『領域権原論――領域支配の実効性と正当性』(東京大学出版会・2012年)。

柳原正治ほか編『プラクティス国際法講義　第2版』(信山社・2013年)、第12章。

＊北方領土、竹島、尖閣諸島の主要論点(「固有の領土」の主張を含む)について：

第3期竹島問題研究会編『竹島問題100問100答――日本人として知っておくべきわが国固有の領土』(ワック出版・2014年)。

中内康夫・藤生将治・高藤奈央子・加地良太『日本の領土問題と海洋戦略――尖閣諸島、竹島、北方領土、沖ノ鳥島』(朝陽会・2013年)。

松井芳郎『国際法学者がよむ尖閣問題――紛争解決への展望を拓く』(日本評論社・2014年)。

＊原始権原の概念をめぐる近年の議論について：

Huh, Sookyeon "Title to Territory in the Post-Colonial Era: Original Title and *Terra Nullius* in the ICJ Judgments on Cases Concerning *Ligitan/Sipadan* (2002) and *Pedra Branca* (2008)", 26 *European Journal of International Law*, Vol. 26 (2015).

Kohen, Marcelo "Original Title in the Light of the ICJ Judgment on Sovereignty over Pedra Branca /Pulau Batu Puteh, Middle Rocks and South Ledge", 15 *Journal of the History of International Law*, Vol. 15 (2013).

7　中国政府船舶による尖閣周辺海域での航行は「領海侵犯」?
――領海における沿岸国の主権と外国船舶の無害通航権

西村　弓

1　なにが問題か?

「中国の公船や航空機による領空・領海侵犯が相次ぐ」(朝日新聞2013年7月17日付夕刊2面、以下も含めて傍点は筆者)、「尖閣諸島(沖縄県)の周辺で常態化する中国公船の領海侵犯」(毎日新聞2014年8月19日付夕刊1面)、「尖閣諸島周辺への中国公船による領海侵犯」(日本経済新聞2016年5月25日付朝刊3面)といった表現が最近の新聞紙上で見られます。一般にも「領海侵犯」という言葉は比較的人口に膾炙しているようにも思われます。他方、外務省が2013年に公表した文書[1)]には、「2008年12月の中国公船による初めての尖閣諸島の領海侵入事案は、日本国民に驚きを与え、〔……〕さらに、昨年12月13日には、中国の『海監』所属航空機による尖閣諸島の領空侵犯事案が発生した」と書かれています。ここでは、領海「侵入」と領空「侵犯」というように、海と空では異なる言葉が使われていますが、なぜなのでしょうか。

この点を検討するにあたっては、まずは国家の領域について基本的な考え方を理解する必要があります。ある国家の領域は、領土、領水(領海+内水)、領空の3つの部分からなります(図1)。領土とはある国の国土をなす陸地部分です。国は、領土の外側最大12カイリ(1カイリは、地球の緯度1分に相当する長さ=1.852キロメートル)の沖合まで領海を設定することができます。領海設定の出発点となる基本線のことを、「基線」と呼び、通常は海岸の低潮線(干潮時の陸と海の境界線)がこれに当たるほか、河口・湾口や港の外側などに引かれます。また、海岸線が著しく曲折しているか、または海岸に沿って至近距離に一連の島があるなどの一

1) 「ポジション・ペーパー:尖閣諸島をめぐる日中関係―中国による火器管制レーダーの照射を受けて―」http://www.mofa.go.jp/mofaj/area/senkaku/position_paper3_jp.html

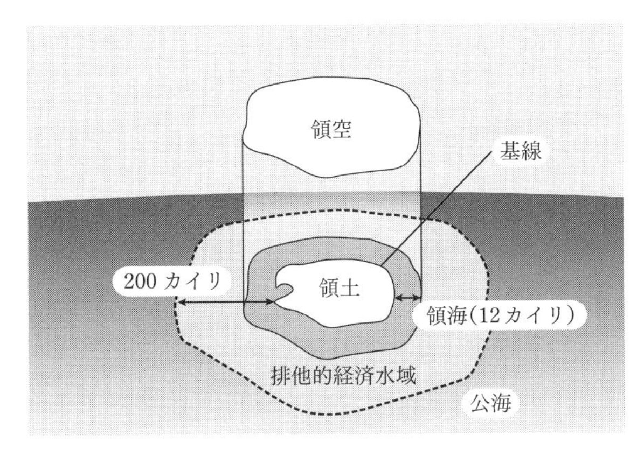

図1：領域概念図

図2：日本の基線(濃いグレー部分が内水)

定の場合には、海岸の全般的な方向から著しく離れないように適当な点を結んで直線的な基線(直線基線)を引くことも認められ、日本も合計162本の直線基線を引いています(図2)。そのうえで、日本は、領海幅を特別に3カイリにとどめている宗谷海峡、津軽海峡、対馬海峡東水道、同西水道、大隈海峡の5つの特定海域を除いて、基線から測って12カイリ幅の領海を設定しています(図3)。領海と基線の内側(陸地側)の水域である内水を合わせて領水と呼び、沿岸国の海における領域を構成します。領海の外側に広がる接続水域、大陸棚および排他的経済水域においても沿岸国は一定の権限を持ちますが、これらの海域は国家の領域

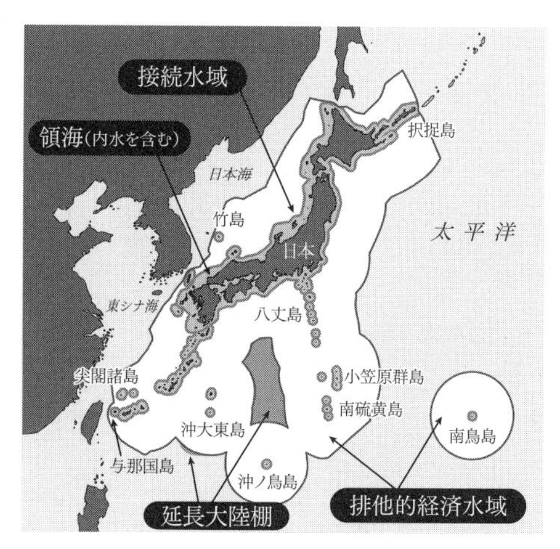

図3：日本の領海等

ではないので、そこで行使できる権限の対象と内容はあくまでも国際法によって認められた範囲内にとどまります(大陸棚および排他的経済水域について詳しくは⇒18)。領土・領水の上空が領空です。

国家は自国領域に対して主権を持っていますから、どのような外国人に対して自国領土への上陸や滞在を認めるかについて自由に決定することができます。条約の締結等によって特定の外国人の入国を認めることをあらかじめ約束していない限り、外国人の入国や滞在を認める義務はありません。従って、外国人が、入国手続を経ずに領土に密入国したり、あるいは当初認められた滞在期間を超えて不法滞在をした場合には、国家はこれらの者を入国管理に関する法令違反によって拘束し処罰したり、あるいは、帰国後に本国で迫害を受ける恐れがある場合を除き、本国に強制送還するなどの措置をとることができます。

同様に、領空に対しても国家は主権を持っており、航空機は領域国の同意を得ずに領空に入域することはできません。定期便のフライトについてその都度領域国の許可を求めることは不便ですから、定期民間航空輸送は、多くの場合、航空協定という条約を結ぶことによって、ルートや便数、機種等について一括して事前に相手国の同意を得て行われています。同意を得ずに、航空機が領域国の領空に侵入した場合——領空侵犯を行った場合——には、領域国は自国の要撃機を緊急発進(スクランブル)させて当該機に着陸を強制するなどの対処をとることができ、着陸命令に従わない侵犯機が軍用機である場合には撃墜することも禁止されません。1983年に領空侵犯をした大韓航空機を当時のソ連が撃墜した事件は国際的非難を招き、これを契機に、侵犯機が民間航空機の場合には、武器の使用は避けることが国家間で確認されましたが、それは民間航空機への対処方法に関する制限であって、領空飛行の自由は外国機に存在しないことを前提として規制を行うことじたいは当然のこととして領域国に認められるのです。

上に引用した新聞記事は、これら領土や領空の場合と同様に、領海についても外国政府船舶(公船)による「侵犯」を問題とし、他方、外務省の声明は領海と領空で異なる言葉を使っているようですが、領海における沿岸国の権限についてはどのように理解すればよいのでしょうか。

2　領海における沿岸国の権限

(1)　無害通航制度

領海も沿岸国の領域の一部である以上、どのような外国船舶に通航を許すかは沿岸国が自由に決めることができ、沿岸国の同意を得ずに航行を行う船舶については拿捕や処罰などの取締行為を行い、あるいは領海からの退去を命ずることが当然、と考える向きもありますが、こうした理解は正確ではありません。領土・領空とは異なって、船舶には、外国領海においても無害通航権(right of innocent passage)が認められており、無害である限り沿岸国の許可なく自由に通航することが認められるからです。無害通航制度はかねてより慣習国際法上認められてきており、日本を含め多くの国が締約国となっている国連海洋法条約においても、沿岸国は他国船舶による無害通航権を妨害してはならない一方で、無害でない通航をする船舶に対しては通航の権利を否認し、その防止のため必要な措置をとることができることが確認されています。

無害通航権を行使するためには、そもそも船舶の活動が「通航」にあたらなければなりません。通航とは目的地に向けて行われる継続的かつ迅速な通過をいい、悪天候などに際して危難を避けるために例外的に認められる停船・投錨を別として、停船・徘徊・滞留などは通航にあたりません(国連海洋法条約18条)。例えば、政治的主張を行う目的等で尖閣諸島の領海を徘徊し、あるいは同領海に滞留するような外国船舶については、通航にあたらないとして退去を命ずることができます。日本は、領海内において停留等を行う外国民間船舶に対して、海上保安官が立入検査を行い、停留等を例外的に正当化する事情がない場合には退去を命じうることを定めています(領海等における外国船舶の航行に関する法律6条)。では、停船・徘徊等をせずに通航する外国船のうち、どのようなものが無害でないと考えられるのでしょうか。

(2) 無害性の基準

国連海洋法条約によれば、航行が「無害」とは沿岸国の平和・秩序・安全を害しないことをいい(19条1項)、船舶が、(a)武力による威嚇又は武力の行使であって、沿岸国の主権、領土保全若しくは政治的独立に対するもの又はその他の国際連合憲章に規定する国際法の諸原則に違反する方法によるもの、(b)兵器を用いる訓練又は演習、(c)沿岸国の防衛又は安全を害することとなるような情報の収集を目的とする行為、(d)沿岸国の防衛又は安全に影響を与えることを目的とする宣伝行為、(e)航空機の発着又は積込み、(f)軍事機器の発着又は積込み、(g)沿岸国の通関上、財政上、出入国管理上又は衛生上の法令に違反する物品、通貨又は人の積込み又は積卸し、(h)この条約に違反する故意のかつ重大な汚染行為、(i)漁獲活動、(j)調査活動又は測量活動の実施、(k)沿岸国の通信系又は他の施設への妨害を目的とする行為、(l)通航に直接の関係を有しないその他の活動、のいずれかに従事する場合には、当然に沿岸国の平和・秩序・安全は害されることとされています(同2項)。すなわち、これらの活動に従事する船舶は無害とは言えず、航行の権利を持ちません。

例えば、2008年12月には、尖閣諸島の領海内で中国の海洋調査船(海監46号及び同51号)が航行していることを海上保安庁の巡視船が確認し領海外への退去を要求した例があります。海洋調査船であっても、領海内では調査活動を行わず単に航行するにとどまる場合には無害通航権を享受しますが、外国船が海洋調査を実施していた場合には、上記の19条2項(j)に該当し無害性は否定されて、沿岸国としては当該船舶の航行を認める必要はありません。

では、19条2項に列挙されたいずれかの具体的な行為を行っていると言えない船舶は、すべて無害通航権を享受するのでしょうか。無害性の基準については、かねてから通航に伴って行われる行為や通航の具体的な態様が沿岸国の法益を侵害する場合に限って無害性が否定されるとする「行為・態様別規制」の考え方によるか、これに加えて船舶の種類・装備・積荷・仕向地などの内在的な要素を重視する「船種別規制」を行うことも可能かという対立が存在してきました。前者の考え方によれば、軍事演習や情報収集活動、あるいは密輸行為等の具体的な活動を行っているとか、戦闘隊形を組んで航行しているといった事情がなければ、船舶の通航を禁ずることはできないことになりますが、後者の立場によれば、軍艦や核廃棄物等の危険物搭載船であるというだけで無害性を否定して領海通航を拒否することができることになります。今日では、上で見た国連海洋法条約19条が無害性の基準を定めていますが、その規定をこれらのどちらの内容を定めたものとして解釈するかをめぐっては、次のような幾つかの立場が示されています。

一方では、無害でない通航は19条2項ですべて列挙されていて、2項に挙げられた活動を行ってさえいなければ船舶は無害通航権を享受するという考え方があります。米国と(当時の)ソ連が示した1989年の「無害通航規則の統一解釈に関する共同声明」はこの立場を採っていますが、少数説です。多くの国は、19条では、1項で無害でない通航とは何かに関する一般的な定義を置いたうえで、その定義に該当する典型例を2項が示していると考えます。こうした考え方によれば、2項は例示に過ぎないので、具体的に挙げられたケース以外にも通航の無害性が否定されることはあり得ることになります。その上で、2項における例がすべて船舶による何らかの具体的な活動に着目していることから、例示以外の場合においても、無害性の有無は船舶が行う具体的な行為や航行の態様が沿岸国にとって有害かどうか、すなわち行為・態様別規制を基準として判断されるとする立場と、2項に書かれているような行為は当然に有害な通航に当たるとみなされるが、それとは別に1項に書かれた一般論の下で船種別規制を行う余地も残されていると捉える立場が対立しています。この論争は主として軍艦が無害通航権を持つかを念頭において展開されてきました。前者によれば戦闘隊形を組んで航行しているといった事情がない限り、軍艦であっても無害通航権を享受しますが、後者によれば、沿岸国の同意を得ない軍艦の通航を一律に禁止することも可能となるでしょう。実際にも、軍艦の領海入域について、事前許可制をとる国(イラン、モルディヴ、パキスタン、ルーマニア、スリランカ、スーダン、アラブ首長国連邦、イエメン、中国、ヴェトナム、ギリシャ等)があります。

なお、海上輸送による輸出入に大きく依存し、航行の自由の確保を重要視する日本は、19条2項を同1項の例示と捉え、また、船種別規制の考え方には基本的に反対してきました。ただし、「核を持たず、作らず、持ち込ませず」という非核三原則政策との関係もあって、核兵器を搭載した軍艦の航行については無害とは考えず、「原則としてこれを許可しない権利を留保」しています(58回昭43・4・17〈衆・外務委〉12号17頁、三木武夫外務大臣)。極めて限定的な対象についてではあれ船種別規制を採っているようにも見え、その立場には不明確な点もあります。

さて、冒頭に挙げた尖閣諸島の周辺を航行する中国公船については、以上を踏まえてどのように評価されるでしょうか。中国は尖閣諸島が自国の領土であると主張していますから、この問題は、そもそも当該海域が日本の領海であることじたいを否定しようとする中国公船にどのように対応するかという特殊な文脈で起きている点に特徴があります。日本の立場からは、尖閣諸島の領有権を巡る中国政府の主張や海上保安庁巡視船による退去要求及び外交ルートを通じた抗議にもかかわらず航行を継続するという対応等に照らして、中国公船は尖閣諸島周辺海域が自国領海であることを主張するための示威を目的とした航行を行っていると捉えて、19条2項(d)の「沿岸国の防衛又は安全に影響を与えることを目的とする宣伝行為」にあたり、無害でない通航であると解する余地があるかもしれません。示威的航行が(d)に言う「宣伝行為」そのものにはあたらない場合であっても、外国公船が自国領海であることをアピールするための示威的な意味を持って航行することじたいが、19条1項の下で沿岸国の平和、秩序または安全を害する無害でない通航にあたるという主張もあり得るでしょう。いずれにしても、包括的な船種別規制の立場を採るのでない限り、単に外国軍艦や公船が領海を通航するだけでは国際法違反にはあたりません。航行中に行われる具体的な行為や航行の態様・文脈等に照らして、沿岸国の平和、秩序または安全が害されるか否かを個別に判断する必要があるのです。

(3) 無害でない通航を行う船舶に対する措置

外国船舶が無害でない通航を行った場合、沿岸国としてはどのような対応ができるのでしょうか。沿岸国は、無害でない通航を防止するために「必要な措置(the necessary steps)」をとることができるとされています(海洋法条約25条1項)。もっとも、無害でない通航を行う船舶が、民間船舶ではなく、外国軍艦や外国政府の公務に従事する公船である場合、具体的にどのような措置をとりうるのかについては不明確な部分があります。もちろん、外交ルートを通じて軍艦等の本国に対して退去要請を行い、あるいは問題の軍艦等と併走して退去を促すといった強制性のない対応は可能ですし、外国軍艦等による通航が武力攻撃に該当する場合には、自衛権として武力行使に訴えることも認められます。しかし、武力攻撃には至らないが無害ではない通航を行う外国軍艦・公船が退去要請に従わない場合、原則として軍艦や公船は他国の権限行使の対象とならない(このことを国際法上は軍艦や公船は沿岸国管轄権からの「免除」を享有すると表現します)とされていることとの関係で、沿岸国が強制的な進路規制やさらには威嚇・船体射撃等を行うことができるのかが問題となるからです。この点については、免除とは沿岸国の国内法違反を根拠とした船舶の拿捕や差押えといった管轄権行使の対象とならないことを意味するのであって、無害でない通航を行う軍艦・公船を排除するための実力行使はそもそも免除の問題とは文脈を異にする(免除の問題は生じない)とか、国際法上無害でない通航をする船舶は免除を享受する根拠を失うなど様々な考え方が示されていますが、国際的に統一された理解は確立していません。また、無害でない通航を防止するための実力行使が、国際法上の武力行使と評価されるのか、それとも国内法上の警察権の行使にとどまるのかについても、見解は一致していません。

3　まとめ

以上のように、領海において外国船舶は無害通航権を享有し、無害性を保つ限りにおいて沿岸国の許可なく自由に航行することが可能ですから、領域国の同意を得ない飛行が一律に禁止されている領空への外国航空機による「侵犯」と同じ意味で「領海侵犯」という言葉を使うことはいささか不正確でしょう。前述の外務省ペーパーが「侵犯」という表現を避けているのはそうした配慮によるのではないかと思われますが、領海「侵入」という表現も一律に違法であるとの語感を伴うので、最善の選択肢とは言い難いように思われます。沿岸国の同意を得ない外国船舶の航行が国際法上違法と言えるか否かは、当該船舶の行動が「通航」にあたるか、さらには無害と評価できるかに応じて、個別に判断される事柄であることに注意しなければなりません。

領海における沿岸国の権限が領土・領空におけるそれと異なるのは――「領海侵犯」という言葉が国際法上は不適切なのは――、領海制度の成立過程そのものに起因します。当初、領海は領土と同様な意味で沿岸国の主権が包括的に及ぶ空間とは捉えられていませんでした。そもそも18世紀には、当時の沿岸からの大砲の射程距離に拠って3カイリの領海幅が主張されたと指摘されています。すなわち、他国間の紛争に対して中立の立場に立つ沿岸国が、実力を行使して交戦国船舶による活動を禁止できる海域は沿岸からどこまでか、という特定の文脈を念頭において領海幅が論じられており、領海についてあらゆる側面を包括する主権が及ぶ空間としての理解は、歴史的には必ずしも普遍的ではありませんでした。中立の維持との関係の他にも、沿岸漁業資源の自国への留保や密輸取締りといった個々の規制目的に応じて、沿岸海域における管轄権が多様に主張されるなかで、沿岸国が排他的管轄権を設定してこなかった航行規制については、領域主権が及ぶ海域としての現代的な領海の観念が成立したのちにも、当然には沿岸国の同意が必要とされないのも自然な成り行きといえるでしょう。

帆船から汽船へという航行技術の進展が見られ、また英国の通商政策が保護貿易から自由貿易に転じたことも相俟って、船舶による通商が盛んになり無害通航制度の重要性が確認されたのは19世紀後半のこととされますが、領域主権が及ぶ海域として領海を捉えるという見方について国家間で一応の見解の一致が得られたのは国際連盟の下で開催された1930年ハーグ国際法典編纂会議においてです。外国船舶が持つ無害通航権によって領海における沿岸国主権が制限されるというよりも、むしろ通商の自由確保の必要性との対峙のなかで領海に対する権限じたいが成立してきたという経緯に照らせば、領海における沿岸国権限が領土や領空におけるそれと比べて特殊性を持つことも理解されるのではないでしょうか。

〔参考文献〕

＊領海における沿岸国の権利の性質について：
小寺彰『パラダイム国際法』(有斐閣・2004年)、とくに112–113頁。
西本健太郎「海洋管轄権の歴史的展開(一)—(六)」『国家学会雑誌』125巻5=6号—126巻3=4号(2012–13年)。

＊以上のほか、領海における無害通航権について：
高林秀雄『領海制度の研究　第3版』(有信堂高文社・1987年)。
山本草二『海洋法』(三省堂・1992年)第IV章。
杉原高嶺『国際法学講義　第2版』(有斐閣・2013年)第12章。
柳原正治ほか編『プラクティス国際法講義　第2版』(信山社・2013年)第13章。
小松一郎(外務省国際法局関係者有志補訂)『実践国際法　第2版』(信山社・2015年)(第4章)。

8 実効支配とはなにか？
——国家主権と実効支配の関係

許淑娟

1 なにが問題か？

領土をめぐるニュースの中で「実効支配」という言葉が用いられることは少なくありません。たとえば、「中国が実効支配を行う南沙諸島」や、「北方領土はロシアが実効支配している」という表現に触れたことがあるのではないでしょうか。「西サハラの大部分はモロッコが実効支配している」ということなども聞いたことがあるかもしれません。どうやら、メディアで用いられる実効支配とは、ある土地に対して、ある国家が軍隊を駐屯させていたり、警備活動を行って他の国が近寄れないようにしている状況を指しているようです。では、「中国が軍隊を駐屯させている南沙諸島」という書き方をせず、実効支配という言葉を用いるのはどうしてなのでしょうか。

実を言うと、私には実効支配という国際法が絡んでくる特別な用語を使う理由がわかりません。なぜなら、実効支配という用語を国際法的に正しく使いこなすのは大変難しいからです。そこで、この章では、実効支配は国際法ではどういう意味なのか、そして、なぜ使いこなすのが難しいのかについて簡単に説明してみたいと思います。国際法の用語の中で実効支配に近いものとしては「実効的占有(effective occupation)」という概念があります。近年では、実効的占有に代わって「主権の表示」がよく用いられます。実効的占有あるいは主権の表示は、一般的に考えられている「実効支配」とはかなり距離のある概念であり、植民地主義と密接に関係する歴史をもち、さらに、ある前提に基づいて用いられるものであることを紹介します。本章を読んだ後に、少なくとも、軍事基地を作ったら実効支配だとか、登記名義が政府だったら実効支配で私人や外国人がその土地を購入したら実効支配が失われるといったような単純な話で、国際法が動いているわけではないことがわかってもらえれば幸いです。

国際法における実効支配の説明に入る前に、メディアでの実効支配という用語の使われ方について少し考えてみましょう。メディアが実効支配という用語を使っているときは、「領有権が確立していないのに」領土を実際に支配下においている、とか、「領有権をもつ者とは異なる者が」その領土を支配しているという意味を含んでいるようにみえます。他方で、自国の領有権を確固たるものにするために「実効支配を強化すべし」という使われ方もします。たとえば、尖閣諸島をめぐる社説において「日本の実効支配を強化する努力も大切だ。例えば、尖閣諸島で定期的な気象観測を実施するといった手段も考えられる」(読売新聞2011年9月8日付朝刊3面社説)といった表現が見受けられました。この場合、日本の領有権が疑わしいと思っているわけではないでしょう。そこで実効支配を、「領有権争いのある領土を、ある国が対立国や第三国の承認を得ないまま、軍隊を置くなどして実質的に支配すること」(日本経済新聞2012年8月11日付朝刊3面「きょうのことば」)として説明することによって、二つの立場を両立させることができるかもしれません。この定義に当てはめると、日本の領有権は確固としており、領有権に従って領土を支配しているだけなのだが、対立国や第三国がその領有権を承認していないので、たとえば日本の尖閣諸島の支配を実効支配と呼んでもいいだろうという、なかなか注意深い説明です。

いまひとつすっきりしない気もしますが、メディアでの実効支配の使われ方から一つ言えることは、実効支配というのは、どのような状態で支配されているのかという単なる事実の説明ではなく、領有権に密接に係わるものとして認識されているということです。これ自体は正しい認識です。それでは、そもそも領有権とはなんなのでしょうか。領有権と実効支配はどのような関係にあるのでしょうか。

2 「実効支配」が領土争いにおいて重要な理由

領有権とはなんでしょうか。領有権というのは、ある空間(空間には、陸地だけでなく、周辺の水域および上空空域も含みますが、陸地がメインですので、ここでは陸地を念頭にお話しします)を自国の領域であるとして、その領域内における人や物、事柄を支配する国家の権利のことをいいます。こうした国家による領域統治の権利は、国内においては国家が物理的な実力を独占して最高の権威として権利行使を行うことから「最高の権利」の意味である「主権」と呼ばれます。対外的にも、他国を排し領土として確保した空間において国家の権利を行使することができるという独立こそが、主権の意味であり、国際社会は他国の主権をお互いに尊重することによって成り立っています。国際法では、領域における統治に着目して「領域主権(territorial sovereignty)」という語がよく用いられます。

さて問題は、ある空間が誰のものなのか、すなわち、領域主権のありかがどうやって決まるかです。国際法では「権原」という概念を用いて、領域主権のありか(領域主権がどこに帰属するか)を規律しています。権原というのは、定義しづらい概念ですが、さしあたり、なんらかの権利を得るための源・正当化根拠となるような事実だと考えてください。

国際法の代表的な教科書では、領域主権のための権原(あるいは権原を得る方法)として、無主地先占、割譲、取得時効、添付、征服併合の5つが挙げられます。これらの権原については別のところで説明されていますので詳細はそちらに譲りますが(⇒6)、ここでは、二つの点を指摘しておきます。一つは、国際法における武力不行使原則の確立(⇒27)によって、もはや征服併合は有効な権原として認められていない点です。二つ目は、領域権原と呼ばれるものには共通した要素があるということです。すなわち、当事国間における(ある種の)合意と実際の領土支配の移転(領土の引渡)です。

合意と引渡が権原の要素であるというのは非常に重要です。たとえば、他国の領土を無理やり奪ってわが物のように支配していたからといって、自分の領土になるわけではありません。そういう強奪は違法な領土支配であり、不法占拠にほかなりません。きちんと前の所有国から領土を譲り受ける必要があります。そうでなければ、その支配は、国際法上、領域主権の源となる「権原」とは認められないのです。

読者のなかで、法学に詳しい向きからは、「取得時効」という制度を思い起こす方もいらっしゃるかもしれません。「国際法にも、ある一定の期間、争われることなく、領土を支配していれば、自分のものにできるという制度があるのではないか」、「この時効制度というものによれば、不法占拠も時間が経てば権原となりうるのではないか」という疑問です。取得時効というものは権原を得る方式の一つとして国際法の多くの教科書で挙げられています。国際法上本当に時効という制度が認められているかどうかという議論はさておくとしても、ここで論じられる取得時効は不法占拠とは全く異なるものです。そもそも、国際法の歴史の中でも、不法占拠はおろか、原所有国の意思に明確に反した領土支配(いわゆる「敵対的占有に基づく取得時効」)に基づく権原が認められた例はありません(征服併合の場合は、敵対的に領土を支配したのちに、力を背景としたものではあるものの、併合条約(合意)が結ばれるので、合意と引渡がそろい、有効な権原となります)。しかしながら、古くから、争われることなく平穏に、自分の領土として、ある空間を支配してきた場合に、その支配を権原として認めることはあります。長く平穏にその地を治めてきたことを考えれば、おそらく誰かから無理やり奪ったものではないのだろうということが強く推定されます。そうであれば、支配を始めた段階の合意がどうであったかを厳密に問うことなく、平穏に支配してきた者に権原を認めたほうが、秩序の維持に役立つわけです。逆にいえば、はるか昔の合意がたまたま証明できないからといって、合意があったことがほとんど確からしい場合に、平穏に支配してきた者の領土支配が否定されるのは、フェアではないと考えるためです(ちなみに国際法ではこうした支配を「記憶にないほど昔からの占有(immemorial possession)」と呼ぶことがあります)。あるいは、長く平穏に支配してきたということは、いまの支配国にその地を譲るという原所有国の承認が見出せると考えるためです。いずれにせよ、合意があったことがほとんど確からしいというような例外的な状況でようやく取得時効が認められるのです。

長い期間に渉る平穏な領土支配に権原を見出すことは、その地に長く居座ったものに権利を認めるのとは異なります。とりあえず領土を奪っておいて時間を稼いで自分のものとして認めさせるということを防ぐために、領土支配に「平穏さ」を求めるだけでなく、現代国際法では、「植民地独立付与宣言」に現れる自決原則(⇒4)や、武力による領域取得の禁止原則、紛争の平和的解決義務が準備されています。これらの原則について詳しい説明は割愛しますが、たとえば、無理やり他国の地を支配したからといって自らの領土にすることは認められませんし、また、自らの土地を不当に奪われたからといって、それを武力によって奪い返すことも国際法上認められているとは言えないでしょう。

さて、こうした権原のありかたをまとめて表現するフレーズがあります。国際法理論・裁判実務においてはとても有名なフレーズで、「領域主権の継続的かつ〔他国との関係で〕平穏な表示は権原に値する」(1928年パルマス島事件仲裁判断)というものです。これは、パルマス島というセレベス海に浮かぶ小島をめぐる裁判の一節です。この権原に値する主権の表示という考え方はその後の判決や外交交渉でも広く使われるようになりました。

主権の表示によって権原の帰属を判断するアプローチによれば、紛争は次のように解決されます。領有権が争われている土地に対して、一方当事国が、十分に継続的かつ平穏に主権を行使しているならば、それは正当な権原に基づいているものとみなせると考え、その国に領域権原があるとして領域主権を認めるという方法です。また、パルマス島事件仲裁判断で主権の行使ではなく主権の表示とした理由は、国際社会においては、登記制度のように中央集権的に土地の支配を管理する制度や、それを担保する機関がない以上、実際に領土を支配をしている必要があり、さらに、それが、公然と示されている必要があるということを意味しています。したがって、領有権争いにおいては、主権の表示を当事国のどちらが十分に示せているかをめぐって争われることになります。

冒頭に書きましたが、この「主権の表示」がメディアで「実効支配」として想定されているものなのだろうと私は考えています。ただし、メディアで使われているよりも、より限定的でより厳密な解釈が必要とされる概念です。領土を単に物理的に支配するだけでは権原に値するには十分ではなく、①継続的に、②平穏で、③主権を、④公然と行使している形での領土支配である必要があります。③の「主権を」というのは、後述しますが、当該領土内の最高権威である国家として支配しているという意味でひとまず理解してください。

パルマス島事件以降、領域権原を考えるに際して、主権の表示アプローチが支配的になったわけですが、注意してほしいのは、必ずしも、このアプローチだけで領域権原が決定されているわけではないということです。当事国間で、争っている土地や島の権原について合意した条約(譲渡する条約や境界線を確定する条約)があれば、その条約に基づいて紛争は解決されます(条約と領土支配の事実の関係については、1986年ブルキナファソ・マリ国境事件国際司法裁判所判決で、法の事実に対する優位性という形で示されたこともあります)。もちろん、領土の帰属を定める条約を当事国間で結んだ場合には、実際の領土支配の引渡も平和裏に行われているはずなので、条約に従って権原を決定することも、根底には主権の表示に値する実際の領土支配があるという点では、主権の表示アプローチと違いはありません。そのように法的に正当に権原が帰属しているのに反して、すなわち、条約に反して、実際の領土支配という事実があった場合には、その支配は不法占拠にあたるでしょうし、少なくとも、平穏な主権の表示ではないことは確かで、やはり権原は条約に基づいて定まっているというわけです(2002年カメルーン・ナイジェリア領域海洋境界事件国際司法裁判所判決)。

このように、主権の表示あるいはいわゆる「実効支配」というのは、領域主権の源をなすものであると同時に、領域主権の源があることを示す役割を果たしています。領域主権が争われるときは、領土の法的な経緯がはっきりしない、領土の実際の支配も緩やかだったりすることが大半です。そうした争いにおいて、領域主権の源でもあり、領域主権が存在することの証拠にもなりうる「実効支配」が中核的な重要性を帯びるのは当然のことです。

3 「実効支配」の具体的内容は一言でいえない

さて、主権の表示あるいはいわゆる「実効支配」の内容とはなんでしょうか。ここで、ある国会議員と内閣のやり取りを紹介しましょう。平成19年5月15日に、当時の衆議院議員の鈴木宗男氏が内閣に「実効支配の定義如何」という質問をしています。この質問への答弁は「実効支配という言葉は様々に使われており、お尋ねについて一概にお答えすることは困難であるが、一般に、実効性をもって支配していることを意味すると承知している」というものでした(「衆議院議員鈴木宗男君提出実効支配の定義等に関する質問に対する答弁書」(内閣衆質166第209号・平成19年5月15日))。実効支配とは「実効性をもって支配していること」だそうです。この答えはさすがにただの言葉遊びのような気がしますが、「実効支配」を定義することはたしかに難しいのです。もちろん、定義しようと思えばできると思います。「いわゆる『実効支配』とは、領域権原取得のための諸方式に共通する要件であり、パルマス島事件仲裁判断で示された『主権の表示』を意味する。具体的には、当該領土において、継続的かつ平穏に主権の行使を表示することである」といった定義や説明をすることはできるでしょう。しかし、これもまた、定義が定義を呼びます。平穏とはなにか、継続的とはなにか、主権とはなにか……。

そもそも、いかに正確な定義を作ったとしても、どういう状態が「実効支配」なのか、なにをすれば「実効的」なのかという問いに具体的に答えるのは実は不可能なのです。「実効支配」の内容を一義的に答えられないのには、大きく二つの原因があります。第一点は、実効支配の概念そのものに由来する理由です。なぜ領域権原を得るのに実際にその領土を支配する必要があるのか、しかも、ある特定の形で支配していることが必要なのか、に係わる理由です。第二点は、「実効支配」が問題とされる局面の特殊性に基づく理由です。「実効支配」の場合、定義がはっきりしなくても、過去に「実効支配」と認められた例からその共通項を抽出していくという帰納的な方法がうまくいかないのです。

(1) 「実効支配」は状況に応じて変わる

第一の点である「実効支配」の概念そのものに由来する難しさというのは、領土の状況に応じて領域主権のあらわれ方は様々な形をとらざるを得ないため、「実効支配」の内容を一義的に説明できないというものです。主権の表示アプローチを最初に提示したパルマス島事件仲裁判断においては、「時と場所の状況に応じて」主権の表示が異なる形をとるとして、とくに、パルマス島のように、人口の少ない小島における「実効支配」と、そうではない領土における「実効支配」は種類や強度が異なりうることを示唆しています(1928年パルマス島事件仲裁判断)。その後も、多くの判決で、領土の状況に応じた主権の表示という考え方は受け継がれました。領土の状況としてカウントされるものとしては、遠隔の小島かどうか、住民の有無や数、他国からの領域主権の主張のないことなどが挙げられています(1931年クリッパートン島事件仲裁判断や1933年東部グリーンランド事件常設国際司法裁判所判決など)。

直感的に、領土の状況に応じて必要な支配の態様が異なりうることについては納得できるのではないかと思いますが、パルマス島事件仲裁判断では、このことについて理論的な理由を提示しています。その理由とは、主権の表示が権原に値する理由から導き出されるものです。

まず、パルマス島事件仲裁判断が説明する主権の表示が必要な理由からみていきましょう。パルマス島事件仲裁判断では、領域主権には義務が伴い、その義務を果たすために、主権の表示が必要だといいます。ちょっと長いですが、判断を引用します。「領域主権とは〔……〕国家活動を表示する排他的権利を含む。この権利は論理的帰結として義務を付随する。すなわち、領域内における他国の権利を守る義務〔……〕である。状況に応じた方法による領域主権の表示がなければ、当該国家はこの義務を果たすことはできない。」さらに、この義務は次の目的に役立つと説明が続きます。「国際法が守護者であるところの最低限の保護をあらゆる地点において保障するために、領域主権が人間の活動する空間を諸国家に分割する役割を担っている。」(1928年パルマス島事件仲裁判断)

乱暴にまとめてしまえば、このパルマス島事件仲裁判断によれば、領域主権という制度は、国家にある空間をある程度自由に統治する権利(しかも他国を排することのできる統治)を認めるものであることの引き換えに、国家はそうして与えられた領土において国際法が求める最低限の保護を確保しなければならない義務を伴うという考えがベースにあります。国際法が求める最低限の保護を行うためには、一定程度の強度をもって統治を行っていることが前提となります。

この考え方から、領域主権の源となりうる「領域の状況に応じた主権の表示」とはなにかという問いの答えが導き出せるでしょう。主権の表示であるためには、領域主権の義務を果たすに十分な統治である必要があります。こうした領土支配が「実効的」と評されるわけです。そのため、ある領土に軍事基地を作ったら主権の表示とか、政府所有の土地にすれば主権の表示とか、住民を住まわせたら主権の表示とか、具体的に主権の表示の要素を挙げたところで意味はありません。要は、国家として国際法の義務を果たせるように統治をしていたかが鍵となります。言い換えれば、領土に対する行為が「実効支配」かどうか、権原に値する主権の表示かどうかというのは、主権者としての責任を果たしうる行為かどうかということになります。この領域主権に伴う義務でいわれる国際法の求める最低限の保護というのは、国際法の発展、国際社会のあり方にしたがい変わっていくことも忘れてはなりません。歴史的には、最低限の保護とは外国人の待遇保護であり、その保護を通じた通商の自由の確保が想定されていました。これは商品や資本を他の世界に広めていくという欧米先進国の利益にかなうものだったわけですが、この概念の出自が植民地主義の色彩の強いものであったとしても、主権者が担うべき国際法上の保護という考え方は、現在も通用するものと考えます。現在では、現在の主権国家の担うべき責任はなにかを探っていかなければなりません。

いままでの国際判決で具体的に判断された例としては、税の徴収や、環境規制の実施、裁判、関税措置、警察による監視、刑事管轄権の行使などが挙げられます。そのうえで、その領土の状況に応じて、これらの活動が十分であるかどうかが判断されるのです。だからこそ、ある特定の行為を一つとって、それがいつでもどこでも「実効支配」になるという風に言い切ることはできないのです。

(2) 「実効支配」が危ういから「実効支配」が争われる

第二の点の「実効支配」が争われる局面の特殊性とは、「実効支配」が争われるときは、実効支配をどこの国もしっかりと確立していないようにみえるときであるということです。「実効支配」がしっかりと確立している土地の場合、領域主権が争われることはほとんどありません。その領域がどの国の主権のもとにあるのかはっきりしているからです。領域主権が争われるのは、「実効支配」が希薄な土地の場合がほとんどです。希薄だからこそ、どの国が領域権原をもっているか怪しく、紛争が生じる可能性(つけ入る隙)が広がるのです。

なぜ領土支配が希薄であったのかですが、遠隔の小島であったり、人口希少であったりして、関心の払われない、とるに足らない地域であったことが理由として挙げられるでしょう。ところが、なにかのきっかけでその価値が認識され、領域主権の確定が求められることになった場合、希薄な領土支配に対してその「実効性」を確認することになります。

「羽のように軽い」領土支配と「一摑みの草のように軽い」領土支配を比べたようなものだといわれた事件もありました。インドネシアとマレーシアの間で島の領域主権が争われたリギタン・シパダン事件(2002年国際司法裁判所判決)です。この事件で領域主権が認められる根拠となった領土支配は、マレーシアによるウミガメの保護令や鳥類のサンクチュアリの設定でした。他方、「実効支配」と認められなかったインドネシアの主張した領土支配は、両島のある水域の海軍による警備活動等でした。海軍による警備活動はまさに国家としての活動でした。しかし、これらの活動は、領土に対する主権国家による管理というよりも、同水域を偵察・警備するという以上のものは見出せず、また、問題の島を特定して対象にしたものではないことから権原に値する「実効支配」とは認められなかったのです。マレーシアの行った環境規制はささやかな公権力の行使かも知れませんが、島を名指しで指定しており、国家として管理することが明確であると評価されたのです。

この判決からは「領域主権につながる『実効支配』として認められるためには、主権者として自らの領土に行う固有の活動であることが必要である」という基本原則が確認できます。しかし、そもそも、ほとんど関心も払われていなかった島に対して、大した活動は期待できません。そのような中で、状況に応じた「実効支配」として、ウミガメの保護令や鳥類サンクチュアリの設定が意味のあるものとして認められたのです。希薄な領土支配であっても「実効的」でありえることを示しました。とはいえ、いつでもどこでも希少動物を保護すれば「実効支配」として認められるかというと、決してそういうわけではありません。いままでの「実効支配」が認められた例というのは薄い「実効支配」の主張が競い合う中から判断されていることから、その例をうのみにして、「これが実効支配である」という特定の活動が導き出せないという難しさがあるのです。

4 まとめ

「実効支配」というのは、領土争いにおいて最も重要なものです。とくに、本当に実効的かどうかが重要です。いままで説明した通り、「実効支配」とは単に領土を実際に支配していることに尽きるものではありません。国家が、主権国家として領土であることを前提として支配する必要があります。さらに、その支配は権原に値するに足る実効性を有する必要があります。その実効性とは、国際判決において、「継続的かつ平穏な主権の表示」と定式化されています。その実効性の程度や態様については、国際法の求める最低限の保護を実現できるに足ることが求められますが、それは領土の状況に応じて異なりうるものです。

念のため、本章の冒頭で示したメディアでの使われ方との異同について整理してみましょう。日経新聞の定義では、「領有権争いのある領土を、ある国が対立国や第三国の承認を得ないまま、軍隊を置くなどして実質的に支配すること」でしたが、まず、「実効支配」が行われるのは、必ずしも、主権争いがあるときに限られるわけではありません。領域主権をもつ以上、「実効支配」をしているという前提があります。したがって冒頭の読売新聞の社説にあるように、自国の領土に対して「実効支配」を論じることは当然です。次に、他国(とりわけ紛争相手国)からの領域主権に対する承認がない場合に限って「実効支配」という言葉を使わなければならないわけでもありません。承認がある場合も「実効支配」となります。むしろ、広い意味での承認がない中では、継続的かつ平穏な主権の行使を行うことはできません。明示的な承認や公式な承認ではないかもしれませんが、「実効支配」すなわち権原に値する主権の表示が行われているならば、そこに他国からのなんらかの承認(少なくとも積極的に争わないという程度の認識)があると考えられるのです。さらに、「実質的に支配する」のは軍隊を置くかどうかとは関係がありません。主権者として自らの領土に行うべき活動を行っているか、主権者としての責任を果たせるに足るだけの支配をしているかどうかが問題となるのです。そういう意味では、たとえば気象観測を実施しただけで「実効支配」を認められるのは難しいでしょう。

このように、「実効支配」は事実的な状況を示すと同時に法的な評価を必要とする概念であり、この概念を使いこなすためには、国際法や国際判決の知識をもち、それを具体的な状況に適切に当てはめることが求められます。非常に難易度の高い言葉です。そして、この言葉の難易度には、不法占拠は認められないということと、国家が責任をもって領土を支配するという国際法が考えるあるべき国際社会の姿が映しこまれていることを考えると、単純化することなく、難しいものとして注意深く扱っていくべき概念ではないでしょうか。

〔参考文献〕

＊「主権の表示」を扱った主要判決：
柳原正治「領域主権の機能――パルマス島事件」小寺彰ほか『国際法判例百選〔第2版〕』(2011年)54–55頁。
齋藤民徒「衡平――ブルキナファソ＝マリ国境紛争事件」小寺彰ほか『国際法判例百選〔第2版〕』(2011年)14–15頁。
酒井啓亘「カメルーンとナイジェリアの領土および海洋境界」松井芳郎ほか『判例国際法〔第2版〕』(2006年)570–575頁。
深町朋子「先占――クリッパートン島事件」小寺彰ほか『国際法判例百選〔第2版〕』(2011年)56–57頁。
筒井若水「決定的期日――東部グリーンランド事件」山木草二ほか『国際法判例百選〔初版〕』(2001年)68–67頁。
奥脇直也「領域支配の実効性――リギタン島・シパダン島主権事件」小寺彰ほか『国際法判例百選〔第2版〕』(2011年)60–61頁。

＊領域権原の意味について：
許淑娟『領域権原論』(東京大学出版会・2012年)。
深町朋子「現代国際法における領域権原についての一考察」『法政研究(九州大学)』第61巻1号(1994年)67–105頁。

＊日本の領土問題について：
芹田健太郎『日本の領土』(中央公論新社・2002年)。
松井芳郎『国際法学者がよむ尖閣問題』(日本評論社・2014年)。
中内康夫ほか『日本の領土問題と海洋戦略――尖閣諸島、竹島、北方領土、沖ノ鳥島』(朝陽会・2013年)。
日本国際問題研究所HP「領土・海洋コーナー」：〈http://www2.jiia.or.jp/RYOD/〉。

＊本文では触れられませんでしたが、領域法の植民地的色彩について：
太寿堂鼎「国際法上の先占について――その歴史的研究」『法学論叢(京都大学)』第61巻2号

(1955年)36–99頁。
松井芳郎『国際法学者がよむ尖閣問題』(日本評論社・2014年)113–133頁。
許淑娟『領域権原論』(東京大学出版会・2012年)43–93頁。

＊領域法全般について：
「焦点――国際法と領土問題」『国際問題』第624号(2013年)1–55頁。
浅田正彦編『国際法　第3版』(東信堂・2016年)第8章。
小松一郎(外務省国際法局関係者有志補訂)『実践国際法〔第2版〕』(信山社・2015年)第3章。
杉原高嶺『国際法学講義〔第2版〕』(有斐閣・2013年)第11章。
柳原正治ほか編『プラクティス国際法講義〔第2版〕』(信山社・2013年)第12章。
酒井啓亘ほか編『国際法』(有斐閣・2011年)第3編第1章。

9　靖国神社参拝批判は内政干渉?
――不干渉原則と違法な干渉行為

藤澤 巌

1　なにが問題か?

2013年12月26日、駐日アメリカ合衆国大使館は、次のような声明を発表しました。

安倍首相の靖国神社参拝(12月26日)についての声明
2013年12月26日
日本は大切な同盟国であり、友好国である。しかしながら、日本の指導者が近隣諸国との緊張を悪化させるような行動を取ったことに、米国政府は失望している。
米国は、日本と近隣諸国が過去からの微妙な問題に対応する建設的な方策を見いだし、関係を改善させ、地域の平和と安定という共通の目標を発展させるための協力を推進することを希望する。
米国は、首相の過去への反省と日本の平和への決意を再確認する表現に注目する。

文面からもわかるように、この声明は、この日、安倍首相が靖国神社の参拝に及んだことについて、これを近隣諸国との関係を悪化させるような行動であると断定し、米国政府の失望を表明するものでした。

安倍首相は、参拝当日の談話の中で、「靖国神社への参拝については、残念ながら、政治問題、外交問題化している現実があります」として、外交問題の存在を認めつつ、「靖国参拝については、戦犯を崇拝するものだと批判する人がいますが、私が安倍政権の発足した今日この日に参拝したのは、御英霊に、政権一年の歩みと、二度と再び戦争の惨禍に人々が苦しむことの無い時代を創るとの決意を、お伝えするためです」と説明し、「中国、韓国の人々の気持ちを傷つけるつもりは、全くありません。靖国神社に参拝した歴代の首相がそうであった様に、人格を尊重し、自由と民主主義を守り、中国、韓国に対して敬意を持って友好関係を築いていきたいと願っています」と、中国や韓国の理解を求めていました。

米国政府は、このような安倍談話にもかかわらず、なおも靖国参拝を問題視し、冒頭で挙げたような声明を発したということができます。

このような米国の声明に対しては、それが日本に対する「内政干渉」ではないかという非難の声が聞かれました。たとえば国会では、ある議員が岸田外相に対し、「総理大臣の日本国内における靖国神社の参拝に対して、アメリカ政府がこれに失望したということは、これは内政干渉に当たらないんですか。それに対して一言のコメントも外務大臣として抗議の意を表さないということは、これはあってはならないと思うんですけれども、いかがでしょうか」と問いただしました。しかし岸田外相は、「米国のこの政府の発言について、何か申し上げる立場にはないと思っています」と答えるにとどめ、日本政府としては、冒頭に挙げた米国の声明について、これを日本に対する内政干渉と捉えて米国に抗議するような考えがないことを示唆しています(第186回国会衆議院予算委員会第3分科会議録(法務省、外務省及び財務省所管)第1号、平成26年2月26日、33頁)。

このように、国会などでは、外国の行為を非難するために、しばしば「内政干渉」の語が持ち出されます。しかもその際には、上で引用した国会論戦で議員が日本政府による抗議を求めていることに示唆されるように、「内政干渉」は国際法に違反する行為であるという見方が前提とされているように思われます。

しかし本当に、「内政干渉」は国際法によって禁止されているのでしょうか。そして仮に「内政干渉」が国際法違反であるとして、安倍首相の靖国参拝への米国の批判は、「内政干渉」に当たるのでしょうか。本章では、これらの疑問について解き明かしたいと思います。

2　国家主権の原則に基づく国家の自由

(1)　国際法上の不干渉原則とは

日本国内での議論で国際法違反の行為だと示唆される「内政干渉」は、これに相当するものを国際法の中に探すとするなら、「不干渉原則(principle of non-intervention)」に違反する行為を指すと考えることができます。

この不干渉原則の内容については、「ニカラグアにおけるおよび同国に対する軍事的・準軍事的活動事件」(以下ニカラグア事件)についての1986年の国際司法裁判所(⇒25)の判決が格好のてがかりとなります。この事件は、中米の国であるニカラグアが米国を訴えたものです。1979年、ニカラグアで革命により左派政権が誕生しました。これに対し米国は、反政府勢力であるコントラを支援し、またニカラグアへの経済援助や貿易の停止といった措置を取りました。ニカラグアは、これらの活動が国際法に違反していると主張し、米国の法的責任を追及するため国際司法裁判所に提訴したわけです。

ニカラグアの主張の中には、これらの米国の活動が国際法上の不干渉原則に違反しているというものがありました。そこで裁判所は、不干渉原則の内容について次のように定式化しました。

> 一般に受容された定式に照らせば、この原則は、直接または間接に、他国の対内または対外事項に干渉することを、すべての国や国の集団に禁じている。したがって、禁止される干渉は、国家主権の原則に基づいて個々の国家が自由に決定することを許された問題に関するものでなければならない。それらのひとつは、政治的、経済的、文化的および社会的体制の選択であり、対外政策の形成である。干渉は、それが、自由なままでなければならないそのような選択に関して強制の諸手法を用いるとき不法である(*I.C.J. Reports 1986*, p. 108, para. 205)。

ここで裁判所は、ある行為が不干渉原則に違反すると言うためには、その行為が、①国家主権の原則に基づいて個々の国家が自由に決定することを許された問題に関するものであり、かつ②強制の諸手法を用いるものでなければならないという、2つの要件を挙げています。順番に見ていきましょう。この2つの要件を「内政干渉」の語に読み込むなら、「内政」が①に当たり、「干渉」が②を指すと言うことができるでしょう。

(2) 国家主権の原則と国際法上の義務

まず第1の要件、国家主権の原則に基づき各国の決定の自由が及ぶ問題とは、具体的にどのような問題を指すのでしょうか。結論から言えば、国家の対内的な統治と外交全般が、ひろく国家主権の原則によってカバーされます。裁判所によると、「国家の国内政策は、もちろん当該国が国際法の義務に違反しない限りで、その排他的管轄に属する」(*I.C.J. Reports 1986*, p. 131, para. 258)のであり、また「国家主権が国家の対外政策の領域に及ぶのは明白であり、他国の対外政策と対等に国家が自己の対外政策を選択し遂行することを妨げる、いかなる国際慣習法規則も存在しない」(*I.C.J. Reports 1986*, p. 133, para. 265)というわけです。

ただしこれは、国家が、その国内統治でも対外関係でもあらゆる問題について自由に決定できるという意味ではありません。すぐ上で引用した判決文からは、国家主権の原則に基づく国家の決定の自由は、たしかに対内政策と対外政策を広くカバーするが、無制限ではなく、国際法上の義務により制限されていない事項に限定されるということが読み取れます。国家は、国際法上の義務が存在することがらについては自由ではなく、その義務に従って決定し行動しなければならないということであり、当然といえば当然とも言えるでしょう。なお、ここでは、国際法の義務は国家間の慣習(国際慣習法)または合意(条約)によって課されると理解しておいてください。

麻生太郎元首相は、国会で、首相在任時の2008年のリーマン・ショック当時に触れて、「私自身としてはすぐ解散・総選挙をやる予定だったんですけれども、とてもじゃないけど世界中を見て、このままいったらとんでもないという話になって。随分いろんな人から言われたものですから、内政干渉も甚だしいと、俺たちがいつ解散するなんてことは外国から言われる覚えなどないと、そう言った」(第189回国会参議院予算委員会第12号、平成27年3月24日、13頁)と語ったことがあります。

それでは、国際法上、選挙の実施は国家が自由に決定できる問題なのでしょうか。ニカラグア事件の際、裁判所は、ニカラグア政府が自由選挙の実施などを南北アメリカ大陸の諸国が参加する国際組織である米州機構に対し約束したのにそれを履行していないことが、米国の行動を正当化するかどうか検討しています。これについて裁判所は、そもそもこの「約束」は政治的なもので国際法上の拘束力をもつものではないとして米国の主張を退けました(*I.C.J. Reports 1986*, p. 132, para. 261)が、一般論として、国際法上、選挙の実施についても国家主権に基づく国家の決定の自由が存在するが、国家が個別の条約を締結してみずからこの自由を制限する義務を負うことはありうると指摘しました(*I.C.J. Reports 1986*, p. 131, para. 259)。このような裁判所の見解に照らすと、解散・総選挙は「内政」であるという麻生元首相の発言は、国際法上も正当だと言えるでしょう。日本は、国際法上国家主権の原則に基づき選挙の実施を自由に決定することができ、また個別の条約でこの自由を制限する義務を負っていたという事実も見受けられないからです。ただし、この時の外国の行動が「干渉」に当たるためには、さらに、第2の要件である強制の諸手法を外国が用いていた必要があります。

(3) 国際義務の履行を要求できるのは誰か

こうして、不干渉原則の第1の要件である、国家主権の原則に基づく各国の決定の自由に委ねられた問題には、国際慣習法や条約上の国際義務が存在する事項は含まれません。すると、そのような一国が国際義務を負っている事項については、他国は義務を履行させるために強制の諸手法を用いても、不干渉原則の違反にはならないということになります。

ただし、ここでさらに考える必要があるのは、一国に国際義務の履行を強制する法的資格があるのは誰なのかという問題です。

さきほど触れた、ニカラグア事件での選挙の実施についてのニカラグアの「約束」について、裁判所は、それはそもそも政治的な約束に過ぎないとしていましたが、同時に、仮にその「約束」が国際法上の義務を課すものであったとしても、米国にはその義務の履行を要求する資格がないと述べています。なぜならこの「約束」は米国に対して直接なされたのではなく、米州機構に対してなされたものなので、「後者だけが、その実施を監視する権能を与えられている」からです(*I.C.J. Reports 1986*, p. 132, para. 262)。単純化して言えば、ニカラグアと米州機構の間の約束については、米国は部外者であり、ニカラグアに約束の履行を要求する資格は米国にはないわけです。

このように、たとえ国際義務により一国の自由が制限された問題についても、その履行を要求し強制する法的資格が他のすべての国に認められるとは限らないことに注意が必要です。

3 強制

国家の行動が不干渉原則に違反するためには、第2の要件として、国家が強制の諸手法を用いる必要があります。そこでここでは、いくつかの行為類型について、それらが強制の諸手法に当たるかどうか検討してみましょう。

(1) 武力の行使

まず、直接的または間接的な武力の行使(⇒28)が強制に当たることに争いはありません。

ニカラグア事件で国際司法裁判所は、「強制の要素は、禁止される干渉を定義し、かつ実際まさにその本質を形作るものであるが、軍事行動という直接の形態か、または他国内部の武装した破壊活動・テロリスト活動の支援という間接的形態で、武力を行使する干渉の場合に、とくに明白である」と判示し(*I.C.J. Reports 1986*, p. 108, para. 205)、ニカラグア反政府勢力コントラに対する米国の支援を、不干渉原則の違反と認定しました(*I.C.J. Reports 1986*, p. 146, para. 292)。

(2) 他国の内乱時における既存政府への軍事支援

コントラに対する支援が不干渉原則違反と認定されたことからわかるように、一国の内乱時における反政府勢力への外国の援助は、間接的な武力の行使として強制に当たります。それでは、内乱時における一国の既存の政府への外国の軍事支援は、強制に当たるのでしょうか。

ニカラグア事件で国際司法裁判所は、反政府勢力への支援が違法であることを論証する過程で、「すでに国家の政府の要請に基づいて許容される干渉が、反政府勢力の要請に基づいても許容されるのなら、不干渉原則に何が残されるのか理解するのは困難である」と指摘して(*I.C.J. Reports 1986*, p. 126, para. 246)、内乱時における既存政府に対する軍事支援は不干渉原則に違反しないことを示唆しています。また、たとえば、「イスラーム国」(⇒3)とイラク政府の間の戦いは内乱と捉えることができますが、米国によるイラク領内の「イスラーム国」の拠点に対する空爆は、イラク政府の同意に基づく軍事支援として正当化されています。

2015年の安保法制をめぐる国会論戦の中で、ある議員から、「典型的な、つまり第三国から攻撃をされたようなときに集団的自衛権を行使するというだけじゃなくて、国に準ずるような、反政府勢力みたいなことからの攻撃でも、その場合でも助けに行くことがあり得たりするような、その政権からの要請があったりすればですよ、みたいなことになれば、非常に、他国の内政にも、つまり内乱とか内紛とかにも巻き込まれるようなことになりかねないんじゃないですか」と問われた際、岸田外相は、「まず、いわゆる内政干渉、こういったことに該当する行為を我が国は行うことはありません」と述べています(第189回国会参議院我が国及び国際社会の平和安全法制に関する特別委員会第6号、平成27年8月3日、26頁)。日本政府は、内乱時における既存政府の要請による軍事支援も内政干渉に当たり国際法に違反すると考えているようです。しかし、国際司法裁判所の裁判例や最近のイラクの事例は、日本政府とは異なる立場を示唆している点には注意を要します。

(3) 経済的措置

貿易の制限や禁止、経済的優遇措置の撤廃、経済援助の打ち切りなどの経済的措置(⇒30)は、強制に当たるのでしょうか。1970年に国際連合総会が採択した決議である友好関係原則宣言では、不干渉原則の内容として、「いかなる国も、他国の主権的権利の行使を自国に従属させ又は他国から何らかの利益を得る目的で他国を強制するために、経済的、政治的その他いかなる形の措置も使用してはならず、またその使用を奨励してはならない」と定めています。この決議は国際法上の拘束力をもたない勧告ではありますが、諸国により受容されている国際法の内容をあらわすものとみることができます。したがって、経済的措置も強制に該当しうると言えるでしょう。

しかし、貿易上の措置や経済援助の打ち切りは、武力行使とは違ってつねに相手国への強制であるとみなすわけにはいきません。たとえば、経済援助の条件として援助国が被援助国に一定の政策の実行を求めることは、通常の外交交渉の一環であり、強制と捉えるのは困難です。経済的措置については、強制と強制には至らない影響力行使の区別は容易ではないのです。

したがって現実には、経済的措置が強制に当たるかどうかは、個々の事例の具体的事情に照らして判断するしかなく、強制だと認定するのは実際には非常に困難です。実際、ニカラグア事件でニカラグアは、米国によるニカラグアに対する経済援助の終了や貿易の禁止などが、不干渉原則の違反であると主張しましたが、裁判所はニカラグアの主張を退けています(*I.C.J. Reports 1986*, p. 126, para. 245)。

(4) 政治家・政治団体への資金援助

1950年代から1960年代にかけて、米国政府は、日本の左派勢力の選挙での勝利を阻止するため、秘密裏に、親米的な保守政治家たちに資金援助を行っていました(U.S. Department of State, *Foreign Relations of the United States, 1964–1968,* Volume XXIX, Part 2, Japan, p. 1)。このような政治家や政党への資金援助は、相手国の政治的意思決定のプロセスに影響を与えようとする行為であることは間違いありません。しかし、このような行為が強制に当たるかどうかは、国際法上は不明確と言わざるを得ません。学説では、相手国の国内法が外国による政治資金提供を禁止しているにもかかわらずそれを無視してその国の政治家や政党に資金援助を行う場合や、資金援助が大規模な場合は、強制に当たるとする見解がありますが、画一的な基準を示すのは難しく、ケースバイケースで判断するより仕方ないでしょう。

(5) 外交官による介入

それでは、日本の政治家・政治団体への資金援助を日本に駐在するアメリカ大使が行うとしたらどうでしょうか。実は、大使などの外交官による、任地(接受国)の国内事項への影響力行使については、ウィーン外交関係条約(⇒12)に特別の規定があります。この条約の41条1項の中で、外交官などの外交特権や免除を享有するものについて、「それらのものは、また、接受国の国内問題に介入(interfere)しない義務を有する」と規定されています。そしてこの「介入」の概念は強制には至らない影響力行使も含むという見解があります。このように「介入」の概念を広く捉えるなら、大使による政治家や政党への資金援助は、不干渉原則には違反しないとしても、この41条1項の違反に当たる可能性があります。

4 まとめ

ずいぶん回り道をしましたが、最後に靖国参拝問題に戻りましょう。米国などの外国による批判や論評は、国際法上の不干渉原則に違反すると言えるでしょうか。

不干渉原則の第1の要件との関係では、靖国参拝問題が国家主権の原則に基づき日本の自由に委ねられた問題かどうか、込み入った検討が必要になるでしょう。外国が問題視しているのは、東京裁判で処罰されたA級戦犯が合祀されている靖国神社に日本の総理大臣が参拝することは東京裁判自体を否認するものであり、降伏文書により日本が受諾したポツダム宣言10項や、サンフランシスコ平和条約11条などの、戦争犯罪人の処罰に関する諸規定の趣旨に反するのではないかという点でしょう(第147回国会参議院国際問題に関する調査会第5号、平成12年4月12日、1-4頁、中江要介参考人発言)。もし日本の首相による靖国参拝がこれらの規定に違反するのであれば、この問題はもはや国家主権の原則でカバーされる事項ではなく、不干渉原則によって保護されないことになるでしょう。

このように、不干渉原則の第1の要件との関係では、ポツダム宣言やサンフランシスコ平和条約の解釈問題の解決が不可欠となります。また、仮に靖国参拝がこれら規定に違反する場合にも、ニカラグア事件で選挙実施についてのニカラグアの「約束」の履行について問題となったのと同様に、誰にその違反の是正について日本に対し要求する資格があるのか、米国や中国、韓国などについて個別に検討する必要が出てくるでしょう。

しかし、実は、ここでの疑問に答えるためには、これらの難しい問題に取り組む必要はありません。というのは、すでにみたように経済的措置でさえ強制と判断されることはまれであるならば、冒頭で見たような米国の声明が強制に当たるとはとても言えず、したがって強制という不干渉原則違反の第2の要件を満たしていないと考えられるからです。また、米国政府の声明はアメリカ大使館を通じて公表されており、強制には当たらないにしてもなお3(5)で触れた外交官による日本の国内問題への「介入」に当たるのではないかとの疑問をもつ人がいるかもしれませんが、「介入」の語をどれだけ広く解釈しても、本国政府の見解を大使館が公表するだけで「介入」になると考えるのは困難です。

靖国参拝問題に限らず、国際法の問題としてではなく、対外政策上の原則として内政不干渉を主張し、または単に政治的な効果をねらって「内政干渉」の語を持ち出すのは自由です。しかし、国際法上の干渉について十分な理解を欠いたまま干渉について議論すると、政策上・政治上の干渉概念と国際法上の干渉概念が混同され、単に政策上・政治上非難されるに過ぎない外国の行為が、国際法に違反する干渉であると誤解されるおそれがあります。そのような誤解は、国際的な懸案を深刻化させこそすれ、その解決に貢献することはないのではないでしょうか。

〔参考文献〕

＊不干渉原則について：
中谷和弘「『イスラム国』と国際法」『国際問題』642 号(2015 年)。
藤澤巌「国際法における不干渉原則論の構図(1)」『千葉大学法学論集』28 巻 3 号(2014 年)。
Jamnejad, Maziar, and Wood, Michael, "The Principle of Non-Intervention," *Leiden Journal of International Law*, Vol. 22 (2009).

＊外交官による介入について：
横田喜三郎『外交関係の国際法』(有斐閣・1963 年)。

＊靖国参拝問題について：
服部龍二『外交ドキュメント歴史認識』(岩波新書・2015 年)。

10 日本の裁判所で外国国家を訴える?
――外国国家に対する裁判権免除

坂巻静佳

1 なにが問題か?

(1) 外国国家を訴える状況

「日本の裁判所で外国国家を訴える」と聞いても、なかなかイメージが浮かばないかもしれません。政府が機能するためには、文具、机、パソコン、建物など様々なものが不可欠です。これらを手に入れるために、国家は個人や企業と日常的に取引を行っています。その取引の相手が外国人や外国企業であることも、珍しいことではありません。また、大使館、領事館、政府観光局、通商事務所など、国家機関のなかには外国に駐在し、そこで活動するものもあります。これらの国家機関は現地の企業との取引が欠かせませんし、しばしば現地で職員を雇います。日本に在る外国の大使館や領事館のホームページには、ときおり職員募集の案内が出されています。このように、現在の社会において、私たちは日本のなかにいても外国国家と接する場面があります。そして接点があれば紛争も生じます。取引相手から代金を支払ってもらえない、突然解雇を言い渡された、自動車を運転していたら後ろから追突されたといった、個人と個人との間に日常的に起きる事件は、個人と外国国家との間にも起きています。

ではたとえば、取引相手の外国国家から代金を支払ってもらえなかったら、いったいどうすればよいのでしょうか? 相手が一般人や一般企業であったら、民事裁判で相手を訴えて(民事裁判で訴える側を「原告」、訴えられる側を「被告」といいます)、裁判所に支払いを命じてもらおうと考えるのではないでしょうか。そうすると裁判所は、「被告は原告に代金を支払わなければならない」といった原告の請求の主たる内容(これを「本案」といいます)が、法に照らして正当かどうか検討し、正当であれば被告に支払いを命じるでしょう。

ところが、外国国家を被告として民事裁判を起こしても、そうはいかないことがあります。一般人や一般企業を訴えたときと同じように、本案について検討して、判決を出してもらえる場合もありますが、本案について検討されることなく、裁判手続の最初の段階で訴えを退けられてしまう(これを「却下」といいます)場合もあります。

前者の例として、ナウル共和国の事件があります(東京地判平成23年10月28日判例時報2157号60頁)。ナウル共和国は、ナウル共和国金融公社が発行した円貨建て債券について、当該公社が元本と利息を支払期日に支払えない場合、それらの支払いを肩代わりすることを保証していました。その後、公社は支払期日に支払わなかったので、その債券を持っていた企業が、代わりに支払うことを約束したナウル共和国に対し、支払いを求めて民事裁判を起こしました。この件について東京地方裁判所は、本案の検討に入ることができると判断し、検討後、原告企業の請求を一部認めて、ナウル共和国に支払いを命じる判決を出しました。

それに対し、横田基地の騒音に関する訴えは、本案について検討されることなく却下されました(最二判平成14年4月12日民集56巻4号729頁)。これは、横田基地で離発着する米軍の航空機の騒音に苦しんできた周辺住民が、軍隊の航空機の夜間・早朝の離発着を止めることなどを求めて、米国を訴えた事件です。東京地方裁判所、東京高等裁判所及び最高裁判所はいずれも、裁判手続の最初の段階で訴えを退けて、周辺住民の請求が正当か否かについて検討しませんでした。

このように、外国国家を被告として民事裁判を起こしたとき、本案について検討してもらえる場合もあれば、一切検討されずに訴えを退けられてしまう場合もあります。いったいそれはなぜなのでしょうか?

(2) 外国国家に裁判権免除を認める国際法のルール

その理由のひとつは国際法にあります。国際法のなかには、外国国家が民事裁判の被告として訴えられたときに、本案についての検討を差し控えることを義務づけるルールがあるのです。

裁判所などを通じて、具体的な事案について法に照らして判断する国家の権限を、「裁判管轄権」又は「裁判権」といいます。裁判所が本案の検討を差し控えるということは、原告が裁判を起こした国(便宜的に法廷地国とよびます)が、その事件についてそれ以上裁判権を行使しないということです。訴えられた国家(便宜的に被告国家とよびます)の視点からみると、法廷地国の裁判権から免除されるということになるので、これを「裁判権免除」とよびます。

つまり、国際法のなかには、外国国家に裁判権免除を認めることを法廷地国に義務づけるルールがあります。国内裁判所でこのルールが適用されることにより、私たちが外国国家を民事裁判で訴えても、訴えを却下されてしまうことがあるのです。ではなぜ国際法は外国国家に裁判権免除を認めているのでしょうか？

2 国家が裁判権から免除される理由

外国国家に裁判権免除が認められる理由は、それが何を保護しているのかを考えることで見えてきます。外国国家が訴えられたときに、法廷地国が本案について検討し、判断を下すと、どうなるでしょうか？

(1) 国家の政策や業務の実施

外国国家が訴えられたときに、法廷地国が本案について検討し、判断を下すと、それによってその国の自由な政策や業務の実施が妨げられ、国家の運営が滞るおそれがあります。

本案について裁判所で検討されるとなると、被告国家は、原告の主張が間違っていることを証明するために、公にしたくない情報まで明らかにしなければならない可能性があります。また、相手方から公表されてしまう場合もあるでしょう。そのような情報が表に出れば、被告国家は政策や業務の進め方を変更しなければならないかもしれません。それが重要な政策や業務に関わる情報であれば、国家の運営に影響の出るおそれもあります。

さらに、本案について判決が出され、とりわけ原告の主張が認められれば、被告国家はなんらかの対応を迫られることとなります。裁判所から重要な政策の変更などを命じられれば、国家の運営に支障をきたす可能性があります。

(2) 円滑な国家間関係

他の国の裁判所で自国の行為について検討されるという事態は、国家にとってそれ自体望ましい状況ではありません。それが重要な政策や業務についてであればなおさらです。裁判手続や判決によってそれらの遂行が妨げられれば、被告国家と法廷地国との間に紛争が生じる可能性もあります。

また、訴えられた国家が、その後訴えられるリスクを減らすために、法廷地国の国民や企業との取引を控えたり、法廷地国と距離を置いたりすることも十分にありえます。国家間関係が悪化すれば、その動きに拍車がかかるでしょう。それは法廷地国にとっても、その国民や企業にとっても、可能な限り回避すべき状況といえましょう。

(3) 国際社会の平和と安全

裁判権免除が一切認められず、国家がお互いに裁判権を行使し合ったらどうなるでしょうか？

国際社会は、国家が自国の領域内を実効的に統治することを通じて、その平和と安全を維持してきました。国家が自国領域内を実効的に統治するには、他国に干渉されることなく政策や業務を実施できることが必要です。国家が自ら決定した政策や業務を実施できないという状況は、領域内の実効的な統治を困難にし、国際社会の平和と安全を損なうおそれがあります。

また、円滑で友好的な国家間関係の積み重ねを通じて、国際社会の平和と安全は維持されてきました。国家が裁判権を行使し合って、国家間の関係が悪化すれば、国際社会の平和と安全は脅かされることになります。

以上のように、外国国家に対する裁判権の行使は、その国の自由な政策判断や業務の遂行を妨げ、国家の運営を滞らせ、円滑な国家間関係、ひいては国際社会の平和と安定を損なう可能性があります。しかし、国内裁判所における民事裁判は、個人や企業の自由な訴えによって開始されるので、訴えられる前にそれを阻止することはできません。そこで、裁判手続が外国国家の政策や業務に大きな影響を与える前に、裁判手続の最初の段階で訴えを却下して、その影響を回避することが必要となります。そこで形成されてきたのが、国家の裁判権免除に関するルールです。

したがって、国際法上、外国国家に対して裁判権免除が認められるのは、国家の自由な政策判断と業務の遂行を保証して、実効的な統治を確保し、円滑な国家間関係を維持して、国際社会の平和と安全を確保するためとまとめられます。

3　裁判権免除の制限

しかし、前述したナウル共和国の事件のように、現在の国際法上、外国国家に対して裁判権免除を認めず、法廷地国の裁判所が本案について検討できる場合があります。それはなぜなのでしょうか？ そしてそれはどのような場合でしょうか？

国家は様々な業務を行っています。軍事的活動も外交も行いますが、事務用品も購入します。他国の裁判所が、外交、防衛、財務、警察、衛生、出入国管理、貿易管理といった、国家の運営にとって重要な業務について検討し、判断するとなると、訴えられた国の運営に大きな影響が出るおそれがあります。それに対し、職員の使用する文房具を購入したり、議会の食堂で出される食事の材料を購入したりといった、一般市民も日常的に行っているような活動について他国の裁判所で検討されても、その国の運営に大きな影響は出ません。

外国国家に対する訴えが国内裁判所で却下されてしまうと、外国国家によって権利を侵害されるなどした個人や企業は、救済を受けることが難しい状況に置かれます。外国国家に代金を踏み倒されても、国内裁判所では訴えが却下されてしまい、代金の支払いを命じてもらえないとなったら、個人や企業は外国国家と取引しなくなるでしょう。それは個人や企業にとっても、外国国家にとっても、好ましい状況ではありません。したがって、法廷地国による裁判権の行使が、その国の重要な政策や業務の遂行を妨げず、国家の運営を損なうおそれがない場合には、外国国家に対しても裁判権の行使を認める方が、双方にとって望ましいといえます。

以上のような理解のもとに、現在の国際法は、法廷地国が外国国家に対して裁判権免除を認めなければならない範囲を、国家の運営にとって不可欠な行為(「主権的行為」とよばれています)の係わる裁判手続に限定しています。そしてそれ以外の場合、つまり、主権的行為に関わらない一般人でも為しうる行為(「業務管理的行為」などとよばれています)に係わる裁判手続においては、法廷地国が外国国家に対して裁判権を行使することを認めています。

現在、日本を含む多くの国が、業務管理的行為に関して外国国家に訴えが提起された場合、裁判権を行使する立場を採用しています。この立場を一般に制限免除主義といいます。2004年には、制限免除主義にもとづく「国及びその財産の裁判権からの免除に関する国際連合条約」(国連国家免除条約)も採択されました。

日本はこの条約の批准に伴い、条約を国内で実施するために、それとほぼ同内容を有する「外国等に対する我が国の民事裁判権に関する法律」(対外国民事裁判権法)を2009年に制定しました。同法は2010年4月に発効しており、現在、日本で外国国家を訴えた場合、発効以後の紛争における裁判権免除については、この法律に従って判断されます。

4　裁判権免除の範囲

では、国内裁判所で外国国家を訴えたとき、どのような場合に裁判権免除が認められて、訴えが却下されるのでしょうか? また逆にどのような場合に免除は認められず、本案について検討されて、判決が出されるでしょうか? これまでの日本の判例や対外国民事裁判権法に注目しつつ、みていくことにしましょう。

(1)　国家に裁判権免除が認められる場合

外国国家に裁判権免除を付与することが義務づけられる主権的行為には、立法、司法、外交、防衛、財務、警察、衛生、出入国管理、貿易管理といった、国家が国家として果たすべき機能に関わる行為が含まれます。具体的には、医療制度や医療保険の運用、課税、国有化、輸出入の管理、天然資源の規制、銀行の規制、軍事基地の修繕、外交領事使節団の活動などが、諸国の国内裁判所で主権的行為と判断されてきました。日本の裁判所では、前述した横田基地の事件で、駐留軍の基地における軍用機の離発着が主権的行為と判断されています。

以上のような行為について国内裁判所で請求内容を検討してもらえないのは、外国国家を被告として訴えた場合だけではありません。財務省などの政府機関や州・県などを被告として訴えた場合も、国家の運営にとって不可欠な行為が係わる場合には、本案について検討されることなく訴えが却下されます(対外国民事裁判権法2条)。

その理由は、被告が誰であれ、国家の運営にとって重要な行為が裁判で検討されれば、その国の運営に影響の及ぶ可能性があるからです。このような行為について、国以外の政府機関などを被告として訴えれば本案について検討されるとなると、国際法が外国国家に裁判権免除を認めてきた意味がなくなります。そのため、政府機関などを被告として訴えても、国家の運営にとって不可欠な行為については、訴えは却下されます。

日本では、米国の州は裁判権免除を認められる場合があると判断されています。これは、東京都内にある米国ジョージア州港湾局の極東代表部に職員として雇われていた人が、代表部の閉鎖にともなって解雇されてしまい、解雇の無効を主張してジョージア州を訴えた事件においてです(最二判平成21年10月16日民集63巻8号1799頁)。最高裁判所は、ジョージア州は「米国の州であるが、その独立性や権能において国家に比肩し得る地位を有しているから、民事裁判権免除の享有主体となり得る。」と認めました。ただし、最高裁判所は、後述するように本件解雇を主権的行為ではないと判断したため、ジョージア州に免除を認めるとの結論は出されませんでした。また、たとえば米国の裁判所では、東京都庁に裁判権免除を認めた事例があります(Yuka Kato v. Governor Shintaro Ishihara and Tokyo Metropolitan Government, 360 F.3d 106 (2d Cir. N.Y. 2004))。

(2) 国家に対する裁判権の行使が認められる場合

それに対し、物の売買、サービスの提供、お金の貸し借り、雇用、自動車事故、物や土地建物の貸し借りといった行為は、原則として業務管理的行為に区分され、法廷地国は外国国家に裁判権を行使することができます(対外国民事裁判権法8–15条)。

注意しなければならないのは、これらの行為に関する裁判権の行使であれば、訴えられた国の自由な政策判断や業務の遂行を妨げたり、国の運営を滞らせたりするおそれがないなどとは、必ずしもいえないということです。そのため、国内裁判所は、一見したところ業務管理的行為に係わる訴えでも、裁判権の行使が外国国家の政策や業務を妨げるおそれがないか、実質的に検討してきました。

日本の最高裁判所は、日本企業が、販売した高性能コンピューター等の代金の支払いを求めて、パキスタン・イスラム共和国を訴えた事件の判決のなかで、「外国国家の主権を侵害するおそれがあるなど特段の事情」がある場合は、業務管理的行為についても裁判権免除が認められる可能性があると指摘しました(最二判平成18年7月21日民集60巻6号2542頁)。そして、本件におけるパキスタンの行為は業務管理的行為に当たるけれども、「特段の事情」があるかもしれないので、それについてさらに検討が必要と判断しました。

一般人や一般企業も人を雇ったり辞めさせたりすることはできるので、その観点からは、国家機関等による職員の解雇も業務管理的行為と評価されえます。しかし、前述のジョージア州が訴えられた事件においても、最高裁判所は、「本件解雇は私法的ないし業務管理的な行為に当たる」とした後、「原審が指摘するところ」は「主権的な権能の行使を侵害するおそれがある特段の事情とはいえない」が、他に免除を認めるに足りる事情があるかはさらなる審理が必要であるとして、本件を東京高等裁判所に差し戻しました。

また、「商業的取引」に関する裁判手続から外国国家は免除されないと規定した対外国民事裁判権法8条が適用される場合も、それに関する民事裁判を日本で行うことが外国等の主権を侵害することになるような物品の売買等については、同条の規定する「民事又は商事に係る」事項についての取引ではないとして、免除の否定される「商業的取引」には該当しないと判断される余地が残されています。

以上とは別に、裁判権免除は国家に認められる権利なので、国家はそれを放棄して、他国の裁判手続に従うことができます。そのため、外国国家が、訴えられる前又は訴えられた後で、免除を放棄する意思を示したり、法廷地国の裁判権に従うことに同意したりすれば、主権的行為に関する裁判手続であっても、法廷地国は裁判権を行使することができます(対外国民事裁判権法5条)。

国家は、法廷地国に対する文書や裁判手続のなかでそのような意思を表明できるだけでなく、取引相手の個人や企業に宛てた文書のなかでも、その意思を示すことができます(同条1項二号三号)。したがって、個人や企業は外国国家と取引するときに、「国内裁判所で訴えられても、免除を放棄します。」や、「指定された裁判所の裁判権に服します。」といったような約束を文書の形式で残しておくと、後に紛争が生じた場合に、国内裁判所で裁判してもらえる可能性が高まります。

5　まとめ

外国国家に対する裁判権免除は、一見すると非常に不公平な制度に見えるかもしれません。しかし、国際社会において、国の自由な政策判断や業務の遂行を保証することで、国家の運営が滞ることを防ぎ、円滑な国家間関係を維持して、国際社会の平和と安全を確保する、重要な役割を果たしています。そのため、「業務管理的行為」に関する裁判手続については、外国国家に対して裁判権を行使することが認められていますが、「主権的行為」の係わる裁判手続については、外国国家に対して裁判権免除を認めることが、国際法上義務づけられています。

ただし、実際の裁判では、国家の裁判権免除の存在意義との関係でどこまで免除が必要か、文脈に則して実質的に判断されており、外観上「業務管理的行為」であっても裁判をしてもらえるとは限りません。外国国家に対して民事裁判を起こしたときに本案について検討される可能性を高めるには、外国国家と取引する際に、裁判権免除を放棄する旨を書面で約束しておくことが有用です。

〔参考文献〕

＊裁判権免除の範囲について：

Yang, Xiaodong, *State Immunity in International Law* (Cambridge University Press, 2012). とくに76–85頁。

坂巻静佳「制限免除主義の下での裁判権免除の判断基準——雇用契約事案の分析を通じた再検討」『国際法外交雑誌』116巻3号(2017年)284–309頁。

＊日本の対外国民事裁判権法について：

飛澤知行編『逐条解説　対外国民事裁判権法——わが国の主権免除法制について』(商事法務・2009年)。

＊裁判権のみならず執行手続からの免除を含む、国家免除全般に関する国際法について：

水島朋則『主権免除の国際法』(名古屋大学出版会・2012年)。

杉原高嶺『国際法学講義〔第2版〕』(有斐閣・2013年)第10章II。

Fox, Hazel and Philippa Webb, *The Law of State Immunity* (3rd ed., Oxford University Press, 2013).

Ruys, Tom, Nicolas Angelet, and Luca Ferro eds., *The Cambridge Handbook of Immunities and International Law* (Cambridge University Press, 2019).

岩沢雄司『国際法〔第2版〕』(東京大学出版会・2023年)第5章第1節。

中谷和弘ほか『国際法〔第5版〕』(有斐閣・2024年)第3章1。

11　在日米軍には日本の法律は及ばない？
——外国軍の駐留に関する地位協定

水島朋則

1　なにが問題か？

「また、沖縄で米兵による事件がおきた。米兵と軍属らを特別扱いする日米地位協定を改定する必要がある。」このように始まる2012年の新聞記事がありました（朝日新聞2012年11月6日付朝刊）。もしかすると多くの人はこの事件のことを忘れてしまっていたかもしれない2016年5月に、別の元米兵が沖縄の女性の死体遺棄容疑で逮捕されたことをきっかけとして、日米地位協定の見直し論が再び高まっています。

次の12章でも引用されるように、『広辞苑〔第6版〕』の「治外法権」の定義によると、「外国の領域内にいてその国の法律……の支配を受けない特権」は、「軍隊もこれを認められる」とされます。また、外務省の「日米地位協定Q&A」では、「米軍には日本の法律が適用されないのですか」という問いへの答えは、「一般国際法上、駐留を認められた外国軍隊には特別の取決めがない限り接受国の法令は適用されず、このことは、日本に駐留する米軍についても同様です」という書き出しになっています。

このようなことから、在日米軍には日本の法律は及ばないというイメージをもっている人もいるのではないでしょうか？　しかし、そのイメージは誤りです。在日米軍の駐留に関してさまざまなことを定めている日米地位協定を主に取り上げながら、その理由を検討しましょう。

2　日米地位協定はなにを定めているのか？

(1)　日米地位協定とはなにか？

日米安保条約6条に基づいて、米軍は日本で基地を使うことを許されていますが、基地の使用や米軍の地位については、別の協定で取り決めをすることになっています。旧日米安保条約の下でそれらについて定めていた日米行政協定に代わるものとして、1960年に新日米安保条約とともに締結されたのが、日米地位協定です。

はじめに引用した新聞記事に戻ると、日米地位協定は「米兵と軍属らを特別扱いする」ものとされています。どのような意味で「特別扱い」しているのかについては後で見ることにしますが、米兵と軍属との関係や違いは知っているでしょうか？ 米兵(正式には「合衆国軍隊の構成員」(日米地位協定1条(a)))については、説明するまでもないでしょう。分かりにくいのは軍属のほうだと思いますが、軍属とは、「合衆国の国籍を有する文民で日本国にある合衆国軍隊に雇用され、これに勤務し、又はこれに随伴するもの」のことです(同1条(b))。米兵とは違って「文民」であるというところがポイントですが、「軍属」という日本語よりも、英語の表現(civilian component)のほうが分かりやすいという人も多いかもしれません。なお、2016年5月の事件で逮捕された元米兵は、当時、民間会社に雇用されて米軍基地内でコンピューターや電気の配線の仕事に携わっていたとされていますが、例えばそのような人が「軍属」に当たるかどうか明らかでないため、この事件をきっかけとして、「軍属」の範囲を明確化することが日米間で合意されています。

(2) 日米地位協定の下で在日米軍には日本の法律は及ばないのか？

日本における米兵(米軍人)や軍属の扱いについて、「日米地位協定Q&A」は、はじめに引用した書き出しの後で、次のように説明しています。

> 米軍人や軍属の公務執行中の行為には日本の法律は原則として適用されませんが、これは日米地位協定がそのように規定しているからではなく、国際法の原則によるものです。……しかし、公務執行中でない米軍人や軍属……は、特定の分野の国内法の適用を除外するとの日米地位協定上の規定がある場合を除き、日本の法令が適用されます。

この説明を読んで、米兵らの公務執行中の行為には日本の法律が原則として及ばないのは、国際法の原則によるものであるけれども、日米地位協定もそのように定めているというふうに考えた人はいないでしょうか？

しかし、実際には、日米地位協定は、米兵らの公務執行中の行為には日本の法律は原則として及ばないとは定めていません。むしろ逆です。日米地位協定は、外交官の場合と同じように、「日本国において、日本国の法令を尊重〔する〕……ことは、合衆国軍隊の構成員及び軍属……の義務である」と定めていて(16条)、公務執行中かどうかにかかわらず、米兵らにも日本の法律は及んでいると言えます。そのことを前提として、日米地位協定は、「日本国の当局は、合衆国軍隊の構成員及び軍属……に対し、日本国の領域内で犯す罪……について、裁判権を有する」と定めているわけです(17条1項(b))。米兵らには日本の法律が及ばない(適用されない)のであれば、日本が裁判権をもつ意味がありません。

もっとも、「日米地位協定Q&A」の説明がまったくのデタラメというわけでは、もちろんありません。日米地位協定では、米軍当局も米兵らに対する裁判権を行使する権利をもつと定められていて(17条1項(a))、米兵らによる日本での刑事事件において、日本と米軍当局のどちらが裁判を行うのかが問題になりえます。それを決める場面で、公務執行中かどうかが関わってくるのです。

(3) 米兵らによる日本での刑事事件はどの国が裁判するのか？

米兵らによる日本での刑事事件においては、日本の法律だけでなく米国の法律も及ぶため、日米がともに裁判権を行使する権利をもつ場合があります。そのように裁判権を行使する権利が競合する場合に関して、日米地位協定は、米兵らの公務執行中の行為から生ずる犯罪等については、米軍当局が裁判を行う優先権(正式には「裁判権を行使する第1次の権利」)をもち、その他の犯罪については、日本が優先権をもつと定めています(17条3項(a)(b))。優先権をもつ国がなんらかの理由で裁判を行わないと決めた場合には、他方の国が裁判を行えます。したがって、米兵らの公務執行中の行為から生ずる犯罪であっても、米軍当局がなんらかの理由で裁判を行わないと決めた場合には、日本が裁判を行えることになります。

日米地位協定は、優先権をもつ国が裁判権を放棄することが特に重要であると他方の国が考えて、その放棄を要請した場合には、優先権をもつ国は「その要請に好意的考慮を払わなければならない」とも定めています(17条3項(c))。もっとも、要請があった場合には「裁判権を放棄しなければならない」というわけではありませんから、「好意的考慮は払いましたが、裁判権は放棄せずに、こちらで裁判を行います」と言われてしまえば、それまでということになります。

また、米兵らの公務執行中ではない行為から生ずる犯罪の場合は日本が優先権をもつと言っても、実際には日本が裁判を行えない結果となることもあります。日米地位協定では、日本が裁判を行う優先権をもつケースでも、その米兵らの身柄が米国の手中にあるときは、起訴されるまでの間、米国が引き続き拘禁することになっているからです(17条5項(c))。つまり、例えば、プライベートで犯罪を犯した米兵が、日本の警察によって現行犯逮捕されたりしないまま米軍基地に戻り、その刑事事件について検察官が裁判を起こす前に日本から出国してしまえば、日本が裁判を行うことは実際にはできなくなってしまいます。はじめに引用した新聞記事等に見られる日米地位協定の改定論や見直し論は、このような米兵らの「特別扱い」を背景としています。

日米地位協定は、1960年の締結以来、その規定の文言が改められたことはありませんが、その運用については、いくつかの点で改善されてきました。具体的にはどのように改善されてきたのでしょうか？

3　日米地位協定の運用はどのように改善されてきたのか？

(1)　日米合同委員会とはなにか？

日米地位協定では、その実施に関して日米間の協議を行う機関として日米合同委員会を設置し、日米それぞれの政府の代表者1人ずつで組織することにしています(25条)。具体的には、日本側は外務省北米局長、米国側は在日米軍司令部副司令官が、代表者となっています。日米合同委員会で合意されたことは、必ずしもすべてではないようですが、適宜公表されています。これまでの日米合同委員会の合意のうち、米兵らに対する刑事裁判権に関するもののいくつかを見てみましょう。

(2)　日米合同委員会はどのような合意をしてきたのか？

1995年9月に沖縄で、3人の米兵らによる女子小学生への集団強姦事件が起こりました。ところが、その後、米兵らの身柄は米国側にあり、上で説明したように、そのような場合は起訴されるまでは引き続き米国が拘禁することになっていますので、日本側は逮捕等を行えませんでした(起訴後には、身柄は日本側に引き渡され、裁判で有罪が確定しています）。この事件をきっかけとして、日米地位協定の見直しを求める動きが高まりました。

これを背景に、日米合同委員会で刑事裁判手続に関する協議が行われ、1995年10月に、殺人や強姦という凶悪な犯罪の特定のケースで、起訴前に米兵らの拘禁を日本側に移すことを日本が要請した場合には、米国側は日本の要請に対して「好意的な考慮を払う」ことが合意されました。この合意は、米兵らによる日本での刑事事件において日本が実効的に裁判を行うための運用の改善と言えるでしょう。もっとも、対象となる犯罪が限定されていることと、「好意的な考慮を払う」という表現にとどまっていることは確認しておく必要があります。上で別の文脈で説明しましたが、日本が要請した場合には「起訴前であっても拘禁を日本側に移さなければならない」というわけではありませんから、「好意的な考慮は払いましたが、起訴されるまでは、こちらで引き続き拘禁します」と言われてしまえば、それまでということになります。「日米地位協定Q&A」によると、この1995年の合意に基づいて、これまで日本は6件で米兵らの起訴前の拘禁移転を要請し、そのうち5件で起訴前の身柄引渡しが行われ、1件で起訴前の身柄引渡しが拒否されています。

次に、日米地位協定の下で日米のいずれが裁判を行う優先権をもつかを決める基準となる「公務」の範囲に関する日米合同委員会の合意を見てみましょう。上で確認したように、日米地位協定の前身は旧日米安保条約の下での日米行政協定ですが、その日米行政協定の下で、1956年3月に日米合同委員会の合意がなされ、「公務」には、米兵らが通勤のために自宅と勤務場所とを往復することが含まれるとするとともに、ただし、米兵らが「その出席を要求されている公の催事における場合を除き、飲酒したときは、その往復行為は、公務たるの性格を失うものとする」（傍点筆者）としていました。少しややこしいかもしれませんが、米兵らが公の催事に出席するように求められて、そこで飲酒した場合には、そこからの帰り道の飲酒運転も「公務」とみなされる余地があったのです。

日米地位協定の下でも、この1956年3月の合意が引き継がれていましたが、2011年12月の日米合同委員会の合意で改正され、上の傍点で強調した部分が削除されることになりました。やや遅すぎた改正のような気もしますが、この改正により、現在では、米兵の飲酒運転が、求められて出席した公の催事で飲酒した帰り道であるという理由で「公務」とみなされ、それから生ずる犯罪について米軍当局が裁判を行う優先権をもつという可能性は、なくなっています。

4　日米地位協定は特殊なのか？

(1)　外交特権・免除の場合との比較

上で見たように、日米地位協定の下での米兵らの「特別扱い」については、日米合同委員会の合意を通じて、一定の改善がなされてきています。それでも、米兵らによる刑事事件は「またか」というほど起こっている印象をもっている人もいるかもしれません。そのような印象をもたれがちな背景事情を考える上で、次の12章で取り上げる外交官の特権・免除の場合と比べてみることにしましょう。

国際法上、外国の外交官には日本においてさまざまな特権・免除が認められていますが、逆に、日本の外交官にも外国において同じような特権・免除が認められています。したがって、そのような外交特権・免除が濫用されて困ったことになるのはお互い様という特徴があります。そのため、お互いに困ったことにならないように、外交官が現地(接受国)の法律を守ることを促す力が働きます。ところが、日米地位協定の場合は、米兵らに与えられる待遇それ自体は、外国軍の駐留に関して他の国が締結している地位協定(例えば、1951年のNATO地位協定)の下で与えられる待遇とそれほど大きな違いはありませんが、日本の自衛隊が米国に駐留しているわけではありませんので、外交特権・免除の場合のような「お互い様」の力――米兵らが日本の法律を守ることを促す力――が働かないのです。

それならば、米兵らの「特別扱い」は一切やめるべきでしょうか？ それは、少し短絡的な考えであるように思います。日米地位協定の基礎である日米安保条約6条によれば、米軍が日本で基地を使うことを許されているのは、「日本国の安全に寄与し、並びに極東における国際の平和及び安全の維持に寄与するため」です。外交官の場合と同様に、その任務を達成するために必要な「特別扱い」は求められていると言えるでしょう。

(2)　自衛隊の海外派遣の場合との比較

日米地位協定の場合、日本の自衛隊が米国に駐留しているわけではないので「お互い様」の力が働かないと書きましたが、1990年代以降、自衛隊(国際法上は日本の軍隊です)の海外派遣に伴って、派遣先国との関係では、逆の状況が生じています。最後に、この問題に触れておきましょう。

自衛隊が、国連の平和維持活動(PKO)の一環として他国に派遣される場合には、国連とPKO受入国との間でその都度結ばれる国連軍地位協定に従って、PKO軍構成員としての自衛隊員に対する刑事裁判権の問題が処理されます。これらの国連軍地位協定は、だいたい国連軍地位協定モデル案に沿ったものになっていますが、このモデル案によると、PKO軍構成員による受入国での犯罪については、それぞれの派遣国だけが裁判権をもつことになっています。つまり、PKO軍構成員としての自衛隊員による受入国での犯罪については、日本だけが裁判を行えるというわけです。また、PKOの一環としてではない自衛隊の海外派遣の場合も、実質的にはほぼ同じ扱いがなされてきています。例えば、国連安保理の要請を受けて、ソマリア沖の海賊行為に対処するため2009年に自衛隊等をジブチに派遣した際に、日本とジブチとの間で締結された自衛隊等の地位に関する取り決めによると、派遣された自衛隊員等には外交官並みの特権・免除が与えられることになっていますので、日本が特権・免除を放棄しない限り、派遣された自衛隊員等によるジブチでの犯罪については、日本だけが裁判を行えることになります。

5　まとめ

以上見てきたように、在日米軍には日本の法律は及ばないというイメージをもっている人がいるとすれば、そのイメージは誤りだということになります。日本に駐留している米兵や軍属にも日本の法律は及んでいて、米兵らによる日本での犯罪について日本は裁判権をもっていることが、日米地位協定にきちんと定められています。

ただ、米兵らによる犯罪については、米軍当局も裁判権をもっているので、日米間で裁判権の調整が必要になります。日米地位協定では、米兵らの公務執行中の行為から生ずる犯罪等については、米軍当局が裁判を行う優先権をもつことになっています。それ以外の犯罪については、日本が優先権をもっているのですが、米兵らの身柄が米国側にある場合には、起訴されるまでの間は、引き続き米国が拘禁することになっているため、実効的に裁判を行う妨げとなることもあります。日米合同委員会の合意を通じて、運用の改善はなされてきていますが、それでも、米兵らによる刑事事件は「またか」というほど起こっている印象をもっている人もいるかもしれません。

しかし、だからといって、日米地位協定で米兵らに与えられている「特別扱い」を一切やめてしまうことは適当ではなく、その任務の達成に必要な待遇は認められるべきでしょう。具体的にどのような待遇が必要であるのかについては、日本の自衛隊が海外に派遣される場合に与えられる待遇等も参考にしながら、考えることが重要になります。

〔参考文献〕

＊日米地位協定全般について：
外務省「日米地位協定 Q&A」〈https://www.mofa.go.jp/mofaj/area/usa/sfa/qa.html〉。

＊日米地位協定に関する日米合同委員会のこれまでの合意について：
外務省「日本国とアメリカ合衆国との間の相互協力及び安全保障条約第6条に基づく施設及び区域並びに日本国における合衆国軍隊の地位に関する協定(日米地位協定)及び関連情報」〈https://www.mofa.go.jp/mofaj/area/usa/sfa/kyoutei/index.html〉。

＊日米地位協定における「軍属」の範囲の明確化に関する日米間の合意について：
外務省「軍属を含む日米地位協定上の地位を有する米国の人員に係る日米地位協定上の扱いの見直しに関する日米共同発表」(2016年7月5日)〈https://www.mofa.go.jp/mofaj/files/000171439.pdf〉。

＊海外に派遣された自衛隊に与えられる待遇について：
岩本誠吾「海外駐留の自衛隊に関する地位協定覚書——刑事裁判管轄権を中心に」『産大法学』第43巻3・4号(2010年)。とくに122–129頁。

＊以上のほか、日米地位協定等をめぐる問題について：
川上裕央『なぜ米兵犯罪は裁けないのか　日米地位協定「不平等」の現実』(朝日新聞WEB新書・2010年)。
キャサリン・ジェーン・フィッシャー(井上里訳)『涙のあとは乾く』(講談社・2015年)。
本間浩『在日米軍地位協定』(日本評論社・1996年)。
本間浩ほか『各国間地位協定の適用に関する比較論考察』(内外出版・2003年)。

〔追記〕

＊2(1)で触れた「軍属」の範囲の問題に関して、2017年1月16日に、日米地位協定の軍属に関する補足協定の署名と日米合同委員会の合意がなされた：
外務省「日米地位協定の軍属に関する補足協定の署名」〈https://www.mofa.go.jp/mofaj/na/fa/page3_001957.html〉。

＊2019年1月に外務省は「日米地位協定Q&A」を一部改訂したが、「米軍には日本の法律が適用されないのですか」という問いへの改訂後の答えにおいては、本章で触れた「一般国際法」や「国際法の原則」には言及していない。

12 大使館は「治外法権」か？
——大使館・外交官に認められる外交特権・免除

森 肇志

1 なにが問題か？

「治外法権」という言葉に聞き覚えのある人は多いのではないでしょうか？ 不平等条約—領事裁判権—治外法権—条約改正といった日本近代史のキーワードを思い浮かべたかもしれません。また、大使館や外交官は治外法権、といった表現は、現在でも国会での議論やマスメディアなどでしばしば見られます。

「治外法権」とは、『広辞苑〔第6版〕』によれば、「①外国の領域内にいてその国の法律、特に裁判権の支配を受けない特権。この特権を享有する主要なものは元首と外交使節であるが、軍艦・軍用航空機または軍隊もこれを認められる。②領事裁判権の俗称」と定義されます。

ここで注目して欲しいのは、①の中の、「その国の法律、特に裁判権の支配を受けない特権」という部分です。ここには「その国の法律……の支配を受けない特権」と「裁判権の支配を受けない特権」という2つのことが書かれています。

それがどのように2つのことなのかについてはこの後触れますが、「大使館は治外法権」と言われたとき、どちらをイメージするでしょうか？ 日本国内にある外国(たとえばアメリカ)の大使館は日本の法律の支配を受けない＝日本の法律は一切及ばないというイメージでしょうか？ それともアメリカの大使館には日本の裁判権は及ばないというイメージでしょうか？

後者であれば問題ありません。前者であれば、それは歴史的には問題ないのですが、現在では誤りです。治外法権という語の由来とそれが定着した明治日本まで遡りつつ、その理由を検討しましょう。

2　治外法権とはなにか？

（1）　治外法権＝exterritoriality＝域外性

「治外法権」という言葉は、exterritoriality（あるいは extraterritoriality）という単語が明治初期に翻訳されたものです。日本史の授業で触れた人が多いとは思いますが、今でも意外なほどに――大使館や外交官といった元々の文脈を離れたところも含め――よく聞きます。なんとなくミステリアスな印象だからでしょうか。たとえばシャープの液晶工場の中に実質的に「アップル専用工場」があるという2013年の新聞記事の中で、「同社の機密を扱う部屋はシャープ社員も入れない、治外法権の『租借地』だ」と触れられています（日本経済新聞2013年3月24日付朝刊）。

exterritoriality あるいは extraterritoriality というのは直訳すると「領域の外にあるということ（域外性）」となりますが、治外法権よりもこれらの方が本来の意味をイメージしやすいかもしれません。もともとはある国（領域国・接受国）において外国の外交使節団が接受国（外交使節団を受け入れる＝接受する国）の国内法令に服さないことを表すために用いられた言葉です。

国際法上国家は、国内法を制定し、それを一定範囲の人、財産または事実に対して具体的に適用し行使する権能（国家管轄権）を有します。国家管轄権は、立法管轄権＝国内法令の制定、執行管轄権＝国内法の現実の執行、裁判管轄権＝具体的な事案の審理とに分けることができます。ごく単純な例を挙げれば、国家が刑法を制定し（立法管轄権）、殺人を犯した容疑者を逮捕し（執行管轄権）、裁判を通じて刑を確定する（裁判管轄権）、ということです[1]。また、国家は、領域に対する主権に基づいて、自国の領域内では国家管轄権を排他的かつ包括的に、すなわち国民だけでなく外国人に対しても行使することができるというのが原則です（属地主義）。

こうした属地主義に基づく管轄権の行使というものは、ヨーロッパにおいて中世から近代への移行期に認められるようになったものですが、同時期にヨーロッパ各国に常に置かれるようになった外交使節団は、当初から領域国（接受国）による属地主義に基づく管轄権行使に対する例外の一つでした。ある国の外交使節団

1）　なお、この3分類が、立法府、行政府、司法府という三権分立と1対1で対応するわけではないことには注意してください。行政立法は立法管轄権に、裁判所による財産差押えは執行管轄権に分類されます。

は、それを接受した領域国の一切の管轄権から免除され、領域国の法律の支配をまったく受けないものとされたのです。外交使節団は、接受国の領域にあっても侵すことのできない存在であり、その不可侵性は絶対的あるいは神聖なものとさえ言われました。そうした免除の絶対性を強調するために、外交使節団は、事実上は外国(接受国)に所在しているが、法的には本国(派遣国)の中に所在し、本国法の適用を受け続けるという意味で、exterritoriality＝域外性というフィクションが導入されたのです。法的には外国(接受国)ではなく本国(派遣国)に存在すると擬制されたわけですから、外国(接受国)の法律に服すわけがありません。まさに領域国の法律の支配を受けない特権でした。これが exterritoriality＝治外法権の元々の意味です。

(2) 領事裁判権＝治外法権？

では、もう一度『広辞苑〔第６版〕』に戻って、「②領事裁判権の俗称」というのは適切なのでしょうか？ そもそも領事裁判権というのはどのようなものだったでしょうか？

日本における外国の領事裁判権は、黒船に乗って来航したペリー提督によって結ばれた 1854 年の日米和親条約に原型が見られますが、1869 年の日独(当時ドイツ北部連邦)修好通商航海条約に到ってもっとも詳細に規定されました。その内容が同様の条約を結んでいた各国にも認められ、この日独条約に沿って欧米各国が自国の権利を――ときには集団的に――主張することとなりました。

日独修好通商航海条約によれば、締約国(たとえばドイツ)の国民が、①民事訴訟で被告のとき、②刑事犯罪を犯したとき、③条約およびそれに付属する貿易規則や税則に違反したとき、本国(たとえばドイツ)領事の裁判を受ける権利があるとされていました。しかし、これだけであれば裁判管轄権(裁判権)からの免除にすぎません。『広辞苑』に言う、「その国の……裁判権の支配を受けない特権」だということです。

にもかかわらずこれが治外法権と言われるようになったのは、その運用に理由がありました。まず、①の場合において裁判で適用されるのが本国法とされたため(②の場合は不明確)、外国人としては日本の法律ではなく自国の法律にしたがっていればよいということになりました。また③で決められた規則の範囲を越えて、一般的な行政規則(検疫規則等)違反事件についても領事裁判権が認められるようになり、さらには各国が、自国が認めていない日本の行政規則を領事裁判において適用することを拒否した結果、一般の外国人が日本の法令を無視するようになり、日本の警察等も日本の法令の執行(執行管轄権の行使)に及び腰となり、実態として日本の法令がまったく及ばない状態になったのです。まさに、「その国の法律の支配を受けない特権」です。この意味では、治外法権＝「その国の法律の支配を受けない特権」＝「領事裁判権の俗称」ということになるでしょう。

では、こうした治外法権という語の意味と文脈に照らして、外国の大使館や外交官は、現代においても治外法権を認められると言えるのでしょうか？

3　大使館・外交使節団・外交官

(1)　特権・免除の根拠の変化

先にも触れたように、外交使節団が治外法権＝域外性を有するということは、当初よりフィクションだとされていましたが、次第にそうしたフィクションが含意することもある、外交使節団が接受国で有する特権および接受国の管轄権からの免除(あわせて特権・免除)の絶対性が見直され、より具体的に論じられるようになっていきました。

こうした見直しは、第二次世界大戦後、外交関係に関する国際ルールをまとめた条約(外交関係条約(外交関係に関するウィーン条約))が1961年に作られる作業の中で決定的となりました。この作業において、外交使節団に特権や免除を認める根拠として、これまで認められてきた、外交使節団は治外法権を有するという考え方(治外法権説)は明確に否定されました。代わって、外交使節団がその任務を達成するために必要だとする考え方(職務必要説)が主流となり、それに加えて外交使節団が派遣国を代表していること(国家代表説)も加味されて、外交使節団の特権や免除が認められることになりました(同条約前文参照)。

この結果、治外法権説が含意していたような、外交使節団が領域国(接受国)の外にあるかのように接受国の一切の管轄権が及ばないとする考え方＝「その国の法律の支配を受けない特権」という考え方は排除されました。領域国(接受国)の管轄権(法令)が及ぶことを前提に、職務遂行上の必要および国家を代表するという性格から、その一部について、そうした必要性や性格から求められる範囲で、特権や免除が認められるということが明確になったのです。

外交使節団に認められる特権および免除は多岐に亘ります(同20–38条参照)。

ここでは、「大使館は治外法権」と言われる文脈でしばしば取り上げられる、大使館の不可侵と、外交官の接受国裁判権からの免除およびその前提としての執行管轄権からの免除を取り上げます。

(2) 大使館の不可侵

大使館内は不可侵とされ、接受国の官吏は、使節団の長(大使など)が同意した場合を除くほか大使館に立ち入ることはできません(外交関係条約22条1項)。また、大使館は、接受国による捜索、徴発、差押えまたは強制執行の対象にもされません(同22条3項)。接受国の法令の執行(執行管轄権)からの免除が認められているわけです。

このことはしかし、大使館に対して接受国の法令そのもの(立法管轄権)が及ばないことを意味するものではなく、この点で「その国の法律の支配を受けない特権」という意味での治外法権と異なります。接受国の官憲が大使館に立ち入ることは外交使節団の職務遂行上の必要から認められませんが、接受国の法令が及ぶこと自体は、その必要と抵触しないためです。

具体的に見てみましょう。大使館では、通常、本国から派遣された外交官に加え、外交官という身分をもたない、いわゆる現地職員が働いています。派遣国の国民という場合も接受国の国民という場合もあります。このうち、大使館の中で接受国の国民である職員が接受国の法令に反する犯罪を行った場合には、その職員が大使館の敷地を出たら、接受国の官憲は逮捕し、起訴することができます[2)]。これは、そもそも大使館の中に接受国の法令(立法管轄権)が及ぶからこそ、その法令の違反ということで、逮捕や起訴が可能になっているわけです。

なお、こうした不可侵は大使館だけでなく領事館についても認められます(領事関係に関するウィーン条約31条)。この点が注目されたのが、2002年5月の在瀋陽日本総領事館事件です。本件は、同総領事館の敷地内に、北朝鮮からの脱出者5名の家族が亡命を求めて駆け込みを図り、うち2名が敷地内に入り同館の建物内の待合室で座っていたところ、中国の武装警官数名が同待合室に入り、同2名を連行した事件です。本件に関しては、「治外法権の侵害だ」といった強い、感情的な反発が広く見られました。しかし、そういった評価は適切ではありませ

---

2) 外交官や派遣国国民である職員の場合は(3)の問題になります(外交関係条約37条参照)。

ん。あくまで領事館の不可侵が侵害されたか否かという問題であり、領事機関の長その他の同意があったか否かという問題が焦点になります。

(3) 外交官の不可侵・裁判権免除

外交官は、身体の不可侵、住居、書類、通信および財産の不可侵に加え、原則として接受国の裁判権から免除されます(外交関係条約29–31条)。国家管轄権のうち、裁判管轄権および執行管轄権の一部から免除されているわけです。これらも、不当な逮捕や脅迫から自由であることが職務遂行のために必要だということから認められるものです。したがって、外交官が接受国法上の犯罪を行った場合でも、現行犯逮捕に伴う一時的な拘束を除きその身体を拘束することも、家宅捜索等を行うこともできず、それに対する刑事裁判も行うことができません。犯罪者を野放しにするようで不適切に思われますが、犯罪を口実にした不当な逮捕等から外交官とその職務を守る必要があるのです。

しかし、外交官に対しても、接受国の立法管轄権は及んでおり、接受国の法令は適用されています(同41条)。法令は適用されているのですが、それを執行することができない場合が多い、ということです。法令は適用されているという点が、「その国の法律の支配を受けない特権」という意味での治外法権と異なるところです。

そのことが具体的に問題となるのは、たとえば接受国で犯罪を行った外交官が、接受国において外交官の身分をなくした場合です。この場合、いわばタダの人になるので、逮捕することも訴追することもできるようになるわけです。

たとえば2005年から2006年にかけて、コートジボワールの外交官が、賭博を開いていた部屋の名義貸しをして多額の報酬を得ていた事件がありました(2014年3月にもガーナ大使による同様の事件がありました)。この外交官の行為は賭博開帳図利(刑法186条2項)の幇助等という犯罪に当たる疑いがあります。この事件の際、警視庁から外務省を通じ、コートジボワールの在日本大使館に同外交官の免除の放棄(外交関係条約32条参照)が要請されましたが、同国大使館の協力は得られませんでした。その後外務省は、同外交官につきペルソナ・ノン・グラータ(同9条)を通知しました。これは「好ましくない人物」という意味で、接受国が派遣国に対し当該人物を本国に呼び戻すか任務を終了させることを求めるものです。日本の当局としては同外交官の任務を終了させ、タダの人になったところで逮捕しようとしたものですが(同39条2項)、同外交官はすでに通知の前日に帰国してしまいました。これも執行管轄権の行使に限界があったケースです。

ところが本件には後日談があります。実はこの外交官は、2010年に日本に舞い戻ってきたところ、警視庁に逮捕されました。このときは日本に外交官として戻ってきたわけではなく、タダの人なので、逮捕されない特権も裁判権からの免除もありません。逮捕することになんら問題はないわけです。これも、もともとこの外交官(2005–06年当時)に対しても、日本の立法管轄権＝刑法が及んでいたということをよく示すものです。

4　まとめ

以上見てきたように、治外法権を、そのもともとの意味にしたがい、「その国の法律の支配を受けない特権」とか、一国(領域国)内の一定の区域あるいは人があたかも外国国家の中にあるかのように、領域国の国家管轄権が一切及ばない状態、と理解するのであれば、現代において、外国の大使館や外交官について、それらが治外法権を認められていると理解することは誤りだということになります。

しかし、先に触れたように、19世紀後半の日本において、もともとは日本の裁判権が及ばないということを意味するに過ぎなかった領事裁判権が、治外法権＝「その国の法律の支配を受けない特権」を意味するようになったことの背景を考えるならば、外交使節団に対する裁判管轄権や執行管轄権の行使に制限があるとしても、許されている管轄権の行使に慎重になりすぎたり、あるいはそのことを悪用する輩が多ければ、彼らは日本の法律を無視しうる立場にいる＝治外法権という印象を内外に与えることになります。外交関係条約に基づく裁判権免除等がそうした印象を与えないよう、適切に運用することが重要になります。

他方で、外交使節団に与えられる特権・免除の範囲が条約によって具体的に規定されているということは、あまり知られていないのではないでしょうか。また、非常に広い意味をもつ治外法権というミステリアスな言葉が用いられることが、彼らが日本の法律を無視しうる立場にいるという印象を再生産しているとも考えられます。治外法権という言葉を使うのはやめにして、日本の法令が一切及んでいないのか、それとも、法令が及んでいるけれども、一定の場合にそれを執行できなかったりそれに基づいて裁判を行うことができないだけなのかを、区別して考えることが必要です。

〔参考文献〕

＊治外法権のもともとの意味について：
田岡良一『国際法講義　上巻』(有斐閣・1955年)、とくに515–516頁。

＊領事裁判権が認められることが治外法権と言われるようになった経緯について：
五百旗頭薫「開国と不平等条約改正」川島真ほか編『東アジア国際政治史』(名古屋大学出版会・2007年)、とくに26–29頁。
横田喜三郎「日本における治外法権」横田『国際法論集 I』(有斐閣・1976年)、264–297頁。

＊以上のほか、外交関係に関する国際法について：
浅田正彦編著『国際法　第3版』(東信堂・2016年)第6章。
小松一郎(外務省国際法局関係者有志補訂)『実践国際法　第2版』(信山社・2015年)第9章。
杉原高嶺『国際法学講義　第2版』(有斐閣・2013年)第15章。
柳原正治ほか編『プラクティス国際法講義　第2版』(信山社・2013年)第10章。

13 日本のサラリーマンが国際カルテル容疑で米国に処罰される？
――国家管轄権の域外適用

竹内真理

1 なにが問題か？

2010年ごろから米国当局による国際カルテルの摘発が相次ぎ、日本の大手企業に巨額の罰金が科されたとの報道を目にした人も少なくないでしょう。そればかりでなく、これら企業の幹部や社員らに対して、カルテル行為にかかわった容疑で米国当局が召喚状を送付し、これらの人々が実際に米国で禁固刑に処せられる例も増えています(日本経済新聞2011年9月30日付夕刊1面；日本経済新聞2012年1月31日付夕刊1面)。これは、日本企業の間で価格や輸出量を一定にするという合意がなされたことが、市場における自由競争を制限するような行為を規制する米国の法律に反するとされたことによるものです(このような法律を一般に競争法といいますが、これは米国では反トラスト法と呼ばれます)。こうしたニュースに対しては、日本で普通に働いていただけなのに、なぜ米国で収監されなければならないのかと驚いたり憤ったりする論調も見受けられます。しかしながらこれは果たして不当な仕打ちなのでしょうか。日本国内で働いている限り、どのようなことをしても米国の法律の違反に問われることはないのでしょうか。この問いに答えるためには、前提となっている事実、すなわち、日本人が日本国内で行った行為に米国の法律が適用されているという現象(＝域外適用)をどのように捉えるべきかという問題に立ち返って考えてみなければなりません。国家が自国の法律の効果を外国に及ぼすことはどう評価されるのでしょうか。もし一国の法律が国境を越えて外国へと及ぶのだとすれば、国境には何の意味があるのでしょうか。

2 域外適用とはなにか？

問題の全体像を理解するために、「一国の法律が外国で行われた行為に適用される」という現象に、国家のどのような行為がかかわっているのかを整理することから始めましょう。国家が法律を制定し、それを具体的事案において人や物に対して適用したり執行したりする権能のことを国家管轄権といいます。これは、立法管轄権＝国内法の制定、執行管轄権＝捜査や逮捕などの国内法の執行、裁判管轄権＝具体的な事案の審理に分けることができます。

国家は、領域主権に基づいて領域内での国家権力の行使を独占しており、それゆえ、自国領域内であれば、上に挙げた３種類の管轄権のすべてを、原則として完全に行使することができます。つまり国家は、外国の意向に左右されることなく、自国領域内の人や物を対象として法律を定め、それを執行し、又はそれに基づいて裁判を行うことができるのです(ただし、これには例外もあります。たとえば外国の外交官が日本国内で犯罪を行っても、外交特権や免除が認められているために、日本は逮捕・捜査などの執行管轄権を行使することができません(⇒12))。日本の刑法１条が、日本国で罪を犯したすべての人に対して――したがってその国籍に関係なく――刑法が適用されると定めているのは、このような領域主権の機能を反映したものといえるでしょう(なお、このように領域を基礎とした法の適用を属地主義といいます)。

このように一国が領域内で国家権力を独占しているということは、その裏返しとして、国家が外国の領域内でその国の同意なしに逮捕や捜査などの権限を行使することができないということを意味します(この点については、後に再び取り上げます)。他方で、このことは、国家が自国領域の外に自国の法律の効果を及ぼすことが禁止されているということを意味するものではありません。国家が、外国領域内の人や物に対して適用される法律を制定したとしても、そのこと自体は外国の領域主権に影響しないため、国際法上禁じられているわけではないのです。言い換えれば、国家は、外国国家の同意なしに、外国領域内の人や物に関して立法管轄権を行使することができるのです。

もっとも、だからといって、各国は何の制約もなしに自国の法を域外に適用しているわけではありません。とりわけ、刑法や競争法など、公の秩序を維持するための規制権限の行使にかかわる法分野においては、規制内容と自国の秩序とが何らかの「関連」を有していることが求められます(なお、このような法分野を公法といい、民法など、私人間の関係を調整することにかかわる法分野である私法と区別しています。私法分野では、原則として事案の処理に最も適した法律を適用するため、公法分野のような制約は存在しないものと考えられています)。多くの国では、これを踏まえて、属地主義を基礎としつつ、国籍や保護されるべき利益を通じて自国と関連をもつと考えられる行為を規制することができるように、法を整備しています。以下では、刑法を例にとって、諸国家に共通して採用されている方式(これは、「関連」とされる国籍や利益を反映する形で、それぞれ○○主義と呼ばれます)を確認していきましょう。

まず、①国家の存立や安全、経済秩序にかかわるような重要な国家利益を侵害する罪について、行為者の国籍や行為地にかかわらず、刑法を適用するという方式があります(保護主義)。ある国の領域内で外国国家に対するクーデターの計画や外国の通貨の偽造が行われたという場合を想定してみてください。クーデター計画や通貨偽造が行われた領域の秩序はそれによって直接に影響を受けるわけではないため、その領域国による取り締まりを期待することはできません。そこで、このような犯罪が放置されることのないように、多くの国では、自らが犯罪のターゲットとなる場合に備えて処罰規定を整備しています。日本でも、内乱、外患誘致、公文書偽造、通貨偽造などの犯罪について、保護主義を採用しています(刑法2条)。

また、②自国民が国外で行った犯罪に対して刑法を適用するという方式があります(能動的(又は積極的)属人主義)。これは、主に、国家は国籍を通じて国外にいる自国民にも一定の統治を及ぼすことができるという考え方に基づくもので、日本でも、放火、殺人、傷害、窃盗、詐欺などの一定の罪について国民の国外犯を処罰することとしています(刑法3条)。

さらに、③国外にいる自国民を保護するという見地から、自国民が被害者となった犯罪に対して自国法を適用するという方式があります(受動的(又は消極的)属人主義)。この受動的属人主義は、日本の刑法の歴史において、以下に見るように少々複雑な経緯をたどっています。現在の刑法は、1907年(明治40年)に制定された刑法が、幾多の改正を経て今に至ったものですが、制定当初の刑法には、保護主義や能動的属人主義と並んで、受動的属人主義を反映する規定が含まれていました。この規定は、1947年の刑法改正時に、殺人や傷害など犯罪地国の秩序に直接影響する罪については犯罪地国による取締りに委ねるべきとの考えに基づき、いったん削除されます。しかし、2003年に日本は再び受動的属人主義を採用することになりました。きっかけとなったのは、2002年に起きたタジマ号事件です。これは、公海上にある日本企業の便宜置籍船(税制等の理由から船舶の運航者の所在国とは異なる国に船籍を置く船舶)内でフィリピン人が日本人を殺害したという事件でしたが、当時、加害者の国籍国であったフィリピンには自国民の国外犯を処罰する規定はなく、したがって、旗国(船舶の登録国)のパナマ以外に犯人を処罰する国内法規定をもつ国はありませんでした(旗国は自国に登録された船舶がどこにいても管轄権を及ぼすことができます)。ところが、当初パナマは処罰に積極的ではなかったために対応が鈍く、事件後タジマ号が日本に入港していたにもかかわらず、日本の官憲が介入できない事態が続きました。日本の刑法に処罰規定がなければ、日本国内に犯人がいても、捜査すらできないというわけです。最終的に、パナマから日本に対して犯罪人引渡し要請がなされたことで、日本による身柄拘束が可能になり、犯人がパナマに引き渡されることで処理が図られましたが、この事件は、犯罪地国や旗国の取締りが常に期待できるわけではないという事情を顕わにすることになりました。そこで、こうしたことから生じる不都合を解消するために、また外国に渡航する日本国民が増加するのに伴って、日本国民を狙った犯罪に適切に対応する必要が認識されるようになったこともあって、殺人、傷害、逮捕監禁、誘拐、強盗などの生命・身体を侵害する罪に絞って、自国民が被害者となる場合に国外犯を処罰するための規定が新設されたのです(刑法3条の2)。

以上のような国家の個別の利益にかかわる行為に対する域外適用に加えて、④国際社会全体の利益や各国に共通する法益を保護する目的で、犯人の国籍も犯罪地も問わず、自国の刑法を適用するという方式(普遍主義)があります。日本の刑法では、自国が批准した条約がこのような考え方に基づき国外犯処罰を義務付けている場合に、刑法を適用できるようにしています(刑法4条の2)。ここで想定されている条約には、爆弾テロやテロ資金供与などのテロ関連犯罪を取り締まるための条約や、拷問禁止条約や強制失踪条約などの重大な人権侵害に対応するための条約が含まれます。

3　米国の域外適用の特殊性？

以上のように、国家が、外国の領域内の人や物に対して自国の法律を適用すること自体は広く行われているわけですが、米国の反トラスト法の域外適用は、時に、諸外国からの強い反発を招いてきました。その主な理由は、反トラスト法の域外適用が拠って立つ考え方が、効果理論と呼ばれるもので、諸外国にとって少なくとも当初は受け入れがたいものだったからです。

効果理論とは、外国における行為が、自国の領域内に直接的・実質的な影響(＝効果)を与える場合に、その行為に対して自国の管轄権を行使することができるという考え方のことで、米国の 1945 年のアルコア事件で初めて採用されました。この事件は、カナダの企業及びヨーロッパ数カ国の企業が、スイスに設立した合弁会社を通じてアルミニウムの生産量の管理、割当を行っていた行為が、米国に対するアルミニウムの輸入制限に当たるとして、反トラスト法違反に問われたものです。連邦控訴裁判所は、①外国企業が米国市場に影響を与える意図を有していたこと、及び②実際に影響を与えたことの 2 つを、反トラスト法の適用基準として示しました。効果理論は、その後の米国の裁判判決において踏襲され、また米国の国内法にも取り入れられています。

このような米国の実行に対しては、欧州諸国、カナダ、日本などが反発しました。効果理論は「領域内」で効果が生じることを強調しているものの、領域内で何らかの行為が行われたことを必要としないために、属地主義の不当な拡大であると非難されたのです。第二次大戦後の復興過程においては、自国産業を保護する必要から企業間の協調行動を容認する政策をとっている国家も多く、これらの国は、自国領域内の企業活動が、米国反トラスト法の適用を通じて米国によりコントロールされることで、自国の経済秩序が影響を受けることを懸念しました。なかでも英国やオーストラリアは、自国企業が米国判決の命ずる文書や情報の提出命令に応ずることを禁止する国内法を制定することで、米国の措置に対抗しようとしました。

もっとも、効果理論を巡る対立は、次第に収束に向かうことになります。背景には、経済のグローバル化に伴って、外国で行われた行為が自国市場に重大な影響を及ぼす場合が増加したという事情があります。日本の家電メーカーが、東南アジア諸国の部品メーカーから、テレビ用の部品を購入する例を考えてみてください。部品メーカーの間で価格を一定にするカルテル協定が結ばれれば、協定を結ぶ行為自体は外国で行われているとしても、実際に影響を被るのは日本企業ということになります。このような状況に直面して、各国は、外国企業が外国で行なった行為に対しても自国の競争法を適用する必要性を実感し、次第に方針を転換するようになったのです。

たとえば、欧州司法裁判所は、1980年代の後半ごろから、外国の企業が欧州域内で子会社等を通じて商品を販売している場合に、そのような外国企業が欧州域外で行った競争制限行為にも、欧州の競争法が適用されるという立場を明確に打ち出すようになりました。また、日本の公正取引委員会も、1990年の報告書において、「外国企業が日本国内に物品を輸出するなどの活動を行っており、その活動が我が国独占禁止法違反を構成するに足る行為に該当すれば、独占禁止法に違反して、規制の対象となると考えられる。」と述べて、同様の立場を採用するに至りました。実際に、公正取引委員会は、1998年のノーディオン事件において、日本企業に対して自社以外の企業との契約を結ばないよう強制したカナダの企業に対して、独占禁止法に違反するとの勧告を行っています。以前は、同種の事件において、勧告の対象となるのは日本企業のみでしたが、ノーディオン事件では初めて外国企業に対しても勧告が行われており、公正取引委員会の方針転換が具体的な事件に反映されていることがわかります。ノーディオン事件以降は、外国企業の行為に日本の独占禁止法を適用する事例が一定程度積み重ねられてきており、たとえばテレビのブラウン管の販売を巡る国際カルテル行為に対して、2009年から2010年にかけて、公正取引委員会が東南アジアに拠点を置く外国企業に罰金(日本の独占禁止法上の専門用語では、課徴金といいます)を科した事案は、新聞報道でも取り上げられています(日本経済新聞2010年3月29日付)。さらに、21世紀に入ってからは、新興経済国である中国、インド、ブラジル、ロシア、南アフリカのいわゆるBRICS諸国が、自国の競争法において相次いで効果理論を採用していることも、注目されます。

こうして、現在では——それを効果理論と呼ぶかどうかは別として——国家は自国の領域内に直接的・実質的な影響を与えるものに対して自国の法を域外適用できるという考え方が、国家間で広く共有されるに至っているといえるでしょう。言い換えれば、自国領域内に対する効果をもって、先に述べたような「関連」があると捉えられるようになってきているのです。

上のような事情を踏まえるならば、日本の企業の行為に米国の反トラスト法が適用されること自体は、もはや驚くべきことではなく、むしろ「お互い様」であるともいえるのです(もっとも、現在米国は、さらに一歩先を行く形で、国内市場に影響を与える行為のみならず、外国市場における自国の輸出企業の利益を害するような行為についても、効果理論に基づく域外適用を行うようになっており、他国による新たな反発を招いています。こうした域外適用もまた「お互い様」といえるようになるかは、グローバル化の進展が諸国家の「市場」の捉え方にどう影響するかにかかっているといえるでしょう)。

日本では、日本人が米国で実刑判決を受けて収監されたというニュースが、「幹部禁固刑」とか「社員ら収監へ」といった新聞の見出しと共に、ややセンセーショナルに取り上げられたきらいがあります。しかしながら、実は日本の独占禁止法においても、違反企業に対して罰金を科すばかりでなく、違反行為を行った個人に対して懲役刑を含む刑罰を科すことも定められているのです。したがって、この点でもお互い様ということになりそうです。確かに日本では、独占禁止法の違反が刑事事件になるケースがそもそも少なく、また刑事事件になった場合でも、これまでの事件ではすべて執行猶予が付されており実刑判決が出たことがありません。そのため、米国の措置が驚きをもって受け止められたのかもしれません。しかしながらこれは、法律の規定を実際の事件に適用する際に重視する点(企業への制裁か、個人の処罰か)が、日米では異なっているということに尽きるのであって、カルテル行為を行った個人に対して刑罰を科すこと自体が不当だということにはやはりならないのです。

4 域外適用の時代における国境の意味

これまで、法の域外適用が様々な分野で行われていることを確認してきました。このように、一国の法律が国境を越えて外国にも及ぶということは、一つの事案に複数の国の法律が適用される場合(＝立法管轄権の競合)があるということを意味します。たとえば、日本人が米国で殺人を犯した場合には、犯罪地国である米国と加害者の国籍国である日本の両方において、殺人の罪が成立しうるということです。このような状況は、一見して望ましいとはいえません。米国と日本がともに処罰権を主張して譲らなければ、国家間の争いに発展しかねないでしょうし、一つの行為について個人が二度処罰されること(＝二重処罰)も、個人の権利の観点からは看過できないことのように思われます。

しかしながら現状では、こうした状況を交通整理し、国家間で役割を分担するための仕組みは、国際社会には存在していません。中央集権的な構造をもつ国内社会とは異なって、国際社会では、主権をもった国家が並び立つ状態にあるからです。したがって、上に述べたような事案において、米国と日本のどちらが具体的な事案において処罰権を行使すべきかが予め決まっているわけではないのです。また、日本では、憲法39条が「同一の犯罪について、重ねて刑事上の責任を問はれない」と定めて二重処罰を禁じていますが、この禁止は、同じ行為について、日本国内で重複して処罰されることがないことを定めたものと理解されています。したがって、米国で有罪判決を受けた者に対して、同じ行為について日本で処罰を行うことは禁じられているわけではないのです(ただし、この場合、米国で既に刑が執行されている場合には、日本での刑の執行を軽くしたり、免除したりすることで、個人が過剰な刑罰を受けないようにするための規定が設けられています(刑法5条))。

もっとも、立法管轄権の競合を調整するための仕組みがないとしても、実際には、さほど大きな混乱が生じているわけではありません。既に述べたように、国家は外国の領域内で捜査や逮捕などの権力行使を行うことを禁じられています。これを別の角度からみると、一国の法律の効果が国境を越えて外国に及ぶとしても、その内容を実現するための権力行使(＝執行管轄権の行使)は、国境によって阻まれているということになります。いわば、国境が自然の防波堤となって、立法管轄権の競合がもたらしうる混乱を最小限にとどめているのです。

このような国境の機能のために、域外適用の事案において、法を執行しようとする国は、犯人や証拠が所在する国の協力を仰がなければなりません。そこで、同じような内容の法律をもつ国の間では、協力をスムーズに進めるために、条約などで予め条件を定めることで、協力関係を制度化することが行われてきました。伝統的には、刑事法分野における犯罪人引渡しの制度があり、日本は米国及び韓国との間に犯罪人引渡条約を締結しています(⇒14)。

競争法分野でも、自国の競争法を域外適用する国家が増加するのに伴って、このような協力の制度化が進んできています。日本は1999年に米国との間で協力協定を締結したのを皮切りに、欧州連合(EU)及びカナダとの間で協力協定を締結しています。これらの協定においては、相手国の企業に対して自国の競争法を執行しようとする際にその旨を相手国に通報することや(日米独禁協力協定2条)、相手国の執行活動に関連するような情報を提供すること(同3条)などが定められています。協定に基づいて協力が行われた例としては、パナソニックが三洋電機の株を取得した際に、これが競争の実質的制限に当たるかどうかを審査していた公正取引委員会が、米国とEUの関連当局に情報を提供した例などがあります。こうした協力関係の制度化は、立法管轄権の重複を完全に解決するわけではありませんが、各国家が自らの守備範囲を守りつつ、可能な範囲で調整を図ることを可能にするものであるといえます。

以上を踏まえた上で、今一度、冒頭の事例に立ち返ってみましょう。一方で、企業に対する罰金の場合には、国境は必ずしも防波堤となるとは限りません。外国企業が米国領域内に現地事業所・子会社を有している場合や、銀行口座や不動産などの資産を有している場合には、それらは米国による執行管轄権の行使の対象となりえます。だからこそ、諸外国は、米国の立法管轄権の行使が行き過ぎたものだと考える場合には、積極的に抗議を行って、自国がそれを受け入れたとみなされないようにしてきたのです。

他方で、企業の従業員に対する刑罰権の行使に関しては、当該個人が自国の領域内にとどまっている限りは、米国の執行管轄権は及びません。仮に米国が日本に対して犯罪人引渡しを要請したとしても、日米犯罪人引渡条約においては、自国民の不引渡しが認められているため、国境は依然として防波堤の役割を果たしうることになります。ただし、国際逮捕状が出されてしまうと、米国との間で犯罪人引渡条約を結んでいる国へ渡航すれば米国へ引き渡されてしまうため、海外渡航を思いとどまらざるをえなくなります。皮肉なことに、国際カルテルを行うような大手企業であればあるほど、海外出張の機会が多くなるため、このような状況は業務に支障をきたしかねません。そこで、実際には、逮捕状を発付された個人は自発的に米国に渡航して当局に出頭し、(司法取引などを行った上で)実刑判決に服しているのです。

5　まとめ

今日では、国家は様々な分野において、国境の外側に自国の法律の効果を及ぼしています。グローバル化がいっそう深化しつつある今日において、こうした法の域外適用は、国家が自国の秩序を維持するための不可欠の手段となっているといってもよいでしょう。もっとも、依然として執行管轄権の行使は国境の内側にとどめられているために、法の域外適用にはおのずと制約が課せられています。そのため、ある国が突出した内容をもつ法律を域外適用しようとしたとしても、具体的な執行の場面において他の国からの協力を得ることができず、結局は法律の内容を実現できずに終わってしまうことになります。他方で、同じような内容の法律をもつ国が増えれば、それら国家間での協力関係の制度化が進展し、調整が図られることになります。このような国家間のやり取りや駆け引きの中から、一国が自国の法の内容を実現することのできる範囲が次第に明確になっていくというのが、管轄権に関する基本的な仕組みなのです。

こうした仕組みは、条約などで明確に規定されているわけではないために、少々わかりにくく感じられるかもしれません。しかしながら、立法管轄権と執行管轄権の違いを知っているだけでも、域外適用を巡る報道の内容が、いったいどのレベルでの管轄権行使にかかわるものであるかを理解することができます。そのような理解の積み重ねが、問題の全体像を把握することにもつながるのです。「幹部禁固刑」とか「社員ら収監へ」といった新聞の見出しに慌てふためいて思考停止に陥ってしまわないためにも、管轄権に関する基本的な知識を身につけておくことは有用であるといえるでしょう。

〔参考文献〕

＊国家管轄権の構造について：
小寺彰『パラダイム国際法』(有斐閣・2004年)第8章。

＊各国の域外適用法令の運用について：
アンダーソン・毛利・友常法律事務所監修『域外適用法令のすべて』(きんざい・2013年)序論、第1章、第5章。

＊以上のほか、国家管轄権や域外適用について：
小松一郎(外務省国際法局関係者有志補訂)『実践国際法〔第2版〕』(信山社・2015年)第2章。
柳原正治ほか編『プラクティス国際法講義〔第2版〕』(信山社・2013年)第9章。
山本草二『国際刑事法』(三省堂・1991年)。

14 犯罪者は逃げ得？
――逃亡犯罪人の引渡し

竹村仁美

1　なにが問題か？

逃亡犯罪人と聞くと、アニメの世界のあの人を思い出しませんか？ 世界を股に掛ける怪盗ルパン三世です。もしも、現実世界にルパン三世を追う国際刑事警察機構(インターポール)の銭形警部が存在したならば、重大犯罪人が国境を越えて暗躍したとしても、銭形警部やその仲間の捜査官が犯人を追走することが期待されますから、犯罪人逃亡の成否は銭形警部の腕次第といったところかもしれません。

しかし、現実のインターポールは、各国の警察機構間の協力を促進することを主要な任務とする国際組織にすぎません。たとえば、インターポール加盟国から逃亡犯罪人の身柄確保の要請があれば、インターポールは国際手配書を発行して他の加盟国へ周知します。しかし、その犯罪人を実際に捕まえるのは、犯罪人を発見した各国の当局、警察ということになり、インターポールには捜査官がいないのです。それでは、銭形警部の存在しない実社会で国境を越えた犯罪容疑者をどのように逮捕するのでしょうか？

たとえば、2003年7月31日、ペルーは同国元大統領のアルベルト・フジモリ氏(1990年7月―2000年11月在職。日系移民を両親に持ち、自身も日本国籍を有していた)について、在職中軍部に市民の虐殺を指揮したなどの容疑で滞在先の日本に対して身柄の拘束と引渡しを求めました。ペルーからの引渡しの要請に対して、日本は正式な回答を行うことなく、実質的に身柄引渡しを拒否しています。

逆に、群馬県太田市で2001年10月に起きた日本人殺害事件で日本はペルーからペルー人容疑者の身柄引渡しを受けられませんでした。そこで、日本の当局が捜査資料一式をペルーに渡した上で、互いに証拠提供・利用等の面で協力し合うことを前提に、ペルーで裁判をしてもらうこととしました(代理処罰)。その結果、ペルーの国内裁判で有罪となり禁錮8年が確定したと報道されています(朝日新聞2014年5月1日付朝刊25面)。

では、逃亡犯罪人の身柄の拘束と引渡しに対する外国からの要請に対して、国際法上国家にどの程度の協力が求められているのでしょう？ 国家が善処し得る範囲で協力すれば良く、国家に協力の法的義務はないとすると犯罪者は国境を越えれば「逃げ得」ということになってしまうのでしょうか？

逃亡犯罪人引渡しの制度については、慣習国際法も包括的な多数国間条約も存在しないと考えられています。その結果、逃亡犯罪人の関連する事件ごとに対応が各国家でまちまちとなり、国際法の問題として体系的に理解し、一貫した対応策を見出すことが難しくなっています。

2 逃亡犯罪人の引渡し制度

(1) 逃亡犯罪人引渡しの意味

犯罪人の引渡しとは、外国の刑罰法規に触れる行為をした者、又はその疑いのある者、自由刑を免れるために逃亡する者を、当該国からの請求に応じて、その国の捜査、裁判、又は刑の執行のため引渡すことをいいます。この他、近年では、国際裁判所との関係でも犯罪人引渡しが問題となります。国際刑事裁判所が個人の引渡しを国家に求め、国家がこれに応じる場合も引渡しと呼ばれるからです。正確にいえば、国際刑事裁判所が国家に対して同裁判所への引渡しを求める場合、国際刑事裁判所規程の原文(英語)では surrender との語が当てられ、日本語公定訳は「引渡し」、締約国から他締約国へ引渡しを求める場合には原文で extradition の語が当てられ、日本語訳は「犯罪人引渡し」の語を当てることで両概念の区別が図られています。

(2) 逃亡犯罪人引渡しの歴史

逃亡犯罪人引渡しの制度は、古代、中世から近隣諸国間で広く見られ、時代とともに、引渡し対象犯罪を変化させてきました。17世紀末までは、特に反逆罪等の重要な政治犯罪、宗教的異端者について諸国間で引渡しが行われ、引渡しが君主制国家間の体制擁護と連帯に一役買っていたとされます。18世紀に入ると次第に、脱走犯等の通常の犯罪、普通犯罪も国家間の逃亡犯罪人の引渡し対象犯罪となります。18世紀後半、フランス革命が起こると、政治的自由の思想が重視され、政治犯を引渡す国家はなくなりました。政治犯を引渡す制度として発展してきた逃亡犯罪人引渡し制度は、殺人等の普通犯罪を引渡す制度へと変化を遂げたのです。19世紀には、各国の国内法上、現代の逃亡犯罪人引渡し制度の諸原則が整います。1880年、万国国際法学会は犯罪人引渡しに関する諸国の実行に関するオックスフォード決議を採択しました。

(3) 犯罪人引渡しは国家の義務か？

国家は外国から逃亡犯罪人の引渡し請求を受けた場合、応じる義務があるのでしょうか？ 現在、逃亡犯罪人引渡し制度を包括的に取り決めた多数国間条約も慣習国際法も存在しないため、犯罪人の引渡しを一般的に国家へ義務付けるルールもありません。国連の国際法委員会は、国際法上の一定の犯罪について、すべての国家に「引渡しか訴追か」の義務があるといえるかどうかおよそ10年間審議を続けてきましたが、委員間で意見の一致を見ることなく2014年に「引渡しか訴追か」の議題の審議を終了しました。

したがって、特定の条約上の義務がない限り、逃亡犯罪人引渡しをするかどうかは国家が自由に決められることになります。ここで「特定の条約上の義務がない限り」と条件を付けた理由は、国際法上、二国間条約で一定の条件の下に二国間の逃亡犯罪人の引渡しを国家に義務付ける場合がある他、多数国間条約で特定の重大国際犯罪について引渡しか自国裁判所での訴追かを国家に義務付ける場合があるからです。前者の例として、日本は米韓の2カ国と犯罪人引渡しの二国間条約を締結していますし、米国は100以上の国との間に二国間条約を締結しています。欧州諸国間では、1957年の欧州評議会による欧州犯罪人引渡条約及びその4つの議定書、1996年のEU犯罪人引渡条約が締結されています。後者の多数国間条約の事例に、ハイジャック行為と呼ばれる航空機の不法奪取、不法管理行為に関する1970年の航空機不法奪取防止条約(ハーグ条約)が挙げられます。ハーグ条約は容疑者の所在する条約締約国に対して他の締約国が引渡しを要請する場合、所在地国はそのハイジャック犯を自国で裁くか、引渡し請求国へ容疑者を引渡さなくてはならないという「引渡しか訴追か」の義務を課しています(同条約7条)。

(4) 義務でない場合、引渡しはどのように行われるか？

条約が国家に引渡しを義務付ける場合のあることがわかりました。それでは、そのような条約上の義務が存在しなければ、国家は引渡しを求められた時に、絶対に引渡さない、もしくは引渡せないのでしょうか？ もし、両国に条約が存在しないのに引渡しが行われているとすれば、国際法上どのような根拠で行っているのでしょうか？

英米法の国家は、引渡条約を各国と締結した上で、これに従って条約上の義務として引渡しを行う国が多く、条約前置主義と呼ばれます。条約前置主義の国のために、拷問禁止条約8条等の一部条約では条約があらかじめ条約上の犯罪を引渡犯罪とみなすことと(1項)、この規定を引渡しの根拠とみなし得ることを定めている場合があります(2項)。

国際法上、国家に引渡しの義務がないからといって、国家が絶対に引渡すことができないわけではありません。とりわけフランス、ドイツといった大陸法の国家は他国への引渡しに当たって、その国と事前の引渡条約締結を必要としないという立場をとります(非前置主義)。非前置主義の国では、引渡しを請求した国(請求国)に対して請求された側も後に引渡しを請求できること(相互主義)を条件として請求に応じたり(日本の逃亡犯罪人引渡法3条2号)、国際法上、国際礼譲と呼ばれる国家間の礼儀として引渡しを行ったりすることがあります。

3 逃亡犯罪人引渡しをする際のルールとは？

(1) 引渡犯罪

引渡しの条件は個別の条約や国内法に定められています。それらの条約や国内法からは、引渡しに関する諸原則を導くことができるといわれています。

まず、引渡しの対象となる引渡犯罪については、相当重大な犯罪に限定されます(日本の逃亡犯罪人引渡法2条3号、4号、日米犯罪人引渡条約2条1項、日韓犯罪人引渡条約2条1項)。なぜなら、引渡しには資源面でも手続的にも国家に大きな負担が生じるからです。そこで、引渡条約や国内の引渡法は引渡犯罪を条文中に列挙するか(列挙主義)、日本の逃亡犯罪人引渡法2条4号のように「日本国の法令により死刑又は無期若しくは長期3年以上の懲役若しくは禁錮に処すべき罪にあたるもの」等と刑の軽重によって対象犯罪を定めます(消去主義)。相当重大な犯罪に対して逃げ得を許さない仕組みを築いているのです。

(2) 特定主義

特定主義とは、逃亡犯罪人が引渡犯罪についてのみ訴追・処罰され、引渡犯罪以外の犯罪について被請求国の同意なしに訴追・処罰されないという原則です。この原則は、引渡容疑者の人権保護と被請求国の主権の尊重を目的としているといわれます。反面で、特定主義をあまりに厳しく適用すると、引渡犯罪と密接に関連した犯罪が判明した場合等、不都合も生じ得ます。そこで、近年では、特定主義を緩和することもありますし、引渡された者の同意があれば特定主義を適用しない、また引渡された者が身柄の拘束を解かれた後で一定期間が過ぎれば別の犯罪で訴追できることを定めた条約もあります(たとえば日米刑事共助条約14条3項)。

(3) 双方可罰の原則

通常、引渡犯罪は、引渡しを請求する国(請求国)と引渡しを請求された国(被請求国)の両方で国内法上犯罪であることが要求されます。このルールを双方可罰の原則と呼びます。同原則は、互いの国で法律上の犯罪となっている犯罪のみを引渡し対象とすることで、刑法の大原則である罪刑法定主義の要請を満たすとともに、国家が平等であり相互に協力し合うという相互主義の観点からも重要な原則です。

双方可罰の原則で要求される双罰性とは実際にどのようなものでしょう。日韓犯罪人引渡条約3条(e)は、引渡し請求の対象行為が双方の国の刑事法で犯罪と定義付けられる行為の類型(犯罪構成要件)に当てはまっていること(抽象的双罰性)に加えて、その行為を処罰することについて、双方の法律でその犯罪の処罰を妨げる理由がないこと(具体的双罰性)を求めます。

具体的双罰性に関連して次のような決定が出されています。韓国人Xは韓国において、日本では業務上横領の罪に当たる韓国の法律違反行為と、日本では犯罪に該当しない韓国の証券取引法違反によって懲役3年、執行猶予4年、執行猶予期間中の社会奉仕200時間の命令を含む有罪判決を2006年10月に受けます。その後Xは韓国で社会奉仕をせず、日本に入国、居住し、2012年9月に韓国で執行猶予宣告を取消され、刑執行状が発行されます。2013年6月に韓国が日本に対してXの引渡し請求を行い、双罰性にしたがって日本で業務上横領に当たる犯罪についてのみ引渡犯罪と認められました。しかし、Xの弁護人は、日本に執行猶予期間中の社会奉仕制度がない以上日本と韓国の間で執行猶予を取消す理由が合致せず、具体的双罰性を満たさないため引渡し不可能と主張しました。2014年7月16日の東京高裁決定では、双罰性は執行猶予の宣告の取消事由まで一致を要求しないと判断されています。

双方可罰の原則の満たされるべき時点は果たして引渡し請求時か犯罪実行時かが問題となった事件もあります。スペインからチリの元大統領を引渡すよう求められたいわゆるピノチェト事件におけるイギリスの最高裁に当たる貴族院の決定です(英国貴族院1999年3月24日判決、Pinochet[No. 3], [2000]1 A.C. 147)。スペインはピノチェトが大統領在職中にスペイン人に対して行ったとされる人質行為、拷問行為等の犯罪容疑について捜査を行っていました。ピノチェトは大統領退位後の1998年9月に病気療養のためにイギリスへ入国したところ、同年10月、スペインからの引渡し要請を受けたイギリスの警察によって逮捕されます。ピノチェト元大統領は、身柄拘束についてイギリスの裁判所での審査を求め、英国貴族院は、引渡し要請を受けた国の法律で犯罪の実行時に犯罪とされている必要があると判断します。なお、貴族院はピノチェト元大統領をスペインへ引渡す義務がイギリスにあると判断しましたが、英政府の判断により引渡しは行われないことになり拘束を解かれました。その後ピノチェトはチリへ帰国し、本国で政権時代の犯罪について裁判に直面します。

4 引渡制限事由

(1) 自国民不引渡しの原則

逃亡犯罪人が自国民である場合には、引渡しに応じないという立場を自国民不引渡しの原則といいます。条約前置主義の英米法の国では採用されていませんが、フランス、ドイツ等の大陸法国で多く見られます。とはいえ、憲法に本原則を置くブラジルのような国を除き、自国民不引渡しを採用する日本のような国も(逃亡犯罪人引渡法2条9号)、国家の裁量で引渡しを行うことを可能としています(日米犯罪人引渡条約5条、日韓犯罪人引渡条約6条1項)。また、自国民を引渡さない国は、代わりに国民の国外犯を国内で処罰する仕組みを置いて逃げ得を防いでいるのです。

自国民不引渡しについては、上述のペルーの元大統領のフジモリ氏について、ペルーからの引渡し請求以前の2000年12月に日本政府は同氏の日本国籍保有を確認しており(衆議院会議録第156回国会外務委員会2003年4月16日　川口順子外務大臣発言)、自国民不引渡しの原則が同氏の引渡しを不可能としたのではないかと考えられます。自国民不引渡しは、国際法上の原則かどうか疑わしいとの見方が一般的ではありますが、公正な刑事司法制度を持たない国から自国民を保護するという人権保障の要請上、この原則がなお必要であるという指摘にも注意する必要があるでしょう。無論、人権基準の国際的足並みが揃えば、本原則の重要性は低下していきます。

(2)　政治犯不引渡しの原則

引渡犯罪が政治犯罪である場合に引渡しをしてはならないという原則を政治犯不引渡しの原則といいます(日本の逃亡犯罪人引渡法2条1号)。政治犯の意味内容については、張振海事件で東京高裁が「政治犯罪とは、一国の政治体制の変革を目的とし、あるいはその国家の内外政策に影響を与えることを目的とする行為であって、その国の刑罰法規に触れるもの」と述べています(東京高決平2年4月20日高刑集43巻1号)。張振海事件とは、1989年12月16日、天安門事件に関与した容疑で中国において政治犯として訴追される可能性のあった張振海が北京発上海経由ニューヨーク行きの中国国際航空公司の航空機をハイジャックして福岡空港に着陸した事件です。中国が日本に対してハイジャック行為について張氏の引渡し請求を行ったことを受けて、東京高検が東京高裁に引渡すことができるかどうかの審査を請求しました。

政治犯罪には2種類あり、純粋政治犯罪であれば、政治的秩序を侵害・破壊する行為で、革命の陰謀等が含まれ、政治犯不引渡しの対象となることに異論がありません。これに対して、相対的政治犯罪は殺人罪等の普通犯罪の要素を伴う政治犯罪のため、どのような犯罪について不引渡しとすべきか国際的に確立した基準がない状況です。相対的政治犯罪の引渡し判断に際し、東京高裁は、張氏の意図した政治目的とハイジャックの結果生ずる深刻な不利益を比較して、民間航空機のハイジャック行為は相対的政治犯として危険性が高く重大な犯罪であるから、政治犯罪としての保護を受け難くなると判断しました。張氏は引渡し後、中国で懲役刑の実刑判決を受けています。

ハイジャックのような重大犯罪の場合、条約が犯罪を定義する際、あらかじめその犯罪を政治犯罪とみなさないと定める傾向にあります。テロ行為を非政治犯罪とする規定は1977年のテロ行為防止欧州条約、1997年の爆弾テロ防止条約、1999年のテロ資金供与防止条約、2005年の核テロリズム防止条約に見られます。この他、集団殺害犯罪(ジェノサイド)条約7条はジェノサイドを非政治犯罪とし、1975年の欧州引渡条約議定書もジェノサイド、戦争犯罪等を非政治犯罪としています。

(3) 人権侵害の恐れを理由とした不引渡し

欧州人権条約3条、自由権規約7条、拷問禁止条約3条は、人に対して拷問又は非人道的な若しくは品位を傷つける取扱いをすること若しくは刑罰を科すことを国家に禁じています。1989年のゼーリング事件判決で欧州人権裁判所は、請求国において拷問又は非人道的な若しくは品位を傷つける刑罰を受けることが予見される場合に犯罪人を引渡せば欧州人権条約違反になると判断しました。ドイツ国籍のゼーリングは、18歳の時に米国ヴァージニア州で交際中の相手の両親を殺害し、イギリスに逃亡します。米国は二国間の引渡条約に基づいて引渡しを求めました。しかし、米英の引渡条約において、引渡犯罪が被請求国では死刑を科しうる犯罪ではない場合、死刑を科されない保証を請求国が与えない限り被請求国は引渡しを拒否できると定められていました。そこで、イギリスは米国に死刑を科さない保証を求めます。しかし、米国は保証を与えず、イギリスが米国への引渡しを進めようとしたため、ゼーリングは欧州人権条約3条の違反を主張したのです。欧州人権裁判所の判決後に米国は死刑を科さないとの保証をイギリスに与え、ゼーリングは米国へ引渡されて裁判にかけられ、終身刑となりました。

人権の観点からの不引渡しの関連で、米国政府の諜報活動の中に監視活動による個人情報収集が含まれていたこと等を暴露し、米国でスパイ行為等の罪で訴追される恐れのあるエドワード・スノーデン氏(2016年8月現在ロシア亡命中)の取扱いが注目されています。2015年10月29日、EUの欧州議会は、スノーデン氏をむしろ国際人権の擁護者であるとして、米国への引渡しを行わないよう加盟国に求める決議を採択しました。

5　犯罪人の逃げ得を許さない仕組み

(1)　代理処罰

政治犯罪の非政治化の他にも、国際社会は、引渡しを制限する国際法規則の適用の結果として引渡しができず犯人の逃げ得を許す、といったことが起きないように仕組みを設けています。その一つが代理処罰と呼ばれる仕組みで、引渡制限事由によって引渡しのできない場合に、請求国に代わって被請求国が犯罪者の処罰を行う制度です。国外で犯罪を行った外国人について引渡さない場合に、自国で処罰をすると規定するドイツ刑法7条2項が典型的な代理処罰事例となります。もっとも、国籍国が自国民を代理処罰する場合は、国籍国であることを理由とした属人主義という根拠に基づいて国家が裁判を行っているとも捉えられ、代理処罰と属人主義の行使の区別は難しくなります。

(2)　引渡しか訴追か(*aut dedere aut judicare*)の原則

上で見た通り、航空機不法奪取防止条約、拷問禁止条約やテロ関連条約は、条約締約国に対して、自国で行われた犯罪でなくともその犯罪を訴追するために自国の権限ある当局に事件を付託する義務を負わせており、その義務を果たせない場合、訴追する気のある国の引渡し請求に応ずるよう国家に義務付けています。ハイジャック、拷問行為、テロ関連行為等については、あまりに重大であるのでどこで行われた犯罪であっても、その条約に入っている国の間ではその犯人に逃げ得を作らない仕組みが設けられているのです。

(3)　「不処罰の文化」への対抗としての引渡し請求

国家の民主化が世界規模で進むに連れ、上で見た国際法上の「引渡しか訴追か」の義務を利用して、大量人権侵害の被害者が国家や軍の責任を追及しようと声を上げ始めます。軍事独裁政権下の社会、また大規模な武力衝突、大量殺害を経験した直後の国家は、警察機関、司法機関がないに近い状況又は存在しても公正に機能しないことがあります。それゆえ、紛争中又は紛争後の国家において、軍や政府の関与してきた大量人権侵害の責任を不問に付す「不処罰の文化」が蔓延しました。1990-2000年代に掛けて、南米やアフリカにおける重大人権侵害行為の被害者たちが「不処罰の文化」に対抗するため、スペイン、ベルギーといった大陸法の欧州諸国で捜査を求めて特に国家の指導者層を刑事告訴するようになりました。被害者の訴えを受けた欧州諸国は犯罪発生地国に代わって刑事裁判を行おうと関連条約締約国である犯罪発生地国や容疑者所在地国に対して容疑者引渡しを求めたのです。

たとえば、チャドの元大統領アブレ氏の在任中の拷問行為などについて、複数の被害者が2000年11月から2001年12月に掛けてベルギーで私訴を提起しました。これを受けて2005年にベルギーの予審判事が同氏の退任後の居住地であったセネガルに対して引渡し又は訴追を求めます。しかし、セネガルが引渡しも訴追も実質上行わなかったため、被害者は拷問禁止条約の履行確保機関である拷問禁止委員会に対して拷問禁止条約上のセネガルの「訴追か引渡しか」の義務違反の個人申立てを行いました。2006年5月、同委員会はセネガルの条約違反を認定します。それでもなおセネガルは引渡しも訴追も実質的にしなかったため、2009年2月、ベルギーはセネガルの拷問禁止条約等の義務違反を主張して国際司法裁判所に提訴しました(「訴追か引渡しか」の義務事件)。

2012年7月20日、国際司法裁判所もセネガルの条約義務違反を認定し、拷問禁止委員会の示したように、他国からの引渡し請求の有無にかかわらず、条約締約国には拷問行為の訴追義務が存在すると述べました。セネガルでのアブレ氏の刑事訴追を可能とするため、2013年2月にはセネガル国内にアフリカ特別裁判部が設置されます。2016年5月30日、特別裁判部は1982年から1990年の大統領在任中の人道に対する犯罪等についてアブレ氏の刑事責任を認め、終身刑とする第一審判決を下し、不処罰の文化への対抗が功を奏しています。

6　まとめ

さて、「海外へ逃げた犯罪者は逃げ得か？」という最初の問題に立ち返りましょう。現時点ではあらゆる犯罪人の引渡しを国家に一般的に義務付ける国際法のルールがないと考えられ、犯罪人の引渡しについては国家の裁量でケースバイケースに判断されることとなるため特に軽微な犯罪については逃げ得と言わざるを得ません。

しかし、少なくとも国際法上の重大な犯罪については、国際社会全体から非難される行為なので、個別の条約によって犯罪者の逃げ得を防ぐ仕組み(非政治犯罪化、引渡しか訴追かの義務)が確立しているといえます。これらの傾向の背後に「不処罰の文化」への対抗という社会的潮流があることも忘れてはなりません。

また、今日の引渡しの際の重要な基準として、国際人権が切り口となっています。人権基準を満たさない国家に対しては、引渡しをしないという国際社会の意思が存在するのです。

最後に、上の二つを複合した問題について考えてみましょう。国際法上の重大な犯罪を行った容疑者、たとえば国家の安全を著しく脅かしたテロ行為の容疑者を拷問の恐れのある国家へ引渡すことができるでしょうか？ この問題については、国家の安全保障と関わるため地域や国家によって立場が分かれます。テロの容疑者に対しても、生存権、身体の自由を蹂躙する結末になるような引渡しは認められないと考えれば、国際人権基準の普及と普遍化を推進できます。そして、請求国の人権基準が低く、引渡せない場合に容疑者所在地国、その他訴追の意思と能力のある関係国に訴追する義務を負わせるという国際法上の枠組みを強固にすることで、テロ犯罪者の逃げ得を防げるのではないでしょうか。

〔参考文献〕

＊逃亡犯罪人引渡しの歴史と制度について：

洪恵子「国際犯罪規制における引渡・訴追義務の変化」『上智法学論集』第 41 巻 3 号(1998 年)147–182 頁。

芹田健太郎「政治犯罪人不引渡原則の確立――歴史的・実証的検討」『国際法外交雑誌』第 71 巻 4 号(1972 年)34–81 頁。

＊逃亡犯罪人引渡し関連事件について：

大原義宏「大韓民国から逃亡犯罪人引渡請求がなされた事例に関する二つの決定」『研修』第 802 号(2015 年)15–34 頁。

北村泰三「犯罪人引渡しと死刑の存在」小寺彰ほか編『国際法判例百選　第 2 版』(有斐閣・2011 年)96–97 頁。

清水潔『騙されてたまるか　調査報道の裏側』(新潮新書・2015 年)、とくに 11–40 頁。

竹内真理「訴追か引渡しかの義務事件」杉原高嶺・酒井啓亘編『国際法基本判例 50〔第 2 版〕』(三省堂・2014 年)10–13 頁。

＊以上のほか、逃亡犯罪人引渡しに関する国際法について：

浅田正彦編『国際法〔第 3 版〕』(東信堂・2016 年)第 11 章。

尾崎久仁子『国際人権・刑事法概論』(信山社・2004 年)第 3 部。

小松一郎(外務省国際法局関係者有志補訂)『実践国際法〔第 2 版〕』(信山社・2015 年)第 6 章。

杉原高嶺『国際法学講義〔第 2 版〕』(有斐閣・2013 年)第 16 章。

15 日本は難民鎖国？
――難民の権利と難民認定制度

安藤貴世

1 なにが問題か？

近年、内戦の続くシリアなどの中東地域や北アフリカなどから、大量の難民がヨーロッパへ押し寄せています。特に2015年の夏以降、すし詰め状態の難民を乗せ地中海で沈没した密航船や、ドイツを目指す難民で溢れかえるヨーロッパ各地の様子などが日本でも連日報道され、さらにトルコの海岸に打ち寄せられたシリアの3歳の少年の遺体の写真は世界中の人々に衝撃を与えました。EUは、ハンガリーやチェコなど反対する国々もある中、シリアなどからの12万人の難民をEU加盟国で分担して受け入れることを決定したほか(2015年9月)、トルコ経由でギリシャに密航した難民や移民をトルコに送還することをトルコとの間で合意するなど(2016年3月)、欧州に大量に押し寄せる難民への対応に苦慮しています。

これらのニュースとともに「2014年の日本における難民認定申請者数は過去最高の5000人だったのに対し、難民認定されたのは11人」との報道がなされ、日本の難民認定者数の少なさに驚いた人も多かったかもしれません。2014年の国際社会全体での平均難民認定率は約27%とされ、0.2%(5000人に対し11人)という日本の認定率は先進7カ国(G7)で最下位です。かねてから日本は、他国に比べ難民の認定者数(受け入れ数)が非常に少なく、その背景として、難民の受け入れに際しての審査や手続の厳しさが指摘されており、こうした点から日本は「難民鎖国」であるとの批判をしばしば受けてきました。

では、そもそも「難民」とはいったいどのような人たちのことを指し、彼らには国際法上どのような権利が認められているのでしょうか。また、日本はどのような難民受け入れ体制をとっているのでしょうか。日本の難民認定者数が少ない背景にはどのような理由があり、難民認定者数が少ないことにより、何らかの国際法上の問題は生じるのでしょうか。日本に暮らす私たちにとっても、決して無関係とは言えない難民をめぐるこれらの問題について、国際法の観点から検討することを通し、果たして日本は「難民鎖国」であるのか考えていきましょう。

2　国際法における難民の保護

(1)　難民条約と難民の定義

今日の難民保護において国際法上の基本枠組みとなるのが、1951年に採択された「難民の地位に関する条約」(以下、難民条約)です。また、1950年に国連総会の補助機関として設立された国連難民高等弁務官事務所(UNHCR)が、難民問題の対処および解決において中心的役割を果たしています。UNHCRの発表によると、2015年末時点で国際社会全体でのUNHCRの援助対象者は6390万人であるとされていますが、これらの人すべてが難民なのでしょうか。「難民」という言葉を用いるとき、そこにはどのような人々が含まれ、どのような人々が含まれないかをまず理解しなければなりません。

難民条約は、「1951年1月1日前に生じた事件の結果として、かつ、人種、宗教、国籍若しくは特定の社会的集団の構成員であること又は政治的意見を理由に迫害を受けるおそれがあるという十分に理由のある恐怖を有するために、国籍国の外にいる者であって、その国籍国の保護を受けることができない者又はそのような恐怖を有するためにその国籍国の保護を受けることを望まない者」を難民と定義しています(1条A(2))。このうち、冒頭の「1951年1月1日前に生じた事件の結果として」という制限は、そもそも難民条約が、ソ連(当時)や東欧などの共産主義諸国から逃れてきた難民を保護することを念頭に作成されたことに起因するものですが、1967年の「難民の地位に関する議定書」(以下、難民議定書)によってこの制約は撤廃され、1951年以降に発生した難民も難民条約の保護対象となりました。つまり、難民条約の定義のうち、時間的制約を除いた要件を満たす者が「難民」とされ、こうした人々は「条約難民」とも呼ばれます。

難民条約の対象とされ、条約による保護を受けるのは上記の定義に挙げられた要件を満たす者に限定されます。したがって、定義に当てはまらない人々、たとえば、定義に列挙された理由に基づく迫害ではなく、自然災害や戦争、内戦、大規模な人権侵害などを理由として自国を離れ他国に逃れる「流民」と称される人々や、貧困などの経済的要因を背景に、より良い生活条件を求め他国に移動する「経済難民」などは、「条約難民」とは区別され、彼らは難民条約により保護されないのです。また、仮に条約上の定義に挙げられた理由に基づく迫害を受けるおそれがある場合でも、国境を越えずに自国内で移動を余儀なくされる人々は「国内避難民」と呼ばれ、彼らも条約の保護対象から外れます。

UNHCRは当初、条約難民のみを保護対象としていましたが、その後の国連の総会決議などによりUNHCRが援助する人々の範囲は徐々に拡大されました。現在では、条約難民のほかに、流民や近年急増している国内避難民、無国籍者(いずれの国家によっても国民と認められない者)、庇護希望者(他国に逃れ保護を求めている者で、まだ難民とは認定されていない者)、帰還民(出身国に戻った者)もUNHCRの援助対象者に含まれ、これらをすべて併せると6390万人という数字となるのです(ただし経済難民は援助対象外)。

(2) 難民に対する保護

難民条約上、条約の締約国には、難民に対していかなる保護を与えることが義務付けられているのでしょうか。

まず留意しなければならないのは、伝統的に、国家の出入国管理・外国人の受け入れは、各国の領域主権(⇒6)に基づくものであり、これらに関してはそれぞれの国が裁量を有するという点です。したがって難民条約上も、庇護を求める者を自国に入国させることは締約国に義務付けられておらず、庇護を求める者が入国する権利についても条約に規定がありません。他方で、難民条約の締約国には、すでに自国領域内にいる難民について、国の安全又は公の秩序を害する場合を除き、合法的に領域内にいる難民を追放してはならない(32条1項)、その生命又は自由が脅威にさらされるおそれのある領域の国境へ難民を追放・送還してはならない(33条1項)という義務が課されており、この点において難民条約は、外国人の自国への出入国に関し各国が有する裁量を制限しているといえます。特に後者の追放・送還禁止の義務は「ノン・ルフールマン原則」と呼ばれ、難民条約上最も重要な原則とされています。

こうした出入国管理の裁量に関する制限のみならず、難民条約上、締約国には、難民に対して以下のような様々な権利を付与することにより難民を保護することが義務付けられています。具体的には、その国の国民と同一の待遇が付与されるものとして、裁判を受ける権利、初等教育、労働及び社会保障に関する権利など、外国人に与える待遇のうち最も有利な待遇又は他の一般外国人と同等の待遇を付与されるものとして、結社、職業、住居に関する権利など、その他に身分証明書や領域外への旅行のための旅行証明書を受け取る権利などが条約規定上、難民に対し保障されているのです。

3　日本の難民受け入れ体制

(1)　難民認定手続

難民条約は先に述べたとおり、難民を保護することを条約の締約国に義務付けていますが、その一方で難民認定の方法については特段の規定を置いていません。つまり、難民認定の具体的な方法は各国に委ねられ、それぞれの国が自国の裁量により制定した国内法に基づいて難民認定を行うこととなります。

日本は1982年に難民条約、難民議定書の当事国となりましたが、難民認定に関する国内手続を定めるため、1981年に従来の出入国管理令を改正し「出入国管理及び難民認定法」(以下、入管法)を制定しました(翌年施行)。入管法に定められた難民認定手続は、まず、日本にいる外国人が法務省入国管理局へ難民認定申請をすることから始まります。申請の門戸は広く、申請者の在留が合法か非合法かは問われず、入国してからの申請期限も特になく、申請は何度でも可能です。2004年の入管法改正(翌年施行)により、入国後60日以内に申請をしなければならないというこれまでの「60日ルール」が廃止されたほか、不法滞在者である申請者に対して3カ月の仮滞在許可(更新申請すれば延長可能)を付与する制度が新設されました。また2010年の難民認定制度運用改正により、正規滞在者の場合、難民認定申請の6カ月後から一律に就労が可能となりました。

入管法の規定によれば、申請者の提出した資料に基づいて、法務大臣が、その者が難民である旨の認定を行います(61条の2①)。つまり難民認定手続においては、申請者自身が資料等の提出により自らが難民であることを証明しなければなりません。難民と認定された者には定住者としての在留資格が付与されますが、不認定の場合は結果の通知から7日以内に法務大臣に異議申立てが可能です。2004年の入管法改正により、法務大臣は異議申立ての決定に際して、難民審査参与員(法律又は国際情勢に通じた学識経験者)の意見を聞くという制度が新たに設けられ、手続の公正性・中立性が高められることとなりました。さらに、仮にこの申立てが退けられた場合には、その決定から6カ月以内に行政訴訟を提起し、裁判所による審査を受けることができます。なお仮に難民認定がされない場合でも、戦争や国内紛争などやむを得ない理由で出身国に帰ることができないなど、特別の事情があると認められる場合には人道配慮による在留特別許可が付与されることがあります(2014年は110人、2015年は79人)。

こうした難民認定に関する一連の流れにおいて重要なのは、難民認定審査とは、申請者が難民条約上の難民の定義に該当するか、条約に規定された難民としての要件を満たすかどうかを確認するという「事実の当てはめ行為」であるという点です。これは、申請者が難民の定義に該当する場合には必ず難民認定が行われ、認定権者である法務大臣の裁量による行為ではないことを意味します。

(2) 日本の難民認定者数が少ない理由

2015年の日本における難民認定申請者数は、過去最高だった前年を上回る7586人でしたが、同年に難民認定されたのは27人であり、申請者数が増加の一途を辿る一方で認定者数の少なさは変わらぬままと言えます。難民認定が「事実の当てはめ行為」であるならば、なぜ日本の難民認定者数は他国と比べ非常に少ないという結果がもたらされるのでしょうか。

日本の難民認定者数が少ない第一の理由としてしばしば挙げられるのが、難民条約を厳格に且つ狭く解釈・適用することによる日本の難民認定審査の厳しさです。たとえば、難民の定義において骨格をなすのが「迫害を受けるおそれ」という要件ですが、日本では「迫害」について、「通常人において受忍し得ない苦痛をもたらす攻撃ないし圧迫であって、生命又は身体の自由の侵害又は抑圧」という非常に狭い解釈を行う傾向にあり(東京地判平成元年7月5日など)、こうした解釈が判例において多数的な立場を占めています。UNHCRが発行した『難民認定基準ハンドブック』(以下、ハンドブック)は、生命又は自由に対する脅威に加え、「その他の人権の重大な侵害」も迫害を構成するという広い解釈を示していますが、日本の立場によれば、迫害の具体的な形態は、逮捕・拘禁等の人身の自由に限定され、たとえばジェンダーに関わる迫害などは除外されることとなるのです。

また日本では、自らが難民であることを申請者が立証する際に、非常に厳格な基準を設定しているとの指摘もあります。法務省は、難民条約・議定書には立証責任や立証の程度についての規定がなく、難民認定に関する制度・手続は各締約国に委ねられていて、我が国の法には立証責任を緩和する旨の規定はないとして、申請者は自己が難民であることについて「合理的な疑いを容れない程度の証明」をしなければならないとの見解を示しています(東京地判平成16年2月19日など)。申請者が「迫害を受けるおそれ」の証拠となるものを十分に有したうえで自国を脱出することは想定し難く、これは日本に逃れてくる者に限らず難民申請者一般に共通していると言えますが、日本では、迫害の立証における申請者側の供述審査において、その裏付けとなる証拠を求めるとともに、供述の変遷や細部における食い違いを重大視し、供述内容の完全な一致を求める傾向があるとの指摘もあります。

なおこの点と関連するのが、ハンドブックに記された「灰色の利益論」という考え方です。これは、大抵の場合、迫害から逃走してくる者はごく少数の必需品のみを所持して到着することを前提に、難民がその事案のすべてを立証できることは稀であるとして、仮に申請者側の立証が不十分でもその供述に一般的な信憑性が認められる場合には、供述全体の信憑性を否定すべきでなく、申請者の利益にかなうように解釈すべきとの原則です。ただし、ハンドブックには法的拘束力がなく単なる指針であるとして、これまで日本ではこの原則を認めないという判例が多くを占めており、こうした傾向も日本の難民認定の厳しさを示すものとの批判があります。他方で、申請者の供述しか証拠がない事柄について、その性質上、供述内容自体によって信用性を判断するしかないとして、供述内容に不自然な点や誇張がないことを確認したうえで、申請者の供述通りに事実を認定し、「灰色の利益論」を採用したとされる裁判例もあります(東京地判平成19年2月2日)。同様に迫害の解釈に関しても、ハンドブックにおける基準と同じく「その他の人権の重大な侵害」を含め迫害を広く捉える裁判例も見出されます(東京高判平成17年5月31日など)。

日本の難民認定者数が少ない理由として、上記とは別の角度からの検討も必要です。つまりそもそも日本において難民認定申請をする人たちの「質」が、ドイツをはじめとする欧州諸国などにおいて難民認定を申請する人たちとは異なるという議論です。2015年に世界で最も多くの難民を輩出した国はシリアであり、アフガニスタン、ソマリアと続きますが、たとえば同年に世界で最も申請数が多かったドイツにおける難民認定申請者出身国は、シリアが全体の3割弱を占め、続いてアルバニア、コソボ、アフガニスタン、イラクの順となっています。対して2015年の日本における難民認定申請者出身国は、ネパール、インドネシア、トルコ、ミャンマー、ベトナムという順です。このうち第2位のインドネシアは、2014年の17人から2015年には969人に申請者が急増しており、その背景として、2014年12月に、同国から日本へ入国する際のビザが必要となる条件が緩和され、「『観光目的』などで入国して難民申請するケースが続出しているという」との理由も見出されます(読売新聞2016年1月23日付朝刊)。

インドネシアからの難民認定申請者数急増の例に示唆されるように、正規滞在者の場合には難民認定申請後6カ月が経過した後は就労が可能という制度が悪用され、日本における申請の多くが就労目的の偽装申請であるとの指摘もあります。法務省によれば、2014年に難民と認定しなかった者の3割は、借金問題などの財産上のトラブルをはじめ、難民条約上の迫害理由に明らかに該当しない理由での申請とされます。実際に、日本への難民認定申請者の出身国は、世界全体での難民出身国や、ドイツなど欧州諸国への申請者の出身国と異なり、現状では必ずしもそれほど目立った政情不安や紛争を抱えていないアジア地域の国々が比較的多くを占め、シリアなど中東地域からの申請者は少数に留まっています。なお、2015年の日本への難民認定申請者7586人のうちシリア国籍の者は5人で、そのうち3人が難民と認定されていますが、難民条約上の難民に該当しないと判断された場合でも、これまでにシリア紛争から逃れてきた申請者すべてに対して、日本政府は人道配慮による在留特別許可を認めています。

4　まとめ

日本を含め、難民条約の締約国は、難民認定手続を経て条約難民と認められた者に対して、条約上規定された様々な保護を付与する義務を負う一方で、そもそもそうした庇護を求めて自国にやってくる者を入国させる義務は条約上課されていません。この点が、出入国管理・外国人の受け入れは自国の裁量であるとする政府側と、政府は難民を受け入れるべきであるとする市民感覚とのズレが生じる一因となっていると指摘できるでしょう。さらに、難民条約には難民認定の方法に関する規定がなく、その具体的な方法は各国に委ねられていることから、たとえ日本が難民認定において迫害の意味を狭く解釈し、自己が難民であることの証明において申請者に対し高いハードルを設定していても、それが国家の裁量権の範囲内であれば、国際法上の問題が生じることはありません。

また、日本における難民認定審査が上記のような厳格な基準のもとで行われていることは否定し難いとは言え、依然として少数的な立場ではありますが、近年では、迫害の意味をUNHCRのハンドブックにおける基準と同様に広く捉えたり、申請者に灰色の利益を認める裁判例が日本において見出されることも事実です。さらに、難民受け入れの態度を評価するに際しては、特に他国との比較において、単純に認定者数・認定率という数字だけで難民に対する「寛容さ・厳しさ」を判断するのではなく、申請者の出身国の地政学的状況の違いなどについても十分に考慮することも必要です。世界全体で、とりわけ欧州において圧倒的に多いシリア出身の難民認定申請者は、日本においては一桁という状況であるのに対し、翻ってみると日本への難民認定申請者の出身国は、比較的政情が安定しており、難民を発生させる迫害の要素が少ないであろうアジア諸国がその多くを占めているのです。さらに、特に2010年の難民認定制度運用改正以降、就労を目的とする偽装申請が増加する中で、法務省による「第5次出入国管理基本計画」(2015年9月)では、難民の要件に明らかに該当しない申請は簡易な審査に回すなど、「難民条約上の難民」を迅速に認定するための試みや、保護の対象を拡大するために、アフリカの一部地域における女性に対する身体的虐待といったジェンダーに起因する迫害などの「新しい形態の迫害」を追加する方針が示されたことにも留意しなければなりません。

以上から、日本の難民認定者数の少なさの理由は、難民認定基準の厳格さのみに求められるものではなく、難民認定申請者の出身国の状況や、申請理由の実態など様々な要素が組み合わさった複合的要因に求められると言えます。こうした点や、上記のように、日本は難民条約の締約国として、数多くの申請者の中から条約難民を迅速に認定するための取組みを進めている点などからも、難民条約により保護されるべき人々に対して門戸を狭めようとしているとまでは言えず、難民認定申請者数に占める認定者数の少なさという「数字」や、難民認定審査や手続面での「厳しさ」という点を以て、日本が「難民鎖国」であるとは必ずしも言い切れないでしょう。

〔参考文献〕

＊難民条約における難民の権利、出入国に関する規定について：
竹内真理「国際条約の世界〈第3回〉難民条約——難民の国際的保護」『法学教室』423号(2015

年)、とくに114–115頁。

＊日本の難民認定制度の概要について：
野口貴公美「入管法における難民認定制度——行政法学の視点から」『法律時報』86巻11号(2014年)、とくに16–19頁。

＊難民認定基準と日本の判例の傾向について：
岩沢雄司「日本における国際難民法の解釈適用」『ジュリスト』1321号(2006年)、とくに20–25頁。

＊日本の難民認定審査の厳しさについて：
坂元茂樹「日本の難民認定手続における現状と課題——難民該当性の立証をめぐって」松井芳郎ほか編『グローバル化する世界と法の課題』(東信堂・2006年)、とくに393–401頁。

＊「灰色の利益論」について：
国連難民高等弁務官駐日事務所『難民認定基準ハンドブック——難民の地位の認定の基準及び手続に関する手引き(改訂版)』(2015年)、とくに52–55頁(195–205項)。
竹内真理、前掲論文、とくに118–119頁。
山本哲史「難民認定審査の多段階的構造と各段階における判断の性質——『灰色の利益』論の位置づけと機能」『国際法外交雑誌』第112巻第4号(2014年)。

16 ヘイトスピーチも自由な表現のうち?
――差別の禁止と表現の自由をめぐる国際基準

徳川信治

1 なにが問題か?

2009年12月京都朝鮮第一初級学校前において、「在日特権を許さない市民の会」のメンバーらが、約1時間にわたり拡声器を用いた怒号を浴びせ、在日朝鮮人への侮蔑的発言や在日朝鮮人排斥を主張する等示威(じい)活動を3度に渡り行った事件がありました(京都朝鮮学校事件)。この事件は、私たちにヘイトスピーチ(hate speech)という言葉を認識させるきっかけとなりました。

この「ヘイト(hate)」という語は、「憎悪」「嫌悪」「憎しみ」とか「敵意」の意です。したがってヘイトスピーチは、単なる悪口とは区別され、特定の個人や集団、団体などが有する人種、宗教、民族的な文化などを差別的な意図をもって貶(おとし)める言動、とされています。

そもそも何かを表現したい、知りたいという欲求は、もっとも人間らしい、私たちの本質、つまり人間の尊厳に関わるものです。また表現の自由は、一人ひとりがその知り得た事実に基づいて判断した考えを、議論を通じて実現しようとする民主政治にとって根幹をなします。国際社会も、「言論及び信仰の自由が受けられ、恐怖及び欠乏のない世界の到来が、一般の人々の最高の願望」(世界人権宣言前文)であるとし、自由権規約も、表現の自由が最も大切な権利の一つであり、これを尊重し確保しなければならないとしています。

とはいえ、ヘイトスピーチを、表現の自由の下で保障すべきでしょうか。もし保障すべきではないとすれば、人間の尊厳の保障にとって重要な、表現の自由を堅持しながらも、いかにしてヘイトスピーチを規制することができるでしょうか。またこのヘイトスピーチを国際法はどのように見ているのでしょうか。

2　なぜ国際社会が人権の問題を取り上げるのか

国際社会は戦争(⇒27)を回避して各国家(⇒3)が平和的に共存することに関心があり、その下で国際法が形成されてきました。他方各国家内における人民の統治、つまり人権問題は、国内管轄事項として国際法の規律対象外とみなされていました。このように国内のことに無関心であった国際社会が人権問題に対して大きな関心を寄せた原因は、第二次世界大戦です。この大戦をひき起こした国家は、ナチス・ドイツや大日本帝国など、国内において民主主義を否定して、ユダヤ人迫害といった、差別や暴力を誘発する人種主義的ヘイトスピーチや人権無視の国内政策(集団殺害等)を行った国家でした。こうした国家が、戦争という暴力により、多くの人々の命を奪ったのです。

そこで戦後国際社会は二つのことをしました。まず大戦中のヘイトスピーチに関する極端な事例は、国民的、人種的、民族的又は宗教的集団を破壊する意図を持って行う重大な加害行為(集団的殺害や精神的な重大な危害)の教唆(そそのかす)行為でした。そこで、こうした行為を実行する者等に刑事罰を科すため、ジェノサイド条約が採択されました(日本未批准)。現代ではジェノサイド禁止は国家が絶対に守るべき強行規範であるとされています。

もう一つは国際法の中に人権概念を取り込むことでした。国際連合が設立された際に、その目的に国際平和の追求とともに、「人種、性、言語または宗教による差別なくすべての者のために人権及び基本的自由を尊重するように助長奨励すること」(国連憲章1条3項)が定められました。平和を希求するためには人権の実現も不可欠であるという、平和と人権の不可分性が確認されたのです。また国連総会は、国連憲章にある人権の内容をさらに具体化し定式化するため、1948年に世界人権宣言を採択しました。ただ、この宣言は法的拘束力を有さない政治的な宣言でしたので、これを法的拘束力を持つ条約(⇒1)として国際人権規約が1966年作成されました。その中の一つ、自由権規約は、すべての者に表現の自由を権利として認めています(19条2項)。

3　表現の自由とヘイトスピーチ

とはいえ表現の自由は絶対的な保障を受けるのでしょうか。人は生まれながら人権を持つとはいえ、他の人々の権利や信用を傷つけ、破壊する自由は認められないでしょう。表現の自由の行使はその危険性を伴うため、その行為者はこれを防ぐ責務を負います。自由権規約は、表現の自由の濫用を認めず(5条1項)、これを防止するため、国が表現の自由を法律によってのみ制約することを認め、かつ、「国の安全、公の秩序又は公衆の健康若しくは道徳の保護」の目的である場合に限定し、過剰な規制が行われないようにしています(19条3項)。

さらに、国際社会は、重大な人権侵害をひき起こした大戦の教訓から、ヘイトスピーチやそれを伴う行為を規制することは、人権や民主主義を守るために不可欠であると考えました。ただ、ヘイトスピーチという語そのものは、比較的新しく、国際法上に現れるわけではありません。しかし、それに対応する定義は、自由権規約に示されています。また人種差別撤廃条約やジェノサイド条約(上述)でもそれぞれの問題関心に沿って定義が行われています。

自由権規約は、表現の自由とその制約を定めた19条とは別に、20条に法律で禁止すべきものとして、「戦争宣伝」とともに、ヘイトスピーチつまり「差別、敵意又は扇動となる国民的、人種的又は宗教的憎悪の唱道」をあげています。人権を定める自由権規約が自由を制限する国家の義務をわざわざ一つの条文として置いたことは、ヘイトスピーチ根絶の決意の表れとも言えます。さらに人種差別撤廃条約は、ヘイトスピーチの中のとりわけ人種差別の唱道、つまり「一の人種の優越性若しくは一の皮膚の色若しくは種族的出身の人の集団の優越性の思想若しくは理論に基づくあらゆる宣伝及び団体又は人種的憎悪及び人種差別(形態のいかんを問わない。)を正当化し若しくは助長することを企てるあらゆる宣伝」及び「このような差別のあらゆる扇動又は行為」を禁じています。いずれも、その属性を理由として、社会的地位を抹殺・貶めようと意図的に行われる差別的表現行為であると言えるでしょう。

4　人種差別撤廃条約と日本の留保

人種差別撤廃条約は、人種差別撤廃のため効果的な措置を遅滞なくとることを義務づける条約です。そこには、国家が直接・間接に人種差別を行うことを禁止するだけでなく、私人間における人種差別も禁止する措置(立法を含む)をとること(2条1項)、さらにこれを一歩進め、人種的優越主義に基づく憎悪と差別、その扇動を根絶させる措置をとることを義務づけています(4条)。具体的には、国又は地方の公の当局が人種差別の助長又は扇動を認めず(4条(c))、人種的優越又は憎悪に基づく思想の流布、人種差別の扇動あるいは暴力行為等を処罰すること

(4条(a))、並びに人種差別を助長し及び扇動する宣伝活動を禁止し、その参加者を処罰することを求めています(4条(b))。さらに被害者の効果的救済(6条)と人種差別を予防するための教育の強化を定めています(7条)。

人種差別撤廃条約は、悪質で深刻な事案は、刑事罰による規制、悪質とまではいえないものは不法行為として民事による解決、それ以外は、その他の方法によって解決すること等様々な取り組みによって、ヘイトスピーチを根絶させることを国家に求めています。ただ、この三種の規制方法の線引きは、表現の自由をいかに保障するかという観点でみると容易なことではありません。

日本は、人種差別撤廃条約に1995年に加入しました。その際4条(a)(b)につき、憲法が保障する表現の自由その他の権利の保障と抵触しない限度において義務を履行する旨の留保が付されました。その理由は、4条(a)(b)の義務の履行が、言論を萎縮させること、刑罰対象となる行為が明確ではないため罪刑法定主義に反するというものでした。日本は、表現の自由を最大限保障する米国の憲法思想・人権思想を取り入れており(5節参照)、さらに言論弾圧によって民主主義を否定してきた、旧憲法下の歴史的経験を踏まえ、刑罰等によって表現行為と表現内容を規制することには、慎重な態度をとっているのです。

なお、国家は、条約の批准を自由に決定できますが、条約の批准に際して、条約の趣旨・目的に賛同するが、ある条文の義務の遵守が困難であるという場合もあります。その場合国家は、その条文の義務を引き受けない旨を宣言して、条約を批准することができます。こうした宣言を留保と呼びます。留保を付すことは、留保を条約が禁止しておらず、かつ条約の署名、条約の批准、受諾若しくは承認又は条約の加入の時に限定されています。さらにその留保が条約の趣旨・目的を害しないことが求められます(条約法条約19条)。他方で、その後その留保を撤回することも可能です。例えば、日本は社会権規約13条2項(b)(c)(中等教育及び高等教育の漸進的無償化)に付していた留保を2012年に撤回しました。

5 日本の表現の自由とヘイトスピーチ規制

人種差別撤廃条約4条(a)(b)に留保を付した日本は、ヘイトスピーチに対してどのように取り組んでいるのでしょうか。

まず憲法21条は表現の自由を保障しています。その上で、「公共の福祉」による規制が認められています。その運用に関して、各人権条約が設置した国際実施機関(委員会)に提出された日本の報告書によると、思想の自由市場論を採用して、表現の自由の制約に対して、言論は言論で対抗すべきであって、国家は介入すべきではないとする謙抑的な態度をとっているのが特徴です。ヘイトスピーチに対する実際の対応は、刑事規制の場合、刑法の名誉毀損罪(230条)又は侮辱罪(231条)等による処罰、刑法の脅迫罪(222条)、暴力行為等処罰法の集団的脅迫罪(1条)等による処罰、またその教唆犯(刑法61条)又は幇助犯(同法62条)としても処罰されるとしています。民事規制として、民法により、ある個人の名誉毀損やプライバシーの権利の侵害として不法行為が成立する場合には、行為者に損害賠償責任が発生するほか、公序良俗(民法90条)に反する場合には、その差別行為が無効とされる場合があるとしています。また法務省の人権擁護機関は、差別表現の流布や、個人の誹謗中傷又はそのプライバシー侵害を防止するため、人権尊重思想の啓発等を行うとともに被害者の救済及び予防につとめているとしています。

ただこの報告書は、いくつかの法律がある特定の人種差別的ヘイトスピーチに対処できることを述べているにすぎません。ヘイトスピーチは、ある個人・集団の「属性」(民族、皮膚の色、国籍等)をとらえ、その個人・集団に面と向かってではなく、公衆の中で「朝鮮人は出て行け」といった一般的・抽象的な形でも発せられます。そのため、具体的な被害が発生して初めて裁判を行うことができる日本の裁判制度では、上述の日本の刑事規制でも、民事的規制においても、すべてのヘイトスピーチを裁判所によって審理・判断することは難しいのです。

6　日本の取り組みに対する人権条約機関の反応

それぞれの人権条約は、締約国がその条約義務履行を誠実に行うことを監視する機関として国際実施機関(委員会)を設置し、国際的に実施を確保するための制度を用意しています。自由権規約により設立された自由権規約委員会は、その制度の一つである国家報告制度の下、日本政府が提出した報告書に基づき2014年に審査を行いました。その結果、①ヘイトスピーチに対する取り組みが不十分であること、②ヘイトスピーチとその流布を意図した示威行動を禁止すべきこと、③意識啓発活動の強化、さらに④人種主義的攻撃の防止及び実行者の処罰のために必要な措置をとるべきこと、を勧告しています。同年、人種差別撤廃条約により設立された人種差別撤廃委員会も、いくつかの法律が人種差別に対処していることを認めつつも、人種差別を禁止する包括的な法律が存在しないことに懸念を表明し、①包括的な人種差別の定義を法制度上に定めること、②直接・間接の人種差別事案に対応し、その適切な法的救済を与える包括的な人種差別禁止法の制定、③日本の留保を見直し、ヘイトスピーチに関する一般的勧告35に留意しつつ、刑法の改正のために適切な措置をとること、を勧告しました。その上で「すべての勧告に取り組むことを強く勧告する」としています。各委員会は、日本のヘイトスピーチ対策が十分なものとはいえないという認識を示し、いっそうの積極的な行動を強く要請していることがわかります。

日本への勧告の基となった人種差別撤廃委員会の一般的勧告35は、人種主義的ヘイトスピーチに対する人種差別撤廃条約上の義務を次のように詳細に記しています。まず、加害者も含むすべての者の表現の自由を保障することが原則であるとした上で(5条)、ヘイトスピーチはこの表現の自由を被害者から奪うものと位置づけています。その上で、不特定多数に対するヘイトスピーチに効果的に対処するためにすべき最低限のことが、人種差別を禁止する、民法、行政法、刑法にまたがる包括立法の制定であると強調されています(2条等)。さらにヘイトスピーチに適切に反論できるような人権教育の強化が重要であるとしています(7条)。こうして見ると、4条(a)(b)を日本が留保していたとしても、包括的な立法の制定を含め、処罰に代わる効果的な措置を講じる積極的な義務そのものは残ることになるでしょう。とはいえ、ヘイトスピーチとの闘いでは、4条が主要な手段として機能することは間違いありません。4条は、ヘイトスピーチのうち、人種主義的優越性又は憎悪に基づく思想の流布等を処罰対象としてあげ、ヘイトスピーチの予防及び抑止と処罰機能の必要性を説いています。それと同時に、4条は、人種主義的ヘイトスピーチが、人権の核心である人間の尊厳と平等を否定し、個人や特定の集団の社会的評価を貶める、他者に向けられる形態の表現行為であるとして、国際社会が非難していることを強調するものであったのです。

こうした動きに対して、大阪市は、2016年に特定の人種や民族に対するヘイトスピーチの拡散を防止する条例を制定しました。また、2016年に「本邦外出身者に対する不当な差別的言動の解消に向けた取組の推進に関する法律」が施行されました。この法律は、日本に適法に居住する外国人やその子孫をヘイトスピーチから保護し、彼らに対する不当な差別的表現の解消に向けた取り組みの実施等を国や地方公共団体の責務としました。しかしこの法律は二つの点で批判されています。一つは、依然として表現の自由を侵害する恐れがあるとして、ヘイトスピーチそのものを違法とは明言せず、その解消に向けた啓発活動の促進にとどまり、罰則が盛り込まれなかったことです。もう一つは、ヘイトスピーチの保護の対象となるのは、日本に適法に居住する外国人やその子孫のみに限定している点です。

その後同法2条に定める不当な差別的言動の解消のための拡散防止措置(2018年東京都)や不当な差別的言動の禁止(2019年大阪府)を条例で制定する動きが出ています。さらに、2020年に川崎市では、本邦外出身者に対する不当な差別的言動に対して刑事罰を科す条例を全面施行しました。ただ、憲法の表現の自由の保障に配慮して、刑事罰の対象となる、本邦外出身者を排斥・危害・侮辱する表現行為を限定したことが、刑事罰による規制に抵触しない限り自由であるとの印象を持たせるとの批判が示される一方、取り締まりを厳しくしすぎれば言葉狩りになるとの懸念も示されています。

7　日本における条約の国内適用

国際法は、条約の誠実な遵守を国家に義務づけ、自国の国内法を理由として条約不履行を正当化することを許していません。他方、条約の国内的効力、国内法秩序における条約と憲法その他国内法令との間の優劣、及び行政・司法機関での直接適用可能性の有無についての決定は、国内法に委ねられています。

日本では憲法98条2項により、条約は発効すれば、直ちに国内法としての効力(国内的効力)が認められ、憲法より下位ではあるが、法律よりも上位の地位を与えられていると解されています。その場合でもその適用方法は多様です。まず、私人間や私人・国家間の権利・義務を明確、完全かつ詳細に定める条約規定の場合、その規定はそのまま裁判規範として利用されることがあり、これを直接適用と呼んでいます。

人種差別撤廃条約の多くの規定は、国内法の整備を求めており、直接適用できるとは解されてはいません。この場合には条約の義務と矛盾しないように、国内法の解釈の補助的な役割として、条約の趣旨を取り入れることがあります(間接適用)。例えば、京都朝鮮学校事件では、ヘイトスピーチによる不法行為に対して、民法の規定の解釈において、人種差別撤廃条約の趣旨が取り入れられ、違法性が判断されました。

8　人権条約機関が出す決定・意見の持つ意味

人権条約が設立した委員会は、国際的に実施を確保するための制度(国家報告制度、個人通報制度等)の下、その活動を通じて得た結論を総括的所見や見解等として出します。これらの中で導き出された各条文の解釈指針は、一般的意見(勧告)の中でまとめられています。ただ、条約上こうした見解や意見には法的拘束力がありません。このことから、日本では政府や多くの裁判所は、これらに従う義務がないとしています。

これに対して自由権規約委員会は、個人通報制度における委員会の見解を、自由権規約解釈の任務を負う委員会による「有権的な決定」であるとし、それを条約上の義務を遵守する誠実の原則から説明しました。委員会活動による見解に一定の規範性を持たせようとしたのです。これを補強するかのように、国際司法裁判所(⇒25)も、条約適用を監督するために特に設置された独立機関である委員会が出した様々な決定及び見解に、解釈事例法(interpretative case law)という性格づけをしています。条約の本質的一貫性並びに法的安定性の確保という観点から、見解や一般的意見等に見いだされる条約の解釈は、国際司法裁判所がある条約規定の解釈の結論に至る際に、その補強する材料として「大きな重みを与えるべきだ」としたのです(ディアロ事件)。同様の活動をしている人種差別撤廃委員会が出す見解等に対しても同じことがいえるでしょう。

9　まとめ

再び戦争を起こさせないために国際社会は、表現の自由等人権の保障とともに、戦争と大規模な人権侵害の原因となったヘイトスピーチの規制が不可欠であるという認識に立ちました。

表現の自由は、私たちの大切な権利です。表現の自由を保障するためには、まず各国において表現の自由がどのような性格のものであるかを理解することが大切です。また表現の自由の制限は慎重であるべきです。しかしながら、すべての表現を容認してしまうようでは、最終的には人間関係を破壊してしまい、結局は国家による規制を不必要に招くことになるため、注意が必要です。

ヘイトスピーチは表現行動の一つですが、それを表現の自由の一形態として保障すべきだという見解は誤りです。ヘイトスピーチに対しては、あらゆる方法によって駆逐する努力が必要となります。正当な言論までも不当に萎縮させる危険を冒してまで、人種差別思想の流布等に対し処罰立法措置をとることを検討しなければならないほど、現在の日本が人種差別思想の流布や人種差別の扇動が行われている状況にはないと日本政府は回答しています。日本は、憲法上の理由から条約義務に留保をしていますが、少なくともその範囲内でも国際法上の義務を誠実に履行することも大切です。その際には、委員会による一般的意見等を条約「解釈の参考とすべき事情」として考慮することが求められるでしょう。

〔参考文献〕

村上正直『人種差別撤廃条約と日本』(日本評論社・2005年)。
師岡康子『ヘイト・スピーチとは何か』(岩波新書・2013年)。
申惠丰「人種差別撤廃のための国内法整備：国際人権法の観点から」法律時報92巻11号(2020年)。
師岡康子「ヘイトスピーチに関する人種差別撤廃委員会審査とNGO」研究紀要(世界人権問題研究センター)23号(2018年)。

＊以上のほか国際人権法、留保に関しては以下のいずれかを参照してください：
芹田健太郎ほか『ブリッジブック国際人権法(第2版)』(信山社・2017年)。
坂元茂樹『人権条約の解釈と適用』(信山社・2017年)。
薬師寺公夫「国際司法裁判所による人権保護」国際問題680号(2019年)。
山形英郎編『国際法入門　逆から学ぶ(第2版)』(法律文化社・2018年)第15章、第22章、第25章。
浅田正彦編著『国際法(第4版)』(東信堂・2019年)第3章、第12章。
柳原正治ほか編『プラクティス国際法講義　第2版』(信山社・2013年)第3章、第4章、第17章、第18章。

17 中国による南沙諸島の埋め立ては違法？
——海や環境に関する国際法の観点から

堀口健夫

1 なにが問題か？

2013年頃より中国は、南シナ海にある南沙諸島の一部の海洋地形において、大規模な海面の埋め立てによる土地の造成を進めています。例えば米国の戦略国際問題研究所関連のウェブサイト(http://amti.csis.org/ 2016年8月1日確認)を見れば、多数の船舶によって土砂の浚渫(しゅんせつ)と埋め立てが行われ、造成された土地の上に様々な施設が構築されてきたことが写真でも確認できます。一部の地形では3000メートル級の滑走路も建設されています。

こうした中国の一方的な行動は、国際的な懸念や非難の対象となってきました。例えば、南沙諸島を含む南シナ海に関する中国の主張や活動について、フィリピンが国際裁判に訴えていましたが、つい先日、2016年7月にその判決が下されました(以下「2016年仲裁判決」)。日本のメディアでも盛んに報じられたように、判決は中国にとっては厳しい内容となっており、上述のような埋め立て活動についても国際法違反を認定しています。

しかし、そもそも海を埋め立てるという行為は、日本を含め多くの国が国内でも行っていることであり、国際法上も実はそれ自体禁止された活動ではありません。それでは南沙諸島での中国の埋め立て活動に関しては、国際法上いかなる違法性を指摘しうるのでしょうか。本章では、いくつかの主要な論点に着目しつつ、この点を検討します。具体的には、①そもそも埋め立てにより新しい島を作ることはできるのか、②埋め立てを行う場所に制限はないのか、③環境保護の観点から埋め立てに制約はないのか、といった点を順に扱っていきたいと思います。

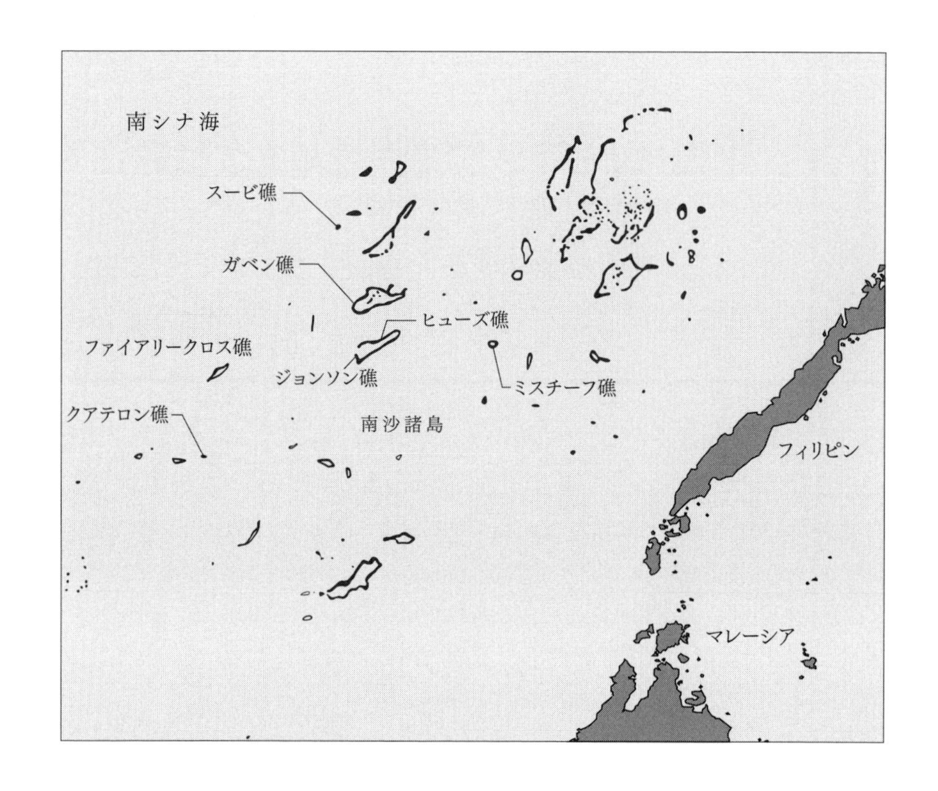

2 埋め立てにより新しい「島」を作ることができるのか？

(1) 南沙諸島の関連海洋地形の特質

はじめに、中国が占拠し埋め立て等を進めている南沙諸島の海洋地形の特質を確認しておきます。現在のところ埋め立てが確認されているのは、クアテロン礁、ファイアリークロス礁、ガベン礁(北)、ヒューズ礁、ジョンソン礁、ミスチーフ礁、スービ礁と呼ばれる地形です。それらの名称からもうかがえるように、いずれも礁(浅い海底の高まり)を形成し、元々高潮時には全て水没しているか、常時海面上に出ている部分があってもわずかな面積であったと考えられます。中国も当事国である国連海洋法条約によれば、「島」は国家の領有権(⇒6, 8)の対象とされ、その周囲には当該領域国の内水・領海(⇒7)や排他的経済水域(以下 EEZ)、大陸棚が認められますが、「島」として認められるには、常時海面上にある自然に形成された陸地でなければなりません(海洋法条約 121 条 1 項、2 項)。さらに同条約によれば、そうした陸地に該当しても、人間の居住や固有の経済的生活が不可能な

「岩」については、周囲にEEZや大陸棚は認められません(121条3項)。また、海面上にあっても高潮時には水没してしまう地形は「低潮高地」と呼ばれますが、その周囲には内水・領海すら主張することはできません(ただしそれが自国の領海内に位置する場合は、その低潮線(干潮時の海岸線)を領海の基線として利用できます。13条)。

中国との国際裁判でフィリピンは、中国が埋め立てを行っている地形のうち、ガベン礁(北)、ヒューズ礁、ミスチーフ礁、スービ礁については元々「低潮高地」にすぎないと主張し、クアテロン礁、ファイアリークロス礁、ジョンソン礁については人間の居住等が不可能な「岩」だと主張していました。2016年仲裁判決では、ガベン礁(北)が「岩」だと認定された点を除いて、こうしたフィリピンの主張が認められました。

(2) 海洋地形の性質に対する埋め立ての効果

ここで重要な点は、「低潮高地」或いは常時水没している地形の上やその周囲に、埋め立てにより人為的に土地を造成しても、その土地は海洋法条約上の「島」(若しくは「岩」)としての扱いを受けないという点です。そうした陸地は、「自然に形成された」ものとはいえないためです。そのような土地はせいぜい同条約上の「人工島」にあたり、周囲にも500メートルまでの安全水域を設定できるにとどまります(60条)。このように、元々条約上の「島」ではない海洋地形をいくら埋め立てても、「島」を新たに創出することはできません。2016年仲裁判決も述べているように、ある地形が「低潮高地」なのか、或いは「島」(若しくは「岩」)なのかは、あくまでその地形の自然の状態を基礎に評価されます。

例えば2015年10月に、米国がスービ礁付近に自国軍艦を派遣し航行させたとの報道がありました。スービ礁が元々「低潮高地」にすぎないとすると、その上を埋め立てることで新たな陸地を作り出したとしても、同礁を独自の基点としてその周囲を自国領海とみなし、そのことを理由に外国軍艦の航行を制限することは認められません(ただし上述の通り、他の海洋地形との位置関係によっては、元々の低潮高地の海岸線が領海の基線として利用される可能性はあります。また、海洋法条約7条4項の規則の適用が問題となる場合もありえますが、ここでは省略します)。

なお、日本の沖ノ鳥島のように、常時海面上にある自然の陸地を水没から保護するために護岸工事等を行うことは、基本的には国際法上許された行為です。その結果、コンクリート等で周囲を保護されていても、自然の陸地が維持されている以上、沖ノ鳥島は「島」としての地位を保持します。このように、既に存在する「島」を保全することは可能です。

南沙の埋め立て問題からは話がそれますが、この沖ノ鳥島について中国は、上で言及した海洋法条約121条3項が定める人間の居住等が不可能な「岩」だとし、そこを基点とする大陸棚やEEZは認められないと主張するようになっています。この点につき2016年仲裁判決は、もちろん沖ノ鳥島の問題を直接には扱っていませんが、121条3項の解釈を比較的詳細に検討している点には注意が必要です。

ここで121条3項の条文を改めて確認しておくと、同項は「人間の居住又は独自の経済的生活を維持することのできない岩は、排他的経済水域又は大陸棚を有しない」と定めています。同判決によれば、ここでいう「岩」は「島」の1つのカテゴリーだとされます。そして、ⅰ)同項のいう「人間の居住」は、安定的な共同体(規模は必ずしも大きくなくてよい)がそこを住処(home)として継続的(かつ自発的)に生活することを意味すること(例えば自国の権利を主張するために兵士等が海洋地形に駐在していることだけでは、「居住」というには不十分だとしています)、ⅱ)「独自の経済的生活」とは、そうした住民の生活・生活手段(livelihood)を通常意味し、また当該地形自体と関連性がなければならないこと(外部からのリソースに完全に依存しているような活動や、現地の住民の関与もなく専ら資源の採取の場としてその地形を利用しているような活動は、地形との関連性が不十分だと述べています)、ⅲ)そうした居住や経済的生活を維持する能力を当該地形が備えるかどうかは、あくまでその自然の状態に基づいて評価されること、ⅳ)かかる能力の有無はケースバイケースで評価され、その際の考慮要素には、水・食料・住まいの供給可能性、気候等の条件、他の地域・住民との近接性、当該地形上或いはその周囲で生活手段が成立する可能性、といった点が含まれること、ⅴ)当該地形の利用の実績も能力の証拠となりうること、などといった点を指摘しています。

こうした判決の考え方に従うと、沖ノ鳥島のような地形をEEZ等が認められる「島」と性格付けることは容易ではありません。そもそも121条3項の基本的な趣旨は、些細な海洋地形の存在のみを根拠に、広大なEEZが主張されることを防止することにあったと考えられます。以上のような判決の内容の全てが妥当かどうかは大いに検討の余地がありますが、121条の解釈をめぐる今後の国際的な議論に少なからぬ影響を与える可能性があります。少なくともここでは、上のiiiにあるように、居住等が不可能な「岩」に元々該当する地形をいくら埋め立てても、完全な「島」に転換することはできないことを確認しておきたいと思います。

3 どこの海面でも埋め立てができるのか?

(1) 領域・海域に関わる制限

それでは、埋め立てという行為そのものが国際法上違法と評価されることはないのでしょうか。前述の通り、埋め立てという活動自体を一律に禁止する国際法の規則はありません。しかし、埋め立てが認められる場所には制限があります。海洋法条約上は、自国の内水、領海、EEZ、大陸棚或いは公海上であれば、それぞれの海域で条件は異なりうるものの、原則として埋め立ては可能で、それにより形成された「人工島」に対して管轄権(自国の国内法に従って活動等を規制する権利)(⇒13)が認められます。しかし、外国の内水、領海、EEZ或いは大陸棚では、当該国の許可なく埋め立てを行うことはできないと解されます。

中国は、「九段線」と称する線の範囲まで南シナ海に広く自国の主権が及ぶと主張しており、南沙においても国際法上合法な活動を行っているという立場です。しかし、そうした主張を争っているフィリピンのような国からすれば、自国の海域で勝手に埋め立てが実施されているわけで、中国の活動は違法だということになります。このように、そもそも中国の埋め立てが認められる海域かどうかが国際法上問題になりえますが、その答えは関連する地形・海域がどこの国に帰属するのかに依ることになります。

この点につき2016年仲裁判決では、「九段線」に基づく中国の権利主張は海洋法条約に反し、同条約で認められた範囲以上には効果をもたないとされましたが、南沙の個々の海洋地形がいずれの国の主権下にあるかについては、基本的には判断を下していません。ただし、埋め立てが問題となっている地形のうち、ミスチーフ礁については、中国側の主張の根拠となりうる地形も周囲に認められなかったことから、フィリピンのEEZ・大陸棚の範囲内にある「低潮高地」であるとはっきりと認定されました。そして、フィリピンの許可なく中国が同礁で埋め立てを行ったことで、EEZや大陸棚に対するフィリピンの主権的権利が侵害されたと判断しています(海洋法条約60条・80条の違反)。

(2) 紛争海域ゆえの制限

さらに、紛争海域(係争海域)であるがゆえの国際法上の制限も指摘することが可能です。海洋法条約は、EEZや大陸棚の境界が争われている場合には、境界画定の最終的な合意の達成を危うくし又は妨げないためにあらゆる努力を払うと定めています(74条3項、83条3項)。ある国際裁判(ガイアナ対スリナム事件仲裁判決(2007年))では、これらの条項に基づいて、境界紛争海域に永続的な変更を一方的にもたらしてはならない義務があるとの判断が示されています。

海底から土砂を浚渫し新たな土地を造成することは、関連地形や海洋環境に永続的な変更をもたらすものと評価される可能性が高いと考えられます。もっとも、上で述べた規則は、厳密には領海ではなくEEZや大陸棚に関する規則であることには注意が必要です。ただし、仮に埋め立てが行われている場所自体が領海(或いは内水)にあたる海域だとしても、その行為が原因で、境界が争われているEEZ・大陸棚に永続的な変更をもたらしているのであれば(例えば埋め立て場所のサンゴ礁に依存している生物の死滅など)、上述の規則に照らしても違法と判断される可能性があるといえるでしょう。

なお2016年仲裁判決では、そもそも境界画定に関する事項は裁判の対象外であり、またフィリピンも上述の規則に基づく主張をしなかったことから、中国によるそれらの規則の違反の有無については特に判断を示していません。しかし他方で同判決は、裁判により紛争を解決しようとしている間に紛争を悪化・拡大させてはならない義務があると指摘し、南沙での埋め立て等の活動を継続したことで中国はその義務に違反したと判断しています。ここで悪化・拡大してはならないとされる「紛争」は、上で述べた74条3項等の規則のように「境界」をめぐる紛争に特に限定されているわけではなく、様々な問題に関する「紛争」を含みうると考えられます。このような義務は、場所の観点から埋め立て活動を制限するものだとはいえませんが、例えば後述のような環境保護の規則の違反が争われ裁判手続中であるにもかかわらず、当該埋め立て活動をさらに進展させ、不可逆的な地形の変更を継続するようなことがあれば、上述のような紛争悪化を回避する義務の違反も問われる可能性があります。

4　埋め立てによって自然環境を破壊してもよいのか？

(1)　南沙諸島周辺の自然環境

そして、一般的に海面の埋め立てについて懸念されるのは、やはり自然環境への悪影響です。南沙諸島に関する事例ではありませんが、実際にこの点が主に争われた国際紛争の先例として、シンガポールによる埋め立ての違法性を隣国のマレーシアが主張した事件があります(以下「シンガポール埋め立て事件」)。もっとも、南沙諸島での埋め立てやその影響の実態については、今のところ中国が積極的に情報公開をしているわけではなく、不明なところが多いと言わざるをえません。しかし、その活動については環境の観点からも特に危惧すべき理由があります。

第1に、南沙諸島付近には、生物多様性の豊かなサンゴ礁が形成されていると考えられ、多くの生物種が生息していることが指摘されています。特にサンゴ礁については、その脆弱性が指摘されていることにも注意が必要です。一般にサンゴ礁については温暖化に起因して死滅する現象(白化現象)が問題となっており、南沙諸島についてもおそらくは例外ではありません。そうした中で、人間活動によるサンゴへの負荷を最小限化することが世界的にも重要な課題となっています。また南沙諸島には、経済的にも価値のある漁業資源のみならず、オオシャコガイやウミガメ類など、絶滅が危惧される生物種も生息していると指摘されています。

第2に中国による埋め立ての量とスピードです。実はこれまで南沙諸島では、ベトナム、フィリピン、台湾といった国・地域も埋め立て活動を行ってきました。しかし、近年の中国による埋め立てについては、他国が過去40年間に行ってきた埋め立て量の17倍以上を、わずか20カ月の間に実施してきている、といった指摘もみられる状況です(USA Department of Defense, Asia-Pacific Maritime Security Strategy (2015), p.16)。

以上の点に鑑みると、自然環境への悪影響も大いに危惧されます。そして中国外務省の声明などを見る限り、中国自身も環境への配慮を要する点については認めています(2015年6月16日中国外務省報道官声明等)。それでは環境保護の観点からは、国際法上いかなる規則の適用が考えられるのでしょうか。

(2)　海洋環境保護に関する海洋法条約上の一般的義務

①　海洋環境保護・海洋汚染防止の義務

埋め立て活動に適用されうる環境法規則として重要なのは、海洋法条約が定める一般的義務です。同条約12部(海洋環境の保護及び保全)の1節、2節、4節あたりに定める規定が、主に該当します。例えば192条は、「いずれの国も、海洋環境を保護し及び保全する義務を有する」と定めます。また194条1項は、「いずれの国も、あらゆる汚染源からの海洋環境の汚染を防止し、軽減し及び規制するため、利用することができる実行可能な最善の手段を用い、かつ、自国の能力に応じ、単独で又は適当なときは共同して、この条約に適合するすべての必要な措置をとるものとし、また、この点に関して政策を調和させるよう努力する」と規定しています。

それらの規定の多くは、汚染行為を規制する規定ぶりとなっています。「汚染」とは、大まかにいえば、害をもたらしうる物質を海洋環境に投入する行為のことです(条約上の正確な定義については1条1項(4)を参照)。土砂を投入する埋め立て行為は、それ自体「汚染」として評価される可能性があるといえるでしょう。また、土砂の収集のため海底をサンゴごと浚渫する行為についても、それに伴う土砂の攪拌等で水質が悪化するおそれがあれば、それを「汚染」と評価することは十分可能だと考えられます。さらにいえば、海洋法条約上の義務が及ぶ範囲は、必ずしも「汚染」だけに限定されているわけではありません。例えば上で引用した192条には、そのような限定は条文上見当たりません。また194条5項は、同条約の関連規定に従ってとる措置には、脆弱な生態系や絶滅危惧種の保護のための措置が含まれることを明文化しています(この点についてはチャゴス島事件仲裁判決(2015年)も参照)。従って、サンゴ礁のような脆弱な生態系を害するような行為を実施し或いは許可することは、仮にその行為が厳密には「汚染」に該当しない場合であっても、192条等の違反を問われる可能性があります。

これらの一般的義務については、内容が抽象的であったり、様々な条件が付されていたりするため(例えば上述194条1項の「自国の能力に応じ」等)、はたして国家の具体的な行為の違法性を主張する根拠となりうるのか、疑問に思われるかもしれません。この点につき、192条や194条1項などが定める義務は、重大な環境破壊という結果が生じないよう、合理的な手段を尽くす義務であると考えられます(「相当の注意」を尽くす義務)。そして少なくとも環境保護の文脈では、法典化作業や判例等を通じて、合理的な手段を尽くしたか否かを評価するにあたっての基本的な考慮要素が特定されつつあります(国際法委員会・防止条文草案(2001年)、国際司法裁判所パルプ工場事件判決(2010年)等を参照)。第1に、損害を防止するための国内法令が当該国で整備されているかどうか、さらにはその十分な執行が確保されているか否かが問われます。第2に、近年の予防原則と呼ばれる指針に従い、科学的に不確実な環境リスクに対する考慮も要求されます。第3に、採用する措置はリスクの大きさに見合ったものでなければなりません。第4に、環境負荷を軽減するための関連技術・業界実践や科学的知見の発展に即して、継続的な対応が求められます。少なくとも以上のような点で対応に問題があった場合、国は合理的な手段を尽くしたとはいえないという考え方が定着しつつあります。

中国との仲裁裁判においても、フィリピンは192条等の規定の中国による違反を主張していました。そして2016年仲裁判決も、7つの海洋地形に対する中国による埋め立て活動が深刻で長期の損害を海洋環境にもたらしてきたことを認め、そのことを理由に192条、194条1項、194条5項に中国が違反したと判断しています。

②　①の義務の実施に関わる手続的義務

また以上の①の義務の実施を支えるものとして、海洋法条約では手続的な義務(国家の意思決定プロセスを主に規律する義務)も条文化されている点が重要です。環境保護のための協力(197条)、影響に関する通報(198条)、活動の影響の監視(204条)、事前の環境影響評価(206条)のほか、半閉鎖海(複数の国に囲まれ、狭い出口で他の海とつながっている海などを指す。条約上の正確な定義については122条を参照)に位置する南沙諸島については関係国との措置の調整等(123条)も要求されます。これらの手続の違反については、少なくとも実際の損害発生の立証を要しないという点において、その主張が容易ともいえます。

南沙での埋め立て活動についていえば、中国は少なくとも206条で求めているような影響評価の結果の公表には今のところ至っていません。また123条等が想定するような、関係国との保全措置の調整といった対応が十分なされているかも疑問が残る状況でした。2016年仲裁判決も、以上のような事実を基本的に認め、それらの条文(並びに197条)にも中国が違反したと判断しています。

③　南沙諸島の海洋地形・海域の帰属の問題との関係

ところで、以上のような環境保護の規則に中国が違反していることを主張したり、或いはそうした違反を認定することは、埋め立てを行っている海洋地形や海域が中国に帰属することを肯定することにはならないのでしょうか。この点につき、上の①・②で見てきた環境法規則は、別段の定めがない限り、自国の「管轄」或いは「管理」下にある活動の規制を求めていると考えられます(海洋法条約194条2項、206条などの文言を参照)。そして、前者の「管轄」下の活動には、自国に登録された船舶による活動も含まれます。また後者の「管理」は事実上の支配(法的に領有権等を有するかどうかに関わりなく、現実に支配していること)を意味すると解されており、例えば国際法上違法な占拠に基づく支配も含まれます。従ってそれらの規則の適用にあたっては、関連する海洋地形や海域が中国に帰属することを必ずしも前提とすることなく、その違反を主張することが可能です。その点でこれらの規則は、フィリピンのような立場の国にとっては、中国の行為の違法性を主張するために利用しやすかったともいえます。

(3) 埋め立てのための土砂の投入は「(海洋)投棄」か?

そのほか、埋め立てに関する国際紛争の前例であるシンガポール埋め立て事件では、埋め立てを目的とする土砂の投入が「(海洋)投棄(dumping)」に当たるか否かで当事国間の見解が分かれました。「投棄」とは、船舶等から廃棄物やその他の物を海に意図的に投入して処分すること等を指します(正確な定義は海洋法条約1条(5)a等を参照)。同事件でマレーシア側は「投棄」に当たると主張し、シンガポール側はそれを否定しました。

現在「投棄」を行うことは、ロンドン条約改正議定書(1996年)という条約の下で原則として禁止されています。ただし、海底等から浚渫される土砂については、国家は例外的に投棄を許可することが可能です。しかしその場合も、条約の下で採択された指針に沿って、事前の影響評価等を実施すること等が条件となります。もし土砂の海への投入が「投棄」に該当すると、こうした厳格な規則・手続の遵守が求められ、許可を与えたという事実についても同議定書の締約国会議に報告しなければなりません。従って、活動が「投棄」に当たるかどうかは重要な意味を持ちます(中国も同議定書の当事国です)。

しかし結論から言えば、土地の造成を目的とした土砂の投入は、基本的には「投棄」に該当しないと考えられます。「投棄」の定義からは、単なる処分を目的としない物の「配置(placement)」は除外されているからです(海洋法条約1条(5)b (ii)等を参照)。実際ロンドン条約の下でのガイドライン(Dredged Material Assessment Guidelines)では、海面の埋め立てはむしろ投棄を回避するための土砂の有効利用の一例として位置づけられています。またシンガポール埋め立て事件においても、埋め立ては処分を目的としない「配置」であるとシンガポールは反論しました。フィリピン・中国間での裁判でも、埋め立てのための土砂の投入が「投棄」に当たるかどうかは特に問題とはされませんでした。

もっとも、ロンドン条約等はそうした「配置」を無条件に「投棄」の定義から除外しているわけではなく、それが条約の目的に反しないことを条件としているため、その点が問題とされる可能性はあります。例えば、今日同様に「配置」として扱われている行為として海洋肥沃化活動(二酸化炭素の海への吸収増進等を目的に鉄等を海に散布する行為)がありますが、その活動が条約目的に反しないかどうかを個別に評価するための指針が、近年ロンドン条約の下で採択されています。しかし土砂による海の埋め立てについては、現在のところそのような評価枠組は未採択です。ただし、これまでの「配置」に関する締約国間の合意によれば、土砂の「投棄」に関して既に採択されている評価の指針が用いられることが望ましいと考えられます。

(4) 生物／生息地の保護を目的とする条約の適用

フィリピンと中国との裁判においては、上の(2)で挙げたような海洋法条約上の規定の適用が基本的に争われたにとどまりますが、埋め立てや浚渫はそれ自体自然環境の直接的な破壊行為でもあるため、生物や生息地の保護に関わる諸条約の適用も考えられます。生物多様性の保全等を目的とした生物多様性条約や、湿地保全に関するラムサール条約等がそうです。これらの条約は、厳密には「汚染」とはいえない行為を規律の対象に含むほか、国家戦略の策定、保護区の設定、自然の回復など、自然保護のための体系的かつ積極的な対応を当事国に求めている点に特徴があります。もっとも、そこでは国家に広い裁量を認めていることが少なくありません。

南沙の埋め立て問題に対するそれらの条約の意義を考えるにあたっては、以下の点も認識しておく必要があります。第1に、条約下で定期的に開催される締約国会議では、厳密には法的拘束力は欠くものの、決議を通じた規範の発展が図られてきています。特にサンゴについては、一連の決議を通じて、人間活動の影響の最小限化に努めるべきだとの規範が確立しつつあります(生物多様性条約締約国会議決定 XII/23(2014)等)。また、脆弱な生態系等の特定も継続的に進められています。こうした発展は、生物関連の諸条約のみならず、前述の海洋法条約の関連規定(192 条や 194 条 5 項等)を解釈する際にも、適切な場合には考慮されるべきでしょう。第 2 に、これらの条約は問題への対処に向けた政策的手段も提供します。例えば、南沙諸島に自然保護区を設定すべしとする提案や運動がみられますが、生物関係の条約で見られる保護区設定に関する規定は、そうした提案などを正当化する根拠として利用することもできるでしょう。

5　まとめ

以上の検討をまとめると、第 1 に、埋め立てによって新たに国際法上の「島」を創出することはできません。例えば水没した地形や「低潮高地」を埋め立てて新たな土地を造成しても、それはあくまで「人工島」として扱われ、その周囲に独自の領海等を設定し外国船舶を規制することは違法となります。第 2 に、埋め立て行為自体も場所によっては違法と評価される可能性があります。例えば、外国の領海や EEZ で許可なく埋め立てを行うことはできません。そして第 3 に、埋め立てが重大な環境破壊を伴うおそれがある場合は、それを防止するための合理的な手段や手続を尽くさなければなりません。特にサンゴ礁のような重要かつ脆弱な自然環境への影響が懸念される場合は、一層の注意が求められるといえるでしょう。2016 年仲裁判決も、少なくとも以上のような基本的な要点については、ほぼ同じような見解を示しています(第 3 の点については、やや不明確な部分もあります)。

周知の通り、南沙諸島をはじめとする南シナ海をめぐっては、領有権等をめぐる周辺国の争いや安全保障上の対立が深刻です。フィリピンとの仲裁裁判に終始否定的であった中国は、その判決を無視するという姿勢を依然崩していません(2016 年 8 月 1 日現在)。しかし、南沙での埋め立てにあたって環境への十分な配慮が要求される点については、中国自身も繰り返し認めてきたところです。中国による埋め立て活動については、そもそもその実態や影響に関する情報公開が十分だとはいえません。前述したような手続的義務(情報提供、影響評価、協議等)の実施の要求や、場合によっては既存の環境条約体制の枠組(締約国会議等)を通じて、関係国間で情報や知見、問題意識等の共有をさらに図っていくことは、問題への対処の1つの足掛かりとなる可能性があります。環境保護の文脈で発展している協力のための規則や制度を活用するということも、困難な状況を少しでも打開するための手段の1つとして検討されてよいように思われます。

〔参考文献〕

＊南シナ海・南沙諸島をめぐる国際法上の論点や国際裁判については：

田中則夫「国連海洋法条約附属書 VII に基づく仲裁手続――フィリピン対中国仲裁手続を中心に」浅田正彦・加藤信行・酒井啓亘編『国際裁判と現代国際法の展開』(三省堂・2014 年)、191–212 頁。

Beckman, Robert, "The UN Convention on the Law of the Sea and the Maritime Disputes in the South China Sea", *American Journal of International Law*, Vol. 107, No. 1 (2013), pp. 142–163.

Duong, Huy, "Massive Island-Building and International Law", AMTI Analysis (2015) (http://amti.csis.org/massive-island-building-and-international-law/).

＊「島」に関する国際法規則については：

林司宣「島についての国際法制度」同『現代海洋法の生成と課題』(信山社・2008 年)、186–202 頁。

＊係争海域における国際法上の制限については：

中谷和弘「境界未画定海域における一方的資源開発と武力による威嚇――ガイアナ・スリナム仲裁判決を参考として」柳井俊二・村瀬信也編『国際法の実践』(信山社・2015 年)、519–538 頁。

＊海洋環境保護・生物保護に関する国際条約の概説を含むものとして：

西井正弘・臼杵知史編『テキスト国際環境法』(有信堂高文社・2011 年)。

＊そのほか海洋法全般については：

山本草二『海洋法』(三省堂・1992 年)。

Tanaka, Yoshifumi, *The International Law of Sea* (2nd ed., Cambridge University Press, 2015).

18 大陸棚の延伸で領土が拡大する?
——大陸棚に対する主権的権利とその延伸

西本健太郎

1 なにが問題か?

2014年10月1日、日本の大陸棚が大幅に拡大したのをご存じでしょうか? これは、「四国海盆海域」と「沖大東海嶺南方海域」と呼ばれる2つの海域を新たに日本の大陸棚とする政令が同年9月12日に制定され、10月1日に施行されたことによるものです。これまでも海岸から200海里(約370キロ)までの領海外の海域の海底は日本の大陸棚とされていましたが、2つの海域はさらにその外側に延びています。両者の面積の合計は約17万7000平方キロメートルあり、日本の領土(約37万8000平方キロメートル)の約半分ほどの広さに相当します。新たに日本の大陸棚となったこの海域では、日本が海底資源の探査・開発について独占的な権利を持っています。

日本の本土から遠く離れた海域の海底に、新たな「領土」を獲得したかのようなこの出来事は、どのような理由によるものなのでしょうか? 実は、日本の大陸棚の拡大は国連海洋法条約という条約が定めている規則と手続に従って行われたものです。大陸棚における海底資源開発については、各国の利害関係を反映して、複雑な国際法の規則が作り上げられてきました。日本の大陸棚の拡大という今回の出来事を理解するために、大陸棚に関する国際法のルールの中身がどのようなものか、見ていくことにしましょう。

2 大陸棚制度の起源とその特徴

地形としての大陸棚は、一般的に、傾斜が比較的に緩やかで水深の浅い、陸地に隣接した海底の部分をいいます。しかし、国際法で大陸棚という場合に着目するのは、この地形そのものではありません。国際法では、地形としての大陸棚とは必ずしも一致しない独自の基準によって、国家の領土に隣接する海域の海底の一定部分を、大陸棚と定めています。そして、この部分では海底の天然資源に対して、国家が独占的な探査と開発の権利を持つことになっています。国際法の文脈では、大陸棚とはこのような制度の名前でもあるのです。

大陸棚の海底資源は大陸棚に隣接する沿岸国が独占できるとの主張は、アメリカによるトルーマン宣言(1945年)の中で初めて行われました。この宣言は、大陸棚の資源の利用には沿岸との連携が必要なことや、大陸棚は地理学・地形学上、沿岸国の陸地部分の延長として沿岸国に帰属するものとみなしうるといった理由を挙げて、大陸棚に隣接する国家が大陸棚の海底及びその下の資源に対して権限を及ぼすことは合理的かつ正当であると主張しています。ただし、この宣言は、大陸棚の上部水域の公海としての性質に影響を及ぼすものではないということも明記されていました。

この宣言がなされるまでは、領海(⇒7)の外は公海であり、その海底及びその下も含めて全ての国家が自由に利用できると考えられていました(公海の自由)。したがって、トルーマン宣言の内容は従来の国際法では認められていなかった新たな主張でしたが、それまでの公海の主な利用方法であった船舶の航行に影響を与えないような形で、海底の天然資源の独占権の正当化を図ったのです。結果的にはこの主張は各国により受け入れられることになり、他国はアメリカを非難するどころか、むしろ追随して大陸棚の資源に対する独占的な権利を主張するようになりました。アメリカの宣言は一方的になされたものでしたが、国際社会が海底資源に関する新たな規則を潜在的に必要としていた中で、新たな規則が生み出されるきっかけとなったのです。アメリカが自国の主張の理由として挙げていた、大陸棚は国家の陸上の領土(⇒6, 8)の海底への自然な延長であるという考え方(自然延長論)は、その後、国際法上確立したものとなりました。

こうした展開の結果として、1958年には大陸棚に関する条約(以下、単に「大陸棚条約」といいます)が採択されました。この条約では、沿岸国はその大陸棚を探査し、天然資源を開発するための主権的権利を行使することができると規定されています(大陸棚条約2条1項)。さらに、大陸棚に対する沿岸国の権利が、上部水域の公海としての法的地位や、上部水域の上空の法的地位(⇒19)に影響を及ぼすものではないことも確認されています(同3条)。なお、大陸棚制度の対象となる海底の資源には、海底の鉱物資源をはじめとする非生物資源に加えて、カニやサンゴなど「定着性種族」と呼ばれる一定の海底生物を含めることも規定されることになりました(同2条4項)。

このように短期間のうちに大陸棚制度という新たな法制度を作ることができた理由には、船舶の航行や漁業活動を念頭に構築されてきた既存の法制度に新たな制度が与える影響が最小限のものであったことが挙げられます。沿岸国がより広い海域で海底の天然資源を独占できるようにする方法としては、領海を広げることも考えられましたが、領海には沿岸国の主権が及ぶため、この場合には他の活動に対する規制権限も広がることになってしまいます。大陸棚の上部水域の公海としての性質を変えずに、海底の資源に限定した制度とすることで、船舶航行の自由や漁業の自由を重視する国家も新たな制度に合意することが可能であったのです。

大陸棚に対する沿岸国の権利が「主権的権利」という概念で表現されているのも、このような大陸棚制度の限定的な性質に関連しています。領土に対する主権は、一定の範囲内に対する国家の包括的な権限を意味し、この権限はその上空やその地下にも及びます。これに対して、大陸棚は、海底及びその下に限って、海底鉱物資源と限られた生物資源の探査・開発についてのみ沿岸国に権利を認める制度です。そこで、大陸棚に対する権利を主権と表現することは避けながら、海底資源の探査・開発に限っては他国を排除する形で独占的に行使できる権利であるということを強調するための折衷的な表現として、「主権的権利」の語が用いられたのです。なお、この主権的権利という用語は、排他的経済水域制度が作られた際にも、生物資源の探査・開発など一定の事項に限定された排他的経済水域での沿岸国の権限を表現するものとして用いられています。

3　国連海洋法条約における大陸棚の範囲

沿岸国に海底資源の探査・開発に関する独占的な権利を与える大陸棚という制度自体は比較的早い段階で国際法上確立したものとなりましたが、大陸棚の具体的な地理的な範囲については、なお未解決の問題が残されていました。大陸棚条約は、大陸棚の範囲を決める上では自然の延長という考え方を前面に出さず、海岸に隣接している領海の外の海底の区域であり、水深が200メートルまでの部分、またはそれ以上でも天然資源の開発が可能である限度までの部分を大陸棚として定義しました(大陸棚条約1条)。しかし、天然資源の開発可能性が定義として採用されたことで、海底鉱物資源を開発する技術が発展してより深い海域でも開発が可能になると、沿岸国の大陸棚がどこまでも延びていくことにならないかという懸念が表明されるようになったのです。

この問題は、海洋に関する現在の国際法の規則の大部分を含んでいる国連海洋法条約を作成する過程でも問題となりました。基本的な考え方となったのは、沿岸国の自然の延長としての大陸棚には限界があり、この限界の外側の部分の海底については「人類の共同の財産」として国際社会でその利益を分け合うというものでした。しかし、大陸棚の限界については、広い大陸棚を持つ可能性のある国とそれ以外の国との間で利害が対立し、非常に複雑なルールを定めることではじめて、合意に至ることができました。このルールが規定されているのが、国連海洋法条約76条です。

国連海洋法条約76条は、大陸棚条約1条の開発可能性という基準に代わって、大洋の海底に至るまでの斜面の部分である「大陸棚縁辺部」を基準として大陸棚を定義しています。やや複雑な規定ですが76条1項を見てみましょう。次のような条文です。

> 沿岸国の大陸棚とは、当該沿岸国の領海を越える海面下の区域の海底及びその下であってその領土の自然の延長をたどって大陸縁辺部の外縁に至るまでのもの又は、大陸縁辺部の外縁が領海の幅を測定するための基線から200海里の距離まで延びていない場合には、当該沿岸国の領海を越える海面下の区域の海底及びその下であって当該基線から200海里の距離までのものをいう。

言い方を変えれば、沿岸国は必ず200海里までの大陸棚を持ち、大陸縁辺部の外縁が200海里よりも外側に延びている場合には、200海里の外にまで大陸棚を持つということになります。この200海里の外側の大陸棚は、一般に「延長大陸棚」または「延伸大陸棚」と呼ばれています。

延伸大陸棚にとって鍵となる「大陸縁辺部の外縁」については、さらに詳しい規定が置かれました。この規定によれば、沿岸国が自国の大陸縁辺部の外縁を決めるにあたっては、次の2つのうちいずれかの線としなければなりません(国連海洋法条約76条4項(a))。いずれも、大陸棚の麓にあたる部分のうち最も勾配が変化する点である脚部との関係で定義される線で、1つめは、ある点における堆

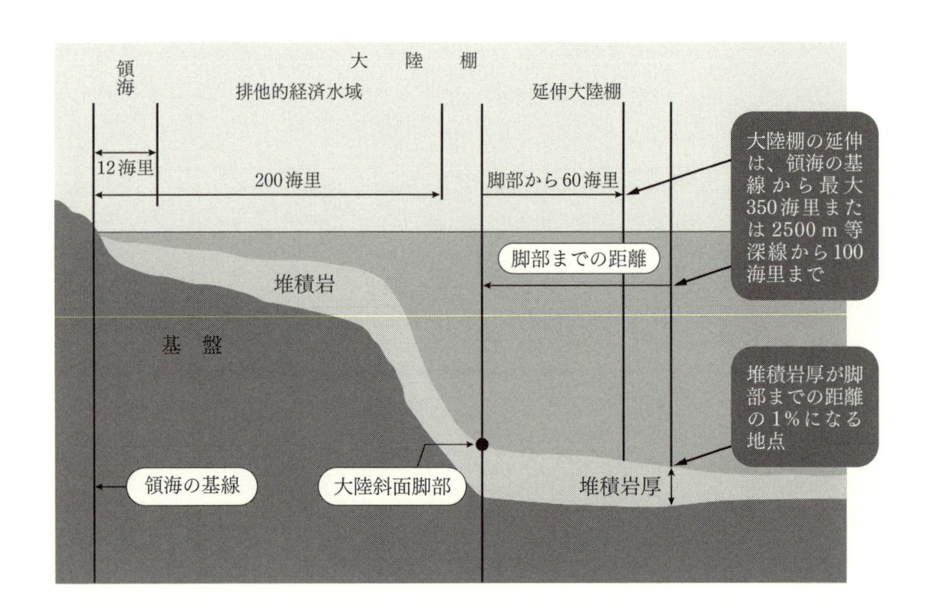

積岩の厚さが当該点から大陸斜面の脚部までの最短距離の1% 以上となるような最も外側の点を直線で結んだ線、2つめは、大陸斜面の脚部から60海里を超えない点を直線で結んだ線です。複雑な数学の公式のようなものが規定されていますが、そこでの基準は外交交渉の産物であり、それ自体に必ずしも意味があるわけではありません。重要なのは大陸棚条約と異なり、大陸棚縁辺部の外縁そして大陸棚の範囲について、客観的かつ明確な定義が決まっているということです。

沿岸国は、大陸縁辺部の外縁を決める2つの線のうち、自国の大陸棚の形状に照らして有利になる方を繋いで大陸棚の外側の限界線を決めていくことになります。ただし、大陸棚の外側の限界線は、海岸から350海里または水深2500メートルの点を結んだ等深線から100海里を超えることができないとされています。この限界についても、沿岸国は自国に有利な線を選択することができますが、海底海嶺の上では350海里を超えてはならないといった例外を定める規則も定められています。

4　大陸棚の延伸のための手続

国連海洋法条約上の大陸棚の定義を沿岸国が自国に隣接する海底に当てはめるためには、大陸棚斜面の勾配や海底の堆積岩の厚さといった科学的なデータを取得し、評価する必要があります。このデータの取得と評価が適切に行われなければ、大陸棚の範囲について複雑な定義を設けたことの意味が失われかねません。国連海洋法条約では、この重要なステップを各国に完全に委ねることはせず、大陸棚の限界に関する委員会(以下、単に「大陸棚限界委員会」といいます)を設立して、この委員会が大陸棚の限界について勧告を行う手続を設けています。大陸棚の限界を決めるのはあくまでも沿岸国であって、大陸棚限界委員会ではありません。しかし、沿岸国が委員会の勧告に「基づいて設定した大陸棚の限界は、最終的なものとし、かつ、拘束力を有する」とされているため(国連海洋法条約76条8項)、沿岸国が自国の大陸棚の限界を決める上で大陸棚限界委員会の手続は極めて重要な意味を持っています。

大陸棚限界委員会は、地質学、地球物理学または水路学の分野の専門家からなり、世界中から選ばれた21名の委員によって構成されています(同附属書II 2条1項)。沿岸国は、国連海洋法条約の当事国となった後、できる限り速やかに、そして最大でも10年以内に、自国の延伸大陸棚の限界を、これを裏付けるデータとともに委員会に提出することとされています(ただし、期間の制限については、委員会の検討体制が整った1999年5月13日を開始点とすることが後に合意されました)。委員会は、沿岸国による情報の提出を受けて、大陸棚の限界設定が国連海洋法条約76条の規定に従ってなされているかを検討して、その結果を沿岸国に勧告します。これまで、委員会には約80件の申請が沿岸国からなされており、これまではそのうち24件について勧告がなされています(2016年6月時点)[1)]。

5　大陸棚限界委員会に対する日本の申請

日本は国連海洋法条約採択の翌年である1983年から大陸棚の調査を開始し、大陸棚限界委員会への申請を政府一体となって進めて、2008年に大陸棚限界委員会に申請を提出しました。日本の申請は、7つの海域から構成されており、その総面積は約74万平方キロメートルで、日本の国土面積の約2倍にあたります。しかし、沖ノ鳥島の周辺に存在する3つの海域(四国海盆海域、九州パラオ海嶺南部海域、そして南硫黄島海域)については、大陸棚委員会での審査中に、中国と韓国から委員会がそれらの海域に関する検討を行わないよう求める文書が送付されま

1)　大陸棚限界委員会に対する申請のリストは、委員会のウェブサイト(http://www.un.org/depts/los/clcs_new/commission_submissions.htm)で公開されています。

した。国連海洋法条約は、島(⇒17)も大陸棚を持つことを認めていますが、「人間の居住又は独自の経済的生活を維持することのできない岩は、排他的経済水域又は大陸棚を有しない」としています(121条3項)。中国と韓国は、沖ノ鳥島がこの規定に当てはまるとして、沖ノ鳥島を延伸大陸棚の基点とする部分については、委員会が検討をしないことを求めたのです。

大陸棚限界委員会は、あくまでも国連海洋法条約76条に定められている基準を科学的・技術的な観点から検討する機関であり、島の制度に関する121条を解釈し、沖ノ鳥島が大陸棚を持つのか否かを判断する権限はありません。このこと自体については日本と中国・韓国との間で前提を共有していたとはいえるものの、権限外の事項について、委員会はどのように対応すべきなのかが問題となりました。中国と韓国は権限外のことを含むので検討と勧告は行うべきではないと主張したのに対して、日本は権限外の事項であるからこそ、大陸棚限界委員会は判断を下せず、申請された基点を前提として検討と勧告を行うべきであるとの主張を行っています。大陸棚限界委員会はこうした対立の中で、沖ノ鳥島が関連している四国海盆海域と南硫黄島海域の2つの海域については勧告を行いました。このうち、四国海盆海域については特に、沖ノ鳥島が大陸棚を有するという前提で勧告を行っています[2)]。しかし、沖ノ鳥島の南方に広がる広大な海域である九州パラオ海嶺南部海域については、提起されている事項が解決されるまで、委員会は行動をとらないことが決定されました。大陸棚限界委員会のこの決定が、国連海洋法条約及び委員会の手続規則と整合するものであるのかについては疑問もあり、日本政府は検討が先送りされた海域についても、引き続き検討を求めることとしています。

6　日本の延伸大陸棚

日本の申請のうち、九州パラオ海嶺南部海域以外の海域については、2012年4月に勧告が行われました。認められたのは、4つの海域でその合計は約31万平方キロメートルに及んでいます。日本の国内法上、日本の大陸棚の範囲は海岸線から200海里以内の海域の海底及びその下、またはその「外側に接する海域であって、国連海洋法条約第76条に定めるところに従い、政令で定めるもの」

---

2)　勧告は、四国海盆海域における自然の延長が、九州パラオ海嶺上の陸上領土からも延びていると認定しています。九州パラオ海嶺上の陸地は、沖ノ鳥島しかありません。

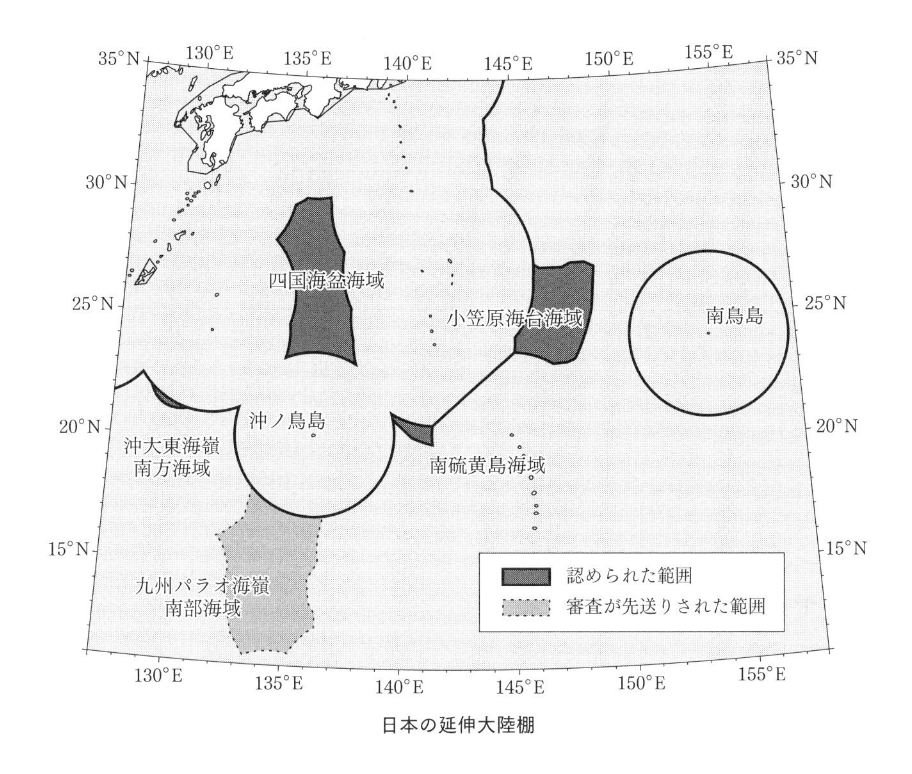

日本の延伸大陸棚

であるとされています(排他的経済水域及び大陸棚に関する法律2条2号)。この法律の規定によって、2014年9月には、四国海盆海域と沖大東海嶺南方海域について、大陸棚限界委員会の勧告に基づいてその範囲を定める政令が制定されました(排他的経済水域及び大陸棚に関する法律第二条第二号の海域を定める政令(平成26年9月12日政令第302号))。このようにして、日本の大陸棚が正式に拡大しましたが、これは大陸棚限界委員会の勧告に従ったものであるので、国際法的にも「最終的なものとし、かつ、拘束力を有する」ものです。

なお、大陸棚限界委員会からの勧告を受けた4つの海域のうち、小笠原海台海域と南硫黄島海域については、まだ日本の延伸大陸棚とされていません。これは、両海域については、アメリカの北マリアナ諸島の島を基点とした延伸大陸棚と重複する可能性があることが理由です。このように、重複する海域が存在する場合には、相手国との合意によって境界線を定めることが必要になります。これらの海域について日本の大陸棚の範囲を定めるためには、今後アメリカとの間で交渉を行い境界線について合意に至ることが必要です。

7　まとめ

国連海洋法条約は大陸棚の範囲を客観的に決定するための複雑な基準を設けており、この基準を実際に適用する作業についても大陸棚限界委員会が関与する手続を定めています。2014年に日本の大陸棚が拡大したのは、大陸棚限界委員会からの勧告に基づいて延伸大陸棚の外側の限界を設定したことが理由でした。しかし、日本の大陸棚については、審査が先送りになった九州パラオ海嶺南部海域の問題や、小笠原海台海域と南硫黄島海域でのアメリカとの間の境界画定の問題など、残っている問題もあります。日本の大陸棚の範囲が完全に確定するまでには、まだしばらく時間がかかることが予想されます。

〔参考文献〕

＊大陸棚の延伸と大陸棚限界委員会の手続について：

兼原敦子「200海里を越える大陸棚の限界設定をめぐる一考察」村瀬信也・江藤淳一編『海洋境界画定の国際法』(東信堂・2008年)、103–132頁。

古賀衞「大陸棚限界委員会の活動と機能——国際機関による海洋法の発展」『国際法外交雑誌』112巻2号(2013年)、208–234頁。

田中則夫「大陸棚の定義と限界画定の課題——トルーマン宣言から国連海洋法条約へ」栗林忠男・杉原高嶺編『海洋法の主要事例とその影響』(有信堂高文社・2007年)、212–238頁。

＊日本の大陸棚延伸申請のうち沖ノ鳥島に関連する部分の大陸棚限界委員会での対応について：

井内由美子・臼井麻乃「大陸棚限界委員会の任務と実行——島に関する国家間の見解の相違への対応を例として」『島嶼研究ジャーナル』2巻1号(2012年)、100–117頁。

加地良太「沖ノ鳥島を基点とする大陸棚限界延長申請への勧告——国連大陸棚限界委員会の審査手続と中国・韓国の口上書」『立法と調査』335号(2012年)、3–16頁。

〔追記〕

小笠原海台海域についてはアメリカとの調整が行われていましたが、その後アメリカは2023年12月に自国の延伸大陸棚として主張する範囲を発表しました。小笠原海台海域と重なるのはごくわずかな部分であったため、その部分を除いた海域を日本の大陸棚として定めることが決まりました。日本の大陸棚を定める政令の改正が2024年7月20日に施行され、日本の大陸棚はさらに約12万平方キロメートル広がります。

19　中国による防空識別圏の設定は違法？
——防空識別圏と排他的経済水域及び公海上空における飛行の自由

石井由梨佳

1　なにが問題か？

「防空識別圏」という言葉が、近年メディアを賑わせるようになったのは、2013年11月23日に、中華人民共和国(中国)が東シナ海における防空識別圏の設定を公表したのがきっかけでした。それ以来、中国が東シナ海の現状を力によって一方的に変更しようとしていることを警告したり、南シナ海にも防空識別圏を設定するかもしれないという懸念を表明したりする報道が続いています。

また実際に、中国は設定した防空識別圏の中で、他国の航空機の飛行を阻止するような措置をとっています。例えば、2014年5月24日と同年6月11日に中国軍の戦闘機Su–27が海上自衛隊のOP–3Cと航空自衛隊のYS–11EBに異常接近したことがありました。また、2015年7月25日にラオス国営航空A320旅客機が韓国のプサンからラオスのヴィエンチャンに向かおうとしていたところ、中国の管制当局が、同機が防空識別圏の規則に従っていなかったとして、同機をプサンに引き返させたことがありました。

中国が設定した防空識別圏については、主に次の二つの問題があると指摘されています。

第一に、中国は、この空域を通る飛行機に対して、その航空機が中国領空内に進入するか否かを問わず、飛行計画の提出を義務づけており、指示に従わない航空機には、軍が「防御的緊急措置」をとるとしています。これによって、日本を含めた各国の航空機が、今後は自由に東シナ海上空を飛行できなくなったり、あるいは不当な負担を強いられたりすることが懸念されています。日本政府は中国が防空識別圏の設定を公表した翌日の11月24日に、それが「国際法上の一般原則である公海上における飛行の自由の原則を不当に侵害するものであり、国際

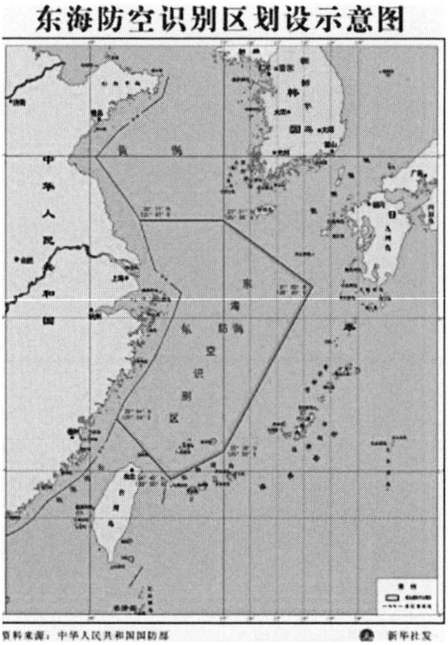

东海防空识别区划设示意图

资料来源：中华人民共和国国防部　新华社发

中国国防省が公表した「東海防空識別区」の地図

航空秩序に対して重大な影響を及ぼすもの」だと抗議をしています。

なお2014年12月28日に、中国航空当局が各国向けに通知した航空情報から、この「防御的緊急措置」に関する規則が削除されていたことが報じられましたが、この文言は国防部の公告からは削除されていないため、変更はないものとして検討を行います。

第二に、中国が設定した防空識別圏が、尖閣諸島の領空があたかも中国の領空であるかのような表示をしていることです。このことについて、日本政府は、日本が尖閣諸島について領有権(⇒6, 8)を有することには争いがないとして抗議をしています。本章では、この領有権の問題の詳細に触れることはしないことにします。

もっとも、防空識別圏はアメリカ合衆国(米国)が1950年に朝鮮戦争を契機に設定して以来、日本を含めた、20以上の国が設定しています。東シナ海においても、日本、韓国、中華民国(台湾)が既に防空識別圏を設定しています。

それではなぜ、中国の防空識別圏だけが、このような騒がれ方をするのでしょうか。また、日本政府が「公海上における飛行の自由の原則」を侵害していると主張しているのはなぜでしょうか。

2　空の国際法秩序

この問題を検討するのに先立ち、防空識別圏の議論に関わる範囲で、空の国際法秩序について簡単な説明をしておきます。

国際法上、空域は「領空」と「それ以外の空域」に二分されます。また、空域であっても、その空間区分は1982年に採択された「海洋法に関する国際連合条約」(海洋法条約)に基づいて行われています。

まず「領空」とは、国の領土及びそれに隣接する領水(領海と内水)の上空を指します。領海(⇒7)とは沿岸国の主権が包括的に及び、沿岸国が基線から12海里(約22キロメートル)を超えない範囲で設定できる海域のことです(海洋法条約2条、3条)。

領空においては、領域国の完全かつ排他的な主権が及んでおり、他の国の航空機は領域国の許可がない限り、その中を飛行することはできません(海洋法条約2条、国際民間航空条約1条)。領空を侵犯した航空機に対しては、領域国は直ちに警察措置(公共の安全と秩序維持を目的として行われる権利制限作用)を執ることができます(⇒28)。この点は、領海では、外国船舶が沿岸国の平和、秩序、安全を害さない限りにおいて無害通航権が認められており、沿岸国の許可なく通過できることと対照的といえます。

これに対して「それ以外の空域」は、排他的経済水域(EEZ)もしくは公海の上空になります。本章では、便宜上、この空域を「国際空域」と呼ぶことにします。EEZとは沿岸国が優先的に天然資源の探査、開発、管理、保全を行うことができ、沿岸国が基線から200海里(約370キロメートル)を超えない範囲で設定できる海域のことです(海洋法条約56条、57条)。公海とは国家主権が及ぶ海域とEEZとを除いた海域のことです(海洋法条約87条)。

国際空域では、全ての国が上空飛行の自由を有しています(海洋法条約58条1項、87条)。従って国際空域においては、国家は他国の航空機の飛行を阻害することはできないことになっています。

空域の国際法秩序では、国の航空機(軍、税関及び警察の業務に用いる航空機)と民間航空機も区別されています。民間航空機については、1944年に国際航空業務の適正と発展のために「国際民間航空条約」が採択されており、また、国際民間

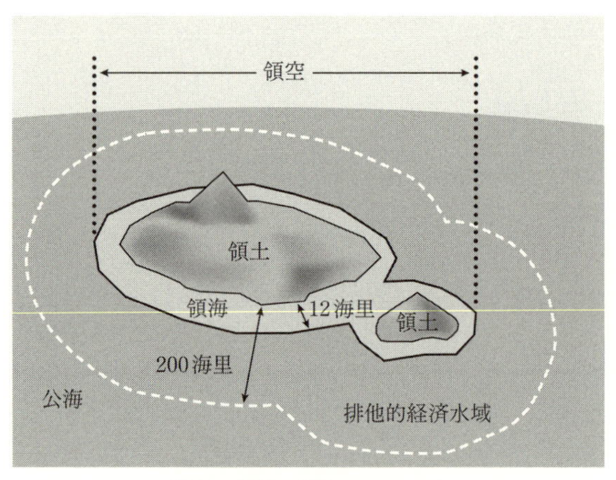

領土、領海、領空のイメージ

航空機関(ICAO)が、関連する航空規則を制定しています。ICAO が設定した、航空機の航行に必要な各種の情報の提供又は捜索救難活動が行われる空域として、飛行情報区(FIR)があります。国際線を運航する各航空会社は、EEZ 及び公海における航空機の航行に関する飛行計画を含め、各種の情報提供を、FIR を所轄する各国の交通管制部に対して行っています。

3　防空識別圏に関する国際法規則

これらのことを踏まえて「防空識別圏」に関する国際法規則を検討していきましょう。「防空識別圏」は英語の Air Defense Identification Zone(ADIZ)の和訳です。そして、この空域は領空を防衛するために各国が一方的に設定するものです。

前述したように、領空外の海域上空では、国家は他国の航空機の飛行を阻害することはできません。もっとも自国領土に危害を加え得る飛行体が自国領域に向かっている場合に、それが領海上空に入るまで待っていたのでは領土の安全を守ることはできません。民間航空機であっても、2 分もあれば 12 海里の領海を通過することができるからです。そこで、領空の外側において、何らかの「防空措置」を執ることが必要になります。実際に、日本も含めた各国は色々な方法で防空措置を執っています。

防空措置とはどのような措置でしょうか。まず、身元不明機に対する接近、当該機の識別、追跡、監視、当該機との通信、針路変更の勧告、航路の誘導などを目的とした要撃(interception)が挙げられます。要撃という言葉は、強制的な措置のみを指すものと思うかもしれません。しかし要撃は、不明機との距離を一定に保つなど、要撃された航空機が危険に陥らないように配慮すれば、対象となる飛行物体が飛行する上で物理的な妨げになるものではありません。これに対して、要撃が航空機に対して強制力を及ぼすことを目的として行われることがあります。そのような措置として、例えば、警告射撃、強制力を伴う針路変更措置、強制着陸措置、対象機の撃墜等が挙げられます。

防空識別圏とは、このような防空措置を沿岸国が執る空間的な範囲であって、各国が公表したものを指します。

ここで注意しなくてはならないのは、防空識別圏の設定によって国際法上国家に新たな権利義務が生じるわけではないということです。このことは、例えば領海や EEZ のように、国際法上の制度であって、沿岸国がそれを設定して公表すれば、他の国は沿岸国がそれらの水域において排他的な権利を行使することを受忍する義務を負うこととは対照的です。

確かに、航空機の識別を行う地理的範囲が公開されれば、外国航空機にとっては行動しやすいという利点はあるでしょう。各国の防空識別圏に関する情報は、場合によっては防空措置の手順と共に、当該国の航空路誌(AIP)に掲載されることになっています。航空路誌とは、国が発行する出版物で航空機の運航のために必要な情報を収録したものです。

もっとも、防空識別圏を設定していなくても、各国は領空外の海上における監視を行っており、身元が識別できない航空機に対しては、戦闘機を緊急発進して識別や警告を行うなど、安全保障上の理由に基づいた防空措置を執っています。国際法上問題となるのは、防空識別圏の設定そのものではなくて、防空識別圏の内外でどのような措置が沿岸国によって執られるのか、またその根拠は何かということなのです。

防空識別圏は、FIR において行われる航行安全規制や交通管制とは異なり、国家の安全保障利益のために一方的に設定されるところに本質があります。しかし、防空識別圏の中で沿岸国が実施する規制と FIR における規制とはしばしば重複しています。例えば、沿岸国は、防空識別圏内に入ってくる航空機に対して事前に飛行計画を提出することを求めることが一般的ですが、通常は FIR を所轄する交通管制局への提出をもってそれに代えています。民間航空機の飛行計画が

FIRの所轄当局に通知され、その情報が軍に共有されることが多いのです。また、防空識別圏規則においては、当該航空機が防空識別圏域内を飛行する場合には双方向無線機と送受信機の搭載が義務づけられていることが一般的ですが、同じ義務はICAOにおける交通規制でも課せられています。このように、ICAOが条約に基づいて行っている規制であれば、沿岸国は国際民間航空条約あるいは関連規則に基づいて、民間航空機に対して手続の遵守を求めることができます。

しかし、そのような条約の根拠がないにもかかわらず、沿岸国による防空措置を一方的に実施することは、海洋法条約にも定めがあり、また国際慣習法上の地位も有しているとされる国際空域における上空飛行の自由に対する不当な制約になり得ます。

それでは、冒頭で説明した中国の防空識別圏において予定されている具体的な防空措置は法的に正当化されるでしょうか。

中国の防空識別圏の特徴の一つは、中国の領空に入ってこない航空機に対しても飛行計画の提出を義務づけ、また中国政府の指示に従うことを義務づけていることです。この規則の文言それ自体は、他国の実行から大きく外れてはいません。しかし中国は冒頭のラオス国営航空機に対して行ったように、それに従わない他国の航空機の飛行を阻止しています。このような措置が、公海とEEZの上空飛行の自由を不当に制約しないかが問題となります。

領海に接続する空域において、防空措置を執る根拠は、国際法学において長らく議論が積み重ねられてきました。ここではその主要な見解の概要を説明しながら、中国の措置の妥当性を検討していきましょう。

(1) 入域管理説

国際法学の議論において広く受け入れられているのは、措置の対象となる航空機が領空に向かっている場合には、領空主権に基づいて防空措置の実施を許容するという考え方です。

この見解は沿岸国が防空措置を執る区域を、航空機の不法な入域を阻止するために沿岸国が設定する管理区域として捉える見解です。この見解は領域の外部にある海洋とその上空において、安全保障を法益とした区域の設定を認めていません。そのため、領空に入ろうとしない航空機に対して要撃を行ったり、領空の外側で強制措置を執ったりすることは許容されないと理解しています。航空機が防空識別圏内の所定の手続に従わなかった場合の法的帰結は、入国の拒否、及び、入国した場合に刑事罰を科すことに留まります。

国家実行は、この見解に整合的だといえます。米国政府やオーストラリア政府はこの立場を取ることを明らかにしています。特に米国は領空に接近している身元不明機が領空に入らないことを確認した場合には追跡を解除していますし、自国軍用機が他国の防空識別圏を通過する場合も、当該国の領空に入らない場合には身元を明らかにする必要はないとしています。他にカナダ、フィリピン、日本、韓国、台湾、インドネシア、タイ、インド、パキスタン、ミャンマーなどが防空識別圏を設定していますが、これらの国も運用において防空措置を執る対象を領空に向かっている航空機に限定しています。

(2) 接続空域の法理

これに対して、1958年に「領海及び接続水域に関する条約」(領海条約)が採択される以前に、沿岸国が領海の外側の空域において国家安全保障を目的とした必要な措置を執ることができると主張されたことがありました。これを「接続空域の法理」といいます。この見解は、身元不明の航空機によって領土または領海の安全が損なわれるのを回避するために、領海に接続する相当に広い範囲において、沿岸国が「必要な措置」を執る権利を有すると主張するものです。

このような「接続空域」を、今日の国際法秩序において設定することができるかについては、否定的に解されています。

確かに、沿岸国は領海の外側であっても、接続水域、EEZ、大陸棚において一定の目的のために行使することができる権限が認められています(海洋法条約33条、56条、77条)。しかし、空域に対する国家の権限は海域に対するそれとは性質上異なると理解されており、これらの権限の行使は空域においては認められていません。

また、領海条約と海洋法条約は、接続水域において、領海と同じ性質の管轄権を行使することを許容していないことが着目されます。両条約は、沿岸国が接続水域において、自国の領土又は領海内における通関上、財政上、出入国管理上又は衛生上の規則の違反を防止すること、または、これらの規則の違反を処罰することに「必要な規制(control)」を行うことができると定めるに留まっています(領海条約24条1項、海洋法条約33条1項)。

さらに、このことも密接に関連しますが、接続水域において国家は自国の安全保障上の規制を実施することができないとされています。国連国際法委員会における領海条約の起草過程では、接続水域の規制目的に「安全保障(security)」を入れる提案がなされたにもかかわらず、それが否決された経緯があります。「安全保障」という語が過度に曖昧であり、濫用される危険性があることが、その根拠とされました。

(3) 排他的経済水域の上空における沿岸国の権利

このように、領海の外側における沿岸国の権利は厳格に制約されることになったのですが、1982年の海洋法条約が採択されて以降、EEZにおける権益を根拠として、安全保障に関する沿岸国の管轄権の行使を許容しようとする見解が提唱されるようになりました。この立場では、領空に入ろうとしない航空機に対して要撃を行うことも正当化されることになります。

中国政府は、この立場に基づいて防空識別圏を設定しているわけではありませんが、後に見るように、領海の外側において防空措置を執る根拠としたことがあります。

条約上、EEZにおいて沿岸国は所定の活動に関する主権的権利を有すると定められている一方で(56条1項)、全ての国は、排他的経済水域において「上空飛行の自由」を享有することが定められています(58条1項)。また、EEZにおいてはEEZの部に反しない限り公海の部における諸規定が適用されると定められている一方で(58条2項)、EEZにおける権利または管轄権が、「沿岸国又はその他の国に帰せられていない場合」があることを認め、そこで生じた利害の対立は「当事国及び国際社会全体にとっての利益の重要性を考慮して、衡平の原則に基づき、かつ、すべての関連する事情に照らして解決する」ことを定めています(59条)。

これに対して安全保障に関する沿岸国の管轄権を肯定する見解は、他国のEEZ上空で活動を行う国家は、58条3項に基づき、沿岸国に対して「妥当な考慮」を払わなくてはならず、そのような考慮を払う義務に、沿岸国に対する身元識別情報の提供が含まれると主張します。そして、そのことを根拠にして、沿岸国が領海外の上空に「安全区域」や「防衛識別圏」を設定することは海洋法条約に反しないというのです。その際に、EEZ上空において他国軍用機の飛行の自由を許容しない国家実行が根拠として援用されます。また、これに加えて、沿岸国の安全保障利益に関わる権利は、59条が定める「残余の権利」に含まれるという論者もいます。なお、「残余の権利」とは、沿岸国又はその他の国に帰せられていないEEZにおける権利または管轄権のことです。

しかしこのような解釈は次の理由から支持することはできません。

第一に、前述の通りEEZの上空においては公海自由の原則が妥当することが、海洋法条約に明文で定められています。第二に、EEZにおける沿岸国の権利を定めた56条1項が、安全保障に関する権利を規定していないことです。国連海洋法条約を採択した第三次国連海洋法会議においては、排他的経済水域において沿岸国が有する法益の中に、安全保障を含めるかで対立があったものの、含めようとする提案は否決されたのです。防空識別圏の問題に限らず、EEZにおいて軍事的な活動を行っていいのかについては、国家実行が割れている点です。しかし、国連海洋法条約の解釈からは、沿岸国が、EEZにおけるそのような活動を禁止する権限を導くことはできません。

EEZにおける沿岸国の権限を巡っては、特に中国と米国が対立しています。2001年には、中国の海南島沿岸部から約110キロメートル離れた公海上において、米国哨戒機EP-3機が中国の要撃機であるJ-8機2機によって要撃され、EP-3機とJ-8機の1機が衝突し、当該機が墜落して乗組員1名が死亡するという事件が生じました。この事件では他国のEEZ上空での哨戒活動を行う権利について、米国が国際法上全ての国家に認められていると主張したのに対して、中国は米国による哨戒は国連海洋法条約58条3項が定める、他国が沿岸国に妥当な考慮を払う義務に違反したと主張しました。また、米国はJ-8機が故意に、また、安全ではない方法で過度にEP-3機に接近してきたとして中国を非難したのに対し、中国は、米国機が突然針路を変更してJ-8機に向かってきたとして米国に抗議を行い、事実関係について一致を見ることはありませんでした。しかし、本事件ではEP-3機とその乗員が中国に拘束されていたことから、米国は、事件の解決を図るために、中国機乗組員の死亡と米国機の海南島への進入について「深い遺憾の意を表明する」と敢えて責任の所在を曖昧にする表現を用い、それ以上の追及は行いませんでした。その後も米国と中国はEEZの利用を巡って対立を続けています。

4 まとめ

3(1)で確認したように、多くの国の実行では、沿岸国が領空外の海域上空において設定する防空措置制度は、他国の飛行を物理的に阻害しないように注意深く制限されていることが分かります。国家の一方的な権限設定によって他国の飛行の自由を阻害しようとする試みはそもそも殆どなされていません。なされようとした場合には他国から厳しい否定的な反応が返されています。そうだとするならば、自国に入ってこない航空機に対して防空措置を執る権限は国家には認められていないと言うことが許されるでしょう。

冒頭で紹介した中国が設定した防空識別圏も、それ自体が国際法に合致しないというわけではありません。しかし中国は防空識別圏において自国領空に入ってこない航空機に対してもその飛行を制約する行為を行っています。そのような措置を執る権限は中国にはないというべきでしょう。

〔参考文献〕

＊排他的経済水域上空における沿岸国の権利義務について：

Dutton, Peter A., "*Caelum Liberum*: Air Defense Identification Zones outside Sovereign Airspace," *American Journal of International Law*, Vol. 103 (2009).

坂元茂樹「排他的経済水域における軍事活動」栗林忠男・秋山昌廣編『海の国際秩序と海洋政策』(東信堂・2006年)。

中谷和弘「時の問題　米中軍用機接触事件と国際法」『法学教室』252号(2001年)。

＊防空識別圏について：

石井由梨佳「公海と排他的経済水域における『上空飛行の自由』の意義――防空識別圏を巡る実行を中心に」『国際安全保障』42巻1号(2014年)。

栗林忠男「接続空域の法的地位――『防空確認区域』の有効性をめぐって」『国際法外交雑誌』67巻6号(1969年)。

＊以上のほか、航空に関する国際法について：

藤田勝利編『新航空法講義』(信山社出版・2007年)。

20　世界貿易機関(WTO)とは何か?
——WTO 体制による貿易の拡大

北村朋史

1　なにが問題か?

英国 EU 離脱、ホヤ、パナマ文書……。なんの脈絡もない言葉の羅列にみえるかもしれませんが、これらの言葉には、ひとつの共通点があります。それは、これらはみな、世界貿易機関(WTO)という語を入れて検索された最近の新聞記事から抜き出された言葉であるという点です。

英国 EU 離脱、ホヤ、パナマ文書を結びつける WTO とは、いったいどのような機関なのでしょうか? 該当する新聞記事を引用してみましょう。

英国が欧州連合(EU)からの離脱を決め、通商分野に波紋が広がっている。世界の貿易ルールをつかさどる世界貿易機関(WTO)では貿易条件の再協議が必要になる見通し。……。離脱交渉の長期化がささやかれる中、貿易ルールに影響が及べば、日本企業は欧州ビジネスに慎重になりかねない(日本経済新聞 2016 年 7 月 3 日付朝刊 4 面)。

最近、宮城県漁業協同組合は 1 万トン以上の養殖ホヤを処分する方針を決めた。最大の消費地だった韓国が 13 年から、東京電力福島第 1 原発事故を理由に宮城など 8 県の水産物の輸入を禁じ、ホヤの販売先が確保できないからだ。……。日本は昨年「韓国の禁輸は不当」として世界貿易機関(WTO)に提訴した。8 県の水産物から基準を超えた放射性物質はほとんど検出されておらず、韓国の対応は科学的根拠に乏しい(毎日新聞 2016 年 7 月 6 日付朝刊 12 面)。

タックスヘイブン(租税回避地)の企業に他国より厳しい貿易条件を課すアルゼンチンの制度に問題があるとして、パナマが世界貿易機関(WTO)に提訴した問題で、最高裁に当たる紛争処理上級委員会は 14 日、パナマの主張を退けた。……。世界の富裕層の節税実態を暴いた「パナマ文書」が今回の裁定に影響を与えたかどうかは不明だが、今後、類似案件に影響を及ぼす可能性がある(日本経済新聞2016年4月15日付夕刊3面)。

これらの新聞記事によれば、WTOなる国際機関は、世界の貿易(日本から韓国へのホヤの輸出やパナマからアルゼンチンへの金融サービスの輸出)に関するルールをつかさどる機関であることがわかります。またWTOは、こうした事柄に関するルールについて協議する場であると同時に、それらのルールに関して国家間で争いが生じたら、その紛争を解決してくれる裁判所のような場でもあるようです。

しかし、WTOにはこうした事柄について、具体的にどのようなルールが存在するのか、またWTOの「裁判」で勝ったり負けたりしたら、具体的にどのような結果が生じるかなどについては、上の記事では語られていません。逆にこれらの点までしっかりと理解したならば、英国EU離脱のような国際的な事件から、ホヤの処分といったより身近な出来事まで、みなさんの報道をみる目はより豊かなものとなるでしょう。以下では、上の事例にも適宜触れながら、WTOのルールと「裁判」の概要について紹介したいと思います。

2　WTO協定の構造

WTOとは、貿易の拡大を通じた世界経済の発展を目的として、1995年に創設された国際機関です。そして、このWTOという国際機関を創設したのが、世界貿易機関を設立するマラケシュ協定(WTO協定)という条約です。戦後の国際貿易は、1947年に作成された関税及び貿易に関する一般協定(GATT)という条約によって規律され、GATTの下で行われた7度にわたる貿易交渉によって貿易の拡大が図られてきましたが、1986年に開始された第8回貿易交渉(ウルグアイ・ラウンド)の結果、GATTのルールを強化・拡大し、またそうしたルールの実施にあたる国際機関を創設するWTO協定が締結されたのです。

WTO協定の構造は複雑ですが、その中心をなすのが、①物品の貿易に関する多角的協定と②サービスの貿易に関する一般協定(GATS)です。このうち、①は、文字通りモノの貿易に関するルールを定めたものです。モノの貿易に関するルールは、もともとGATTによって定められていましたが、①には、そうした従来のGATTのルールを強化し、拡大することを目的とした13もの補助協定が含まれています。これに対して、②は、WTO協定において新たに導入されたものです。そもそもサービスの貿易とは何を指すのかなどについては後で説明しますが、各国におけるサービス産業の比重の増大を受けて、その貿易の拡大を目的としたルールが作成されることになったのです。

WTO協定はこのようにモノやサービスの貿易について、包括的かつ詳細なルールを設けている点に特徴がありますが、同協定についてもうひとつ特徴的なのは、こうしたルールについて加盟国間で争いが生じたら、そうした争いを解決するための強力な手続が備えられているという点です。GATTにも、紛争解決のための手続は存在しましたが、後述するようにWTOの手続は、GATTのそれの基本的な特徴を受け継ぎつつ、2審制を導入し、また事実上の強制管轄権を認めているといった点で、これを大幅に強化するものとなっているのです。

以下では、こうしたWTOのルールや紛争解決手続の内容について、より詳しくみていくことにしましょう。

3　モノの貿易に関するルール

WTOとは、貿易の拡大を通じた世界経済の発展を目的とした国際機関であること、他方、モノの貿易についてはGATTの下で、貿易の拡大に向けた取り組みがなされてきたことは既に指摘した通りですが、こうした取り組みの中心的な手段となったのが、貿易交渉における関税削減の約束です。GATTの締約国は、ケネディ・ラウンド、東京ラウンド、ウルグアイ・ラウンドといった貿易交渉において、個々の産品に適用される自国の関税率の削減を約束し、約束された関税率(譲許税率と呼ばれます)を超える関税を課してはならないというルールの下で、貿易の拡大を図ってきたのです。

もっとも、貿易の拡大の妨げとなる締約国の措置は、関税の賦課に限られません。例えば、ある国がコメの関税率を撤廃したとしても、コメの輸入量が年間1万トンに限られていたとしたら、その国へのコメの輸出はままなりません。またその国が、外国産のコメに対して国産のコメよりも高い消費税を課しているとか、より厳格な安全基準を課しているといった場合にも、同様の結果が生じるでしょう。そのため、GATTにおいては、輸入品や輸出品に数量制限を課すことが禁止され(数量制限の禁止)、また消費税等の内国税や食品安全基準といった国内規制において、輸入品に同種の国産品よりも不利でない待遇を与えることが義務づけられています(内国民待遇原則)。

さらにGATTにおいては、こうした貿易の拡大のためのルールに加えて、関税や数量制限および内国税や国内規制において、ある締約国の産品にまた別の国の同種の産品よりも不利でない待遇を与えることが義務づけられています(最恵国待遇原則)。例えば、ある国がA国産のコメに10%の関税を課しつつ、B国産のコメには5%の関税を課しているといった場合は、その措置は最恵国待遇原則に違反することになります。最恵国待遇原則それ自体は、必ずしも貿易の拡大をもたらすものではありませんが、こうしたルールには、異なる外国の産品の間で平等な競争条件を確保するという目的があると言われています。

ただし、こうした貿易の拡大や平等な競争条件の確保のためのルールは、いつなんどきでも守らなければならないというわけではなく、GATTには、これらルールからの逸脱を認めるいくつかの例外規定が含まれています。そうした例外規定の中でも特に重要なのが、人や動植物の健康・生命の保護のために必要な措置や、有限天然資源の保存に関する措置を認める一般的例外と呼ばれるものです。例えば、ある国がA国産のコメの輸入を禁止するとか、A国産のコメに国産またはB国産のコメよりも厳格な安全基準を課したとしても、それが人の生命・健康の保護のために必要な措置で、同様の条件の下にある締約国の間で恣意的な差別等をするものでなければ、正当な措置として認められます。こうした例外規定を通じて、貿易の拡大や平等な競争条件の確保といった目的と人の生命・健康の保護等のために必要な規制を行う各国の権限のバランスが図られているのです。

以上のルールは、1947年に作成されたGATTに盛り込まれたものですが、これらのルールはWTO協定にも取り込まれ、モノの貿易に関するWTO協定の基本原則となっています。ただし、既述の通りWTO協定には、こうしたGATTのルールを強化し、拡大することを目的とした多くの補助協定が含まれています。

そうした補助協定のひとつに衛生植物検疫措置の適用に関する協定(SPS協定)があります。衛生植物検疫措置とは、食物関連の危険や動植物が媒介する病気から、人や動植物の生命や健康を保護することを目的として各国によってとられる措置を指します。SPS協定とは、こうした措置に関するルールを定めたものですが、その特徴としては次の点が挙げられます。

第1が、SPS協定においても、人や動植物の生命・健康の保護のために必要で、また同様の条件の下にある加盟国の間で恣意的な差別等をしないことを条件として、衛生植物検疫措置をとる加盟国の権利が認められている一方で、同協定においては、そうした措置が科学的な原則や十分な科学的証拠に基づいていることが求められている点です。上の基本原則によれば、数量制限や、外国産品を国産品やまた別の外国産品よりも不利に扱う国内規制は、人や動植物の生命・健康の保護のために必要で、同様の条件の下にある加盟国の間で恣意的な差別等をしなければ、正当な措置として認められます。これに対して、SPS 協定の下では、これらの条件に加えて、衛生植物検疫措置が入手可能な科学的証拠等を考慮した適切な危険性の評価に基づいていることが求められているのです。

第 2 が、SPS 協定においては、WTO の加盟国が、衛生植物検疫措置を新しく制定したり変更したりする場合には、これによって影響を受ける他の加盟国が知ることができるように速やかに公表し、またそうした他の加盟国からの要求に応じて、措置をとる理由等について説明を行うことが義務づけられている点です。こうした義務を通じて、衛生植物検疫措置に関する透明性を高め、その適正な実施を確保することが図られているのです。

このように SPS 協定は、各国によってとられる衛生植物検疫措置が、モノの貿易の重大な障壁となるとの認識の下で、従来の GATT の基本原則を強化したものですが、冒頭で紹介した韓国による水産物の輸入禁止に関する日本の提訴は、この SPS 協定違反を理由としたものです。韓国は、福島第 1 原発の事故等を受けて、福島県を含む 8 県のすべての水産物の輸入を禁止するなどの措置をとっていますが、日本は、こうした韓国の措置はその目的を達成するために必要である以上に貿易制限的で、かつ同様の条件の下にある加盟国の間で恣意的な差別等をするものであるとして、また韓国はそうした措置を速やかに公表しておらず、措置をとる理由を説明していないなどとして、SPS 協定違反を訴えたのです。

ただし、日本は今回の提訴において、韓国の措置が科学的な原則や十分な科学的証拠に基づいていないとは主張していません。日本は、後述する WTO の紛争解決手続に基づいて、韓国との協議を要請した段階では、そのような主張を行っていたのですが、WTO の紛争解決機関の裁定を求めた段階で、その主張を取り下げたのです。こうした日本の方針転換の理由は定かではありませんが、その背景には、次のような事情があったと推察されます。まず第 1 が、措置がとられた理由等について韓国から十分な情報が提供されていないため、その措置が適切な危険性の評価、またそれゆえ科学的な原則や十分な科学的証拠に基づいていないことを論証することは困難であるという点です。そして第2が、WTO紛争解決手続の先例によれば、特に人の生命・健康にかかわる食物関連の危険性の評価については、そうした危険に対処しようとする加盟国に広い裁量が認められる傾向にあるため、韓国の措置が適切な危険性の評価に基づいていないと主張しても、退けられる可能性があるという点です。

食物関連の危険性から人の生命や健康を保護するにあたって、より貿易制限的でない措置によって同じ程度の保護が可能であるならば、そちらの措置をとるべきことは明らかでしょう。またある国が国産品や外国産品一般については一定程度の危険性を許容しつつ、特定の外国からの特定の産品に対してのみ同程度の危険性を許容していないとすれば、そうした措置が改められるべきことはやはり明らかでしょう。しかし、どの程度の危険性からどの程度自国民の生命や健康を保護するかという判断自体は、原則として各国の裁量に委ねられるべきことは確かであるように思われます。上の日本の方針転換の背景には、こうした考慮も働いていたのかもしれません。

4　サービスの貿易に関するルール

貿易の拡大を通じた世界経済の発展を目的とするWTOの2つめの柱が、サービスの貿易に関するルールです。モノの貿易に比べて、サービスの貿易がなにを指すのかはいまひとつわかりにくいかと思いますが、GATSによれば、サービスの貿易には、次の4つの形態(モード)があるとされています。

第1が「越境取引」と呼ばれるもので、日本の企業がアメリカに在住する弁護士から電話で法務アドバイスを受けるといったように、ある国の領域から他の国の領域へとサービスが提供される場合です。第2が「国外消費」で、これは日本の観光客がアメリカでホテルに宿泊するといったように、ある国の消費者が他の国の領域でサービスを利用する場合を指します。第3の「商業拠点」と第4の「人の移動」は、それぞれある国のサービス提供者が他の国の領域で商業拠点、または自然人を通じてサービスを提供する場合です。例えば、アメリカの銀行が日本にある支店を通じて金融サービスを提供する場合が前者の、アメリカの歌手が日本に来てコンサートを開く場合などが後者の例にあたります。

GATSは、こうしたサービスの貿易を拡大するためのルールを定めたものですが、そのルールのあり方は、モノの貿易に関するルールとは大きく異なっています。というのは、モノの貿易の主な障壁は関税等の水際措置であったのに対して、サービスの貿易については、サービスの提供や消費に課せられる国内規制が主な障壁になっています。またモノの貿易については、国内規制は、内国民待遇原則等によって一律的に規律されているのに対して、サービスの貿易については、個々の加盟国が個々のサービス分野と貿易の形態に応じて約束した範囲で、市場アクセスの保証(サービスの供給者の数や企業形態等に関する制限の禁止)や、内国民待遇の付与(他の加盟国のサービスやサービスの供給者に自国の同種のサービスやサービスの供給者よりも不利でない待遇を与えること)を義務づけられるという方法がとられています。

サービスに対する各国の規制は、自国のサービス産業の保護だけでなく、消費者の保護や文化・伝統の保護等、多様な公共政策上の目的を達成するために設けられたものも多く、これを一律的に規律するのは困難です。そのため、GATS においては、個々の加盟国が個々のサービス分野と貿易の形態に応じて市場アクセスや内国民待遇を約束するかを決定し、そうした約束を行った範囲でその遵守を義務づけるという方法によって、貿易を漸進的に拡大していくことが図られているのです。

もっとも、GATS にも、すべての加盟国に一律的に適用されるルールも存在します。ある加盟国のサービスやサービスの供給者に他の国の同種のサービスやサービスの供給者よりも不利でない待遇を与えることを義務づける最恵国待遇原則や、人や動植物の生命・健康の保護のために必要な措置や、欺瞞的もしくは詐欺的な行為の防止等に関する法令の遵守を確保するために必要な措置等を認める一般的例外などです。例えば、ある国が A 国のサービスの供給者にはサービスの提供を許可しているのに、B 国のサービスの供給者には許可していないといった場合には、原則として、それがどの加盟国の、どのサービス分野の、どの形態のサービス貿易に関する措置であるかにかかわらず、最恵国待遇原則に違反することになります。他方、加盟国が、そうした最恵国待遇原則や、自らが約束した市場アクセスや内国民待遇の義務に違反したとしても、それが欺瞞的もしくは詐欺的な行為の防止等に関する法令の遵守を確保するために必要な措置で、同様の条件の下にある国の間において恣意的な差別等をするものでなければ、正当な措置として認められます。

冒頭で、タックスヘイブンの企業に他国より厳しい貿易条件を課すアルゼンチンの制度に問題があるとして、パナマがWTOに提訴したとの記事を紹介しましたが、このパナマの提訴はGATS違反を理由としたものです。

パナマが訴えたアルゼンチンの措置とは、「非協力国」の金融機関がローンの供与などのサービスによって得た利益に対しては、「協力国」の金融機関よりも多くの税金を課すといったものです。ここでいう「協力国」とは、アルゼンチンとの間で租税情報の交換を約束する条約を締結しているか、そうした条約の締結のために交渉を開始している国を指し、「非協力国」はこれらのいずれにもあたらない国を指します。アルゼンチンは、タックスヘイブンによって生じる脱税や租税回避等の問題に対処するため、各国と租税情報の交換を約束する条約の締結を進めているのですが、これに協力しない国のサービス供給者には、他国のサービス供給者よりも厳しい規制を課すことによって、自国の税制を保護することを図っているのです。

パナマは、こうしたアルゼンチンの措置は最恵国待遇原則に違反すると主張し、アルゼンチンは、最恵国待遇原則違反を否定するとともに、仮に違反があったとしても、一般的例外によって正当化されると主張したのですが、WTOの紛争解決手続の第1審は、この点につき、次のように判断しています。まず最恵国待遇原則違反の有無について検討するに、アルゼンチンの措置は「非協力国」のサービスの供給者に「協力国」の同種のサービスの供給者よりも不利な待遇を与えているから、最恵国待遇原則に違反する。次にそうした最恵国待遇原則違反が一般的例外によって正当化されるかについて検討するに、アルゼンチンの措置は、欺瞞的もしくは詐欺的な行為の防止等に関する法令の遵守を確保するために必要な措置と認められるが、同様の条件の下にある国の間で恣意的な差別等をしているから、一般的例外によって正当化されない(「アルゼンチン——物品・サービス貿易に関する措置」パネル報告書(2015年9月30日配布))。

第1審が、アルゼンチンの措置は恣意的な差別等をしていると判断したのは、アルゼンチンが租税情報の交換を約束する条約を締結しておらず、そのため租税情報の入手が不可能な一部の国も「協力国」の中に含めていたからです。実は、本件の原告であるパナマもそうした国のひとつです。WTOへの提訴の段階では、パナマは「非協力国」に分類され、より厳しい規制の対象となっていたのですが、第1審の途中で、租税情報の交換を約束する条約を締結していないにもかかわらず「協力国」に分類され、そうした規制の対象から外されていたのです。第1

審は、こうしたパナマ等の扱いが、同様の条件の下にある国(「非協力国」)との間の恣意的な差別(この場合はパナマに有利な差別)にあたると判断したわけですが、これによれば、アルゼンチンは、パナマ等の国を正しく「非協力国」に分類し直せば、GATS 違反を是正できることになります。逆にパナマからしてみれば、違反が是正されれば、再び自らのサービス供給者により厳しい規制が課されることになるわけで、まさにやぶへび(「協力国」に分類された時点で提訴を取り下げればよかった！)という状況でしょう。

なお、こうした第１審の裁定に対しては、パナマとアルゼンチンの双方が上訴をしましたが、上訴審の裁定は、少なくとも部分的には、さらにアルゼンチンにとって有利な内容となっています。というのは、第１審では、アルゼンチンの措置は最恵国待遇原則に違反するとの判断がなされていたのですが、上訴審はこの判断を取り消したのです(同上上級委員会報告書(2016 年 4 月 14 日配布))。

その理由は、次のようなものです。アルゼンチンの措置が、最恵国待遇原則に違反していると言えるためには、「非協力国」のサービスと「協力国」のサービスが「同種」のサービスでなければならないが、これらのサービスが「同種」であるかは、これらのサービスの間に競争関係があるかによる。第１審は、「非協力国」と「協力国」のサービスの間に競争関係があることを認めたが、そうとはいえない可能性がある。というのは、アルゼンチンが主張するように、租税情報にアクセスできるかということが、いずれのサービスを利用するかに関する消費者の決定に影響を与え、そのため「非協力国」と「協力国」のサービスの間には競争関係がないかもしれないからである。

最恵国待遇原則の目的が、異なる外国のモノやサービスの間に平等な競争条件を確保することにあるとすれば、「同種」であるかの基準は、異なる外国のモノやサービスの間に競争関係があるかによるとの判断は適当なものといえるでしょう。しかし、租税情報にアクセスできるかということが、平等な競争条件の確保をそもそも不要とするほど「非協力国」のサービスと「協力国」のサービスの間の競争関係に影響を与えるかについては、疑問がないわけではありません。にもかかわらず上訴審は、第１審の判断を取り消したのですが、その背景には、世界の富裕層の節税実態を暴いた「パナマ文書」の影響があったかはともかくとして、タックスヘイブンによって生じる脱税や租税回避等の問題に対処しようとする加盟国により大きな裁量を与えるべきとの考慮が働いていたのかもしれません。

5　WTO の紛争解決手続

上で紹介した2つの事例からもわかるように、WTO の加盟国は、他の加盟国がこの協定に違反していると考えたら、WTO の紛争解決手続に申立を行うことができますが、そうした手続の流れや、その裁定の効果はどのようなものになっているのでしょうか？

まず WTO の加盟国が紛争解決手続に申立を行うと、申立国と被申立国の間で協議が行われます。しかし、その協議が不調に終わった場合は、申立国は WTO の全加盟国によって構成される紛争解決機関にパネルの設置を要請できます。パネルとは、そうした要請のつど選任される3名(ただし紛争当事国の合意によって5名とすることも可能です)の個人資格の委員によって構成される小委員会を指します。本章で第1審と呼んできたのは、このパネルのことで、また WTO への提訴と呼んできたのは、このパネルの設置要請のことを指します。

パネルの設置が要請されたら、紛争解決機関がコンセンサスでパネルの不設置を決定しない限りパネルが設置されます(こうした決定方法のことを逆コンセンサス方式と呼びます)。既述の通り紛争解決機関は全加盟国によって構成され、申立国である加盟国がパネルの不設置に賛成することは考えられませんから、このことは、パネルは申立国の要請によって実質的に自動的に設置されることを意味します。こうして設置されたパネルは、付託された問題を WTO 協定のルールに照らして検討し、協定違反の有無の判断(裁定)や被申立国がとるべき措置に関する指示(勧告)を含む報告書を作成します。

ただし、パナマとアルゼンチンの例にみられるように、申立国と被申立国は、パネルのルールの解釈に異議がある場合には、上級委員会による審理を要求できます。上級委員会とは、常任の7名の委員によって構成される機関(ただし各上訴は3名の委員によって審理されます)で、パネルの解釈について検討し、必要な場合にはパネルの認定や勧告を修正または取り消して、新たな認定や勧告を行う機関です。本章で上訴審と呼んできたのは、この上級委員会のことです。パネルや上級委員会が報告書を作成したら、紛争解決機関はやはり逆コンセンサス方式によって報告書を採択し、これをもってその裁定と勧告が当事国を拘束するものとなります。

以上のように、WTO の紛争解決手続は、パネルと上級委員会の2審制をとっている点、そして逆コンセンサス方式の導入によって事実上の強制管轄権を認めている点に特徴があります。従来のGATTにも紛争解決手続は存在しましたが、これには上級委員会の審理に該当する手続は存在せず、またパネルの設置や報告書の採択には被申立国を含む締約国のコンセンサスが必要であったため、被申立国が反対すれば、パネルは設置されず、またその裁定や勧告は当事国を拘束するものとはなりませんでした。WTOの紛争解決手続は、こうしたGATTの手続を大幅に強化したもので、国際司法裁判所等のその他の国際裁判や裁判類似の手続(⇒25)と比べても、非常に強力な手続になっていると言えます。

他方、WTOの紛争解決手続についてもうひとつ特徴的なのは、申立国に与えられる救済は、将来に向けてのもので、過去の違反行為に遡らないという点です(この点は従来のGATTの紛争解決手続と同じです)。例えば、日本が水産物の輸入禁止をめぐる紛争に勝訴して、韓国の協定違反が認定されたとしても、韓国はホヤの処分等によって生じた損害を賠償する義務を負いません。WTOの紛争解決手続の目的はあくまでも、WTO協定に違反する措置を撤廃させて、それ以後同協定に従って活発に貿易が行われる状況を作り出すことにあるのです。

6 まとめ

以上、WTOのルールや紛争解決手続の概要についてみてきましたが、WTOに対する理解が少しクリアになったでしょうか? 最後にこれまでのおさらいもかねて、英国EU離脱とWTOの関係について簡単に触れておきたいと思います。

2016年6月に行われた英国の国民投票で、英国の欧州連合(EU)からの離脱が決まったことはみなさんご存知の通りかと思います。英国がEUから離脱した場合の影響はもちろん多岐に渡りますが、貿易についてはどのような影響が生じるのでしょうか?

英国は、イタリア、ドイツ、フランスといったその他のEU加盟国と同じく、WTOの加盟国になっていますが、EUもそれ自体としてWTOに加盟しています。そして、EUは、その域内においてモノやサービス、また人や資本の自由移動を認めていると同時に、対外的には共通の通商政策と関税を採用し、WTOの貿易交渉などにおいてもEUのみがその加盟国全体を代表して交渉にあたっています。

英国がEUから離脱した場合の他のWTO加盟国との関係について考えるにあたっては、次のような2つの種類のルールを区別して考える必要があります。

まず第1が、モノの貿易における関税率やサービスの貿易における市場アクセスと内国民待遇のような、個々の加盟国が約束した範囲で独自に適用されるルールです。そして第2が、モノの貿易における数量制限の禁止、内国民待遇、最恵国待遇原則、一般的例外や、サービスの貿易における最恵国待遇原則と一般的例外のような、すべての加盟国に一律的に適用されるルールです。

このうち2つめの種類のルールは、英国がEUから離脱したとしても、WTOの加盟国にとどまる以上は、原則としてそのまま適用されることになります。そのため、例えば、英国がその国内規制において日本のモノに自国のモノよりも不利な待遇を与えたら、英国は内国民待遇原則に違反することになりますし、日本が英国のモノに対して同様の措置をとった場合も同じです。これに対して、1つめの種類のルール、つまり英国へのモノの輸出にどのような関税率が課されるか、また英国へのサービスの輸出にどのような範囲で市場アクセスや内国民待遇が認められるかは、今後の交渉次第というほかありません。もっとも単純な方法としては、英国は、他のWTO加盟国のモノやサービスに対してEUが認めてきたのと同じ関税率や、市場アクセス、内国民待遇を認めるという方法が考えられますが、他のWTO加盟国の約束との均衡性といった観点から、なんらかの個別的な調整が必要になるかもしれません。

他方、英国がEUから離脱した場合、英国とEUの間の貿易にはどのような影響が生じるのでしょうか？ この点も、英国とEUの今後の交渉にかかっているというほかありませんが、例えば、ドイツのメルケル首相が英国の国民投票後に即座にクギをさしたように、人の自由移動を制限しつつ、モノやサービスの自由移動はこれまで通り認めて欲しいといった英国の「いいとこ取り」が認められるとは思えません。ただし、英国がWTOの加盟国にとどまる限りは、英国とEUは、少なくとも上で検討した英国と他のWTO加盟国の関係にあてはまることになりますから、例えばEUは、原則として、その域内規制において英国のモノに域内のモノよりも不利でない待遇を与えなければなりませんし、他のWTO加盟国に認めているのと同じ関税率や、市場アクセス、内国民待遇を英国のモノやサービスにも認めなければなりません。WTOは、その意味で、EUのような地域的機関等に加盟しているかにかかわらず、いわば最低限の海外市場へのアクセスと平等待遇を保証していると言えるでしょう。

〔参考文献〕
＊ WTO 協定全般について：
経済産業省通商政策局編『不公正貿易報告書　2016 年版』
〈http://www.meti.go.jp/committee/summary/0004532/2016_houkoku01.html〉。
小室程夫『国際経済法』(信山社・2011 年)。
中川淳司ほか著『国際経済法　第 2 版』(有斐閣・2012 年)。

＊ WTO の紛争解決手続について：
岩沢雄司『WTO の紛争処理』(三省堂・1995 年)。
小寺彰『WTO 体制の法構造』(東京大学出版会・2000 年)。

＊ GATT の内国民待遇原則、一般的例外、SPS 協定について：
内記香子『WTO 法と国内規制措置』(日本評論社・2008 年)。

21 WTOは時代遅れ？
――グローバルなWTOとリージョナルなFTAとの関係

阿部克則

1 なにが問題か？

この本の読者の方で、TPPという言葉を聞いたことがない方は、おそらくいないでしょう。TPPとは“Trans-Pacific Partnership”の略で、日本語では環太平洋パートナーシップと呼ばれます。TPPは、日本、米国、ベトナム、オーストラリア、チリ等の環太平洋地域の12カ国が交渉してきたハイレベルの貿易・投資の自由化を目的とした協定です。2016年2月に協定への署名が行われましたが、2017年1月に、米国のトランプ大統領が、TPPから「永久に離脱する」とした大統領令に署名しました。その後日本が主導し、米国を除いた11カ国の間でCPTPP(Comprehensive and Progressive Agreement for Trans-Pacific Partnership, 環太平洋パートナーシップに関する包括的及び先進的な協定)が発効したのですが、近年ではこのTPP/CPTPPを初めとするFTA(Free Trade Agreement, 自由貿易協定)やEPA(Economic Partnership Agreement, 経済連携協定)が数多く締結されるようになりました。世界全体では、200以上のFTA/EPAが発効していて、日本に関しても、18のEPAが発効済か署名済です。日本は、さらに4つのEPAの交渉を行っています。

また最近では、メガFTAと呼ばれる協定の交渉が進められてきたことが注目されます。FTA/EPAは、従来は二国間で締結されることが多かったのですが、メガFTAは、より多くの国を含む広域のもので、参加する国々の経済規模も大きなものです。その代表例がTPP/CPTPPであり、他にも日本・EU間で締結された日EU経済連携協定等があります。これらのメガFTAは貿易や投資の流れに大きなインパクトを与えるものであり注目されます。

それでは、なぜこうしたFTA/EPAの締結が進んできたのでしょうか？ 20章で解説されたように、世界貿易に関しては、すでにグローバルなWTOが存在し、自由貿易体制が実現しています。それにもかかわらず、二国間や地域的(リージョナル)に、FTA/EPAをわざわざ作る意味はどこにあるのでしょうか？ WTOはもはや時代遅れなのでしょうか？ この章では、これらの疑問に答えるため、そもそもFTA/EPAはWTOと何が違うのか、WTOとFTA/EPAは国際法的にはどのような関係にあるのか解説します。そして、21世紀において、WTOやFTA/EPAが果たす役割についても考えてみましょう。

2 FTA/EPAとは何か？ WTOとの違いは？

(1) FTAとEPAは何が違うのか？

最初に、少し用語の整理をしておきたいと思います。本章では、FTA/EPAという書き方をしていますが、FTAとEPAは何が違うのでしょうか？ FTAは、自由貿易協定と翻訳されるように、元来は「貿易」の自由化を目指す協定です。つまりFTAは、特定の国々の間で、モノの関税を引き下げたり、サービス貿易(例えば国境を越えた教育サービスの提供)の障壁を撤廃したりすることを定める協定を意味します。他方でEPAは、経済連携協定のことで、「貿易」だけではなく「経済」のさまざまな側面に関して、特定の国々の間で連携を深めることを目的とする協定です。したがってEPAは、貿易だけでなく、投資やヒトの移動、知的財産の保護、さらには労働や環境問題についても、ルールを定める場合があります。

このように、FTAよりEPAの規律対象は広いというのが基本的な整理ですが、少しややこしいのは、FTAの中には上記のような「貿易」の自由化だけを行う協定ではなく、EPAと同じようなより広い分野を規律対象とするものが少なくないことです。例えば、米国、カナダ、メキシコが1992年に締結したNAFTA(North American Free Trade Agreement)は、北米自由貿易協定という名称ですが、協定の内容には、関税等の貿易に直接かかわるルールだけでなく、投資や環境に関するルールを含んでいます。またEUが韓国と2011年に締結したFTAも、協定の名称はEU・韓国自由貿易協定ですが、より広く経済の問題を扱っています。つまりFTAといっても「貿易」のことだけを扱っているわけではないのです。

したがって現在では、協定の名称だけを見て、FTAとEPAを区別する意味はあまりありません。たしかに、自由貿易協定という名称なのに、貿易以外の事項も扱っているのはいわば「看板に偽りあり」で、日本政府は、より正確な名称である経済連携協定を、条約名として一貫して用いてきています。ただ、国際的に見るとEPAという名称は一般的ではなく、幅広い経済分野を規律する協定であってもFTAと呼ばれていますので、本章でもFTA/EPAと記述します。

(2) FTA/EPAと関税同盟

さて、FTA/EPAに関連して、押さえておくべき用語に、関税同盟があります。関税同盟とは、FTA/EPAと同じように特定の国々の間で貿易を自由化するものですが、それだけではなく、同盟を形成する国々が同一の関税制度を域外国に対して適用するものです。関税同盟の代表例がEU(European Union, 欧州連合)で、EUの加盟国は対外的に共通の関税を賦課する制度を持っています。そのため、例えば米国から乗用自動車をEUに輸出する場合、実際の輸入国がフランスであっても、イタリアであっても、同じ関税率(10%)が課税されます。したがって関税同盟は、関税に関していえば、それを構成する国々が全体として1つの国であるかのようになります。この点でFTA/EPAは異なります。FTA/EPAに参加する国は、その構成国間の貿易については実質的にすべての障壁を撤廃しますが、域外国との貿易については、FTA/EPAを作る前の関税等をそのまま適用し続けるので、対外的に共通の関税は導入しません。例えばNAFTAは、構成国である米国、カナダ、メキシコ間の貿易については実質的にすべての障壁を撤廃しましたが、それぞれの国が独自の対外関税制度を維持しています。したがって例えば、日本から乗用自動車を、米国に輸出する場合には2.5%の輸入関税がかかりますが、カナダに輸出する場合にはTPP/CPTPP発効後5年目以降の関税は0%です。このように、関税同盟は、対外関税制度を共通化する点で、FTA/EPAよりも経済統合を進めるものといえます。関税同盟の例としては、EUのほかに、ブラジル等5カ国で構成するMERCOSUR(Mercado Común del Sur, 南米南部共同市場)があります。

(3) FTA/EPA、関税同盟とWTOとの関係

それではここで最初の問題意識に戻って、地域的経済統合であるFTA/EPAや関税同盟とグローバルなWTOとは何が違い、どのような関係にあるのでしょうか？ その答えのカギになるのが、最恵国待遇原則です。最恵国待遇原則とは、前章で解説されたように、ある国に対して与えた有利な待遇を他のすべての国に

も等しく与えなければならないとの原則で、国別の差別を禁止します。そのため例えばモノの貿易についていえば、ある国からの輸入品には低い関税率を適用し、他の国からの輸入品には高い関税率を適用するような差別は許されません。最恵国待遇原則に従えば、すべての国に等しく低い関税率を適用することになります。この原則は1947年のGATT 1条に規定され、第二次世界大戦前に世界経済を分断してしまったブロック経済を打破することに成功しました。最恵国待遇原則はWTOにも引き継がれており、第二次世界大戦後の自由で無差別な貿易体制の根幹でした。

しかし本章で解説しているFTA/EPAや関税同盟は、特定の国々の間でだけ一層の貿易自由化等を行うものですから、当然ながら一部の国を優遇することになります。これはある種の差別的待遇であり、WTOの無差別待遇と決定的に違う点です。例えば、日本はCPTPP加盟国からの輸入品には、CPTPPで合意された低い関税率を適用しますが、他のWTO加盟国からの輸入品には従来通りの関税率を適用します。CPTPP加盟国はすべてWTO加盟国でもありますので、CPTPP加盟国と他のWTO加盟国を差別するような対応となりますが、このような日本の対応は、WTOの最恵国待遇原則に反することにはならないのでしょうか？

ここでポイントとなるのがGATT 24条です。同条は、WTOにおける最恵国待遇原則の例外を定めたもので、同条が規定する条件に従えば、WTO加盟国は、関税同盟と自由貿易地域を設定することができます。関税同盟は先に説明したとおりですが、自由貿易地域とは、関税等の貿易障壁がその構成国間で撤廃されている地域のことで、関税同盟とは異なり、対外共通関税は設定しないものです。つまりFTA/EPAは、GATT 24条上は、自由貿易地域として最恵国待遇原則の例外として認められていることになります。ただし、GATT 24条はモノの貿易に関する最恵国待遇原則の例外を規定したものであり、サービス貿易については、GATS 2条が定める最恵国待遇原則の例外規定として、GATS 5条があります。FTA/EPAは特定の国々の間でサービス貿易をより自由化するものでもあるので、GATS 5条の定める条件にも従わなくてはなりません。

このようにGATT 24条及びGATS 5条によって、FTA/EPAや関税同盟を設立することが許容されているわけですが、ではなぜそれらは、重要な原則である最恵国待遇原則の例外として認められるのでしょうか？ GATT 24条4項は、関税同盟や自由貿易地域の設定によってその構成国間の「経済の一層密接な統合を発展させて貿易の自由を増大することが望ましいことを認める」としています。つまり、特定の国々の間で経済統合を進めるものであっても、貿易自由化を進める点では、すべてのWTO加盟国にとっても望ましいとされているのです。ただし、GATT 24条5項とGATS 5条4項は、地域経済統合の前後で、域内国が、域外国との間の貿易障壁を高めてはならないという要件を課しています。この要件は、地域経済統合が、戦前のブロック経済圏のようにならないことを確保するものであり、極めて重要です。したがって、GATT 24条とGATS 5条の要件を満たす地域経済統合は、ブロック経済化の恐れもなく、WTOが目的とする貿易自由化に資するものなので、法的にはWTOと補完的関係にあると位置づけることができるでしょう。

以上の地域経済統合とWTOとの関係は、経済学の観点からは、地域経済統合の静態的効果と動態的効果として説明されます。まず静態的効果とは、地域経済統合の前後で、貿易障壁の撤廃によって直接的に生じる関係国の経済厚生の変化を意味します。静態的効果の内訳としては、輸入品価格低下及び輸入量増大による域内国の経済厚生改善という貿易創出効果と、効率的な生産国から非効率的な生産国へと輸入元が転換することによる域内国の経済厚生悪化という貿易転換効果とがあり、地域経済統合の静態的効果が域内国にとってプラスかどうかは、貿易創出効果と貿易転換効果の双方をケースバイケースで勘案する必要があります。次に動態的効果とは、地域経済統合によって長期的に生じる経済的効果を意味します。例えば、市場が統合されることによる規模の経済の実現や競争の促進、技術水準の向上等が動態的効果です。したがって、FTA/EPAがWTOと補完的関係にあるかどうか、すなわち、WTOの究極の目的である世界の経済厚生の拡大に資するかどうかは、上記の静態的効果と動態的効果を総合的に検討する必要があります。さらに、各国がFTA/EPAを個別に締結していくと多数のFTA/EPAが無秩序に広がっていくことになるため、これをスパゲティ・ボウル現象と呼びますが、貿易取引の当事者である企業からすれば、原産地規則等のルールが複雑になり過ぎる弊害があり、貿易自由化の効果がそがれる可能性もあります。より詳しい経済学的分析は本章の射程を超えますが、近年では、動態的効果の利益が大きいという見解が多くなっています。

なお、FTA/EPAはWTOの貿易自由化を促進するビルディング・ブロックか、むしろそれを妨害するスタンブリング・ブロックかという議論もあります。ビルディング・ブロックになるという観点からは、地域経済統合が広がれば多角的貿易自由化も容易になる等のプラスの効果があるとされ、逆にスタンブリング・ブロックになるという観点からは、FTA/EPA の交渉に政府の人材が割かれれば WTO の交渉がないがしろにされてしまう等のマイナスの効果があるとされます。この点については、少なくとも現状ではどちらでもないと言えるでしょう。なぜなら以下で見るように、WTO の交渉が行き詰まったのは、FTA/EPA があるからというより、WTO 独自の原因があるからですし、他方で、FTA/EPA は増大していますが、WTO での交渉に依然として大きな進捗はないからです。

3　なぜ FTA/EPA が増えているのか？

次に、なぜ近年、FTA/EPA が増えているのか、そしてこのまま FTA/EPA が増えていけば、WTO はもはや不要になるのか、考えてみましょう。

(1)　WTO の多国間交渉の行き詰まり

WTO も FTA/EPA も、貿易自由化を目的とする点では同じですので、WTO で交渉したほうが効率的のように思われます。関税率を引き下げる場合には、最恵国待遇原則に従ってすべての WTO 加盟国に適用されますし、新たなルールを作る場合にも、原則として全加盟国に一律に適用されますので、多角的貿易体制である WTO による貿易自由化の効果は絶大です。それにもかかわらず、FTA/EPA の交渉を各国が急いでいる理由の 1 つが、WTO における多国間交渉(通称「ラウンド」)の行き詰まりです。

GATT においては 8 回の多国間交渉が行われ、貿易自由化が進められました。その集大成ともいうべきものが 1986 年から行われたウルグアイ・ラウンドでした。ところが、WTO においては、2001 年から始まったドーハ・ラウンドが、15 年が経過した現在でも、妥結に至っていません。その理由はいくつか考えられますが、主たる理由は、WTO 加盟国の間での合意形成が困難になったことです。GATT 時代のウルグアイ・ラウンドでも交渉参加国間の利害対立は当然あったわけですが、当時は先進国の経済力が相対的に大きく、発言力も強かったため、先進国主導での合意形成が可能でした。しかし今世紀に入ると、新興国の経済が急拡大し、WTO における交渉力も強くなりました。その結果、先進国と新興国との間で包括的な合意に至ることが難しくなったのです。また、ウルグアイ・ラウンドの成果であるWTO協定の内容に不満を募らせた途上国は、WTOにおける交渉でも、貿易自由化よりも、開発を前面に出すことを主張しました。具体的には、WTO協定の中で途上国がその実施に困難を覚えている規定について、その実施を緩和することや先進国が当該規定を適用する場合に特別の配慮を払うべきであること、さらに、途上国がWTO協定を実施する能力を高めるために先進国が積極的に技術支援を行うこと等を途上国は求めました。そのためドーハ・ラウンドは、「ドーハ開発アジェンダ」という名称で開始され、現在でも途上国は「開発」の側面を強調する立場を崩していません。

このように、WTOにおける多角的(マルチ)な合意形成が簡単には期待できない状況の中で、先進国を中心に、二国間(バイ)や地域的(リージョナル)な貿易自由化交渉に軸足を移す動きが広がったのです。日本は、多角的自由貿易体制の受益者として、WTOでの交渉を重視していましたが、ドーハ・ラウンドが停滞し、各国がFTAの交渉を優先するようになったため、一足遅れてEPAの交渉に本腰を入れるようになりました。

(2) 貿易以外の分野でのルール・メイキング

もう1つ、FTA/EPAが増えている理由としては、WTO協定では規定していない事項や、今後もWTOでは合意が難しいであろう分野のルール・メイキングが、FTA/EPAでは可能であることです。WTOは、世界貿易機関という名称が示すように、基本的には「貿易」に関する事項を扱う国際組織で、WTO協定も貿易に関連するルールを定めています。そのため、投資や環境といった分野についてはWTO協定の規定は不十分です。例えば、WTO協定には貿易関連投資措置協定(TRIMs協定)が附属していますが、TRIMs協定は「貿易関連」という名称のとおり、モノの貿易に関連する投資措置について限定的なルールを定めるだけで、急増している海外投資の保護や自由化を規律するものとしては限界があります。WTOでは、包括的な投資に関するルール・メイキングが検討されたこともありましたが、実現しませんでした。そこで投資に関しては、FTA/EPAの中に独立の章(投資章)が設けられ、二国間や地域的なルール・メイキングが進んでいます(なお投資については、FTA/EPAだけでなく、二国間投資協定(BIT)(⇒22)等も多数締結されています)。

他にも、日本が締結したEPAの中には、自然人の移動に関する規定を含んだものがあります。日インドネシアEPA、日フィリピンEPA、及び日ベトナムEPAでは、日本がインドネシア・フィリピン・ベトナムの看護師・介護福祉士候補者を受け入れ、日本の国家資格の取得のために一定期間の滞在を認める制度を導入しました。そして、この制度を利用して国家資格を取得した者は、看護師・介護福祉士として引き続き就労可能とされます。このような自然人の移動については、WTOでもサービス貿易の一形態としてGATSが一定の規定を置いていますが、多国間で労働力の移動に関わる交渉をまとめることは非常に困難な状況にあります。しかし特定の国々の間であれば、お互いの国の事情に応じて、日本とインドネシア等のように合意に至ることができるのです。

TPP/CPTPPにおいても、WTOにはない規定が数多く盛り込まれました。投資については、従来のFTA/EPAと同様に独立の章が設けられ、投資家が投資受入国を直接国際仲裁に提訴できる手続(ISDS)も規定されました。近年、規模が急拡大している電子商取引に関しては、TPP/CPTPP締約国間における電子的な送信に対して関税を賦課してはならない等の電子商取引に特化した包括的なルールも導入されました。労働、環境に関する章もありますし、サプライチェーンの発展・強化を促進する等のビジネスの円滑化を目指す規定や、中小企業がTPP/CPTPPの便益を享受できるような支援を締約国に求める規定もWTOにはない新しい試みです。さらにTPP/CPTPPには、国有企業に特化した章が設けられたことも注目に値します。国有企業は、国家からさまざまな支援を受けるため、民間企業に比べて不当に有利な条件の下で事業活動を行っているとの批判がありますが、TPP/CPTPPでは、締約国が国有企業への非商業的な援助(贈与や、市場金利より低い利率での融資等)を行うことによって他の締約国の利益に悪影響を及ぼしてはならないこと等が定められました。WTO協定の補助金に関するルールも国有企業に適用されますが、TPP/CPTPPの規定はより包括的で、国有企業に特化した新しいルールです。このようにTPP/CPTPPは、WTOでは実現できていないルール・メイキングを行ったもので、21世紀型のルールを構築するものだと評価されています。

(3) WTOはもはや不要か？

それでは、FTA/EPAが増大していく中で、WTOは時代遅れになり、もはや不要になってしまったのでしょうか。たしかに、WTOのドーハ・ラウンド交渉は15年も続いており、妥結のめどは全く立っていません。FTA/EPAによって、新しい時代のニーズに沿ったルール作りが行われているにもかかわらず、WTOでの交渉が遅々として進まない状況では、WTOが時代遅れになりつつあることは否定できません。しかし、だからと言って、WTOが不要になるかというと、一概には言えない面があります。

第1に、WTOでの交渉が全く進んでいないかというと、そうではありません。2013年のバリ閣僚会議でWTO加盟国は、貿易円滑化協定に合意しました。貿易円滑化とは、貿易に関する各国の規則を企業等にとってわかりやすくすること(貿易規則の透明性向上)や、輸出入手続の簡素化・迅速化を図ることで、これにより、貿易取引の時間とコストを削減し、貿易がさらに拡大することが期待できます。1つの試算によれば、WTOの貿易円滑化協定によって世界全体で約1兆ドルのGDP押し上げ効果があるとされます。また、2015年のナイロビ閣僚会議では、WTO情報技術協定(ITA)の拡大交渉が妥結しました。ITAは、パソコンやプリンター、デジタルカメラ等のIT製品の関税を撤廃することを内容とするもので、1996年のシンガポール閣僚会議で日本等の先進国が中心となって策定された協定です。ITAにはその後、新興国や途上国も参加し、IT製品の関税撤廃に大きな成果を挙げましたが、技術進歩に伴い、新たなIT製品が登場したにもかかわらずITAの対象になっていなかったため、対象品目の拡大が検討されていました。拡大ITAでは、デジタルAV機器、新型半導体、医療機器等の合計201品目(世界全体では約1.3兆ドルの貿易額)が新たに関税撤廃の対象となり、日本からの輸出品については、約1700億円の関税節減効果が期待されています。ドーハ・ラウンドは妥結していませんが、貿易円滑化協定やITAのような一部の協定に合意しただけでも、WTOには多くの国々が加盟していますので、その経済効果は大きいのです。

第2に、FTA/EPAを締結していない国々との間では、依然としてWTO協定だけが適用されますので、WTOの持つ意味は不変です。例えば、米国と中国の間では巨額の貿易取引がありますが、FTA/EPAは存在しませんので、WTO協定のみが両国間の自由貿易を支えています。他にも、ロシアはWTO加盟国ですが、日本との間にFTA/EPAはありません。このように、あらゆる国との間でFTA/EPAが締結されるには、まだ時間がかかると想定されますので、多国間貿易体制としての WTO の意義は大きいと言えます。

第 3 に、WTO には実効的な紛争解決手続があります。前章でみたように、WTO には 1995 年の成立以来、500 を超える紛争が付託され、活用されてきました。WTO の機能を大きく 2 つに分ければ、新たなルールを作る立法機能と、既存のルールの下での紛争を解決する司法機能がありますが、前者にはこれまでのところ大きな制約がある中で、後者については多大な成果をあげてきました。他方で、FTA/EPA の紛争解決手続は、WTO の紛争解決手続のようには活用されていません。その理由としては、そもそも FTA/EPA を締結した国同士では紛争があまり発生しないことも考えられますが、NAFTA 締約国の米国・カナダ・メキシコのように、NAFTA の紛争解決手続があっても、WTO 紛争解決手続に紛争を付託するケースもあります。また貿易紛争は、FTA/EPA を締結していない国の間で発生する可能性が高いので、上述のように、FTA/EPA がすべての国々の間で締結されていない現状では、WTO 紛争解決手続が最後のよりどころとなるケースが多くなると考えられます。

このように WTO には依然として独自の存在意義があると言えますが、米国のトランプ政権発足後、特に WTO 紛争解決制度は試練に直面しています。その 1 つの原因は、米国が一方的措置を多用し始めたことです。例えば米国は、中国が知的財産権侵害や不公正な産業補助金の交付などの WTO ルール違反を行っていると批判していますが、それを WTO 紛争解決手続には訴えずに、対中関税の一方的引き上げによって中国に是正を要求しています。もう 1 つの原因は、米国が、WTO 上級委員会は権限を逸脱しているなどと強く批判し、新上級委員任命プロセスをブロックしていることです。そのため任期が切れた上級委員のポストは空席のままで、2020 年 11 月末には現職の上級委員は 1 人もいなくなり、上級委員会は機能不全に陥りました。米国のバイデン政権が上級委員会に対してどのような姿勢をとるかはまだ不透明ですが、このような WTO 紛争解決制度の問題は、WTO 全体にとっても新たな試練と言えるでしょう。

4　まとめ

FTA/EPA は、WTO での交渉が停滞する中で、急速に広まってきましたが、FTA/EPA や関税同盟は、GATT 24 条等に従って設立される限り、WTO の多角的貿易体制を補完するものであり、世界経済の発展にとっては歓迎すべきものです。

他方でFTA/EPAは、二国間や地域的な交渉によって策定されますので、作られたルールは交渉に参加した国にしか適用されません。この点で、WTOでのマルチの交渉であれば、交渉の成果がWTO加盟国全体に共有されるので、企業にとってもわかりやすく、便益も大きくなります。また、FTA/EPAの交渉は、経済関係が密接な国同士や、経済規模が大きい国が中心となって行われていますので、資源にも乏しい後発開発途上国等はどうしても交渉相手になりにくく、取り残されています。脆弱な政府機能しかない小国にとっては、複数のFTA/EPA交渉を行う人的リソースがないのも現状です。よってWTOの持つ意義は依然として大きく、FTA/EPAによって完全に代替されることはないでしょう。

ただし、WTOがルール・メーキングの面でも、紛争解決の面でも、現在大きな課題に直面していることは本章で見たとおりです。したがって、WTOが今後もグローバル経済の法的インフラストラクチャーであり続けるためには、その立法的機能と司法的機能の双方を立て直すことが必要であり、その行方が注目されます。

〔参考文献〕

＊ FTA/EPAの法的側面について：
外務省経済局EPA交渉チーム編著『解説　FTA・EPA交渉』(日本経済評論社・2007年)。
経済産業省通商政策局編『不公正貿易報告書』(日本貿易振興会・各年版)第III部。
小林友彦ほか著『WTO・FTA法入門』(法律文化社・2016年)第2章、第11章。

＊ FTA/EPAの経済的側面について：
石川幸一ほか編著『FTA戦略の潮流——課題と展望』(文眞堂・2015年)。
石川城太ほか著『国際経済学をつかむ(第2版)』(有斐閣・2013年)第10章。
大山道広編『国際経済理論の地平』(東洋経済新報社・2001年)第6章。

＊以上のほか、最新の情報について：
FTA/EPAに関する外務省のホームページ
　http://www.mofa.go.jp/mofaj/gaiko/fta/index.html
FTA/EPAに関する経済産業省のホームページ
　http://www.meti.go.jp/policy/trade_policy/epa/index.html
TPP政府対策本部のホームページ
　http://www.cas.go.jp/jp/tpp/

22 外国からの投資が日本の公秩序を脅かす?
——外資規制と国際投資協定

西元宏治

1 なにが問題か?

国境をまたぐ資本・人・物の移動は、益々活発になり、近年では、国境を越えた企業の合併・買収をめぐるニュースは珍しいものではありません。

最近では、経営不振に苦しむ家電大手のシャープは、台湾のホンハイ精密工業に約4000億円の支援金と引き換えに経営権の譲渡を約束しました。日本企業による海外企業への投資・買収も活発に行われ、2015年には伊藤忠商事はタイ最大財閥とともに、中国最大の国有複合企業、中国中信集団の傘下企業に1兆2000億円を出資し、東京海上ホールディングスは約9400億円で米保険会社を買収しています。また、政府は、環太平洋戦略的経済連携(TPP: Trans-Pacific Partnership)協定(⇒21)の発効を見込んで、海外企業による国内投資を呼び込むために「対日直接投資推進会議」を中心に投資環境の整備を進め、2014年末時点で約23兆円にとどまっている対日直接投資の残高を2020年までに35兆円まで引き上げることを目標に掲げています。

他方で、外資による日本企業の買収に際しては、長年培ってきた技術や特許の海外への流出や経営方針の変更によるサービスの質や従業員の待遇の悪化を懸念する声も聞かれます。また、外資の進出をめぐっては、近年に限っても、日本国内の水源地や自衛隊基地周辺の土地買収に関して、安全保障上の懸念などから、これらに対する規制を求める意見やTPP協定の交渉に際して外国人投資家による政府に対する提訴を認めた投資紛争の解決手続(ISDS: Investor-State Dispute Settlement)によって、日本の主権が侵害されるとの批判が国会での議論やマスメディアなどで見られます。実際、2008年には英投資ファンドが電源開発事業を行っているＪパワーの株式を買い増そうとしたのに対し、日本政府は同社による買収が「公の秩序」を脅かすとして、外国為替及び外国貿易法(以下、外為法)に基づき、株式買い増しに対する中止勧告を行っています。結果として、同ファンドは買収を断念、所有する株式を全て売却し日本から撤退するという事件がありました。

このような外資をめぐる様々な動き・議論は、一体何を意味しているのでしょうか？ 外資は何を期待され、警戒されているのでしょうか？

日本を含めた各国がTPP協定のような国際投資の保護・促進・自由化に関する特別な条約の締結を急速に進めている現在、重要なインフラである電力供給の安定性に対する懸念に基づく措置ではあるとは言え、上記のような措置はそれら国際投資協定との関係で問題を生じさせないのでしょうか？ そしてそのような規制との抵触が懸念されるにもかかわらず、なぜ国際投資協定は締結されているのでしょう？

2 「外資」とはなにか？

(1) 「外資」の定義

まず、上記で問題にされている「外資」という言葉について整理しておきたいと思います。

ある辞書によれば、「外資」とは次のように説明されています。すなわち「外資」とは、「ある国の事業に投資される外国・外国人および外国系企業の資本」であり、外資系企業とは「資本の一定割合を外国企業・外国人投資家が支配している企業」のことであるとされています。

企業・投資家による国際的な投資は、大きく「証券投資」と「直接投資」に分けられます。「証券投資」が配当や利子の受け取りを目的としたものに対し、「直接投資」は、株式の取得や資本・業務提携などを通じて、現地の企業に対する経営参加や企業活動の支配を目的としている点に特徴があります。「直接投資」には、投資先の国に新たに工場などを含む新たな法人を設置する場合(グリーンフィールド投資)や既存の企業との合併や買収を通じて経営に対する長期的な権益を得る場合(M&A)などが含まれますが、世界全体の対外直接投資の90%はM&Aの手法で行われています。上記のような外資の規制を巡る議論の多くは、後者の「直接投資」に向けられたものです。

ただし、統計上の証券投資と直接投資の差異は持ち株比率の違いによるものであり、その区分は相対的なものに止まります。各国や国際機関、あるいは資料によってもその基準となる数値は異なっています。実際、こうした資本の所有や経営への参加に基づく外資の支配・影響をどのように評価するかが規制の前提となりますが、当該投資が単に収益の享受を目的としたものなのか、企業活動への支配・影響を意図したものなのかについての判断やどの程度の所有や参加によって「外資系企業」として規制の対象とするのかについて一律の基準がある訳ではありません。

(2) 日本法における「外資」

経済産業省による『外資系企業動向調査』では、外資比率3分の1以上、かつ、外国側筆頭出資者の出資比率10%以上の企業を「外資系企業」と定義して調査を行っています。他方で、林野庁などが行っている外国資本による森林買収に関する調査では、「外資系企業」を、「国外居住者又は外国法人による出資比率又は国外居住者の役員の比率が過半数を占める法人」として、資本と役員の構成の両方を基準としています。さらに注意を要するのは、「国外居住者」とは文字通り国外に居住している人を指しており、国籍上の区分を意味するものではありません。

また日本の国内法では、外資に対する規制は、外為法と個別の業種に関する法令(以下、個別業法)によって行われてきました。

外為法では、外資の参加を原則自由としつつ、外国投資家が非上場会社の株式等を取得する場合及び上場会社の株式の取得で出資比率が10%以上となる場合には、事前届出・事後報告が義務付けられています。この届出・報告に基づき、財務大臣・事業所管大臣は、「国の安全」や「公の秩序」の維持という観点から審査を行い、関税・外国為替等審議会に対して意見聴取を行った上で、投資内容の変更・中止の勧告をできることになっています。投資家が勧告に従わない場合には、さらに命令を出すことができます。冒頭で紹介した英投資ファンドに対する措置も、こうした手続に基づく調査の結果、英投資ファンドの投資方針と過去の投資行動から、その資本参加が原子力・核リサイクル政策を含む日本の電力政策に不測の影響を及ぼす可能性があると個別具体的に判断されたことによるものです。

日本ではその他にも航空法、貨物利用運送事業法、日本電信電話株式会社法などの個別業法でも、外国人の議決権比率を一定の割合に制限しています。こうした資本比率に基づく基準だけでなく、鉱業法や船舶法では、事業の許認可や経営陣の構成に関して国籍に基づく制限が課されています。

このように外資の受け入れを前提としつつも、国の安全保障などを理由に外資に対して特別の規制を行うための法制度は各国に存在しますが、その活動を制限する「外資系企業」を認定する基準や規制の範囲は一様ではありません。例えば、フランスやドイツは、日本と同じように特定の業種に限って、外国人・非居住者の持ち株比率が一定の割合を超える場合に事前の届け出に基づいて特別の規制を行うかの判断を行っています。これに対してイギリスやアメリカでは、全ての業種の企業の買収・合併について、事後介入できる法制度が存在しています。この制度では、取得する議決権の多寡にかかわらず、特定の資本による支配が国の安全保障に悪影響を与えないかが個別具体的に調査・判断されることになります。こうした各国の外資規制の現状を数値化した経済協力開発機構(OECD: Organisation for Economic Co-operation and Development)の投資規制指標(FDI Regulatory Restrictiveness Index)の近年の調査結果によれば、日本経済全体の外資に対する開放度は、中国、インド、インドネシアなどの新興国と比較すれば高いものの、G7諸国の中で開放度の高いとされるフランスやドイツと開放度が低いとされるイギリス、アメリカの中間に位置すると評価されています。

以上のように、ひとくちに外資系に対する規制と云っても、資本が外国に由来することによる一定の支配の存在が想定されるものの、一つの企業が「外資系」であるかについての基準は相対的なものであり、また「外資」と認定された際に制限される経済活動の範囲やこれら特別の規制を発動するための基準・手続は各国の判断に委ねられています。

3 外資規制と国際法

次いで、日本を含む各国の外資に対する取り組みを考える上で確認しなくてはならないのは、一般国際法上、国家には外国資本を受け入れなければならない義務は存在しないということです。同様にTPP協定のような国際投資の保護・促進・自由化に関する条約に参加しなくてはならないという義務もありません。外資の受け入れやその程度・方法などの条件は、原則として各国の判断に委ねられています。

では、各国は、どのような理由から外資を受け入れる決定をし、外資に関する自らの規制権限を制約する投資の保護・促進・自由化に関する条約を締結してきたのかを見ていきたいと思います。

(1) 外資に対する認識の変遷

現在でもブラジルのように外資の受け入れや投資の保護に関する国際条約の締結に慎重な国もあります。また、国際投資の自由化に積極的な先進国の間でも先の外資規制に見られるような差異が存在し、外資に対する取り組みそのものについても後に見るように各国毎に変遷があります。

国際法上、外国人の入国や経済活動に関する許可は、受入国の裁量であり、仮に受け入れられた場合でも受入国の法令に従って活動することに争いはありません。しかし、欧米諸国の企業・投資家による経済活動が世界に拡大した19世紀頃から受け入れ後の外国人の生命・財産に対して受入国が与えるべき保護の最低限の基準については、国際的な基準の存否やその内容・水準(国内標準主義 vs. 国際標準主義)をめぐって様々な議論が存在してきました。

第二次世界大戦後も、1980年代までは東西両陣営やかつての植民地と旧宗主国であった国々との間で、外資が受入国の経済の発展に与える影響や外国人の財産に対する収用・国有化の権利とそれに対する補償の義務をめぐって対立的な状況が続いていました。かつて植民地支配を受けた国々の多くは、政治的な独立に続いて、経済的主権の確立を求め、外国資本の排除や主要産業の国有化などの政策を押し進め、民族資本や国営企業の保護育成に努めてきました。これらの国々は、外国からの直接投資、特に巨大な資本や優れた人的資源、先進的な技術を有する多国籍企業の存在を単に経済的な存在としてだけでなく、自らの主権を脅かす政治的な存在として警戒し、その活動に様々な制限を課しました。同様に、旧社会主義国も西側諸国の影響力の浸透を警戒し、外資の参入を大幅に制限していました。

しかし1980年代以降、こうした途上国の政府・国営企業主導の経済政策や社会主義経済が行き詰ったことから、これらの国々の外資に対する姿勢も変化していきます。累積した債務の支払いや非効率な経済運営の改革について国際通貨基金(IMF: International Monetary Fund)や世界銀行といった国際金融機関の支援を受け、市場の開放を進めた結果、外資導入による新たな技術の移転や開発、雇用機会の創出などを期待する国々が増加するようになっていきます。

(2) 国際投資協定の登場とその背景

こうして1980年代以降の国際的な資本移動が拡大する契機となった外資に関する途上国の政策変更は、国際投資協定の急激な増加を促します。「国際投資協定(IIA: International Investment Agreement)」とは、投資の保護・促進・自由化を主たる目的として各国が自国の投資家とその財産が不当な取り扱いや適当な補償もなく収用や国有化の対象とされないように、投資受入国との間で締結する条約の総称です。

前述のように、本来、外資はその設立や活動の許可も含めて受入国の法令の下で活動することになります。しかし、途上国や社会主義から市場経済への移行を図る国々は、政治基盤が不安定で、企業の事業環境に係わる様々な法制度が未発達であることから、恣意的な政策や制度の運用などから投資財産を保護し、企業の活動を円滑にする目的で、これらの国々と資本輸出国との間で主に二国間の投資協定(BIT: Bilateral Investment Treaty)が締結されてきました。後述のように投資協定に規定される義務のほとんどは、専ら投資受入国が負担するものですが、にもかかわらず、これらの協定が多くの途上国に受け入れられていったのは、条約という形で外資を受け入れる範囲やその待遇を明示し、受入国が自らの権限行使を制約することによって、海外からの投資に対するインセンティブを作り出すことにありました。

BITは、1959年にドイツ＝パキスタンとの間に結ばれたものが最初ですが、東西冷戦が終結し、国際的な資本の自由化の動きが進行した1990年代以降、ヨーロッパ諸国を中心に急激に締結数を増加させ、世界では、2013年までに3000近くの投資協定が存在するとされています。

(3) 国際投資の相互流入と国際投資協定の拡散・拡大

また1980年代以降の国際的な資本移動の量的な拡大は、それまでの資本輸出国と資本受入国との関係の質的な変化を伴うものでもありました。

第二次世界大戦以降続いていた国際経済におけるアメリカの圧倒的優位が終わり、経済の相互依存が進行する中で、それまでの一部の先進国のみが多数の途上国に対して資本を輸出するといった投資母国と投資受入国の固定状況が解消し、投資の相互流入現象がみられるようになりました。1980年代にはアメリカは主要な資本輸出国である一方で、主要な投資受入国にもなりました。特に対米貿易を中心に貿易黒字が大幅に拡大し、プラザ合意によって急激な円高が進行したこの時期、日本企業によるコロンビア映画やニューヨークのロックフェラーセンターの買収が世界の注目を集め、日本による対米投資に対して「日本脅威論」が唱えられたこともありました。

その後も経済の多極化が進行する中で、伝統的な資本輸出国の大企業だけでなく日本や新興国の企業も新規の市場開拓を始めとして、人件費、労働の質、電力・交通などの各種のインフラや税制・知的財産権の保護を含めた、より最適な事業環境を求めてグローバルなネットワークを形成するようになります。

こうした企業の動きに対応するように、1990年代後半になると投資協定の締結も必ずしも先進国・途上国間に限られなくなります。さらに、北米自由貿易協定(NAFTA: North American Free Trade Agreement)のような物やサービスの貿易の自由化と投資の自由化・円滑化を連動させた特恵的な貿易投資協定が登場し、これらの協定が知的財産権の保護、競争政策、政府調達、環境や労働などの広範な規制分野での協力や経済連携の手段として各国によって締結されていきます。日本も2002年に投資の保護・促進・自由化に関する投資章を含む経済連携協定(EPA: Economic Partnership Agreement)をシンガポールとの間で締結して以降、海外に活動する日本企業の事業環境を整備するためにEPAやBITを中心に各種の経済協定の締結を推進してきました。

(4) 今日の国際投資と「投資立国」としての日本

実際、1980年代以降、世界の海外直接投資は急速に拡大します。1980年には世界の対外及び対内直接投資残高の対GDPは、対外直接投資額で5.8%、対内直接投資額で5.3%に過ぎませんでしたが、2013年までにはそれぞれ34.3%、35.4%に達し、国際的な投資の拡大は世界経済の大きな牽引力のひとつとなっています。

現在日本の株式市場における売買シェアの60%以上は、外国人投資家によって行われており、日本経済は外国人投資家を抜きに語ることはできません。また日本の国際収支を見ても、証券投資収益と直接投資収益の受け取りを合わせた所得収支は、2013年には約16.5兆円の黒字となり、約11.5兆円の赤字となった貿易収支を9年連続で上回る状態が続いています。つまり、今日の日本経済を国際的な収支でみた場合、日本は物の輸出による「貿易立国」であるよりも、むしろ資本の輸出とその収益による「投資立国」であるといえるかもしれません。

4　国際投資協定の概要

(1)　国際投資協定上の義務の範囲と内容

既に述べたように1980年代以降の国際的な資本移動の拡大を下支えする役割を果たしてきた国際投資協定のほとんどは二国間条約の形で締結されています。つまりそれぞれの条約で規定される外資を受け入れる範囲やその待遇は各国による個別の交渉によって取り決められています。このように各国が締結している投資協定はそれぞれ独立した異なる条約になりますが、その基本的な義務の内容や条文の表現は類似したものとなっています。

投資協定によって様々な形式がとられますが、まず、その適用範囲によって、投資協定は適用範囲を投資後に限定している協定(保護協定)と投資後に加えて参入段階も対象とする協定(自由化協定)に大きく分けられます。また、適用範囲となる分野・事項を明確にするために協定本文とともに例外とする分野・措置・法令等を掲載した留保表などが作成される場合もあります。

次いで、投資協定の主要な義務の内容としては、内国民待遇・最恵国待遇、公正衡平待遇、収用の禁止・補償の義務などが挙げられます。

このうち内国民待遇・最恵国待遇は、それぞれ国籍に基づく差別的な取り扱いを禁ずるもので、投資受入国に対して投資家・企業とその財産・活動に関して、内国民待遇については自国民や国内企業と同等に(内外無差別)、そして最恵国待遇については第三国の投資家・企業と同等に扱うこと(外外無差別)を求めたものです。

内国民待遇や最恵国待遇が他の投資家に対する待遇との関係で相対的に内容が決定されるのに対し、公正衡平待遇は投資受入国に対し、投資家・企業の投資財産や事業活動に対して一定の適正な保障を継続的に与えることを義務付けるものです。この基準の具体的な内容には、受入国政府による外国投資家の投資財産保護に関する相当の注意義務、適正手続の保障、裁判拒否の禁止、恣意的措置の禁止、投資家の正当な期待の保護等が含まれるとされていますが、その程度・水準については「外国人の待遇に関する国際慣習法上の最低基準」であるとする立場と慣習法上の最低基準を超える「安定した法的及びビジネス環境の維持を通じて投資家の正当な期待を保護する義務」を定めたものと解する立場が並存しています。いずれにしても、多くの投資協定では「公正かつ衡平な待遇を与える」と一般的・抽象的な表現がなされ、投資協定によっては微妙に異なる表現・付記がなされているため、どのような状況がこの待遇の違反を構成するのかは、ISDS 条項に基づく国際的な仲裁手続によって、協定の目的や規定の文言、個別具体的な状況などを勘案して判断されることによって明らかにされてきました。

(2) ISDS(投資家対国家の紛争解決)条項

今日世界で締結されているほぼ全ての投資協定には、上記を含む投資協定に規定された受入国の義務や投資家の権利が侵害された場合に投資家自身が直接受入国の政府を国際的な仲裁手続の下で訴えることのできる紛争解決(ISDS)条項を備えています。日本が過去に締結したBIT・EPAでも、1977年にエジプトとの間で締結された最初のBIT以降、ほぼ全てのBIT・EPAに、この条項が採用されてきました。

ISDSは、元来、投資の保護をめぐる国家(資本輸出国)対国家(資本受入国)の対立的な関係の中で、受入国の法制度自体の不備、紛争処理機関としての裁判所の独立性・効率性の欠如などを念頭に、投資紛争の政治化を抑止するために国家の政治的なコントロールから切り離された中立的な国際的なフォーラムで投資紛争を解決することを目的として制度化されたものです。この制度の下で、投資家自身による協定解釈に基づき仲裁手続が開始する権利が付与され、紛争の事実関係の審理と投資協定の解釈適用の権限を第三国の弁護士や学者によって構成される仲裁廷に委ねることによって、投資紛争を国家間の紛争に拡大することなく迅速かつ実効的に処理することが可能になりました。

実際、冒頭で紹介した英国の投資ファンドに対する措置のような、国の安全保障や公の秩序などを理由とした外資に対する規制について、受入国政府の措置の妥当性を受入国の国内法に基づいて受入国の裁判所で争おうとした場合、こうした事項については政府に広範な裁量が与えられていることが多いため、投資家が実効的な救済を得られる可能性は極めて限られてしまいます。これに対して、ISDSでは、国内裁判所とは異なる適用法規(投資協定上の義務や一般国際法など)や審査基準に基づき、中立的な仲裁廷によって判断されるため、受入国による規制の妥当性をより実質的に争える可能性が残されることになります。過去の仲裁判断では、地方自治体のゴミ処理施設の許認可から経済危機に際して中央政府がとった一連の緊急措置に至るまで、受入国の様々な措置が前述の公正衡平待遇などを基準として審査され、違反が認定された場合には投資家に対する賠償が命じられてきました。

5　国際投資協定の下での政府の規制権限

国際投資協定の締結によって、上記のような約束の範囲で政府は投資に関する規制についての裁量が制約されることになります。このことは外資の活動に影響を与えるあらゆる規制を不可能にするものなのでしょうか？

(1)　国際投資協定における留保・例外

国際投資協定で規定された内国民・最恵国待遇や公正衡平待遇などの義務は、不当な差別を禁止するものではありますが、外資の活動に影響を与える新たな規制や国籍に基づく異なる規制を絶対的に禁止するものではありません。過去の仲裁判断でも、正当な規制権限と投資保護のバランスを考慮し、投資家の経済活動に損害が生じた場合でも、個別分野の産業政策や環境保護・エネルギー・文化財保護など合理的な政策目的に基づく政府の規制権限の行使は、適切な手段・方法によるものである限り支持されてきました。

また投資協定に限らず、条約の交渉や締結に際して、一定の状況を想定し、その際に必要な措置をとるための権限を留保し、特定の事項を条約上の義務の例外とすることは珍しいことではありません。

投資協定についても、先に紹介したように全ての分野で一律に外資の受け入れを認めることはむしろ珍しく、種々の規制権限と投資保護のバランスを考慮して、多くの場合、例外に関する規定や例外とする分野・措置・法令等を掲載した留保表などが作成されます。投資の自由化に積極的な先進国間での投資の自由化に関する約束である「OECD 資本移動自由化コード」(1960 年採択)でも、①公の秩序の維持、②国の安全保障及び③国際の平和及び安全に関して必要な措置を取ることが認められています(3 条)。WTO(⇒20)のなかでサービス貿易という形で投資の問題を扱っている GATS でも、「安全保障」や「公の秩序」といった緊急事態に対応するのに必要な措置をとることは明確に認められてきました(GATS 14 条)。

日本が2002年以降締結してきたEPAでも、上記の内容に対応する規制権限の留保に関する規定や協定上の義務の例外となる分野・措置・法令等に関する留保表が作成されてきました。日本が締結したBITやEPAの多くでは、GATT 20条やGATS 14条の規定に類似した一般例外に関する規定が置かれています。それらの規定では、国の安全保障や公の秩序の維持以外に、(a)人、動物又は植物の生命又は健康の保護、(b)公衆の道徳の保護、(c)この協定の規定に反しない法令の遵守の確保、(d)美術的、歴史的又は考古学的価値のある国宝の保護などについて、必要な「措置を採用すること又は実施することを妨げるものと解してはならない」と規定されています。また租税や信用秩序の維持のためにとられる措置についても多くの協定で例外であることが明記されています。冒頭で紹介した日本の国内法における外資規制の法制度も、こうした国際法上の枠組みに対応する形で整備されてきたものです。

(2) 近年における投資協定の見直し

各国の投資協定の動向を見ても、1990年代後半から投資協定仲裁の利用が活発化し、先進国・途上国政府の双方が投資家によって投資協定違反を申し立てられるようになると、投資協定上の義務が経済政策を超えた他の政策分野に与える影響が再認識され、政府の正当な規制権限を明確化するために投資協定の規定の見直しが行われるようになりました。そのため近年締結された投資協定の多くでは、国家の安全保障や公の秩序の維持のみならず、より幅広い政策について、必要に応じて国家が取りうることを具体的に規定するようになっています。投資協定の趣旨目的が書かれる前文にも、単に投資の保護・促進・自由化だけでなく、公衆衛生、環境、有限天然資源の保存、労働、国際収支や信用秩序の維持などの幅広い政策目標に対する各国の配慮が明記され、これらの措置に関する基準・手続を明示した規定を設ける協定がみられます。

無論、こうした受入国の政府の規制権限や例外の拡大は、投資家・企業の活動に不確実性を増大させることになり、投資の保護・促進・自由化という点からは必ずしも望ましいものではありません。

従来から国の安全保障や公の秩序の維持を名目とした政府の措置が恣意的な外資規制の隠れ蓑にならないように、例外に関する規定の多くではこうした措置について、「恣意的若しくは不当な差別の手段となるような態様」や「偽装した制限となるような態様」で適用しないことを義務付けています。同様に各国の投資協定でも、これらの措置を内国民・最恵国待遇の適用の例外としても、公正衡平待遇の充足を求めるものも少なくありません。また、投資協定の見直しによって国家の規制権限を重視した規定の増加がみられるようになった2007年・2008年のG8サミットの首脳宣言では、国家安全保障を理由とする外資規制の必要性を認めつつ、こうした規制の適用について、「無差別、透明性、予測可能性」を原則とし、その措置についても「必要な範囲、程度および期間を超えるべきでない(比例性)」ことが宣言されています。

現在の日本の外為法に基づく外資規制についても、投資に関する国際ルールとの整合性、業種を限定した最小限の規制、円滑な届出の審査などが原則であるとされています。現行の外為法に改正され、2000年代に入ってから年間数百件の届出が出されていますが、Jパワーのような勧告が出された事案はこの1件にとどまっています。

6　まとめ

以上見てきたように、国際的な投資については、19世紀以来の投資の保護に関する国際法上の基準の存否をめぐる対立から、外資の導入が経済の発展に果たす役割について一定のコンセンサスが成立した1980年代を経て、世界経済に占める国際投資の役割は増大することになりました。これに対応して90年代以降国際投資協定の締結が急速に増加することによって、拘束的な規律と実効的な紛争解決手段を有する投資に関する国際法のネットワークが形成されてきました。

また外国資本の受け入れや国際投資協定の役割に関して一定のコンセンサスが形成された現在においても、1990年代後半以降のISDSの利用の活発化に促された投資協定の在り方の見直しに見られるように、高水準の投資保護の要請と受入国政府の正当な規制権限の維持という2つの要請の間でどのようにバランスをとるかは現在進行形の課題でもあります。

各国がその締結を推進している国際投資協定の下でも、国の安全保障や公の秩序の維持を始めとして受入国政府が正当な規制を行使する権限は維持されてきました。無差別、透明性、予測可能性などの諸原則に基づくことが求められるものの、各国の法制度の下で、外資による企業支配の影響をどのように評価し、いかなる措置をとるのかについては裁量の余地は残されています。

こうした中で、外資に対する規制は今後も現状のまま維持されるだけでなく、様々な変化を遂げる投資の形態やその活動に対して、現在の法制度が外資による国の安全や公の秩序に対する影響を適切に判断できるものであるかが絶えず見直されていくことになると思います。

その際に注意しなくてはならないのは、先にも掲げた2つの要請のバランスです。特に日本は、今日、2015年末時点で948兆7290億円の対外資産を有し、過去25年間にわたって、「世界最大の債権国」であるとされています。このうち直接投資の残高は約150兆円、証券投資の残高は約420兆円にも及び、そこからの収益は、前述のように日本経済を支える重要な柱のひとつになっています。つまり日本は、1980年代以降の国際投資の自由化の受益者であるということです。こうした日本の対外投資の積み重ねは、現地において単に外資であるがゆえに脅威として排除されていたのであれば、不可能だったでしょう。加えて、日本は、その経済・対外投資の規模に比して海外からの日本への投資は先進諸国の中でも著しく低い水準に止まっており、近年では、経済政策の一つとして外資の取り込みが重要な課題となっていることは冒頭でも紹介した通りです。

このように考えれば、冒頭で紹介したような外資に対する新たな規制が十分な根拠もなしにまた国際的な投資保護の基準に合致しないような形で拡大されるのであれば、日本に対する海外からの投資を委縮させ、世界及び日本経済を支える資本移動の自由を縮小させかねない「両刃の剣」となることに十分注意する必要があるでしょう。

〔参考文献〕

＊投資に関する国際法について：
経済産業省通商政策局『不公正貿易報告書――WTO協定及び経済連携協定・投資協定から見た主要国の貿易政策』(経済産業省HPで閲覧可能)。
小寺彰編著『国際投資協定――仲裁による法的保護』(三省堂・2010年)。

＊投資に関する国際法の歴史的経緯と全般状況について：
西元宏治「国際投資法体制のダイナミズム――国際投資協定ネットワークの形成と展開」『ジュリスト』1409号(2010年10月15日)74–85頁。
柳赫秀「基礎法・特別法講義　10　国際経済法(3)国際投資に関する法」『法学教室』279号(2003年12月)111–128頁。

＊外資規制を含む政府の規制権限と国際投資協定の関係について：
伊藤一頼「国有企業・政府系ファンドに対する諸国の外資規制――開放性と安全保障の両立をい

かにして図るか」RIETI Discussion Paper Series 15-J-059(2015年)。
下井善博「初めて発動された外為法に基づく中止命令——TCIファンドによるJパワー株式の追加取得の事例について」『ファイナンス』517号(2008年12月)21–27頁。
中谷和弘「外資規制と国際法——国家安全保障、公の秩序の維持に基づく外資規制の位相」日本国際経済法学会編『国際経済法講座I』(法律文化社・2012年)、332–351頁。
中谷和弘「第2講　国家安全保障に基づく外資規制及び貿易規制」『ロースクール国際法読本』(信山社・2013年)、15–28頁。
森肇志・小寺彰「国際投資協定における『一般的例外規定』について」RIETI Discussion Paper Series 14-J-007(2014年)。

〈付記〉

刊行後、中国資本による積極的な直接投資に警戒感を強めるアメリカや欧州における外資規制の強化に歩調を合わせる形で、日本における外資規制も2017年及び2019年の外為法の改正により、大幅に強化された。

国家の安全保障に関わる非上場企業の株式の取得に関して事前届出制の対象となる業種が拡大されるとともに、当該届出後においても国の安全が損なわれるおそれがある場合には、株式売却等の措置命令を行なうことが出来る事後措置命令の導入が新たになされた。また上場企業についても、従来10%であった事前審査の基準を1%以上に引き下げるとともに、役員の就任や重要事業の譲渡・廃止なども審査の対象に加えられることになった。同時に導入された事前届出免除制度によって、対内直接投資の多くを占めるポートフォリオ投資などは審査手続きの対象から免除されたものの、政府が作成した事前届出の対象となる上場企業リストでは、1%の事前届出の対象に155の業種が指定され、特に国の安全を損なうおそれが高いとされた12の「コア業種」に属する企業の数は518(全上場企業の13.6%)にも及ぶものとなった。

他方で、今回の改正については、公表された企業リストのなかに、文具メーカー、スーパー銭湯や宅配注文サイトの運営会社が含まれる一方で、大手都市銀行のなかでも最大の資産規模を有する三菱UFJフィナンシャルグループが含まれていないなど、企業選定と国家の安全保障との関係性に明確な基準が見いだせないとの指摘がなされている。また、選定基準の不透明さとともに、審査手続やそれに関わるコスト、そして審査の運用によっては投資先企業の経営への関与が大幅に制限されるなど、企業への投資に関する予測可能性が減退したことから、今後の海外からの日本企業に対する投資の阻害要因となることも懸念されている。

(2020年6月3日記)

23 日本の捕鯨活動のなにが問題だったのか？
――「南極海捕鯨事件」国際司法裁判所判決からの教訓

児矢野マリ

1 なにが問題か？

2014年3月31日、国際司法裁判所(ICJ)(⇒25)は「南極海捕鯨事件」の判決(捕鯨判決)(*Whaling in the Antarctic (Australia v. Japan: New Zealand Intervening), Judgment*, 31 March 2014)を言い渡しました。この事件は、2006年から南極海で実施されていた調査捕鯨(JARPAII：第II期南極海調査捕鯨計画)に対する日本政府の許可の発給は、国際捕鯨取締条約(ICRW)の違反であるとして、オーストラリア(豪州)が日本を訴えた国際訴訟です。日本がICJで当事国になった初めての国際訴訟でしたが、日本はほぼ全面的に敗訴しました。つまり、世界で最も権威のある国際裁判所により、日本は国際法違反と認定され、調査捕鯨の許可の取消しを命令されたのです。この判決は海外メディアによって世界中で報道され、日本国内でもマスコミで大きく取り上げられました。現在でも、国内外で議論は続いています。

捕鯨判決とは何か、日本はなぜ負けたのか、この判決は何をもたらしたのか――本章ではこの判決を読み解きながら、捕鯨問題と国際裁判の世界を垣間見てみましょう。

2 捕鯨判決とはなにか？

(1) 捕鯨判決の前提――国際捕鯨取締条約(ICRW)とは何か

ICRW(1946年署名)は、鯨類資源の保全と捕鯨を含む持続可能な利用のための多国間条約です。その下で、国際捕鯨委員会(IWC)が活動しています。IWCは、すべての締約国の政府代表から成り、鯨類の保全と資源の管理を担っています。そして、IWCの下には科学者から成る科学委員会があり、さまざまな科学的意見・情報をIWCに提供しています。

この条約では、鯨類の捕獲時期や捕獲頭数の制限といった具体的な規則は、条約の付表に定められています。付表は、IWCで4分の3の多数決により修正されます。現在、付表10項(e)(商業捕鯨モラトリアム)を受けて、ごく僅かな例外を除いて日本を含むほとんどの締約国は、商業捕鯨を行うことができません。ごく僅かな例外とは、この規定に異議を申立てたノルウェーと、留保を付したアイスランドで、これらの国にはこの規定が適用されないからです。また、先住民生存捕鯨は商業捕鯨に該当せず、米国、ロシアなどの先住民は捕鯨を認められています。

なお、IWC総会は付表修正とは別にこの条約に関する決議を、過半数の多数決で採択できます。けれども、IWCの決議には法的拘束力がないので、締約国はこれに従わなくても条約違反にはなりません。

ところで、締約国は付表の規則とは別に「科学的研究のため」の捕鯨を許可することができます(8条1項)。8条1項は、次のように定めています――「この条約の規定にかかわらず、締約政府は、同政府が適当と認める数の制限及び他の条件に従って自国民のいずれかが科学的研究のために鯨を捕獲し、殺し、及び処理することを認可する特別許可書をこれらに与えることができる。また、この条の規定による鯨の捕獲、殺害及び処理は、この条約の適用から除外する。(以下省略)」――南極海捕鯨事件では、JARPAIIがこの条項にいう「科学的研究のため」の捕鯨か否かが、主要な争点となりました。

(2) 訴訟における当事国の主張

この訴訟において、豪州は以下のように主張しました――ICRWの趣旨・目的は、決議の採択などを含むIWCの活動の蓄積により、鯨類の保全を重視する方向に転換した。ゆえに、「科学的研究のため」の捕鯨に対する許可の発給を締約国に認めている8条1項は、制限的に解釈される。つまり、この規定は「科学的研究のため」の捕鯨をあくまでも例外として認めているにすぎず、ある捕鯨が「科学的研究のため」のものかは厳格に審査される。この点で、JARPAIIは「科学的研究」に求められる客観的基準を充たしておらず、また、JARPAIIの真の目的は鯨肉の販売と在庫調整なので科学的研究「のため」の捕鯨とはいえないから、8条1項の下で認められる「科学的研究のため」の捕鯨に当たらない。したがって、これに対する日本政府の許可は、付表10項(e)(商業捕鯨モラトリアム)、同(d)(母船式操業の部分的停止)および7項(b)(南大洋保護区)に違反する。また日本は、JARPAIIを許可した際に条約の求める手続をとっていないので、付表30項(科学的研究に対する許可計画の提供)にも違反する。ゆえに、日本政府のJARPAIIに対する許可の取消しと、将来にわたるこの計画の不許可を命令することを、裁判所に求める。

これに対して日本は、次のように反論しました——ICRWの趣旨・目的は、捕鯨産業の秩序ある発展のために鯨類資源の適切な保存を図ることであり、これはIWCの活動の蓄積によっても変化していない。8条1項は国家が本来有する権利を確認するもので、「科学的研究のため」の捕鯨を例外として認めているのではない。本条項によれば、各締約国は「科学的研究のため」の捕鯨の許可に際してその実施条件などを自由に決定でき、ICJがそれを審査できる範囲は限られている。JARPAIIはその内実から「科学的研究のため」のプログラムであって、鯨肉の販売も8条2項に従うもので合法である。また、条約に従って必要な手続もとっている。したがって、日本はICRWに違反していない。なお、IWCの決議は締約国を法的に拘束しないから、日本はそれを守る義務を負わないが、日本はJARPAIIの許可に際して、致死的調査を最小限にすべきとのIWCの決議を誠実に考慮した。

(3) 捕鯨判決の内容——裁判所の結論とその理由

以上の主張に対して、裁判所は結論として、12対4の多数意見で次のように判断しました——JARPAIIはICRW 8条1項で認められた「科学的研究のため」の捕鯨に当たらないので、JARPAIIに対する日本政府の許可発給は、付表10項(e)、同(d)および7項(b)に違反する。したがって、日本はJARPAIIの許可を取り消し、今後もこの捕鯨活動を許可してはならない。さらに日本は、将来8条1項の下で許可を発給する際にはこの判決を考慮するよう期待される。

裁判所はこの結論を、次のように導きました——ICRWの趣旨・目的は、その前文にあるように鯨類資源の保全及び捕鯨を含む持続可能な利用であり、IWCの活動の蓄積によって変化していない。ただし、この条約はIWCの活動を通じて「進化する文書」なので、条約と一体の8条1項は、この条約の趣旨・目的に照らし、また付表を含む他の規定を考慮して解釈される。したがって、この規定の下で締約国は調査捕鯨の実施条件などを決めることができるが、その捕鯨が「科学的研究のため」の捕鯨に当たるかどうかは、許可発給国の認識だけによらず客観的に判断される。この判断はその捕鯨が、第1に「科学的研究」であり、第2に科学的研究「のため」のもの――研究の方法が設定された研究目標を達成するために合理的――かどうかによる。

そして裁判所は、JARPAIIについて以下のように判断しました――上記第1の点について、司法機関である裁判所は科学の問題には立ち入らないが、JARPAIIの研究目標(南極生態系のモニタリング、鯨種間の競合と将来の管理目標のモデリングなど)は、IWC科学委員会が作成した8条2項に基づく調査捕鯨の特別許可のレビュー・ガイドライン(附属書P)に含まれるので、JARPAIIは広い意味で「科学的研究」である。しかし、第2の点については、充足すべきと裁判所が考えた7つの要素から成る基準(「合理性の審査基準」)を充たさないので、JARPAIIにおける致死的手法の利用はその研究目標を達成するために合理的なものとはいえない。なぜなら、この計画では、非致死的手法で致死的手法を代替できるかどうかが適切に評価されたとは思われない。また、予定された捕獲標本数には科学的に合理的な根拠が見当たらず、その算出の手続も不透明である。JARPAIIにおいて実際に捕獲された標本数は予定数よりもはるかに少なく、そのままでは研究目標は達成できないはずなのに、計画は見直されていない。さらに、研究期間の定めもなく、JARPAIIに基づく査読付論文は僅かで科学的成果に乏しく、JARPAIIには他の関連研究との連携もない。

(4) 裁判所のロジックにおける特徴

以上の裁判所の判断では、裁判所が設定した「合理性の審査基準」が重要な役割を果たしています。この基準は、IWCの科学委員会が全会一致で採択した特別許可のレビュー・ガイドライン(附属書P)にそったものでした。また、全会一致で採択されたIWC総会の決議(致死的調査は研究目標達成のため必要最小限度で認められる)も反映され、非致死的手法で致死的手法を代替できる可能性の評価の実施が重視されています。裁判所によれば、国際法の下で国家は自ら加盟する国際機関に協力する義務(協力義務)を負っているので、全会一致で採択された国際機関の決定を、それ自体には法的拘束力がなくても、その内容を受け容れるかどうかについては考慮しなくてはならないからです。そして、日本は裁判を通じて、

JARPAII がこうした基準を充たしていることを十分に説明できなかったので、このプログラムはICRW 8条1項にいう「科学的研究のため」の捕鯨に当たらないと、裁判所は判断しました。

ここでは、とくに次の3つの点が重要です。1つめに、ICRW 8条1項は、IWC 加盟国の協力義務を介して、条約締結後に全会一致で採択されたIWC の総会決議と科学委員会のガイドライン(附属書P)を考慮して解釈されるという考え方を、裁判所はとりました。2つめに、ICJ は JARPAII の研究目標の内容は評価していませんが、その要点は理解して、その達成のためにこのプログラムの採用した手段・方法が合理的だったかどうかを判断しました。こうして裁判所は、研究目標と手段・方法との関係という手続面に限ったとはいえ、科学の問題に踏み込んでいます。3つめに、裁判所は JARPAII が「合理性の審査基準」を充たさないと判断した理由を、日本がこの基準を JARPAII が充たすことを裁判で十分に説明せず、なされた説明も一貫していなかったからとしました。つまり、日本の説明不足により JARPAII は合理的でないと判断されたのです。

3　なぜ日本は負けたのか？

(1)　伝統的な法解釈論からは日本にも分はあった——けれども日本は負けた

以上述べた判決には、従来の国際法の解釈論からはいくつかの異例な点があり、裁判所のロジックには不明瞭な点もあります。例えば、ICRW における8条1項の位置づけです。通例の条約解釈の方法によれば、調査捕鯨はこの条約において、締約国の権利の行使として原則認められる(日本の主張)のか、または特別の場合にのみ認められる例外(豪州の主張)なのかが、まず問われるでしょう。また、前者ならば締約国の権利行使で認められる裁量の幅を日本が越えていないかが、他方で後者ならば、例外として充たすべき条件の内容を日本が充たしているかが、問題となるでしょう。そして通常の訴訟手続では、特別許可の発給は、前者ならば正当性が推定されるので、許可発給の正当性を争う側(豪州)がその不当性(発給国の権利濫用、裁量逸脱、悪意の存在など)を立証し、他方で後者ならば特別の条件を充たさない限り不当なので、発給国(日本)がその正当性を立証することになります(立証責任の原則)。実は以上の点について、この条約の条文規定のあり方そのものからは、通例の条約解釈論によれば前者の立場が支持されるように思われるのです。しかし多数意見は、この条約はIWC の活動を通じて進化する文書なので、8条1項は条約前文に照らして付表を含む他の規定も考慮して解釈されると言い、両当事国の主張を斥けたうえで、「合理性の審査基準」をもち出しました。こうして、以上の問題を避けたように見えます。

次に、裁判所が「合理性の審査基準」をJARPAIIの場合に当てはめて結論を導いた判断方法にも、不明瞭な点があります。裁判所は日本に対して、JARPAIIについて、1)非致死的手法で研究目標を達成できるかどうか評価したこと、2)研究目標に照らした捕獲予定の標本頭数、実際の捕獲頭数と鯨種、調査期間の設定、研究成果、他の調査機関との連携の面で合理的であることについて、説明を求めたといえます。けれども、日本がIWC加盟国として協力義務を負うとしても、通常の訴訟手続では豪州が、JARPAIIは1)と2)を充たさないことを立証しなくてはなりません(立証責任の原則)。確かに豪州は上記2)については、口頭弁論を通じて「一応の」推定を確立することに成功したようにも思われ、日本はそれを覆すほどの説明ができなかったと理解できるでしょう。しかし1)については、豪州はそのような評価がなされなかったと推定されるための根拠を、口頭弁論でも示していないのです。こうして少なくとも1)に関する限り、日本に説明を求めた理由や、説明しなかった日本に不利な判断をした根拠が不明です。

裁判所の多数意見がなぜ以上の立場をとったのかは、判決からはよくわかりません。ICJの数名の裁判官も、以上と類似の反対意見を書いています(小和田判事、アブラハム判事)。日本の国際法学者からも批判があります。

(2) なぜ日本は負けたのか？
——科学の文脈を考慮した仮説で捕鯨判決を読み解く

① 1つの仮説——特異な事情と調査捕鯨の本質を重視した政策志向の強い判断か？

それでは、なぜ日本は負けたのでしょうか。この点について、ICJ判事の「反捕鯨感情」や国際環境法の影響を指摘する見方もあります。けれども、むしろ多数意見はICRWとJARPAIIをめぐる特異な事情を考慮し、現代科学の文脈に留意したうえで、政策志向の強い判断をしたのではないかと推測すれば、捕鯨判決をめぐる以上の謎も多少は解けてきます。ここにいう政策とは、日本社会でよく聞かれるような「反捕鯨」政策ではありません。それは、ICRWの下では、鯨類の致死的な科学的利用は現代科学の一般認識と技術水準に従い、かつ、締約国による明瞭な説明を通じて透明性の高い形で行われることが好ましいという、調査捕鯨に関する考えです。以下では、もう少し詳しく説明しましょう。

② 20世紀半ば以降の科学の文脈の変化――国際捕鯨取締条約(ICRW)8条1項は時代遅れか？

まず、ICRWが締結された20世紀半ばと21世紀初めの現代とでは、科学研究に関する一般認識と研究技術の水準は大きく変わりました。今日の科学の世界では動物に関する研究について、非致死的手法により研究目標を達成できるのならば可能な限り非致死的手法を利用するべき、とされています。これは倫理的な理由からだけではなく、科学的な理由にもよります。研究対象にできるだけ影響を与えないようにすることは、同一の対象を扱う他の科学研究を阻害しないための当然の配慮とされます。また、致死的手法は、捕獲対象をその一部とする環境・生態系に何らかの影響を与える可能性もあるため、捕獲前後でその環境・生態系の状況は異なるかもしれません。したがって、JARPAIIのように研究目標が捕獲対象を含む生態系・環境にかかわる場合には、捕獲から取得したデータ自体がもはや研究目標の達成には役に立たないおそれもあります。以上の理由から、科学研究では、研究目標を達成するため非致死的手法で致死的手法を代替できるかどうか、あらかじめ評価をしなくてはならないとされています。さらに、捕獲する標本数が多ければ懸念はより強くなるので、より厳密な評価が必要ともいわれます。

以上の一般認識の背景にあるのは、過去数十年間の研究技術の飛躍的な進歩です。ICRWが締結された20世紀半ばには、鯨類の科学研究は、ほとんどの場合に捕獲標本がなければ十分にできませんでした。けれども、脂肪酸分析法や衛星追跡法などの非致死的手法が開発された現代では、研究目標はそれで達成できる場合も多く、これは必ずしも当てはまらないのです。だから非致死的手法の利用可能性の評価を求められます。

つまり、先に述べた日本政府の解釈が適切と思われるICRW 8条1項は、条約締結当時の研究技術の水準を前提とする、20世紀半ばの科学の一般認識に立つものといえます。ですから、日本政府が主張したようにこの規定を文字通り文理解釈することは、伝統的な法解釈論としては正しいとしても、現代の科学の文脈に合わない結論をもたらす可能性があるのです。さらに、IWC科学委員会が採択したガイドライン(附属書P)にあるそれ以外の事項(研究目標の定量的設定、中間目標のある研究期間の設定、対象資源に対する潜在的影響の評価、定期的および最終レビューの実施など)も、今日の科学界では一般に受容されています。IWC 科学委員会でも、日本を含め附属書 P の採択に反対はなかったのです。

③ IWC の現状——現代科学の文脈に合わせた国際捕鯨取締条約(ICRW)8 条 1 項の改正は可能か？

それならば、8 条 1 項を現代の科学の文脈に合うように改正するべきで、それを判決のように「アクロバティックな」解釈で対応するのはおかしいではないか、ということになります。けれども、この条約には条文改正の規定がないうえに、以下に述べる IWC の現状を考えると、8 条 1 項の改正は現実的にとても難しいのです。

IWC ではとくに 1990 年代頃から、この条約の趣旨・目的に関する対立が加盟国間で激しくなり、建設的な議論や決定ができない状態が続いています。遅くとも 1990 年までに予定されていた商業捕鯨モラトリアムの見直しも、鯨類資源の包括的評価や捕鯨の科学的管理方法(改訂管理方式：RMP)が採択されて条件が整っているのに、行われていません。これは、持続可能な捕鯨産業の発展を認めるべきか、または鯨類資源の商業利用はホエール・ウォッチングなど原則として捕殺を伴わないものに限るべきかという、加盟国間の理念の対立があるからです。IWC の大多数の加盟国は、その設立当初は捕鯨国でしたが、やがて英国、米国、オランダ、豪州などが捕鯨をやめ、非捕鯨国の加盟も増えて、80 年代には捕鯨に消極的な非捕鯨国が多数になりました。その後、これらの国が相次いで IWC をやめ、また捕鯨を支持する国も多く加盟したので、今では捕鯨推進国と反対国の数は拮抗しています。そのため、どちらの側も IWC の 4 分の 3 の多数を獲得できず、具体的な捕鯨規則を定めるこの条約の付表を修正できないため、IWC は膠着状況に陥っているのです。

そして、IWC で激しく争われてきた問題の 1 つが、8 条 1 項の解釈と日本の調査捕鯨の当否でした。さらに、その前提にあるのが、この条約の趣旨・目的の解釈と、それと密接にかかわる IWC の総会決議や科学委員会の採択したガイドラインの法的効力の問題でした。こうした状況では、加盟国が 8 条 1 項の改正に合意するのは無理でしょう。

④　JARPAIIをめぐる特殊な事情――裁判所の背中を押したものは何か？

さらに、JARPAIIをめぐってはいくつかの特殊な事情もありました。例えば、このプログラムの科学的価値については、その研究目標の漠然さも含めてIWC科学委員会で意見が分かれていました。すでにJARPAIIの開始時点(2006年)で、商業捕鯨の時代(―1985年)とJARPA(第I期南極海調査捕鯨計画：1986年―2005年)による長年の鯨類の標本調査を通じて膨大な科学的データがあったので、これを利用すればJARPAIIの研究目標はある程度達成できるという意見もありました。また、JARPAIIで予定された捕獲標本数は、JARPAに照らしても突出していました。この裁判の口頭弁論においても、当事国双方の側の鑑定人科学者は、その数の不自然さを指摘していました。

さらにJARPAIIは、IWCの加盟国としても特異な立場にある日本のプログラムです。日本は、比較的大規模な商業捕鯨を望む加盟国の中で、商業捕鯨モラトリアムのためにほぼ唯一それが許されない国です。なぜなら、日本と同様に商業捕鯨を強く望むノルウェーとアイスランドは、前述したように商業捕鯨モラトリアムを定める付表10項(e)の適用を受けないので、ICRWの下でも商業捕鯨をすることができ、実際にも現在、行っているからです。また、ノルウェーやアイスランドを含む他の加盟国による過去の調査捕鯨は、実施海域が自国の沿岸海域に限られ、標本数もJARPAIIより圧倒的に少ないのです。ですから、将来JARPAIIほどの大規模な調査捕鯨を計画する加盟国は、日本以外にはまず考えられないでしょう。この意味で、裁判所は少なくともICRWの解釈論としては、この判決が将来IWCにおいて深刻な波及効果をもつとは考えなかった可能性もあります。

⑤　裁判所は科学をめぐる時代の変化を「アクロバティックな」判決で受けとめたのか？

以上のことから裁判所は、今日の科学の一般認識と研究技術の水準に従い、「科学的研究のため」のプログラムとして、JARPAIIの合理性(その研究目標に照らした手段・方法の合理性)を明らかにするべきと考えた可能性があります。そのために、手続面に限ったとはいえ科学の領域に踏み込み、現代の科学の文脈にそったIWC決議と科学委員会のガイドライン(附属書P)を重視し、8条1項の解釈基準として、協力義務を通じてその内容を組み込んだ「合理性の審査基準」を設けたのかもしれません。また、それにいたる過程で判決は、この条約の趣旨・目的やIWCの総会決議や科学委員会のガイドラインの法的効力といった、IWCで争いのあった解釈問題にも答えています。そして、JARPAIIの許可にいたる日本政府の判断のプロセスを明らかにすることを重視して、立証責任の問題には直接触れないまま、その基準を充たしていることの説明を日本に求めたのかもしれません。

このようにして、捕鯨判決は、ICRWという「古い」条約をいかにして21世紀初めの科学の文脈にかなった形で解釈・適用するかという難しい問題に、裁判所が直面した結果、といえるようにも思われます。つまりICJは、時代の変化を国際法で受けとめるための1つの方法として、「アクロバティックな」判決、すなわち先に述べたようにICRW 8条1項の位置づけや「合理性の審査基準」のJARPAIIへの当てはめにおける立証責任などについて不可解さが残る判決を、出さざるをえなかったのかもしれません。これは大胆な仮説ですが、このような理解も不可能ではないでしょう。

4　まとめ——日本の敗因と捕鯨判決がもたらしたもの

以上のように考えると、この訴訟で日本が負けた原因は、日本政府が伝統的な国際法の解釈論、少なくともICRW締結当時の状況を前提とする、8条の文字通りの文理解釈論にこだわるあまり、また、IWCの総会決議や科学委員会のガイドラインは加盟国を法的に拘束しないという法形式論に捉われるあまり、時代の変化を受けた現代の科学の文脈でJARPAIIを捉え直すことを軽視したことにある、といえるでしょう。そして、昨今の捕鯨問題を、捕鯨をめぐる価値の対立という視点からのみ、いいかえれば持続可能な捕鯨に対する賛成派と反対派というきわめて単純な構図においてのみ捉えていた、ということにも一因があったのではないでしょうか。実はJARPAやJARPAIIに対する国内外の批判は、持続可能な捕鯨を否定する論者からだけではなく、むしろそれを支持する側からも、「科学的研究のため」という調査捕鯨の本質に照らして出されていたのです。

この判決は、その後国内外で大きな影響を与えています。まず国内では、判決を受けて日本政府は、JARPAIIの許可を取り消し、新たな南極海調査捕鯨計画(NEWREP-A)を許可し、その初年度が実施されました(2015年12月—2016年3月)。そして、調査捕鯨関連の国内予算総額も、2016年度は約50億円に増額されました。また、2014年度から北西太平洋調査捕鯨(JARPNII)の捕獲頭数も削減し、2016年にはJARPNIIを終了させ、北西太平洋について新たな調査捕鯨計画(NEWREP-NP)をIWCの科学委員会に提出しました(2016年11月)。次に国際的には、まず判決直後の第65回IWC総会(2014年9月)が、ICRW 8条1項の特別許可に関する決議(2014–5)を多数決で採択しました。この決議は、判決内容を組み込んだ科学委員会による特別許可のレビュー手続を明記するとともに、IWCが締約国による特別許可発給前に科学委員会の報告書を検討する手続を設けるもので、特にこの後者のIWCによる検討手続については賛否両論がありました(日本は反対)。そして、科学委員会はこの決議とガイドライン(附属書P)にそってNEWREP-Aをレビューし、多くの見直し勧告を含む科学専門家パネルのレビュー報告を受けて、NEWREP-Aについて賛否両論を併記した報告書を出しました(2015年5月)。さらに、NEWREP-Aの初年度実施後の第66回IWC総会(2016年10月)でも、上記の決議(2014–5)にあるIWCの検討手続の確保をめざした、特別許可の下における捕鯨のレビュー・プロセスの向上に関する決議が、多数決で採択されました(日本は反対)。このようにして、日本の調査捕鯨については、IWCを中心に現在も国内外で議論が続いています。

以上のように、捕鯨判決は「アクロバティックな」面のある方法ながらも、長年IWCで争われてきたICRW 8条1項の解釈問題に、ひとまず一定程度終止符を打ち、現代の科学の文脈にそった形で調査捕鯨が実施されるための1つの道筋をつけたといえます。そして、ICRWの趣旨・目的を、鯨類資源の保全及び捕鯨を含む持続可能な利用とし、これをめぐるIWC加盟国間の激しい対立にも一石を投じました。これを受けて、IWCでも建設的な対話が進むことが望まれます。とはいえ、以上述べた判決後の状況をみると、混沌とした状態はまだ続いているようです。以上の状況を踏まえて、主要な捕鯨推進国としての日本には、長期的なビジョンと現実的な交渉戦略が求められるでしょう。

〔参考文献〕

＊国際法の研究者による、捕鯨判決の分析・評価として：
奥脇直也「捕鯨裁判の教訓――協力義務との関係において」『日本海洋政策学会誌』4号(2014年)。
児矢野マリ「国際行政法の観点からみた捕鯨判決の意義」『国際問題』636号(2014年)。
坂元茂樹「日本からみた南極捕鯨事件判決の射程」『国際問題』636号(2014年)。
佐藤哲夫「捕鯨事件にみる国際組織の創造的展開――『加盟国の誠実協力義務』の立証責任転嫁

機能に注目して」柳井俊二・村瀬信也編『国際法の実践――小松一郎大使追悼』(信山社・2015年)。

＊国際政治の研究者による、捕鯨判決およびその後の展開の分析・評価として：
石井敦・真田康弘『クジラコンプレックス――捕鯨裁判の勝者はだれか』(東京書籍・2015年)。

＊科学者による、鯨類研究と調査捕鯨に関するコメントとして：
粕谷俊雄「捕鯨問題を考える」『エコソフィア』16号(2005年)。
米本昌平「日本の調査捕鯨」『毎日新聞』(2005年7月17日付朝刊)。
Mangel, M., *An Assessment of Japanese Whale Research Programs Under Special Permit in the Antarctic* (*JARPA, JARPAII*) *as Programs for Purposes of Scientific Research in the Context of Conservation and Management of Whales* (April 2011) *available at* 〈https://users.soe.ucsc.edu/~msmangel/Mangel%20Original%20Report.pdf〉.

(以上、2016年11月脱稿)

〔追補〕

捕鯨判決から5年後の2019年に、国際的には下記の経緯を経て、日本の捕鯨政策は大きく転換しました。すなわち、まず判決から4年後の2018年、野生動植物国際取引規制ワシントン条約(CITES)の下で、日本は、前述した新たな北太平洋調査捕鯨計画(NEWREP-NP)(2016年～)について条約不遵守と判断され、是正すべきとの勧告を受けました。NEWREP-NPにより北太平洋のイワシクジラ(CITESの附属書Iの掲載種：絶滅のおそれのある種)を公海で捕獲し、その鯨肉を日本国内で流通させているのは、条約が禁止する「商業目的」の「海からの持ち込み」(3条)に該当すると判断されたからです。

そして2019年6月末、日本はIWCを脱退し、南極海及び北西太平洋の公海における調査捕鯨を終了させ、翌7月から商業捕鯨を再開しました。IWCからの脱退の理由は、日本政府によれば、日本は30年以上にわたり交渉をしてきたにもかかわらず、IWCで過半数を占める反捕鯨国からの歩み寄りはなく、「現在のIWCでは、『持続可能な利用』と『保護』の両立は極めて困難であることが明白化」したから(水産庁「捕鯨を取り巻く全体状況について」〈https://www.jfa.maff.go.jp/j/study/attach/pdf/230328-17.pdf〉(2024年7月12日閲覧))です。

日本が再開した商業捕鯨は、自国の管轄する沿岸200カイリ以内の排他的経済水域において、十分な資源量が確認されている種(ミンククジラ、ニタリクジラ、イワシクジラ)を対象に、前述したRMPにより算出される捕獲可能量以下の頭数を捕獲するものです。また、2024年7月には、上記3種に加えてナガスクジラの捕獲枠も設定しました。

ただし、日本の商業捕鯨の実施は、包括的な海洋法秩序を定める国連海洋法条約の違反を問われるおそれはないのか、慎重な検討が必要です。たとえば、日本はIWCから脱退後もIWC科学委員会にオブザーバーとして参加していますが、IWCに加盟せずにこのような形でIWCに協力することで、国連海洋法条約における「保存、管理及び研究のために適当な国際機関を通じて活動する」義務(65条)を履行することになるのか、この点で義務違反を問われて他の国から国際仲裁裁判を提起されるおそれはないのか、といった点が指摘されています(坂元茂樹『日本の海洋政策と海洋法[第3版]』(信山社・2023年)第13章。玉田大「国連海洋法条約における商業捕鯨の法的評価」浅田正彦・西村智朗・桐山孝信・徳川信治・樋口一彦編『坂元茂樹・薬師寺公夫両先生古稀記念論文集――現代国際法の潮流1』(東信堂・2020年)など)。

24　「ポスト京都議定書」交渉の場としてのCOP21とは？
――環境保護のための枠組条約体制

吉田 脩

1　なにが問題か？

地球温暖化対策をめぐる国際的な合意文書として、1997年に京都で開催された地球温暖化防止会議において、いわゆる京都議定書が採択され、同条約に基づき各国が様々な対策を講じることが定められました。それにもかかわらず、その後、「ポスト京都(京都後)」に向けた新たな条約の締結交渉が進められ、2015年12月に「パリ協定」が採択されました。京都議定書で温暖化対策のために各国がとるべき方策が定められたのであれば、それを実施すれば良いようにも思われますが、なぜ京都議定書に代わる新たな合意が必要なのでしょうか？ 環境保護に関する交渉についてよく耳にするようになっている締約国会議(COP)とは、そもそも何なのでしょうか？ 地球温暖化問題をはじめとする国際条約を通じた環境保護の試みは、どのように進められているのでしょうか？

2　“COP”の意味とは？――多数国間条約の最高意思決定機関

2015年11月30日から12月11日まで、フランスのパリにおいて、気候変動枠組条約(UNFCCC)の第21回締約国会議(COP21)と京都議定書の第11回締約国会合(CMP11)が開催され、前者の会議において、京都議定書に代わる新たな国際条約であるパリ協定が採択されました。新聞等のマス・メディアでは、国際環境交渉の場としてのCOPにおいて「○○が決まった」などと報道されていますが、COP、すなわち、“Conference of the Parties”(条約の当事国から成る総会機関(plenary organ)である会議)とは一体どのようなものであるのかを理解している人は、案外少ないのかもしれません。まず以下の年表を見てください。

1989年	国連総会決議44/207が採択。気候変動に関する枠組条約と具体的な義務を定める議定書を緊急に作成すると決定。
1990年	国連総会決議45/212が採択。条約作成のため、政府間交渉委員会を設置し、同委員会を通じて作業を行うことが決まる。
1991年	政府間交渉委員会において交渉が開始される(2月)。
1992年	環境と開発に関する国連会議が開催。気候変動に関する国際連合枠組条約が採択(5月)。
1994年	気候変動枠組条約が発効(3月)。
1995年	COP1の開催、「ベルリン・マンデート」が採択。附属書I国による温室効果ガス削減の目標・スケジュールを定める法的文書をCOP3(1997年)で採択することが決定。
1997年	COP3において京都議定書が採択(12月)。
2005年	京都議定書が発効(2月)。COP11と京都議定書の第1回締約国会合(CMP1)が開催。
2007年	COP13・CMP3が開催。「バリ行動計画」の採択。京都議定書で規定される先進国の削減目標の期間が2008–2012年まで(第1約束期間)であることから、それ以降の国際枠組(ポスト京都議定書)に関する交渉を開始することが決定。
2011年	COP17・CMP7が開催、「ダーバン合意」の採択。第1約束期間の終了後も京都議定書を延長し、かつ、遅くとも2015年のCOP21までに、議定書、他の法的文書又は法的拘束力を有する合意成果を採択する作業を終え、2020年から発効・実施させるとした。 2015年のCOP21までに、全ての国が参加する新体制の枠組みをつくることが決定。
2012年	COP18・CMP8が開催。京都議定書の第2約束期間(2013–2020年)における削減目標が決定。
2015年	COP21においてパリ協定が採択(12月)。

年表のとおり、第1回目となるCOPが実際に開催されたのは気候変動枠組条約が発効した後の1995年であり、COPはこの多数国間条約の内部的な「最高機関」(7条2項)として、実際に同条約の運用が開始されてから動き出したという点が重要です。いいかえると、COPは、国家とは別個の法人格(legal personality)は持たないものの、個別イシューに特化したグローバルな「立法機関」(issue-specific global legislature)として、条約によってその掲げる目的を遂行するために設立された、政府間におけるある種の国際組織体と言えます[1)]。大まかなイメージとして

1) See Brunnée, Jutta "Reweaving the Fabric of International Law? Patterns of Consent in Environmental Framework Agreements," Wolfrum, Rüdiger and Röben, Volker, *Developments of International Law*

は、アド・ホックな国際会議と国連のような国際組織との中間に存在するようなフォーラムと捉えられるでしょうか。これは、学説上では、「小さな国際組織」と形容されることもあり[2)]、国家代表団から構成される定期的な締約国会議のもと、各種の専門委員会、条約事務局、定期会議ないし委員会の下部機関等も存在します。京都議定書の発効後(2005年)からは、CMP(Conference of the Parties serving as the meeting of the Parties to the Kyoto Protocol)と呼ばれる、同条約の「最高機関」である締約国会合(13条)が、気候変動枠組条約のCOPと並行して開催されています。気候変動枠組条約のCOPが京都議定書のCMPとしての役割を果たすものの、当然のことながら、同議定書に関する決定はその締約国のみによって行われます(13条2項)。

なお、“COP”(条約の最高意思決定機関である会議体)は、気候変動分野の条約だけに存在するものではありません。その権限の具体的な内容は各条約ごとで異なるものの、1985年のオゾン層保護条約、1989年の有害廃棄物越境移動規制条約(バーゼル条約)、1992年の生物多様性条約などにもCOPが設けられ、毎年、その会合が開催されています。1971年のラムサール条約のCOPは、これらの条約とは異なり、3年ごとのスパンで設けられています(6条)。また、例えば、軍縮の分野については、1997年の対人地雷禁止条約に締約国会議(Meetings of the States Parties)が、1993年の化学兵器禁止条約では化学兵器禁止機関(OPCW)の内部機関として締約国会議(Conference of the States Parties)が設置されています。

ただし、当然のことながら、全ての多数国間条約にCOPが設けられているわけではなく、武力紛争時における犠牲者の保護等に関する1949年のジュネーヴ諸条約などには、当事国から成る総会を設けるための規定が存在せず、このことは、いったん締結された条約につき、例えば履行状況の確認などに関して、定期的に締約国が集まって話し合うのが難しいということを示唆しています。この点、気候変動枠組条約のCOPでは、同条約の規定(7条4項)に基づき、毎年、全当事国が集合し交渉する機会が予め設定されているということになります。

3　環境保護のための枠組条約体制

一口で言えば、COPという国家間のグローバルな組織体は、**条約という**国際

---

in Treaty Making (Springer, 2005), pp. 101–126.

2)　Beyerlin, Ulrich, *Umweltvölkerrecht* (C. H. Beck, 2000), S. 30.

法によって創り出されるのです。これは、原理的には、国連という国際組織が国連憲章という多数国間条約によって創設されるのと同じ現象と言えます。気候変動枠組条約が採択された「環境と開発に関する国連会議」(1992年)は、当時、多くのNGOも参加する歴史的にも最大規模の国際会議と言われましたが、その名のとおり、特定期間の後には解散する一時的な「会議」にほかなりません。国際会議は、政治的に重要な決断や決定を行い、あるいは政府間で交渉を行う場として、国際政治でもしばしば重要な役割を演じますが、恒常的な業務・目的を遂行する上では、将来に向けた継続性がないという、大きな欠点があります[3)]。諸国が法的な拘束力をもつ条約を締結することで、その目的の達成に資する恒常的な"COP"を設立し、以下に述べるように、COPを中心とした国際条約体制を敷くことによってはじめて、地球的な規模の環境保護体制が生み出されるのです。

気候変動枠組条約のCOPは、毎年、通常は2週間にわたって開催され、第1週目は各国の事務方を中心に協議が行われ、第2週目の中頃には閣僚も参加する「ハイレベル・セグメント」が設けられますが、COPの運営を支える他の条約機関として、ドイツのボンに所在するUNFCCC事務局(8条)や、「科学上及び技術上の助言に関する補助機関」(9条)なども設立されており、それらが協働しつつ、地球温暖化を防止するための国際的な役務に従事しています[4)]。COPにおける意思決定については、条約7条2項(k)に基づき内部手続規則(FCCC/CP/1996/2, 22 May 1996)が採択されており、通常は、交渉に基づき成立する一般的受諾たる「コンセンサス」により決定が行われています。

こうした専門技術的な条約による平時の国際協力体制の推進は歴史的にも古く、19世紀の国際河川委員会(1815年のライン河中央委員会など)を先駆とする、いわゆる「国際行政連合(international administrative unions)」の活動にまでさかのぼって考えることができます。国際行政連合も条約に基づき設立される国際組織体であり、全権委員会や理事会、事務局等の内部機関を備えています。

次に、COPを設立する条約それ自体に注目してみましょう。気候変動枠組条約は、その名称のとおり、係る環境保護に向けての「枠組み(framework)」を敷

3) See Sands, Philippe and Klein, Pierre, *Bowett's Law of International Institutions*, Sixth edition (Sweet and Maxwell, 2009), pp. 3–4.

4) UNFCCC事務局のホームページでは、COPの報告書を含む、多くの関係資料を閲覧できます(http://unfccc.int/2860.php)。

く条約であり、これは、基本的な環境原則(「持続可能な発展(開発)」や「共通だが差異のある責任」)を定めるとともに、COPなどの内部機関を立ち上げ、しばしば不確実性を伴う科学的な知見を強化するための組織的なモニタリング等の仕組みを導入し、個別具体的な権利義務・基準の設定に対して途を拓くものです。

年表のとおり、気候変動枠組条約の発効後に開催されたCOP1では、温室効果ガス削減の目標・スケジュールを定める法的文書をCOP3(1997年)で採択することが決定され(ベルリン・マンデート)、それを受け、困難な交渉を経て、最終的にCOP3で京都議定書が合意されたのです。京都議定書と気候変動枠組条約とは別々の条約ですが、京都議定書の締約国となる権利を有するのは気候変動枠組条約の当事国のみであり(枠組条約17条4項;議定書24条1項)、これは気候変動枠組条約とパリ協定との法的関係にも同じく当てはまります(協定20条)。さらに、気候変動枠組条約からの脱退は、同時に、京都議定書ないしパリ協定からの脱退も意味します(議定書27条3項;協定28条3項)。

枠組条約と議定書との組合せによって、対象となる問題に関する条約の定立を行う方式は、一般に、「枠組条約アプローチ」と呼ばれます。大気汚染の分野では、ヨーロッパにおける地域的な取決めとして、1979年の長距離越境大気汚染条約のもとで、硫黄排出量削減議定書(1985年)等を含む8つの議定書が今日まで採択されており、グローバルなものとしては、オゾン層保護条約とモントリオール議定書の組合せがあります。ほかにも、生態系の保護については、生物多様性条約の締結に続き、カルタヘナ議定書などが採択されています。枠組条約アプローチの利用は、条約の当事国がCOPという定期的な会議を設けることで議定書、附属書その他の関連する諸協定の継続的な交渉を可能とさせ、また、当初の条約に追加・修正を施すことにより、国際的な合意形成のプロセスを、より動態的なものに変容させたと評価できるでしょう[5)]。

気候変動枠組条約体制のケースでは、京都議定書における大きな特徴の1つとして、温室効果ガスにつき、2008–2012年の5年間で先進国全体で少なくとも1990年比で5%削減するという目標期間ないし約束期間が設けられていたため、同条約の発効に伴う施行後、日本やロシアのように、様々な事情で2012年以後はその第2約束期間(2013–2020年)における義務は負わないとする締約国も次第

5) パトリシア・バーニー/アラン・ボイル著、池島大策・富岡仁・吉田脩訳『国際環境法』(慶應義塾大学出版会、2007年)13頁。

に散見されるようになり、京都議定書の非当事国である米国も含め、これに代わる新たな合意形成が気候変動枠組条約体制内で模索されるようになりました。周知のとおり、世界最大の温室効果ガス排出国の１つである中国が京都議定書では具体的な削減義務を課されていないことも見逃せません。

こうした展開は、例えば、オゾン層保護条約体制と比較すれば、モントリオール議定書という単一の条約文書のもとで、その改正や附属書の修正等に基づき、オゾン層破壊物質を段階的に削減してきたという態様とはやや異なるシナリオですが、いずれの条約体制においても、形式的には対等な主権国家群から成るCOPという当事国の集団が当該国際立法活動の核となっているという点から見れば、本質的には、同じ法現象と捉えることも可能でしょう。

4 COP21とパリ協定の締結

今回のCOP21においては、「ポスト京都」について、どのような合意がなされるのかという点に世界的な関心が集中しましたが、前述のとおり、COPは、新条約の締結のためだけに招集されたアド・ホックな会合ではなく、常設の国際会議体であるということは、パリ協定の考察に先だって、念のため、ここで再確認しておく必要があるでしょう。COP21では条約内の下部機関からの諸報告も含め、22もの協議事項(アジェンダ)について話合いが行われ、23もの決定が採択されています。パリ協定に直接に関係するのは、ダーバン合意(年表の2011年参照)に関する「アジェンダ4」であり、「気候変動枠組条約のもとで法的拘束力を持ち、全ての当事国に適用される、議定書、他の法的文書または合意成果」というアイテムとして掲げられているものです。そして、パリ協定は、COP21における多くの決定のうちの１つの附属書として、他の決定と同じく、慣行に従い、コンセンサスにより採択されたのです。

それでは、COP21で採択されたパリ協定の内容を概観してみましょう。この協定の目的は、気候変動枠組条約の目的と諸原則に留意しつつ、その実施を高め、世界的な平均気温上昇を産業革命以前と比べて2℃より十分低く保つとともに、1.5℃に抑制する努力を追求すること、適応能力を向上させることなどにより、気候変動の脅威への世界的な対応を強化することと、規定されています(前文、2条)。さらに、気候変動枠組条約でも規定されている、「衡平」と「共通だが差異のある責任」を反映するように実施するとされており(2条2項)、パリ協定が気候変動枠組条約に基づくという点が確認されています。また、京都議定書の場合と同様に、気候変動枠組条約のCOPがパリ協定の最高機関たる締約国会議(Conference of the Parties serving as the meeting of the Parties to the Paris Agreement)として活動するとされています。

条約の実体的な側面に関して京都議定書と大きく異なるのは、パリ協定においては、すべての締約国の義務として、累次の「貢献」(削減目標・行動)の作成・提出・維持が盛り込まれ、その「貢献」の目的を達成するための国内措置をとるとしたことです(4条)。この点、京都議定書においては、先進国(附属書B締約国)のみに対して、具体的な削減目標が義務として盛り込まれています。もとより、その実効性は、遵守を促す手続や制度の整備等も含め、同協定発効後の運営のあり方に大きく依存しますが、温室効果ガスを削減するという世界共通の目的に対して、交渉に参加した諸国の個別利益に一定の配慮をしつつも、全当事国が負う条約上の義務を導入した点は肯定的に評価されるべきでしょう。パリ協定で新たに採用されたこのアプローチは、識者の間でも、気候変動枠組条約や京都議定書と比較すれば、現在の国際社会における温室効果ガスの排出パターンに鑑みると、より現実的で柔軟な仕組みであるとも言われています(Savaresi, Annalisa, “The Paris Agreement: An Early Assessment,” *Environmental Policy and Law,* Vol. 45(2016), pp. 14–17)。

なお、パリ協定の発効には世界総排出量の55%以上を占める55カ国以上の国々による批准が必要とされていますが(21条)、同協定は、この要件を満たし2016年11月4日に発効の運びとなり、地球温暖化を食い止める実効性を有するのか否かなど、そのグローバルな実施の行方に世界の関心が集まっています。

5 まとめ

以上のとおり、気候変動といった今日的なグローバルな環境問題については、気候変動枠組条約体制やオゾン層保護条約体制に見られるように、しばしば、枠組条約アプローチというメソッドに基づき、科学的な知見の進展や参加国の複雑な利害関係に配慮した柔軟な方法で関係条約の締結作業が試みられており、こうした枠組条約体制においては、多くの場合に、条約上の「最高機関」として、“COP”の創設が予定されているのです。各々の枠組条約体制の発展は、それぞれの環境問題に対して、条約当事国の集合体であるCOPにおいてどの程度まで合意の形成が進み、そして、追加的な議定書その他の具体的な合意内容が実際に国内で実効性を持つか否かに大きく依存しています。

今後、報道にて地球温暖化問題を含む条約の動向につき耳にしたときは、以上のような諸点にも関心を向けてもらいたいと思います。

〔参考文献〕

＊国際環境法における「COP」の機能・役割につき、総論的に論じるものとして：
パトリシア・バーニー／アラン・ボイル著、池島大策・富岡仁・吉田脩訳『国際環境法』(慶應義塾大学出版会・2007年)。

＊「枠組条約」の理論的な考察として：
山本草二「国際環境協力の法的枠組の特質」『ジュリスト』1015号(1993年)。
兼原敦子「枠組み条約」『国際環境法の重要項目』(日本エネルギー法研究所・1995年)。

＊国際環境条約における内部諸機関について：
吉田脩「国際法における『国際制度』の新展開――国際社会の組織化現象の理論的再検討」『国際法外交雑誌』第99巻3号(2000年)。
Yoshida, Osamu 2018, *The International Legal Régime for the Protection of the Stratospheric Ozone Layer*, 2nd ed., Brill/Nijhoff.

＊本稿脱稿後、以下の論文が出版されたので、参照いただきたい。
西村 智朗「人類の共通の関心事としての気候変動――パリ協定の評価と課題」、高村ゆかり「パリ協定における義務の差異化――共通に有しているが差異のある責任原則の動的適用への転換」松井芳郎ほか編『21世紀の国際法と海洋法の課題』(東信堂・2016年)。
堀口健夫「パリ協定における義務づけと履行確保の手続の特徴」森肇志・岩月直樹編『サブテクスト国際法』(日本評論社・2020年)173–186頁。
大髙準一郎「気候変動外交と国際秩序形成の動向」『国際法外交雑誌』第122巻(2023年)88–113頁。

25 竹島紛争は国際司法裁判所に持ち込めない？
――国際紛争の処理における国際裁判の役割(1)

玉田 大

1 なにが問題か？

2012年8月10日、突然、李明博・前韓国大統領が竹島(韓国名は「独島」。以下では「竹島」と表記)に上陸しました。大統領による上陸は初めてです。これに反発した日本政府は、国際司法裁判所(ICJ)に提訴する構えを見せました。ICJは、国家間の紛争を解決するための国連機関です。これまで日本がICJで訴えられたことはありますが、日本がICJに提訴したことはありません(2010年に、南極海の捕鯨に関して豪州が日本を相手に提訴し、2014年に日本敗訴の判決(⇒23)が下されました)。竹島に関する日韓の争いは長年にわたっていますし、粘り強い外交交渉に期待したとしても、事態は一向に好転しません。そこで考えられるのが、「世界法廷」とも言われるICJに提訴して、竹島の帰属(どちらの国のものか)を判断してもらうという方法です。ところが、最終的に日本政府は提訴しませんでした。現時点でも様子見の状態で、提訴する様子はありません。なぜ日本政府はすぐに提訴しなかったのでしょうか？ 何か提訴できない理由があるのでしょうか？ あるいは、ICJに提訴しても意味がないのでしょうか？

2 どうやって持ち込むか？

国際司法裁判所に提訴しても、すぐに裁判ができるわけではありません。ICJで裁判を行うための最大の難関が「管轄権」です。管轄権とは、裁判所が本案判決を下すための権限を意味します。簡単に言えば、裁判所の「敷居」です。仮に裁判所が「管轄権がある」と判断すれば、その後、本案手続に進み、本案判決が下されます(たとえば、被告国の違法性が認定され、賠償が命じられます)。他方で、裁判所が「管轄権がない」と判断すれば、その段階で訴訟手続は終了します(本案判決は出ませんので、最終的に問題行為の合法性・違法性については判断が示されません)。国際裁判では、「管轄権がない」という結論だけで終わりという事件がたくさんあります。ここが、国内裁判と大きく異なる点です。

国際裁判の管轄権の根拠は、国家の同意です(管轄権の同意原則)。A国がB国を相手取って国際裁判に紛争を付託する場合、A国とB国の双方の同意がなければ管轄権は設定できません。いずれかの国がノーと言えば、国際裁判は実施できません。日韓の場合も同様です。

この同意の表示方法(=管轄権の設定方法)には、次の4つのパターンがあります。①紛争の発生前に、ICJの管轄権を受諾する旨の宣言をした国同士であれば、いずれかの一方的提訴によって管轄権を設定できます。「選択条項受諾宣言制度」と呼ばれるものです(ICJ規程36条2項に規定されています)。たとえば、南極海捕鯨事件(豪州対日本の訴訟でニュージーランドが訴訟参加)で管轄権の根拠とされたのは、豪と日本の両国が寄託していた選択条項受諾宣言でした。②特定の条約の解釈や適用に関する紛争を付託する場合、その条約の裁判付託条項を根拠として、一方的提訴によって管轄権を設定できます。たとえば、ジェノサイド条約の当事国であれば、ジェノサイド条約9条に基づいて同条約の「解釈、適用又は履行に関する紛争」をICJに付託することができます。③紛争発生後に、紛争当事国が特別に裁判付託条約(一般に「コンプロミ」と呼ばれます)を締結して、これをICJに共同付託することによって管轄権を設定することができます。この場合は共同提訴となりますので、原告と被告の区別はなくなります。④管轄権の根拠が一切無い場合でも、とりあえずA国が一方的に提訴し、B国がこれに応訴する意思を示せば、管轄権が設定されます(「応訴管轄」と呼ばれます)。この形式は判例上で確立したものです。条文上の根拠はICJ規則38条5項になります。

では、竹島の場合はどうでしょうか。①について、日本は選択条項受諾宣言を寄託していますが(2015年10月6日に修正した宣言を寄託しています)、韓国はこの宣言をしていません。従って、選択条項に依拠した管轄権設定はできません。②については、竹島の領有権を解決するための条約で、しかもICJ付託条項を有するような条約は、日韓の間にはありません。従って②の可能性もありません。③については、日本は過去に何度か韓国に対して共同提訴を提案してきましたが、断られています。1回目は、日本政府が1954年9月にICJ付託を提案しましたが、韓国側が拒否しました(同年10月)。2回目は、1962年3月の日韓外相会談の際に日本の小坂善太郎外務大臣(当時)が崔徳新韓国外務部長官(当時)にICJ付託を提案しましたが、やはり拒否されました。3回目は、上記の大統領による竹島上陸の後にICJ付託を提案しましたが、韓国側が拒否しました。③の共同提訴もまず可能性はありません。そこで、唯一残された方法が④の応訴管轄です。管轄権の根拠がなくても、日本がとりあえず一方的に提訴し、韓国が応訴することを期待する、という提訴方法です。実は、これまで日本政府は③の共同提訴の可能性を模索してきましたが、④にもとづく一方的提訴は行ったことがありません。では、この応訴管轄にもとづいてICJの管轄権を設定できる可能性はあるのでしょうか。

3 韓国が応訴するか?

応訴管轄について、もう少し詳しく見ておきましょう。第1に、ICJにおいて応訴管轄の例はそもそもあるのでしょうか? 応訴管轄の例は稀ですが、ゼロではありません。古い例では、ICJの最初の事件であるコルフ海峡事件(英国の軍艦がコルフ海峡で触雷し破損した事件)において英国が一方的に提訴し、これに対してアルバニアが応訴しています。ただし、その後、両国で改めて裁判付託条約を締結し直し、最終的には共同提訴に変更しています。近年の例もあります。フランスの国内刑事手続を巡る紛争に関連して、コンゴ共和国とジブチが一方的に提訴し、これに対してフランスが応訴しました(2002年と2006年)。それぞれに固有の事情はありますが、応訴の例がまったくないわけではありません。被告国がICJにおける紛争解決が望ましいと考えれば、応訴管轄が設定される可能性は十分にあります。

第2に、応訴そのものに何らかの法的な制約や義務はあるのでしょうか? 実は、応訴に関しては法的には何らの義務もありません。韓国が応訴を拒否しても(あるいは無視し続けたとしても)、法的な問題は一切ありません。「不誠実」や「卑怯」といった批判はできますが、応訴の「法的」な義務はないのです。新聞各紙は、応訴を拒否すれば韓国側に「説明責任」があると報じましたが、そのような法的義務はまったく存在しません。たとえば、2007年にルワンダが応訴管轄を期待して一方的に提訴しましたが、フランスは応訴しておらず、理由も一切明らかにしていません。従って、応訴管轄を目指して日本が一方的に提訴しても、韓国が応訴意思を示さない限り管轄権は設定されません。

4　提訴の「賢い」使い方

ここまで見てくると、「日本がICJに提訴しても、韓国が応訴しない限りまったく意味がない」という結論になりそうです。ただし、提訴が無意味というのは、管轄権が設定できないという意味であって、何ら効果がないというわけではありません。では、ICJ提訴にはどのような効果があるのでしょうか？

(1)　宣伝効果

日本が提訴すれば、仮に韓国側が応訴しなかったとしても、「日本がICJ提訴」と国際的に報道されますので、世界中の国が注目することになります。加えて、「提訴」とは、請求訴状をICJ(裁判所書記)に提出する行為です(ICJ規程40条)。訴状には、「主張の基礎となる事実および理由を簡潔に記載」します(ICJ規則38条2項)。従って、日本の主張の正当性を世界に向けて発信することができるのです。訴状は裁判所公用語(英語又は仏語)で書かれますので、日本語で主張するよりも高い宣伝効果が期待できます。伝統的にこうした宣伝目的の提訴は多く見られます。冷戦中の1954年、1955年、1959年に、米国が旧ソ連を相手に提訴しています。当然、ソ連が応訴しないことは百も承知です。相手の非(国際法違反)を広く訴えるために、ICJを宣伝の道具として利用しているのです。

このように僅かでも宣伝効果があるのなら、「竹島でもすぐにでも提訴を」となりそうですが、提訴の政治的利用を防ぐため、現在はICJが規制しています。すなわち、応訴管轄(上記の④)に依拠した提訴の場合、訴えられた国が同意するまでは「総件名簿に記載してはならず、手続上いかなる措置もとってはならない」とされています(ICJ規則38条5項)。つまり、日本が提訴しても総件名簿に記載されず、訴状も公開されないため(韓国にだけは送付されます)、宣伝効果がないのです。ただし、やや細かくなりますが、ICJが発行するプレスリリースにおいて提訴自体がアナウンスされることがあるため、宣伝効果がゼロということもできません。

(2)　国内世論の喚起

日本が一方的に提訴したとしても、韓国には応訴の義務はありませんし、そもそも韓国が応訴するとは考えにくい状況です。韓国は、現時点で竹島を占拠していますし、仮に敗訴した場合は、強烈な世論の反発が予想されます。韓国にとって応訴には利益がまったくないのです。わざわざ敗訴の危険があるICJ訴訟に応じるべき理由がないのです。ただし、日本が一方的に提訴した場合、韓国国内において「なぜ国際裁判で堂々と争って決着を付けないのだ」という意見が出ることは想像できます。むしろ韓国(政府)が嫌がるのは、日本の提訴によって国内世論が刺激されることだと言えるでしょう。日本側は、「提訴するよ」と言うだけで韓国の国内世論を喚起することができるわけです。

このように、応訴管轄に依拠した一方的提訴は、(竹島に関する限り)管轄権を設定できないという意味ではほとんど意味がないものですが、付随する政治的効果については一応知っておく必要があります。特に、日本は竹島に関して有効な交渉カードを幾つも持っているわけではありませんので、しっかりと上記の点を念頭において、「提訴カード」を使う必要があると言えるでしょう。

5　提訴「前」に注意すべきこと

では、明日にでもICJに一方的に提訴すべきでしょうか。そう焦ってはいけません。提訴にはデメリットや見通しが悪い部分も多いため、注意が必要です。①請求訴状には請求内容や根拠事実を示しますので、一定程度、こちらの手の内を晒すことになります。韓国側は、(応訴した場合であっても)時間をかけて訴訟戦術を練ることができます。応訴のタイミングをうかがうことも可能です。日本も提訴のタイミングは慎重に選ぶべきでしょう。②提訴の影響拡大が懸念されます。まず、韓国だけでなくロシアも訴えろという声が出てくるでしょう。北方領土です。尖閣で中国に提訴されれば(まず想定しにくいところですが)、攻守が逆転します。③日韓関係全般への影響が懸念されます。2015年12月の日韓「合意」によって、慰安婦問題の最終的解決へ向けた取り組みが行われています(⇒32)。竹島で日韓関係が悪化すると、慰安婦問題の解決にも悪影響が出ます(そもそも、李・前大統領の竹島上陸は慰安婦問題への日本の対応拒否に端を発していると解されています)。また、仮に竹島がICJで解決できたとしても、日韓関係全体が悪化するのはまずいでしょう。現在、安全保障問題(対北朝鮮・対中国)、経済問題(日中韓FTA、RCEP、金融、AIIBなど)、歴史認識問題と、日韓が協力して解決すべき分野は多岐に渡ります。竹島紛争の解決で無理をすると、すべての分野で話がうまく進まなくなる危険があります。④仮に竹島訴訟が成功したとしても、日韓間の裁判利用がこれで最後になる恐れもあります。たとえば、ニカラグアがコロンビアを一方的提訴した領土紛争では、被告コロンビアはICJの判決(2012年11月19日)を不服としてボゴタ条約(管轄権の基礎)から脱退しました。ボゴタ条約は、上記の管轄権の設定方法の②に該当します。コロンビアは、領土問題の解決の場としてICJは適切ではないと主張しており、条約脱退によって二度とICJに提訴されないようにしたのです。このように、国際裁判はもともと劇薬であり、領土紛争を裁判で解決するのは様々なリスクと背中合わせなのです。

特に厄介な問題は、「竹島」だけを抜き出してICJで決着を付けられるか、という点です。国際裁判の魅力は、国家間の複雑な問題の一部分(竹島)だけを抜き出して白黒を付ける点にあります。領土紛争や国境紛争がこじれればこじれるほど、国際裁判による一刀両断を求める声が強くなるのは、心情的には理解できるところです。歴史的にも、領土訴訟の例は少なくありません。他方で、紛争を綺麗に切り取ることができるか否かが最大の課題となります。そもそも韓国側は、竹島を領土問題(法的紛争)ではなく歴史問題(日本による植民地支配の象徴)と位置づけており、裁判で云々する問題とは考えていません。さらに、憲法裁判所が慰安婦問題での対日補償交渉の不作為が憲法違反であると判断していますので、慰安婦問題の解決が至上課題となっています(「竹島」を刺激して「慰安婦」を解決しようというのが李・前大統領の目論見だったということです)。従って、仮に日本が「竹島」だけを切り出して「裁判で解決しよう」と誘ってみたところで、韓国にとってメリットはほとんどありません。

6　提訴「後」に注意すべきこと

仮に竹島だけ切り離して訴訟ができたとしても、本当に大変なのはその後の訴訟手続です。書面審理(申述書、答弁書、抗弁書、再抗弁書)、口頭弁論(恐らく2ラウンド)、鑑定人の召喚、尋問、反対尋問があり、その後に裁判官審理を経てようやく判決が言い渡されます。提訴後についても、以下のようにいろいろと考えておく必要があります。①そもそも日本の勝訴が(日本では)広く信じられていますが、敗訴の可能性がゼロではありません。仮に韓国が秘策(領有権の証拠となる資料や文献)を所有していた場合、形勢逆転の危険があることは否定できません。②日本が敗訴した場合でも、ICJの判決は「終結とし、上訴を許さない」とされています(ICJ規程60条)。すなわち、裁判は一審で終結します。判決を覆す例外的な手続として再審手続がありますが(ICJ規程61条)、要件が大変厳しく、これまで再審請求が認められた例はありません。③いずれの国が勝訴しても、敗訴側が国内世論を説得するのは困難でしょう。仮に日本が勝訴した場合でも、韓国が判決を履行する(できる)でしょうか。④一応、ICJ判決の不履行については強制執行制度があります(国連憲章94条2項)。ただし、強制執行を行うのは国連安全保障理事会ですので、拒否権が行使される可能性もあり、強制執行が確実に行われるとは限りません。ちなみに、ICJ判決の強制執行が実際に行われた例はありませんが、これはICJ判決がよく履行されているからです。⑤一旦判決が下されて紛争が解決したように見えても、その後に紛争が再燃・再発することもあります。たとえば、タイとカンボジアの国境にある寺院(プレアヴィヘア寺院)の領有権紛争では、1962年にカンボジア勝訴の判決が下されましたが、半世紀後の2011年に両国間で軍事衝突が勃発し、改めてICJに事件が付託されました(このときはICJ規程60条の判決解釈手続が用いられています)。すなわち、ICJの判決だけでは竹島の根本的な紛争解決にならない危険があるのです。

以上のように、日本による一方的提訴だけでメリットを見出すのは困難です。今のところ、日韓両国は竹島問題の鎮静化を図っているようでもあり、日本はすでに提訴の好機を逃していると言えます。こうした状況では、韓国の応訴の可能性がほぼありませんので、「明日にも提訴すべきだ」というのは難しいでしょう。

7　他の手段はあるか？

このように、ICJで竹島紛争を解決するのはあまり見通しの良い話ではありません。しかし、それでは、国際裁判を無視・回避する国の方が得をするというおかしな状況が生じます。本当に、ICJ以外に領土問題を平和的に解決する方法はないのでしょうか？　ここで参考になるのが、南シナ海事件(フィリピン対中国)の仲裁裁判(⇒17, 26)です。現在、南シナ海では多くの国が中国との間で紛争を抱えています。中国が九段線を主張し、さらに人工島を造成しているためです。そうした中で、2013年にフィリピンが中国を相手に国連海洋法条約附属書VIIに基づく仲裁手続に紛争を付託しました。中国側は管轄権を認めず、出廷もしていません(欠席裁判です)。では、この裁判はどうなったのでしょうか？　2015年10月29日、仲裁裁判所は「管轄権を認める」という判決を下しました。本案手続に進むというのです。なぜ国連海洋法条約では、中国が「ノー」と言っても裁判ができるのでしょうか？ これは、ICJとは異なり、国連海洋法条約が強制的管轄権制度を設けているためです(287条1項、5項。上記で見た管轄権の設定方法の②に該当します)。国連海洋法条約上の紛争解決メカニズムは少し複雑ですが、うまくいけばICJ付託も可能です。また、最低でも附属書VIIにおける仲裁裁判が可能です。すなわち、仮に中国が「ノー」と言っても、国連海洋法条約の締約国である以上、この仲裁裁判は避けられないのです。ただし、この仲裁の射程には注意が必要です。第1に、特定の海洋地形の「領有権」を巡る争いは、海洋法条約の解釈又は適用に関する紛争ではありませんので、仲裁裁判所の管轄権が認められません。第2に、「海洋の境界画定に関する紛争」が選択的に除外されている場合があります(海洋法条約298条1項)。たとえば、南シナ海事件では、仲裁裁判所は「領有権」紛争及び「境界画定」紛争については管轄権を有していませんので、何ら判断を下すことはできません。そこでフィリピンは、(a)九段線が国連海洋法条約に違反する、(b)南シナ海の海洋地形には権原取得(大陸棚・EEZ)が発生しない、(c)中国は海洋環境保護義務と紛争悪化防止義務に違反する、といった主張を展開しました。また、仲裁裁判所も本案判決(2016年7月12日)でフィリピンの主張を全面的に容認しました。このように、申立内容や紛争の定式化を工夫することによって、紛争を裁判手続に付託することが可能となることがあります。

8 まとめ

国家間の紛争を平和的に解決しようとする場合、ICJが最も有効な最終手段だと思われがちですが、この点には注意が必要です。まずは「管轄権」が最大の難関です。竹島に限らず、北方領土や尖閣をICJで解決するのはまず無理です。判決の強制執行の点でも、国内裁判と同じように考えるわけにはいきません。ここで覚えておくべきは次の点です。第1に、ICJは紛争解決の切り札ではありませんし、万能薬でもありません。国際社会には複雑な問題・紛争・抗争がたくさんありますが、これらすべてを国際裁判で解決することはそもそも想定されていません。第2に、他方で、今日、数多くの裁判手続が設けられ、実際に機能しています。ICJだけでなく、国際海洋法裁判所(ITLOS)、WTO紛争解決手続、投資仲裁(ISDS)、欧州人権裁判所、米州人権裁判所といった裁判機関(および準裁判機関)において、たくさんの判決・裁定・意見が毎日のように出されています。

このように、国際社会は急激に訴訟化・裁判化・司法化していますので、紛争解決の道もICJだけ考えていればよいわけではありません。たとえば、中国は、領土問題をICJで解決することは断固として拒否していますが、他方で、WTOの紛争解決には大変積極的です。是正勧告もすべて履行しています。国際紛争の平和的解決を考える際には、1つの紛争解決手続だけを注視するのではなく、複合的な視点が求められると言えるでしょう。

〔参考文献〕

＊国際裁判手続全般について：
杉原高嶺『国際司法裁判制度』(有斐閣・1996年)。

＊国際裁判の判決効について：
玉田大『国際裁判の判決効論』(有斐閣・2012年)。

＊国連海洋法条約(UNCLOS)紛争解決手続について：
浅田正彦編著『国際法　第3版』(東信堂・2016年)第10章。
杉原高嶺『国際法学講義　第2版』(有斐閣・2013年)第12章。

＊竹島の領有権について：
太寿堂鼎「竹島紛争」『国際法外交雑誌』第64巻4・5号(1966年)。
朴培根「日本による島嶼先占の諸先例――竹島／独島に対する領域権原を中心として」『国際法外交雑誌』第105巻2号(2006年)。
広瀬善男「国際法からみた日韓併合と竹島の領有権」『明治学院大学法学研究』第81巻(2007年)。

26 国際裁判には従わなくてもよい？
——国際紛争の処理における国際裁判の役割(2)

玉田 大

1 なにが問題か？

2016年7月12日、極めて重要な国際判決が下されました。南シナ海事件(フィリピン対中国)の仲裁裁判判決です。判決はフィリピンの申立を全面的に容認しました。①「九段線」における歴史的権利その他の主権的権利又は管轄権の主張は国連海洋法条約(UNCLOS)に違反する。②南シナ海海域にはEEZと大陸棚を有する海洋地形は存在しない。③中国は環境保護義務や紛争悪化防止義務に違反している。このように、中国の九段線の主張や大陸棚・EEZに対する権原の主張を否定した上で、中国の行為の国際法上の違法性を認定しました(⇒17)。

南シナ海では、中国が大規模な環礁埋立工事と人工島建設を行っており、軍事拠点化が急速に進んでいます。では、仲裁判決によって中国の人工島建設を停止させることはできるでしょうか？ 残念ながら、判決の翌日、中国政府は声明を発表し、「判決は無効であり、法的拘束力を有さない」と主張しました。判決を遵守する義務はなく、判決は単なる「紙屑」だというのです。日本と欧米諸国は、中国に対して判決履行を求める声明を発表していますが、逆に中国側は態度を硬化させており、判決を履行する様子はありません。なお、フィリピンの提訴以来、中国は一貫して仲裁の裁判管轄権も否定しています。書面手続・口頭手続を含め、仲裁手続に一切参加していません。仲裁費用も払っていません(フィリピンが全額負担しました)。では、こうした裁判無視・判決無視はどのように評価すればよいのでしょうか？ 中国側の主張に何らかの法的な根拠はあるのでしょうか？

2 UNCLOS紛争解決手続

南シナ海事件は、UNCLOS紛争解決手続の中の「附属書VII仲裁裁判所」に付託されました。なぜ国際司法裁判所(ICJ)ではないのでしょう？ 理由は簡単です。フィリピンはICJの選択条項受諾宣言(⇒25)を寄託していますが、中国は宣言をしておらず、裁判管轄権を設定できないからです。では、UNCLOS仲裁裁判所はなぜ管轄権を設定できるのでしょうか？ UNCLOSの場合、UNCLOS自体が管轄権の根拠となります。すなわち、UNCLOSの締約国になると、その時点で裁判管轄権を認めることになります。詳しく見てみましょう。

(1) 強制裁判制度

第1に、UNCLOSは強制裁判制度を設けています。UNCLOSの締約国は、紛争解決のための4つの手段から1つ又は複数の手段を選択します。国際海洋法裁判所(ITLOS)、ICJ、附属書VII仲裁裁判所、附属書VIII特別仲裁裁判所の4つです(287条1項)。宣言をしない国は、附属書VII仲裁裁判所を受け入れているものとみなされます(287条3項)。紛争当事者が同一の手続を受け入れている場合は、当該手続に付されます(287条4項)。同一の手続を受け入れていない場合、紛争は附属書VII仲裁裁判所に付託されます(287条5項)。少しややこしいですが、練習問題で考えてみましょう。【例題1】A国がICJとITLOSを受け入れており、B国がITLOSと附属書VII仲裁を受け入れている場合はどうなるでしょう？ この場合、両国間の紛争はITLOSにだけ付託できます(287条4項の適用)。【例題2】A国がITLOSと附属書VII仲裁を受け入れており、B国が何も宣言していない場合、紛争は附属書VII仲裁裁判所に付託されます(287条3項)。【例題3】A国とB国がいずれも宣言をしていない場合、両国間の紛争は附属書VII仲裁裁判所に付託されます(287条3, 4項)。このように、UNCLOS紛争解決手続の特徴は、附属書VII仲裁裁判所が最後の砦(セーフティー・ネット)として用意されており、この意味で強制裁判制度が設けられていることです。フィリピンと中国はいずれも287条1項の宣言をしていませんので、上記の【例題3】に該当します。そのため、本件は附属書VII仲裁裁判所に紛争が付託されているのです。

(2) 制限と除外

次に、UNCLOS紛争解決手続の管轄権を狭めるための規定があります。適用制限規定(297条)と選択的除外規定(298条)です。前者は、常に管轄権を制限するものです。たとえば、漁獲紛争であっても、EEZにおける生物資源に関する主権的権利に関する紛争については裁判管轄権が生じません(297条3項(a))。後者は、締約国が一定の事項について管轄権を除外することを宣言できるものです。例えば、「海洋の境界画定」に関する紛争や「歴史的湾若しくは歴史的権原」に関する紛争(298条1項(a)(i))、「軍事的活動」に関する紛争や「法の執行活動」に関する紛争(298条1項(b))を除外できます。中国は可能な除外をすべて行っています。従って、南シナ海に関して「海洋境界画定」紛争を付託しても、仲裁裁判所は事項的管轄権を有しません。「軍事的活動」についても一切、判断をすることができません。

(3) 権原取得紛争

では、フィリピンはどうやって仲裁管轄権を設定することができたのでしょうか？ 適用制限と選択的除外を考えると、南シナ海に関連して裁判管轄権を設定するのは大変困難です。①領有権紛争には仲裁管轄権がありません。UNCLOSは海洋法の条約ですので、特定の海洋地形の帰属先(領有権者)を決定するための規定はありません。裁判の対象となるのは「この条約の解釈又は適用に関する紛争」(286条)だけですので、領有権紛争には裁判管轄権が生じないのです。②境界画定紛争は中国の選択的除外に該当しますので、管轄権が生じません。③同様に軍事的活動や法執行活動を争うこともできません。そこでフィリピンは巧みな訴訟戦略を採用しました。(a)九段線の主張がUNCLOSに違反するか否かを争う。(b)海洋地形が権原取得(大陸棚・EEZ・領海)を生み出すか否かを争う。(c)中国の行為がUNCLOS上の義務(海洋環境保護義務や紛争悪化防止義務)に違反するか否かを争う。こうして領有権紛争と海洋境界画定紛争をうまく避けることにより、仲裁管轄権の設定に成功したのです。フィリピンの作戦勝ちといってよいでしょう。

(4) 2つの仲裁裁判所？

「仲裁裁判」というあまり馴染のない用語についても触れておきましょう。ICJでは法廷(ハーグ平和宮)と裁判官(15名)が固定されており、「常設」裁判所と呼ばれます。他方、仲裁裁判では開催場所や仲裁人が固定されておらず、事件毎に定められます。南シナ海事件では、「UNCLOS附属書VII仲裁裁判所」と「常設仲裁裁判所」(PCA)が登場します。2つの裁判所はどのような関係にあるのでしょうか？「UNCLOS附属書VII仲裁裁判所」という特定の法廷(建物)は存在しません(すなわち、裁判の開催場所は事件毎に定められます)。常駐の裁判官もいません。同様に、PCA はハーグ平和宮の中に法廷がありますが、常駐の裁判官はいません。あるのは仲裁人名簿(後述)だけです。実は、PCA は仲裁開催場所と仲裁事務サービスを提供するだけで、本当の「常設」裁判所ではありません。南シナ海事件では、PCA 国際事務局が仲裁手続の「書記局」となり、仲裁事務を担当しました。PCA が選ばれたのは、中国とフィリピンがいずれも国際紛争平和的処理条約(常設仲裁裁判所の根拠条約)の当事国だからであると考えられます。現在、PCA は裁判事務の提供機関として積極的に仲裁案件を扱っており、UNCLOS 附属書 VII 仲裁は、(1 件を除き)すべて PCA で処理されています。以上の点を踏まえて正確に表現すると、南シナ海事件では「PCA(常設仲裁裁判所)の機関が仲裁事務を担当し、UNCLOS 附属書 VII の仲裁手続規則に則った仲裁裁判が行われた」ということになります。

3　附属書 VII 仲裁裁判手続

南シナ海事件では、中国は一貫して仲裁手続に参加しませんでした。このように一方的に進められた仲裁手続は、法的に問題ないのでしょうか？

(1)　欠席裁判

第 1 に、中国は本件の仲裁手続に一切参加していませんが、それでも仲裁裁判の「当事者」と言えるのでしょうか？ 当事者でなければ、中国が判決に拘束されることはないと言えそうです。この点について UNCLOS は、「いずれかの紛争当事者が欠席し又は弁護を行わないことは、手続の進行を妨げるものではない」と規定しています(附属書 VII 9 条)。すなわち、紛争当事者が欠席しても、仲裁手続は進行します。そこで仲裁裁判所は、中国が「仲裁当事者」であり、判決に拘束されると判断しました。これは国際裁判では重要な判断です。仮に、裁判に欠席すれば「訴訟当事者」にならないということになれば、自国に都合の悪い裁判はすべて欠席すれば回避できるからです。ITLOS のアークティック・サンライズ事件(オランダ対ロシア)では、被告国ロシアが出廷拒否しましたが、ITLOS はロシアが判決に拘束されると判断しています。

(2) 仲裁人任命

第2に、仲裁手続の中で重要なのが、仲裁人の任命です。南シナ海紛争のような大きな紛争でも、僅か5名の仲裁人で判決を下します(単純多数決ですので、極端な場合はわずか3名の判断が国際情勢を激変させることになります)。誰を仲裁人に任命するかは極めて重要な問題です。そのため、UNCLOS 附属書 VII も仲裁人任命のための詳細な規定を設けています。仲裁人は5名です(3条a)。まず、原告国が仲裁人名簿(附属書 VII 2条の名簿)から仲裁人を1名任命します。自国民でも構いません(3条b)。次に、被告国が仲裁人を1名任命します(3条c)。最後に、両当事国の合意により、残り3名の仲裁人を任命します(3名の中から仲裁長が任命されます)(3条d)。厄介なのが、中国のように被告国が仲裁人を任命しない場合ですが、この場合は ITLOS 所長が任命します(附属書 VII 2条の名簿から任命)。ただし、仲裁人はそれぞれ異なる国籍を有する者でなければならず、紛争当事国のために役務を行う者、通常居住する者又はその国民は除きます(3条e)。ここで鍵を握るのが、附属書 VII 2条の「仲裁人名簿」です。被告国が欠席した場合、第2仲裁人と3名の仲裁人はすべて ITLOS 所長が任命しますが、この4人すべてが仲裁人名簿から任命されるからです。附属書 VII の2条によれば、仲裁人候補者は「海洋問題について経験を有しており、かつ、公平であり、有能であり及び誠実であることについて最高水準の評価を得ている者」でなければならず、各締約国が4名の仲裁人候補者を指名し、これが名簿に記載されます。すなわち、この名簿は著名な海洋法研究者や実務家を記載したものですので、この名簿から選ばれる限り、問題のある仲裁人は選ばれないと考えられます。南シナ海事件では、まずフィリピンがヴォルフラム判事(ドイツ国籍)を任命しました(3条b)。中国が仲裁人を任命しなかったため、ITLOS 所長(当時は柳井俊二判事)が第2仲裁人としてパウラク判事(ポーランド国籍)を任命し、さらに残り3名の仲裁人として、コット判事(フランス国籍)、スーンズ教授(オランダ国籍)、メンサー判事(ガーナ国籍、仲裁長)を任命しました。このように、本件の仲裁人任命は附属書 VII に則ったもので、仲裁人はいずれも国際海洋法の権威的な人物です。判決後、中国は仲裁人の任命方法を批判しましたが、妥当な批判とは言えないでしょう。

4 判決の法的効力と不履行問題

最後に、喫緊の課題である、仲裁判決の法的拘束力と不履行の問題を考えましょう。判決内容が素晴らしくても、中国が履行しなければ、事実上「紙屑」になってしまいかねません。中国が判決を履行しない場合、判決を強制執行する方法はあるのでしょうか？

(1) 判決の法的拘束力

第1に、中国は判決の法的拘束力そのものを否定していますが、法的にこの主張は認められません。UNCLOSは、「この節の規定に基いて管轄権を有する裁判所が行う裁判は、最終的なものとし、すべての紛争当事者は、これに従う」と規定しています(296条1項)。また、「1〔項〕の裁判は、紛争当事者間において、かつ、当該紛争に関してのみ拘束力を有する」と規定しています(296条2項)。本件限りとは言え、南シナ海事件の仲裁判決も当然に法的拘束力を有します。この拘束力はUNCLOSから発生していますので、UNCLOS締約国である限り、中国も当然に判決に拘束されます。法的拘束力がありますので、当然履行義務があります。UNCLOSは、「判決は紛争当事者によって履行されなければならない」と規定しています(附属書VII 11条)。

(2) 管轄権決定権

第2に、中国は仲裁裁判所が管轄権を有さない(それ故、判決は無効で法的拘束力を有さない)と主張していますが、この主張は認められるでしょうか？ 確かに、UNCLOS 296条1項と2項は、「管轄権を有する裁判所」が行う裁判が最終的で拘束力を有する、と規定していますので、仮に裁判所が管轄権を有さなければ、判決に法的拘束力は生じません。ただし、裁判管轄権がない、という中国の一方的主張は法的には認められません。UNCLOSでは、「裁判所が管轄権を有するか否かについて争いがある場合には、当該裁判所の裁判で決定する」と規定されています(288条4項)。これは、「管轄権決定権」と呼ばれる国際裁判所の重要な権限です。裁判所の管轄権の有無は、当事者ではなく、裁判所が決めるという原則です。この権限がなければ、被告国が管轄権を否定すれば裁判が開始できないという不都合が生じるからです。本件のように、当事者間で管轄権の有無について争いがある場合、その判断は裁判所に委ねられます。本件の仲裁裁判所は2015年の判決において「管轄権あり」と判断しましたので、中国が「管轄権がない」と主張しても法的には認められません。

(3) 判決の強制執行

第3に、中国は判決を露骨に無視・否認していますが、UNCLOS上、判決不履行に対してどのような対処方法があるのでしょうか？ 残念ながら、UNCLOSには判決の強制執行に関する規定も制度もありません。中国が判決を無視した場合、有効な打開策はありません。ICJでは、判決不履行国に対して、勝訴国が国連安保理に「訴えることができ」、「理事会は、必要と認めるときは、判決を執行するために勧告をし、又はとるべき措置を決定することができ」ます(国連憲章94条2項)。ただし、国連憲章7章に基づく国連安保理の強制措置(⇒31)に頼る場合、常任理事国である中国の拒否権が発動されます。従って、仮に南シナ海事件がICJに付託されていたとしても、判決の強制執行は不可能です。実は、同じような状況は、ICJのニカラグア事件(ニカラグア対米国)でも発生しました。被告の米国はICJに管轄権がないと主張して出廷を拒否し、判決を無効とみなし、判決履行も拒否しました。現在の中国の態度と全く同じです。そこで原告ニカラグアは国連安保理に事案を付託しましたが、安保理決議案は米国の拒否権によって不採択に終わりました。

(4) 国際裁判の意義

第4に、敗訴国が判決を履行しないことから、「国際裁判に訴えても無意味だ」とか「国際裁判はやっぱり無力だ」ということになるでしょうか？ 判決を契機として中国はむしろ態度を硬化させており、紛争解決にとって「逆効果」という評価も可能です。この点に関しては、次のように考える必要があります。

1点目に、そもそもフィリピンは、中国が判決を完全に履行することを想定・期待していません。国際社会の多くの国から支援や賛同をとりつけ、中国との外交交渉を有利に進めるための材料を手に入れるのが訴訟目的です。判決前は南シナ海に大した関心を示していなかった欧州諸国も、判決後は積極的に発言をするようになりました。この点でフィリピンの訴訟目的は十分に達成されています。

2点目に、本件の判決の射程は限定的です。「九段線」の違法性判断は大きなインパクトがありますが、南シナ海の最大の争点である領有権問題と境界画定問題には一切手がつけられていません(フィリピンと中国以外にも幾つかの国が南シナ海で大陸棚とEEZを主張しており、この主張が重複しています)。この2つはUNCLOS紛争解決手続では解決できません(管轄権がありません)。また、海洋境界画定は

「国際法に基づいて合意により行う」と規定されています(UNCLOS 74, 83 条)。従って、今後、領有権と境界画定に関しては関係国の粘り強い交渉が求められます。本件の判決によって南シナ海を巡る複雑な問題が一挙に解決したわけではないのです。ただし、フィリピンが主張したように、今回の仲裁判決は紛争の射程を狭めることに大きく貢献しました。巨大なパズルの重要なピースを幾つか埋めることができたと評価できるでしょう。

3点目に、判決不履行の解決には長時間を要します。判決後、数カ月程度で事態が好転するようなことは期待できません。たとえば、コルフ海峡事件(英国対アルバニア)では、ICJ 判決(1949 年)に対してアルバニアが権限踰越による判決無効を主張し、判決履行を拒否しました。最終的に英国と合意に至ったのは、40 年以上も後の 1992 年のことです。南シナ海に関しては中国が「核心的利益」と位置づけており、一歩も譲るつもりはありません。短期的には判決の履行は困難でしょう。ただし、数十年という長い視点で見れば、中国の外交政策上、大きな足枷になることは確かです。国際裁判の判決履行については、少し長いスパンで見ていく必要があります。

(5) 棚上げ論

第5に、中国が模索しつつある「判決棚上げ」論はどう評価すべきでしょうか？ 仲裁判決は法的拘束力を有しますが、あくまでもフィリピンと中国の二国間でのみです(UNCLOS 296 条 2 項)。仮に両国の間で「判決とは別の形で紛争解決しましょう」という合意に至った場合、法的にどう評価すればよいでしょうか？ 国際裁判でも難しい論点ですが、以下の 2 つの考え方があります。第1説は、両国には判決履行義務がありますので(296 条 2 項)、判決と異なる合意を行うと、両国とも国際義務に違反すると解されます。他方、第2説では、UNCLOS 上、当事者の合意する解決方法が優先されるため、判決とは別の合意も許容されると解されます。締約国は、UNCLOS 上の解釈又は適用に関する紛争を平和的手段(国連憲章 33 条 1 項)で解決することが求められますが(279 条)、憲章 33 条 1 項は平和的解決手段の中に「交渉」を含んでいます。さらに UNCLOS は、「この部のいかなる規定も、〔……〕紛争を当該締約国が選択する平和的手段によって解決することにつき当該締約国がいつでも合意する権利を害するものではない」(280 条)と規定しています。「いつでも」という文言が仲裁判決「後」も含むと解すれば、判決後に紛争当事国間で「交渉」を行うことも排除されません。このように見ると、第2説が妥当しそうです。そうすると、現在中国が画策している「棚上げ」論は、判決を無視することができるという意味で、法的には厄介な論点となり得るでしょう。

5 まとめ

最後に、日本への影響に触れておきましょう。今は中国の判決不履行が大きな問題として議論されていますが、日本にとっては他人事ではありません。第1に、沖ノ鳥島に関して仲裁付託され、大陸棚とEEZを有さない岩(UNCLOS 121条3項)と認定される危険が十分にあります。第2に、捕鯨紛争も仲裁付託される危険があります。ICJの捕鯨事件における敗訴の後、日本政府はICJ選択条項受諾宣言を修正し、「海洋生物資源」紛争を管轄権から除外しました。すなわち、捕鯨紛争はICJではなくUNCLOS紛争解決手続で争うということです。このように、日本がUNCLOS附属書VII仲裁に被告国として訴えられる潜在的な可能性は十分に高いのです(日本は287条の宣言をしていませんので、自動的に附属書VII仲裁裁判所に付託されます)。今後は、UNCLOS紛争解決手続が用いられることを想定して、提訴された場合に備えておくことが重要です。

〔参考文献〕

＊南シナ海紛争の経緯について：
堀之内秀久「南シナ海紛争の新展開」島田征夫ほか編『国際紛争の多様化と法的処理』(信山社・2006年)。

＊中国の「九段線」の主張について：
西本健太郎「南シナ海における中国の主張と国際法上の評価」『法学』第78巻3号(2014年)。

＊南シナ海事件の管轄権判決(2015年)について：
玉田大「フィリピン対中国事件(国連海洋法条約附属書VII仲裁裁判所)管轄権及び受理可能性判決(2015年10月29日)」『神戸法学雑誌』第66巻2号(2016年)。

＊判決の無効について：
玉田大『国際裁判の判決効論』(有斐閣・2012年)。

＊以上のほか、UNCLOS紛争解決手続について：
浅田正彦編著『国際法　第3版』(東信堂・2016年)第10章。

27 イラク「戦争」・対テロ「戦争」：戦争とは？
——国際法上の戦争と武力紛争

和仁健太郎

1　なにが問題か？

「戦争(war)」という言葉によってイメージするものは人によって異なると思いますが、一般には、「国家間における大規模な軍事衝突」という意味で理解されることが多いようです。「戦争」という言葉は、例えば、「湾岸戦争」や「イラク戦争」などのように、日常用語としては今日でも普通に用いられます。最近では、2001年9月11日の同時多発テロ以降に米国政府が用いた「対テロ戦争(war on terror)」のように、国家以外の集団(テロ集団など)に対する軍事行動を「戦争」という言葉によって表現する例も見られます。また、2015年11月13日にフランスのパリで起こった同時多発テロの翌日、フランスのオランド大統領は、「フランスは戦争状態にある(La France est en guerre)」と述べました。

これに対し、現在の国際法では、「戦争」という概念は基本的には用いられません。国連憲章が禁止しているものは「国際関係にお〔ける〕……武力の行使(use of force)」(2条4項)であり、その禁止の例外の一つである自衛権行使の対象となるものは「武力攻撃(armed attack)」です(51条)。また、武力紛争時における捕虜や文民の保護を定めた1949年ジュネーヴ諸条約が適用されるのは、「武力紛争(armed conflict)」の場合です(1949年ジュネーヴ諸条約共通2条)。

現在の国際法が「戦争」という概念を原則的に用いないことの背景には、以下で述べる歴史的経緯があるのですが、国際法における「戦争」の概念と、日常用語における「戦争」との間にはズレがあるために、そのズレをきちんと意識しておかないと議論がすれ違ってしまうことがあります。例えば、2015年7月28日の参議院「我が国及び国際社会の平和安全法制に関する特別委員会」において、民主党(当時)の福山哲郎議員は、「A国からB国に攻撃があり……我が国と密接な関係にあるB国から要請を受けて、日本〔が〕存立危機事態の場合に武力行使」をすること(いわゆる集団的自衛権の限定的行使)は、「戦争に参加をすることですよね」と質問しました。これに対し、安倍晋三首相は、そうした武力行使は「自衛の措置」であると答え、「戦争に参加をすること」とは違うといいます。さらに、横畠裕介内閣法制局長官は、「戦争はもう国際法上禁止されて」いるのであり、集団的自衛権の行使は「個別的自衛権を行使する場合と同様に戦争をするものでは」なく、「我が国を守るための自衛の措置としての実力の行使」であると答えました。これに対し、福山議員は、「〔政府は〕武力行使はするということを明確にされてい〔るのに〕、それを戦争と言わないところにこの安倍政権の欺瞞性があります」と述べるのですが、安倍首相と横畠長官が国際法上の「戦争」概念を前提に答弁しているのに対し、福山議員は日常用語における「戦争」の概念を念頭に質問をしているために、議論がかみ合っていないように見えます。

それでは、国際法における「戦争」とはどのような概念なのでしょうか。国際法上の「戦争」と「武力の行使」や「武力紛争」とは、どのように異なるのでしょうか。これらの問題を理解するためには、国際法による「戦争」の規制の歴史を知る必要があります。そこで以下では、第一次大戦以前まで遡ってこの問題を考えてみましょう。

2　第一次大戦以前の国際法における「戦争」

第一次大戦以前の国際法において、国家が戦争に訴えることは自由とされていました。戦争に訴える国家の自由が制限・禁止されるようになるのは、国際連盟規約(1919年)以降のことであり、それより前の国際法において、国家は、理由のいかんを問わず、いつでも他国に対して戦争に訴えてよいとされていました。国家は、相手国が何の国際法違反も行っていなくても、例えば領土的野心の達成とか、あるいは既存の条約を廃棄するといった目的のために戦争を行うことができたのです。戦争を合法なものと違法なものとに区別する「正戦論(the just war doctrine)」が学説上唱えられていた時代(概ね18世紀前半以前)もありますが、戦争の合法・違法を判定する上位の機関が存在しない国際社会において正戦論を適用することは実際には困難であったため、少なくとも18世紀後半以降の国際法では、国家の行う戦争は自由であるとされるようになりました。

戦争の自由が認められていた時代である20世紀初頭の国際法の代表的な教科

書の一つであったオッペンハイム(L. Oppenheim(1858–1919))の『国際法論(*International Law: A Treatise*)』第2巻(1906年)は、次のように構成されていました。

第1部　国家間紛争の解決(Settlement of State Differences)
　第1章　国家間紛争の友好的解決(Amicable Settlement of State Differences)
　第2章　国家間紛争の強制的解決(Compulsive Settlement of State Differences)
第2部　戦争(War)〔第2部の章立ては省略〕

オッペンハイムによれば、「友好的解決」(交渉、仲介、仲裁裁判など)が相手国の同意に基づく紛争解決であるのに対し、「強制的解決」は、相手国の同意によらず、相手国に何らかの強制を加えて行う紛争解決のことです。この場合の「強制」には、場合によって武力行使も含めてよいとされました(例えば相手国領土の軍事占領や相手国沿岸に対する海上封鎖など)。当時の国際法では、「戦争に至らない武力行使(use of force short of war)」というものが存在したのです。

このように、第一次大戦以前の国際法において、「戦争」と「武力行使」は同義ではなく、国家間で武力が行使されていてもそれが「戦争」ではないことがあり得ました。それでは、「戦争」と「戦争に至らない武力行使」は、何を基準に区別されたのでしょうか。この問題については、武力行使の規模といった客観的基準によって両者を区別しようとする説(客観説)もありましたが、その基準の具体化が困難だったために、学説の多くは、当事国の意思によって両者を区別する考え方(主観説)を採用しました。それによれば、関係当事国が宣戦布告その他の方法により「戦争意思(*animus belligerendi*)」を明示的または黙示的に示した場合に「戦争」が成立します。要するに、国家間の武力行使は、当事国のいずれかが「戦争」だと言えば「戦争」だし、当事国のすべてが「戦争」ではないと言えば「戦争」でなかった、ということです(逆に、「戦争意思」さえ表明されれば、軍事力がまったく行使されていなくても「戦争」は成立します。第一次大戦における中国・ドイツ間の関係はその例です)。この考え方は、学説上だけでなく、諸国の慣行においても支持されていたものです。

もう一つ重要なのは、「戦争」の場合、「国家間紛争の強制的解決」と比べて、国家が行えることの範囲がはるかに広かった、ということです。そのことを、「国家間紛争の強制的解決」の一つである「復仇(reprisals)」を例にとって説明します。復仇とは、A国がB国に対して国際法違反の行為を行ったにもかかわらずA国がB国に対して賠償を行わない場合に、A国に賠償を行わせるため、B国がA国に対して強制を加える行為のことです。この場合の強制には、必要に応じて、武力行使を伴う措置、例えばA国領土の一部の軍事占領などの措置を含んでよいとされました。ただし、復仇が国際法上合法であるためには、①A国が先に国際法違反を行ったこと、②復仇としてとる措置とA国の違法行為とが均衡していること、③賠償を得るという目的を達した段階で復仇を終了させること、という条件を満たさなければなりません。これに対し、「戦争」の場合、①何の違法行為も行っていない国に対しても、自由に行うことができました。また、②相手国が行った行為との均衡という制約もなく、国家は、戦争法(戦時国際法)――例えば使用してよい兵器の種類や、攻撃目標にしてよい人や物の範囲など、戦争の「やり方」に関するルール――に従う限り無制限の暴力行為を行ってよいとされました。③さらに、復仇と違って「戦争」の場合、開戦当初の目的を達しても戦争を終わらせる必要はなく、好きなだけ戦争を継続してよいとされました。「戦争」においては、戦争法の制約に服することを除けば、「暴力の無限界的行使」(石本 1998:7頁)が認められていたのです。

以上のことは、「戦争」として行えば合法になる行為をあえて「復仇」として行うと違法になってしまう場合があり得る、ということを意味します(例えば、復仇として行う行為が相手国の違法行為と均衡していない場合など)。そうすると、かつての国際法は、「こそ泥は罰せられるが、強盗は勝手という社会秩序と同じ」(ハンス・ケルゼン)だったことにならないでしょうか(こそ泥=復仇、強盗=戦争)。しかし、こうした疑問にもかかわらず、かつての国際法は、復仇などと比べてより無制限に実力を行使できる「戦争」を、自由なものとして認めていました。そうすると、「戦争」ではなくあえて「復仇」を選ぶ国など存在し得ないようにも思えますが、実際には、「戦争」であることを認めると自ら好んで紛争を大規模化させようとしているかのような印象を諸外国に与えてしまうことなどを背景に、国が「戦争」でなくあえて「復仇」その他の「国家間紛争の強制的解決」を選ぶことはあったのです。

「戦争」と「戦争に至らない武力行使」(「国家間紛争の強制的解決」として行う武力行使)とを当事国の「戦争意思」によって区別することは、「戦争」が自由なものとして認められていた時代の国際法においては特に問題ありませんでした。「戦争意思」を否定し、例えば「復仇」として武力を行使する場合、「戦争」の場合には存在しない制約(例えば相手国の違法行為との均衡)に服することになりますが、自ら進んでそうした制約に服する国を止める理由はないからです。ところが、国際法が「戦争」を制限・禁止するようになると、大きな問題が生じてきます。

3 第一次大戦後の国際法における「戦争」

(1) 戦間期

第一次大戦後の国際法は、従来国家が有していた戦争の自由を、徐々に制限・禁止していきました(いわゆる戦争違法化)。まず、1919年の国際連盟規約は、「国交断絶ニ至ルノ虞(おそれ)アル紛争」(そのまま放置すると戦争になってしまうおそれのある紛争)を裁判または国際連盟理事会の審査に付託するものとし、①裁判所の判決または理事会の報告の後3カ月の間は、また、②裁判所の判決または理事会の報告に従う国に対しては、「戦争ニ訴ヘサルコト」を連盟加盟国に義務づけました(逆に、裁判所の判決や理事会の報告から3カ月たった後に、判決や報告に従わない国に対して戦争を行うことは禁止されませんでした)。次に、1928年の不戦条約は、「国際紛争解決ノ為戦争ニ訴フルコト」と「国家ノ政策ノ手段トシテノ戦争」を禁止しました。不戦条約は、自衛のための戦争など一部の例外を除いて戦争を包括的に禁止し、国際連盟規約と比べて戦争の禁止を一層推し進めたのです。

問題は、これらの条約によって禁止されたものが「戦争(war)」(「戦争に訴えること(resort to war)」)だったことです。前述のとおり、国際法上の「戦争」であるかどうかは、当事国が「戦争意思」を表明したかどうかによって決まるとされていました。そうすると、武力を行使しても「戦争意思」を否定しさえすればそれは「戦争」でないことになり、国際連盟規約や不戦条約に違反しないことになるのでしょうか。当事国の双方が「戦争意思」を否定した例としては、例えば満洲事変(1931–32年)や日中戦争(日本政府は「支那事変」と呼称)(1937–45年)が有名ですが、これらのケースで日本が行った軍事行動は、国際連盟規約や不戦条約に違反していなかったのでしょうか。

この問題については、国際連盟規約や不戦条約が禁止したのは国際法の一般的な意味での「戦争」ではなく、「戦争のような行為(warlike acts)」であって、「国家間紛争の強制的解決」として行われる武力の行使も含めて禁止されているのだ、という見解も有力でした。他方、それらの条約が「戦争」という言葉を用いている以上、国際法の通常の用法に従い、「戦争意思」の表明を伴う「戦争」のみが禁止の対象となっているのだ、という見解もありました。少なくとも、国際連盟規約や不戦条約がこの問題について曖昧さを残しており、後者のような見解を否定しきれなかったことは間違いありません。例えば日中戦争において日本と中国がともに「戦争」の存在を認めなかった背景には非常に多くの要因があり、多くの要因を比較衡量した結果、「戦争」の存在を認めない方が自国にとって得策だと判断したからそうしたのですが、「両当事国が宣戦の布告を避けつつあるは、蓋し不戦条約に触れるとの批難を避け、第三国に対し、求めて紛争拡大を為すものとの感覚を……避け」たいという事情(北 1994：10 頁に引用されている日本の海軍法務局文書(下線は本稿の筆者が引いたもの))も、やはりあったようです。

そこで、第二次大戦後の国際法は、当事国の「戦争意思」の有無によってその存否が決定される「戦争」という概念の使用を避け、「武力の行使」、「武力攻撃」、「武力紛争」といった概念を使うようになります。

(2) 第二次大戦後

1945 年に署名され発効した国連憲章は、「国際関係(international relations)にお〔ける〕……武力の行使(use of force)」を禁止しました(2 条 4 項)。この条文における "force" が「軍事力(armed force)」を意味することについて見解は一致していますが、この条文によってカバーされる「武力の行使」の正確な範囲については現在でも不明確な部分が残っています(⇒28)。しかし、例えば国の正規軍による他国領土への侵入や砲爆撃といった行為が国連憲章によって禁止される「武力の行使」に当たることについて異論はありません。国連憲章は、当事国の「戦争意思」の有無を問わず、国家間における武力行使を一般的に禁止したのです。

国連憲章による武力行使禁止の例外としては、つまり現在の国際法において合法的に武力を行使できる場合としては、①「平和に対する脅威、平和の破壊又は侵略行為」に対処するために安全保障理事会が行う軍事的強制措置の場合(国連憲章 42 条)と、②自衛権を行使する場合(同 51 条)の 2 つがあります。このうち、①は安全保障理事会の判断に基づき行うものですから、個別国家の判断により合法的に武力を行使できるのは、現在の国際法では、原則として②の場合だけということになります。

自衛権(the right of self-defense)とは、ある国に対して「武力攻撃(armed attack)」

が行われた場合に、その国が(個別的自衛権)、またはその国からの要請を受けた第三国が(集団的自衛権)、その武力攻撃を排除するために必要な武力を行使することをいいます(⇒29)。前述のとおり、かつての国際法で自由なものとされていた「戦争」の場合、戦争法に従う限り「暴力の無限界的行使」が認められましたが、これに対し、自衛権の場合、武力攻撃を排除するのに必要な限度で(「必要性」の要件)、かつ、武力攻撃と均衡する武力しか行使できません(「均衡性」の要件)。なお、国が武力を行使する際には、自衛権行使の要件を満たすことに加えて、かつては戦争法(戦時国際法)と呼ばれ、現在では武力紛争法とか国際人道法と呼ばれる法にも従う必要があります。武力紛争法は、武力紛争(戦争)の人道的な「やり方」を定めるものであり、かつては「戦争」に適用されるものとされていましたが、現在では、「武力紛争(armed conflict)」に適用されるものとされています(例えば、1949年ジュネーヴ諸条約共通2条)。「戦争法」という呼び方を止めて、「武力紛争法」とか「国際人道法」と呼ぶようになったのはそのためです。ここでもやはり、「戦争」という概念の使用は、避けられているのです。

かつての国際法における「戦争」は、他国に何らかの要求を飲ませるために——その場合の要求は、国際法違反の行為を止めさせるといったことに限られず、例えば、領土の一部を割譲させるとか、あるいは既に結んでいる条約の内容に不満があるからその条約の廃棄・改正に応じさせるといったことも含まれ、要求できることの内容に制限はありませんでした——、その他国に軍事的な強制を加え、自国にとってできるだけ有利な条件で講和条約を結ぶために行うものでした。これに対し、自衛権は、あくまでも武力攻撃を排除するために必要な軍事力を行使するものであり、何らかの要求を他国に飲ますために必要なあらゆる軍事力を行使する「戦争」とは、大きく本質が異なるともいえます。

そのため、現在の国際法では、「違法な戦争」と「合法な戦争」との区別があるのではなく、すべての「戦争」は禁止されているのだ、という考え方もあります。この考え方によれば、国連憲章が認めている自衛権は、あくまでも「自衛権」というものであって、「自衛のための戦争」(「自衛戦争」)が認められているのではないということになります。本章1で紹介した安倍首相と横畠内閣法制局長官の答弁は、この考え方を前提にしていたと考えられます。

4　まとめ

本章で述べてきたような歴史的経緯があるため、現在の国際法は、「戦争」という概念を基本的には用いません。「湾岸戦争」や「イラク戦争」のように、固有名詞としての「○○戦争」という言葉は国際法学者も普通に使いますが、それらは、国際法的には、例えば米国・英国等とイラクとの間の「武力紛争」として把握されます。「対テロ戦争」についての国際法的議論もたくさんありますが、そこで議論されているのは、テロ集団に対する自衛権行使の可否や、「対テロ戦争」と呼ばれる軍事行動への武力紛争法の適用の問題であって、この場合の「戦争」という言葉に法的な意味はありません。

このように、国際法において、「戦争」という言葉は、「武力行使」や「武力紛争」と異なる特殊な意味で用いられてきました。そのため、「戦争」という言葉が使われるときには、それが国際法的な意味で用いられているのか、それとも日常用語における意味で用いられているのかを十分に注意しないと、本章1で紹介したような議論のすれ違いが生じてしまいます。また、「戦争」という言葉は、国際法上の「戦争」概念には含まれていない特定のニュアンスを込めて使われることもあるので、注意が必要です。例えば、2015年7月29日の参議院「我が国及び国際社会の平和安全法制に関する特別委員会」において公明党の西田実仁議員は、「戦争という言葉には、侵略戦争とかあるいは違法な武力の行使といったニュアンスがあるのではないかというふうに思うわけであります。我が国が直接攻撃を受けて対応する個別的自衛権の措置の際、戦争に参加するとは言わないわけであります」と述べ、安倍首相も、「戦争をする、戦争に参加するという表現を用いることは、あたかも違法な行為を我が国が率先して行っていると誤解されかねない、極めて不適切な表現であると思います」と述べました。しかし、国際法的には、「戦争」という概念そのものに「侵略戦争」とか「違法な武力の行使」というニュアンスは含まれていません(例えば18世紀以前の国際法学説によって主張されていた「正戦論」では、「正当な」戦争と「不正な」戦争との区別が議論されていたのであって、このことは、「戦争」という概念そのものに違法とか不正というニュアンスは含まれていないことを意味します)。このように、「戦争」という言葉は、人によって、また文脈によって、様々な意味合いを込めて使われるために、特に注意して用いる必要があるのです。

〔参考文献〕
＊第一次大戦以前の国際法と現在の国際法における戦争・武力行使の位置づけの相違について：
石本泰雄『国際法の構造転換』(有信堂高文社・1998 年)特に 1–32 頁。

＊戦争・武力行使の規制に関する国際法の歴史や、戦争と「戦争に至らない武力行使」との区別について：
杉原高嶺『国際法学講義〔第 2 版〕』(有斐閣・2013 年)第 20 章 I、第 21 章。
田畑茂二郎『国際法新講〔下巻〕』(東信堂・1991 年)第 3 章、第 4 章。

＊武力行使の規制に関する国際法(武力紛争法を含む)の全体像について：
田中忠「武力規制法の基本構造」村瀬信也ほか『現代国際法の指標』(有斐閣・1994 年)第 4 部。

＊日中戦争において日中両国が「戦争」の存在を認めなかった背景について：
北博昭『日中開戦——軍法務局文書からみた挙国一致体制への道』(中央公論社・1994 年)。

28 自衛隊による「武器の使用」は「武力の行使」とは違う?

――国際法上禁止される「武力の行使」と憲法の制約

黒﨑将広

1 なにが問題か？

近年、北朝鮮が弾道ミサイルの発射を繰り返し、報道を賑わせています。こうした弾道ミサイルなどの落下物が日本に向けて飛来するおそれのある場合には、防衛大臣による弾道ミサイル等破壊措置命令に基づき、自衛隊の所要部隊で編成される統合任務部隊が航空総隊司令官の指揮下で対応に当たります(自衛隊法82条の3)。実際、海上配備型と地上配備型の迎撃ミサイルシステムを備えた自衛隊の護衛艦と高射部隊が、弾道ミサイルを日本の領域と公海で警戒・監視し、場合によってはそれらの上空で迎撃するために各所で展開している映像をテレビで目にした方も多いのではないかと思います。なかには「北朝鮮から飛んで来る弾道ミサイルを自衛隊がミサイルで撃ち落とすことになれば、日本は戦争をすることになるのではないか？」と思われる方もいるようです。しかし、この場合の日本の行為は憲法で禁止される戦争ではありません。

日本国憲法9条は、国際紛争を解決する手段としての戦争を永久に放棄し、そのための戦力を保持しないことを明記しています。しかし、他方で同条は、自衛(日本の防衛)のための必要最小限度の実力行使として、「武力の行使」を例外的に認めているというのが政府の立場です。では、以上の弾道ミサイル等破壊措置は北朝鮮から日本を防衛するための「武力の行使」になるのでしょうか。実はそれも違います。日本の国内法では、「武力の行使」ではなく、むしろそれとは別の「武器の使用」と位置づけられるものなのです。なぜなのでしょう。

一見、同じようにも見える「武力の行使」と「武器の使用」と呼ばれる2つの言葉。両者は日本の国内法においてまったく異なる性質を持つものです。一体、何が違うのでしょうか。また、そうした日本における「武力の行使」と「武器の使用」の区別は、国際法の場合にも当てはまるのでしょうか。

2 日本法上の「武力の行使」と「武器の使用」

(1) 「武力の行使」と「武器の使用」を区別する理由

「武力の行使」と「武器の使用」の違いを考えるに当たって、まずは次のことを確認しておきたいと思います。それは、なぜ両者はそもそも区別されなければならないのかという問題です。一言でいえば、「武力の行使」の場合には憲法9条が問題になるのに対して、「武器の使用」の場合ではそうではないからです。ですから、ある行為が「武力の行使」であるなら、憲法9条の下で認められるルールに合致しなければなりません。このルールの内容については2014年7月1日の閣議決定における「自衛の措置としての武力の行使の新3要件」(武力行使新3要件)で政府が示していますが、逆に「武器の使用」であればそうしたルールを心配する必要はありません。もちろん、「武器の使用」であれば何をしても良いというわけではなく、後述するように憲法とは別に法律で定められたルールに従って行動しなければなりません。ただ、憲法9条の制約が及ぶかどうかが決定的な違いになるということだけは頭に入れておいて下さい。

では、同じ日本の実力行使であっても、なぜ「武力の行使」だけが特別に憲法9条の制約に服するのでしょう。それは相手に危害を加える実力行使の条件をめぐる重大な違いが「武力の行使」と「武器の使用」の間にはあるからです。

自衛隊による「武器の使用」に際して相手に危害を加えることが認められるのは(危害許容要件)、たとえば相手個人の行為によって生命や身体の危険をもたらすような差し迫った脅威(急迫不正の侵害)が自分たちに及ぶ場合などです(正当防衛・緊急避難の場合)。つまりこの場合では、相手が先に襲ってこない限り、自衛隊が武器を用いて相手に危害を加えることは許されないわけです(もっとも、治安出動と警護出動の場合は少し異なります)。それはあくまで自分たちを守るために必要な限度で認められる受動的な実力行使であって、積極的に相手に危害を加えるためのものではありません。

ところが「武力の行使」は違います。以上のような個人レベルでの急迫不正の侵害を待つ必要はありません。憲法と国際法の範囲内ではありますが、防衛出動時に内閣総理大臣の命令が出れば、相手に積極的に危害を加えることができる実力行使なのです。しかもその限度については、いわば自分たちを守るために必要な個人レベルでの最小限度ではなく、日本を防衛するために必要な国レベルでの最小限度が判断基準となります。この意味において「武力の行使」とは、「武器の使用」よりもはるかに制約が緩和された最大の実力行使であるといっても過言ではありません。だからこそ「武力の行使」は、「武器の使用」とは区別される日本の防衛のためのいわば最後の手段として、国の基本法または最高法規である憲法で特別に制限しておく必要があるのです。

(2) 「武力の行使」とは

その憲法上の「武力の行使」とは、「基本的には、我が国の物的・人的組織体による国際的な武力紛争の一環としての戦闘行為」とされています。実に複雑で難しい定義ですが、誤解を恐れずにこれをあえて、①物的・人的組織体、②国際的な武力紛争、そして③戦闘行為に分けて考えてみたいと思います。

① 物的・人的組織体――自衛隊による行為であること

まず、「物的・人的組織体」とは要するに自衛隊のことです。上述のように「武力の行使」は自衛の場合にのみ認められる以上、それは、その名の通り、日本の防衛を主たる任務とする(自衛隊法3条1項)自衛隊に限定されます。したがって、日本の警察のような他の実力組織の行為が「武力の行使」になることはありません。

実際、日本の警察組織に認められる実力行使(即時強制とも呼ばれます)は「武器の使用」までに限られます(ほかにも犯罪の「制止」や土地・建物などへの「立入」などの実力行使があります)。警察官が万一過度に実力を行使しても、それは「武力の行使」を禁止する憲法9条の違反ではなく、別途法律で実力行使の手順を定めたいわゆる警察比例原則と呼ばれるルール(たとえば警察官職務執行法7条参照)の違反となります。たとえ彼らが軍隊なみの武器を使用したとしても(実際、海上警察を担う海上保安庁の装備は他国の海軍のそれに引けをとりません)、「武力の行使」にはなりません。「武力の行使」と「武器の使用」は日本の法では質的に別物なのです。装備の規模や威力といった実力の量に惑わされてはなりません。

② 国際的な武力紛争――当事者の国家性と武力紛争遂行の意思

(a) 国または国に準ずる組織に対するものであること

次に、「国際的な武力紛争」の存在です。これについては、自衛隊が相手とする者が誰であるか(当事者の国家性)、そしてその者の意図が何であるか(武力紛争遂行の意思)が重要になってきます。

日本との間に「国際的な武力紛争」が存在するには、まず相手が国またはそれに準ずる組織でなければなりません。ですから、自衛隊が武器を用いて実力行使をする相手が非国家主体である場合、それが国に準ずる組織でない限り、憲法上問題となる「武力の行使」について心配する必要はありません。では、国に準ずる組織とは一体何なのでしょう。これは「国家そのものではないが、これに準ずるものとして国際紛争の主体たり得るもの」とされ、一定の領域を支配する組織であるかどうかが1つの基準となるようです。また政府は、具体例としてタリバンやアル・カイーダもこれに含まれうるとの見解を示しています(ちなみにISIL(⇒3)については、平成27年3月23日の防衛大臣による国会答弁の時点でまだ判断をしていません)。

(b) 相手に武力紛争を遂行する意思が存在すること

ただし、自衛隊による実力行使の相手が国または国に準ずる組織であるだけではまだ「国際的な武力紛争」が存在するとはいえません。「国際的な武力紛争の一環として行われるものかどうかの判断基準」として、政府は、相手の側にある武力紛争を遂行する意思、すなわち敵対的な意図の存在に言及しています。

問題は、その意図をどのように見極めるのかにあります。意思や意図というのは主観的なものですから、極めて慎重な、しかし事態の性質上迅速な判断が政府には求められます。この点について政府自身は、相手の行為の計画性や継続性などの要素を総合的に踏まえてケースバイケースにこれを判断するとした上で、次のように述べています。

> 国内治安問題にとどまるテロ行為、あるいは散発的な発砲や小規模な襲撃などのような、組織性、計画性、継続性が明らかではない、偶発的なものと認められる、それらが全体として国または国に準ずる組織の意思に基づいて遂行されていると認められないようなもの、そういうものは戦闘行為には当たらない……(平成15年7月2日石破茂防衛庁長官答弁、傍点筆者)。

確かに、相手に武力紛争を引き起こす敵対的な意図がない中で、自衛隊と国または国に準ずる組織が接触することはありえると思います。たとえば、2004年に中国の潜水艦が潜没航行したまま日本の領海に入ったことがありました。しかし日本は、これに対処するため、「武力の行使」が憲法9条で唯一認められる防衛出動(自衛隊法76条・88条)ではなく、海上における警備行動(自衛隊法82条)を自衛隊に命じています。おそらく、「武力の行使」で対処する際に必要となる、国際的な武力紛争を遂行する敵対的な意図が中国の側にあると断定できなかったからでしょう(実際、中国は誤って日本の領海に入ってしまったと主張しています)。

とはいえ、自衛隊の接触する相手が国または国に準ずる組織である限り、相手の意思次第では自衛隊の行動について「武力の行使」が問題になるかもしれないことを私たちは常に注意しておかねばなりません。政府もそうした事態が起こらないよう、たとえば国連平和維持活動(PKO)については、派遣先国や紛争当事者の受入れ同意を安定的に維持するなどの工夫を凝らしています。

③ 戦闘行為——自己保存または武器等防護の目的以外で、人を殺傷し、または物を破壊する行為であること

最後に、自衛隊の行為が「戦闘行為」に当たるかどうかも重要です。これは、国または国に準ずる組織との間の国際的な武力紛争の「一環として」行われる「人を殺傷し又は物を破壊する行為」を意味します。したがって、自衛隊が敵対的意図を持つ国または国に準ずる組織を相手に殺傷または破壊する行為に及んでしまっても、それが国際的な武力紛争の一環として行われたものでなければ「戦闘行為」と評価されるわけではないようです。事実、その行為がもっぱら自衛官個人の身を守るため(自己保存のため)、または自衛隊もしくは一定の条件を満たす他国軍隊の武器などを守るため(自衛隊法95条・95条の2)であるなら、国または国に準ずる組織を相手にする場合を含め、「いかなる場合も憲法九条一項の禁ずる武力の行使に当たらない」との見解を政府は示しています。

以上①、②、③をまとめると、ある行為が憲法上の「武力の行使」となるには、日本の自衛隊が、国際的な武力紛争を遂行する意思(敵対的な意図)を持つ国または国に準ずる組織を相手に、自己保存または武器等防護以外の目的で、つまり当該武力紛争の一環として、殺傷または破壊を行うことが条件といえるでしょう。

自衛隊が武器を用いて実力を行使しても、以上の条件に合致しなければそれ自体で憲法上の「武力の行使」になることはありません。その場合は用いられた装備がどのようなものであったとしても――戦車であれ護衛艦・潜水艦であれ戦闘機であれ――、「武器の使用」にとどまります。逆にいえば、以上の条件を満たす限り、たとえ小銃一丁の使用でも「武力の行使」になりうるのです。

このことを踏まえて、冒頭に触れた北朝鮮の弾道ミサイルに対する日本の破壊措置に話を戻しましょう。日本は北朝鮮を国として認めていませんが、国に準ずる組織とはいえると思います。しかし、北朝鮮による弾道ミサイル発射は日本と国際的な武力紛争をするために行われたといえるでしょうか。これまでのところ、発射によって日本に対するそうした意図が北朝鮮にあると政府は認定していません。自衛隊が弾道ミサイルを破壊しても「武力の行使」にならないのは、このためであるように思われます。もちろん、日本に対する武力紛争遂行の意思が北朝鮮にあるということになれば話は別です。その場合は、弾道ミサイル等破壊措置としての「武器の使用」ではなく、憲法9条で唯一「武力の行使」が認められる防衛出動の手続を経てこれに対処する必要があるでしょう。このように憲法上の「武力の行使」になるかどうかは、結局のところ実力の量よりも、むしろ実力を行使する者、その目的、相手が誰であるか、そしてその相手が日本に対して敵対的な意図を有しているかが重要なのです。

(3) 「武器の使用」とは

① 「武器の使用」とは武器の指向から

これに対して、「武力の行使」に至らない「武器の使用」とは、殺傷能力を有する武器をその本来の用法に従って用いることをいいます。ただし、これは武器を目標に指向する(相手に向けて構える)段階からの行為を指すことには注意して下さい。つまり、指向から上空などへの威嚇射撃、そして危害射撃といった一連の動作までが「武器の使用」となります。逆に武器の携行や取り出しまでの段階は本来の目的に沿った「武器の使用」とはいわず(警察官等拳銃規範4条1項参照)、むしろその準備段階に当たる「武器の保有」(自衛隊法87条)に属するものといえます。

射撃訓練、そして領空侵犯機に対する曳光弾による警告のための信号射撃もまた、殺傷目的による使用でないため、「武器の使用」とされません。ちなみに自衛隊は、かつて東京湾でのタンカー火災に対処するため、護衛艦や潜水艦、対潜哨戒機にロケット弾や爆雷、魚雷等を用いて日本船籍の船舶を沈没させたことがあります。しかし、これもまた「本来の意味」とは異なり「道具」として弾薬類を用いた措置であるがゆえに「武器の使用」でないものとされました(1974年第十雄洋丸事件)。

② 自衛隊による「武器の使用」権限

(a) 任務遂行のための使用

自衛隊の任務(本来任務)は日本を防衛することだけではありません。警察(公共秩序維持)や日本の重要影響事態における平和安全確保、国際平和協力と多岐にわたります(自衛隊法3条)。こうした任務の場合、それぞれの性格と内容に応じて「武器の使用」が自衛隊に認められます。上述のように「武力の行使」の場合は憲法9条の解釈から導かれる要件(武力行使新3要件)に従うことが求められますが、「武器の使用」の場合は、警察組織と同様に、憲法9条とは別に個別任務毎に法律で手順を定めたルール(比例原則)に従わなければなりません。

具体例を挙げましょう。皆さんは、海上警備行動による不審船対処やソマリア沖・アデン湾での海賊対処行動に関するニュースを耳にしたことがありませんか? 実はこれらはすべて自衛隊の警察任務によるものであり(専門的には行政警察作用といいます)、法的には日本の防衛という任務のためではありません。ですから、そこで自衛隊が自己の装備を用いて実力を行使したとしても、それはすべて今述べたような警察任務を遂行する上で事態に応じて合理的に必要な「武器の使用」であり、憲法上問題となる「武力の行使」とは別物です。冒頭に述べた弾道ミサイル等破壊措置も自衛隊による警察任務ですし、戦闘機による対領空侵犯措置もそうです(ちなみに、ニュースでしばしば耳にするいわゆる「スクランブル発進」はまだ対領空侵犯措置ではなく、その準備段階にすぎません)。

(b) 自己保存のための使用

以上は「武器の使用」を必要とする自衛隊の任務の話ですが、では「武器の使用」を必要としない性格の任務の場合はどうでしょう? 任務が与えられても自衛隊には「武器の使用」が認められないのでしょうか? この場合、人間であれば当然に認められる自己を守るための権利(専門的には、自然権的権利といいます)に基づいて「武器の使用」が認められることになります。たとえば、治安出動下令前の情報収集がそうです(自衛隊法79条の2)。治安出動という国内での警察任務に当たるべきかどうかを判断するために事前に自衛隊が情報収集を行うわけですが、情報収集自体は武器がなくてもできそうですよね？ でも万一のこともある。そこで収集に当たっている自衛官自身と行動を共にしている他の隊員を守るために、任務に直接は関係しないけれども、任務に付随する範囲で自然権的権利に基づく「武器の使用」が特別に法律で認められているのです(自衛隊法92条の5)。在外邦人等の輸送の場合もそれ自体は「武器の使用」を必要としない任務ですので、同様に自己保存のための「武器の使用」しか認められません(自衛隊法94条の6。逆に在外邦人等の警護や救出などを行う保護措置になると「武器の使用」を必要とする任務になりますので、自己保存のためだけでなく任務遂行に必要な範囲で「武器の使用」が認められます。94条の5)。

さらにPKOのような自衛隊の国際平和協力活動では、自国領域内での任務よりも一層不測の事態が起こる可能性が予測されます。このため、派遣されている自衛官には、道路や橋の建設などのようにそれが性格上「武器の使用」を必要としない任務であったとしても、自身や同じ現場にいる他の隊員に加え、自己の管理下にある者、さらに勤務を終えて宿営地にいる場合にはそこにいるすべての者をも武器で守る(正確には外国軍隊と共同で武器を使用する)自然権的権利が法律で認められています(PKO協力法25条)。これも自然権的権利に基づく「武器の使用」と位置づけられますが、国際平和協力活動の実態に応じた内容を有していることがわかります。

(4) 「武力の行使との一体化」論

では、こうした「武力の行使」とは本来異なる性質を持つ「武器の使用」が一転して憲法上の「武力の行使」に変質することはありえるのでしょうか。それ自体が直接的な「武力の行使」でなくても、他国による「武力の行使との一体化」に当たると評価される限り、ありえると思います。

具体的にどのような場合にそうなるのかについては、今のところ政府が「諸般の事情を総合的に勘案して個々的に判断する」としか明らかにされていません。しかし、おおむね次の4つの事情(時の内閣法制局長官の名前をとって大森4要素といわれることもあります)を考慮するといわれてきました。つまり、①他国による戦闘活動が行われている、または行われようとしている地点と自衛隊の行動がなされる場所との地理的関係、②自衛隊の行動などの具体的内容、③他国による「武力の行使」の任に当たる者との関係の密接性、④協力しようとする相手の活動の現況、です。これらは必ずしもすべて満たさなければならない要件というわけではなく、あくまでもそれぞれが考慮事情の１つにすぎないようです。

憲法上「武力の行使」が認められるのは自衛(日本の防衛)の場合に限られる以上、防衛出動時に「武力の行使」を認める内閣総理大臣の命令が自衛隊に出されない限り、日本は「武器の使用」が「武力の行使」にならないよう、そして外国軍隊による「武力の行使」と一体化しないよう、細心の注意を払わなければなりません。日本では「武力の行使」に対する憲法の制約がいかに厳しいものであるか、そしてそれはなぜなのかがわかって頂けるのではないかと思います。

3　国際法上の「武力の行使」と「最小限の実力の行使」

(1)　国際法上、「武力の行使」と「武器の使用」の区別は存在するか

次に、国際法の世界に目を向けましょう。まず、国際法において「武力の行使」と「武器の使用」という言葉は存在するのでしょうか。

国連憲章２条４項は、個別的・集団的自衛(51条)と国連の強制措置(7章)の場合を除き、加盟国の国際関係における「武力の行使」を禁止しています(⇒29)。しかし、「武力の行使との一体化」という言葉は国際法には存在しません。国際法で重要なのは、もっぱらある行為が「武力の行使」になるかどうかであって、それと一体化するかどうかが問題にされることはないのです。とはいえ、日本法における「我が国の物的・人的組織体による国際的な武力紛争の一環としての戦闘行為」のような「武力の行使」に関する有権的な定義が国際法の世界に存在するわけではありません。

他方、意外と知られてはいませんが、「武器の使用」という言葉も国際法にないわけではありません。たとえば、飛行中の民間航空機に対する「武器の使用」を禁止した国際民間航空条約(シカゴ条約)3条の２や捕虜の逃走防止を定めたジュネーヴ捕虜条約42条などがそうです。ただ、この規定は「武力の行使」との関係で位置づけられてきたものではなく、明確な定義を有した国際法一般の概念として定着したものでもありません。よって、これらを日本のような「武力の行使」と「武器の使用」の区別に対応するものと見ることは難しいでしょう。

しかし、こうして日本のような「武力の行使」に関する有権的な定義や「武力

の行使」と「武器の使用」の区別がなくても、武力とそれ以外の実力とを区別しようとする考えは国際法の世界にもあります。この点について敢えて単純化するなら、両者を区別するための基準として、これまでおおむね「規模と効果(scale and effects)」と「明確な敵対的意図(a manifest hostile intent)」という2つの考え方が提示されてきたといえます。

(2) 「武力の行使」と「最小限の実力の行使」の区別基準

① 規模と効果

多くの専門家たちは、「武力の行使」とそれ以外の実力行使を区別する際、国が用いる「実力の量(amount of force)」の違い(重大性の敷居ともいわれます)に着目します。たとえば警察活動に必要とされる実力(警察力)は、武力よりも必要とされる実力の度合いが全然違うというわけです。実力の量よりも、実力を行使する者、その目的、相手、そして相手の意図を重視する日本の法とは対照的ですね。その意味で、武力と対比される言葉として国際法で重要なのは、量的な観点から「最小限の実力(minimal force)」ということになります。警察力の行使は、国境衝突、人質・自国民救出、個人を攻撃目標とした殺害(targeted killing)、PKO、サイバー攻撃などと並んで、国によるこの「最小限の実力の行使」の1つと位置づけられるにすぎません。このように国際法で問題となるのは、「武力の行使」と「武器の使用」といった日本の質的な区別ではなく、「武力の行使」と「最小限の実力の行使」という量的な区別なのです。武力は国連憲章2条4項で禁止されていますが、最小限の実力は武力ではないのでその禁止対象から外れ、別の国際法のルール(専門的になりますが、たとえば不干渉原則(⇒9)、対抗措置(⇒30)や緊急避難を規律する国家責任法、さらには海洋法や人権法など)がこれを規律するということになります。

こうした国の用いる実力の量で「武力の行使」とそうでないものとを区別する考え方に影響を与えたのが国際司法裁判所の1986年ニカラグア事件本案判決です。同判決は、「武力の行使」を、「規模と効果」を基準に最も重大なものとそうでないものとに分け、自衛権を行使するために必要な原因となる武力攻撃を前者に限定しました。その後の判決でも、裁判所はこの基準に照らして「武力の行使」の問題を扱っています。実力の量を重視する見解は、この「武力の行使」の最も重大な形態とそうでないものとを区別するための「規模と効果」の基準を、

「武力の行使」と「最小限の実力」の区別にも応用したわけです。

② 明確な敵対的意図

これに対して、実力の量を基準に「武力の行使」と「最小限の実力の行使」を分けることに異論を唱える見解もあります。「武力の行使」であるかどうかを判断する上で決定的であるのは、量ではなく、むしろ国の「明確な敵対的意図」の有無であるとするものです。一見、日本の憲法上の「武力の行使」の判断基準と似たアプローチのように思われるかもしれません。でも、この敵対的意図は、相手の意図ではなく実力を行使する側の意図ですので、日本の場合とは真逆であるといえます。しかもそれは、国連憲章が加盟国の国際関係における「武力の行使」を禁止していることに鑑み「主権国家間の紛争に直接起因する」ものと解されるなど、憲法上の「武力の行使」で問題となる「国際的な武力紛争」遂行の意思とは内容面でも異なる広がりを持っています(少なくとも国際法に関する限り、「武力紛争(armed conflict)」と「紛争(dispute)」は似て非なるものです)。いずれにせよ、そうした明確な意図があれば、国が用いる実力の大小に関係なく——つまり「最小限の実力の行使」であっても——、国連憲章2条4項が対象とする「武力の行使」になりえます。逆に、偶発的な実力行使であれば、その規模が大きくても明確な敵対的意図はないので「武力の行使」にならない、というわけです。

③ 未成熟の区別基準

もっとも、こうした実力の量か敵対的意図かのいずれかを基準に「武力の行使」と「最小限の実力の行使」を明確に分けることは、国際法において常にできるわけではありません。両者を区別する基準は、国際法上確立したものではなく、いわば未成熟の状態にあるからです。これは、両者の区別自体が国際法にとって比較的新しい問題であることと無関係ではないでしょう。まったくなかったとはいえないにせよ、それまで両者の関係が国際法において自覚的に議論されてきたとはいい難く、この問題が正面から取り上げられるようになったのは、せいぜい「テロとの戦い」が武力の問題か警察力の問題かをめぐる論争を引き起こす契機となった2001年の9.11事件以降、あるいは海上警察力の行使が「武力の行使」の問題であると判示した2007年ガイアナ・スリナム仲裁裁定以降のことにすぎないのです。

このように、国際法上は発展途上にある「武力の行使」と「最小限の実力の行使」の区別が日本における「武力の行使」と「武器の使用」の区別と一致するものではない以上、日本の「武器の使用」が、たとえ憲法9条で禁止される「武力の行使」でなくても国連憲章で禁止される「武力の行使」であると外国から評価される余地は残されているといえます。この点でとくに注意しておかなければならないのは、日本の自衛隊以外の国家機関や一定の私人の実力行使でさえ、それが非国家主体を相手にするものであったとしても、国際法上の「武力の行使」になるかもしれないということです。

(3) 自衛隊以外による「武力の行使」

先述の通り、日本法上、「武力の行使」は憲法の制約から自衛隊の行為に限定されていますが、国際法ではそうではありません。実力の量あるいは実行国の敵対的意図の基準を採用する専門家の双方ともに、行き過ぎた実力行使が国連憲章上の「武力の行使」となる可能性を完全には否定していません。これはとくに他国と接触する機会が多い日本の海上保安庁にとっては深刻な問題です(その実力が軍隊に引けをとらないことは既述の通りです)。しかも警察その他の国家機関だけでなく、国際法上、国に帰属する私人の行為(たとえば民間軍事会社)でさえ「武力の行使」になることを実に多くの専門家は認めているのです。このように世界に目を向ければ、憲法上問題にならないはずの私人の行為が、国際法上の「武力の行使」と評価されることによって日本の国連憲章違反を引き起こすだけでなく、場合によっては他国による自衛権の行使を正当化する口実さえ与えるかもしれないのです。

(4) 非国家主体に対する「武力の行使」

① 非国家武装集団に対する場合

憲法は国または国に準ずる組織を自衛隊が相手とする場合に「武器の使用」が「武力の行使」となる可能性を限定しており、基本的に相手の国家性を重視しています。しかしながら、国際法では近年、外国にいる非国家武装集団を相手に国が実力を行使する場合でも「武力の行使」になりうるという見解が、とりわけ実力の量を基準とする一部の国や専門家たちの間で強まってきています(なお、先述の政府見解からしてすべての非国家武装集団が「国に準ずる組織」であるとは限らないので、両者は区別しておくべきでしょう)。

この点について国際司法裁判所は「武力の行使」を国家間に限定するなど慎重な姿勢を崩していませんが、確かにアル・カイーダやISILなどの非国家武装集団は、日本でいう国に準ずる組織であろうとなかろうと、いまや「規模と効果」において国の軍隊と同程度の実力を持っているかもしれないことを我々は知っています。日本の法では国に準ずる組織を相手にしない限り「武器の使用」と位置づけられる自衛隊や警察の行為であっても、場合によっては、それを国際法上の「武力の行使」とみる外国がいるかもしれないこともまた認識しておく必要があるでしょう。

② 商船に対する場合

最後に、日本が民間船舶(商船)を相手にする場合にも触れておきたいと思います。商船は、一定の範囲で主権免除が認められうる軍艦やその他の政府船舶とは異なり、登録国(旗国)を代表する存在ではありません。しかし、それでもなお商船に対する国の実力行使が「武力の行使」の問題とされた事例は確かに存在します。

かつてガイアナとスリナムの両国が争う大陸棚の区域でガイアナとの契約に基づき商船が地盤掘削活動に従事していました。この船舶に対しスリナム巡視船が警告を行ったのですが、これがのちに仲裁裁判でガイアナに対する「武力の行使の威嚇」になると判断されたのです。

また、2003年オイル・プラットフォーム事件判決で国際司法裁判所は、特定の国の旗を掲げた商船が外国からの攻撃を受けた場合、その攻撃は、場合によっては商船自体にではなくその旗国に対する「武力の行使の最も重大な形態」(武力攻撃)になるかもしれないことを示唆しました(北大西洋条約も6条(ii)で同様の規定を有しています)。さらに近年、公海上の船舶に対する実力行使を伴う外国の干渉行為(具体的には臨検や拿捕)は、それを認める海洋法上の根拠規定(海賊対処など)や旗国の同意、国連安保理の許可のいずれかを欠く場合、自衛権に基づく「武力の行使」として認められることがあると考える国も出てきています。

4 まとめ

憲法上の「武力の行使」とは、武力紛争を遂行する敵対的意図を有した国または国に準ずる組織を相手に、自衛隊が、自己保存または武器等防護以外の目的で人を殺傷しまたは物を破壊する行為をいいます。これに該当しない日本の実力行使は、「武器の使用」として法的に区別されます。「武器の使用」は任務の性質に応じて個々の法律の範囲内で日本の自衛隊や警察機関に認められますが、「武力の行使」は、憲法９条の下、厳格に自衛の場合における自衛隊の防衛出動時にのみ認められるにすぎません。しかしながら、こうした区別は日本の法に特有の事情と理由を背景に設けられたものであるため、国際法に当然に持ち込むことはできません。

国際法上、「武力の行使」に関する有権的な定義は存在しませんが、憲法上の「武力の行使」とは様々な点で異なるものと理解されています。第１に、判断基準が異なります。憲法上の「武力の行使」は国際的な武力紛争を遂行する敵対的意図を主な基準に判断されますが、国際法上の「武力の行使」は、行使される実力の量を基準に判断される見解が一般的です。これは日本法上の「武器の使用」であっても、その規模と効果によっては「武力の行使」になりうることを意味しています。憲法のように意図を基準に判断する見解も国際法にはありますが、国連加盟国の国際関係における「武力の行使」を対象とするため、その内容は異なります(憲法で問題となる「武力紛争」遂行の敵対的意図ではなく、加盟国間の「紛争」に直接起因する敵対的意図です)。しかも憲法で問題となる意図とは相手側の意図であるのに対して、国際法で問題とされるのは実力を行使する側の意図です。こうした意味でも国際法上の基準と憲法上の基準とを同一視することは難しいでしょう。第２に、国際法上の「武力の行使」は日本のように自衛隊の行為だけに限定されないということです。国際法では、自衛隊に加えて警察その他の国家機関さらには私人の行為でさえ、国に帰属するものであるなら「武力の行使」になりうるのです。第３に、憲法上の「武力の行使」は国または国に準ずる組織を相手とする場合に限られますが、国際法上の「武力の行使」は近年、一部の非国家主体を相手にする場合をも含むと考えられるようになってきています。そして第４に、国際法に「武力の行使との一体化」という概念は存在しません。

それにもかかわらず、憲法上の「武力の行使」と国際法上の「武力の行使」はしばしば混同されがちです。実際、「国際法上の武力の行使であるから憲法９条違反になるのではないか？」といわれることがあるくらいです。しかし、それは適切ではありません。もちろん、憲法上の「武力の行使」と国際法上の「武力の行使」の双方に該当する自衛隊の行為もあるでしょう。しかし、憲法9条の問題にできるのは、あくまで憲法上の基準に照らして「武力の行使」と判断される行為だけです。近年の国際社会の変容に応じて様々な展開を見せる国際法上の「武力の行使」とは対照的に、日本における「武力の行使」が憲法によって厳格に制約されていることを我々は忘れてはなりません。

「武力の行使」とその他の実力行使との関係についても同様です。日本における「武器の使用」という概念は、国家機関による憲法上の「武力の行使」に至らない実力行使を規律するために用いられる独自の概念であり、以上の点で様々に異なる国際法上の「武力の行使」との関係で議論される「最小限の実力の行使」とは趣旨や目的、範囲を異にした法秩序に位置するものです。

憲法上の「武力の行使」と「武器の使用」、そして国際法上の「武力の行使」と「最小限の実力の行使」――。何やら言葉遊びのように思われるかもしれませんが、法では言葉(概念)が非常に大切なのです。それぞれの言葉に込められた意味を正しく理解するためにも、両者はきちんと分けて考えられるべきでしょう。

〔参考文献〕

＊日本法上の「武力の行使」と「武器の使用」について：
田村重信監修『日本の防衛法制(第2版)』(内外出版・2012年)。
浦田一郎編『政府の憲法九条解釈――内閣法制局資料と解説』(信山社・2013年)。
阪田雅裕『憲法9条と安保法制――政府の新たな憲法解釈の検証』(有斐閣・2016年)。

＊国際法上の「武力の行使」の意味について：
森川幸一「武力行使とは何か」『法学セミナー』661号(2010年)。

＊日本法上の「武力の行使」と「武器の使用」をめぐる安全保障上の諸問題を国際法の観点から評価したものとして：
特集「新安保法制と日本の安全保障」『国際問題』648号(2016年)
以下の論文を所収：
― 森肇志「新安保法制と国際法上の集団的自衛権」。
― 真山全「憲法的要請による集団的自衛権限定的行使の発現形態――外国領水掃海および外国軍後方支援」。
― 森川幸一「グレーゾーン事態対処の射程とその法的性質」。
― 黒﨑将広「『駆け付け警護』の法的枠組み――自衛概念の多元性と法的基盤の多層性」。
酒井啓亘「国連平和活動と日本の国際平和協力の今後――『9条――PKO活動原則体制』の下での課題」『国際問題』654号(2016年)。

29 集団的自衛権とは?
——平和安全法制と国際法上の集団的自衛権

森 肇志

1 なにが問題か?

いわゆる平和安全法制(新安保法制)が、2016年3月29日に施行されました。同法制をめぐって2015年の夏に繰り広げられた国会の内外での論戦やデモ活動などは、今でも覚えている方が多いのではないでしょうか? そうした論戦などで最大の関心が向けられたのは、平和安全法制によって日本が集団的自衛権を行使できるようになるという点であり、とりわけ、それは日本国憲法上許されるのか、という点でした[1]。この問題の重要性は言うまでもありませんし、読者のみなさんにも、こうした憲法をめぐる論争にもぜひ触れていただきたいと思います。

しかし、集団的自衛権というのは、憲法以前に、国際法上、国家が有する権利です。したがって国家は、国際法によって一定の場合に集団的自衛権を行使することが許されていると同時に、行使できる場合が同じく国際法によって一定の場合に限定されているということになります(詳しくは後述します)。もちろんこのように述べることは、憲法が無関係ということではまったくありません。また国際法によって認められている集団的自衛権をそのまま日本が行使する必要(義務)はなく、それによって認められている範囲内で、日本が行使できる場合を憲法などによって制限することには、なんら問題ありません。日本による集団的自衛権の行使は、憲法をはじめとする国内法による制約の中で行われなければならないと同時に、国際法による制約の中で行われなければならないということです。憲法を守ってさえいれば、国際法を守らなくていいというわけにはいかないのです。

---

1) 平和安全法制とは、新規立法である国際平和支援法に加え、自衛隊法など従来から存在した10本の法律を一括して改正するための平和安全法制整備法とからなります。集団的自衛権と関わるのは、後者の中での、自衛隊法や武力攻撃事態法などの改正部分です。

このことは、憲法との関係で、従来から日本が行使することが認められてきた個別的自衛権についても同様です。2015年の論戦の中で、政府によって集団的自衛権の行使が必要だと想定されている事態は、個別的自衛権によっても対応することが可能なのであって集団的自衛権の行使を認める必要はないという意見もありました。それが国際法上認められている個別的自衛権の範囲の中であれば問題ないのですが、それによって認められている範囲に収まらないのであれば、憲法上は問題がないのだとしても、国際法上は大きな問題になります。

他方で政府は、平和安全法制に関する議論を通じて、同法制によって認められる集団的自衛権が、国際法上一般に認められている集団的自衛権に対してきわめて限定されたものだということを強調しました。「フルスペックの集団的自衛権」と「限定された集団的自衛権」という言葉が飛び交っていました。これらを理解するためにも、まず、国際法によって認められる集団的自衛権を確認した上で、では今回どこまで許されることになったのかを整理する必要があります。

そこで本章では、日本国憲法上の合憲性の問題は脇に置いた上で、そもそも国際法上の集団的自衛権とはなにかを整理し、そこから平和安全法制やそれをめぐる論争について、国際法の観点から注意すべきと思われる点を指摘したいと思います。

2　国際法上の集団的自衛権のなりたちと「もろ刃の剣」的性格

(1)　なりたち

国際法上の集団的自衛権とは、「一国に対する武力攻撃について、その国から援助の要請があった場合に、直接に攻撃を受けていない他国も共同して反撃に加わるための法的根拠」を意味します。A国がB国を攻撃した際、C国やD国がB国に助勢する法的根拠と言い換えることもできます。この例でB国が反撃する権利が個別的自衛権です。個別的自衛権は、「一国が自国に対する侵害を排除する法的根拠」を意味します。個別的自衛権も集団的自衛権も国際連合(以下、国連)憲章51条によって認められています。日米安全保障条約によって、日本が武力攻撃を受けた際には米国が支援することになっていますが(5条)、これも集団的自衛権に基づくものです。

現在の国際法においては国家による武力の行使は原則として禁止されているので(国連憲章2条4項)、C国などが助勢するには禁止の例外としての法的根拠が必要となります。集団的自衛権は、国連憲章で認められている禁止の主要な例外の1つであり、その特質はもう1つの主要な例外である集団安全保障(憲章7章)と比較すると理解しやすいと思います。

19世紀のヨーロッパに遡ると、国家による戦争は国際法によって禁止されていなかったので、A国がB国を攻撃した際にC国などがB国に助勢することは国際法上の根拠なしに認められていました。そこで各国は同盟関係を築き、他国から攻撃されたときには同盟国による助勢を期待することで自国の安全を守ろうとしたのです。同盟政策や勢力均衡政策と呼ばれるものです。

しかしこうした政策には、相手との均衡関係を出し抜こうとしたり、相手の力を過大評価してしまうため勢力拡張競争が起こりやすく、一旦戦争が始まると、同盟関係を通じて多くの国家が巻き込まれ、戦争が大規模化するという欠点がありました。ドイツ・オーストリア・イタリアの三国同盟に対してフランス・ロシア・イギリスの三国協商が対抗する中で生じた第一次大戦は、その悲劇的な実例です。

そのため第一次大戦後は、各国はこうした同盟政策ではなく、国際連盟を創設し、集団安全保障(以下、集団安保)体制を築くことで自国の安全を守ろうとしました。集団安保とは、対立関係にある国家も含めて、多数の国家が互いに武力行使を慎むことを約束するとともに、いずれかの国がその約束に反して他国を侵略する場合には、残りのすべての国が結集して戦い、そのことによって侵略行動をやめさせようとする安全保障の方式です。しかし国際連盟は、第二次大戦を防ぐことも、それに適切に対処することもできませんでした。

その反省を教訓に創設されたのが国連の集団安保体制であり、国際連盟と比してその強化が図られました。具体的には、すべての加盟国が武力行使を慎むことを約束し(国連憲章2条4項)、いずれかの国による平和に対する脅威、平和の破壊または侵略行為の存在が国連安全保障理事会(以下、安保理)によって認定された場合には、その国に対する軍事的手段も含めた措置がとられることとなりました(39条、41条、42条)。攻撃等が発生したことの認定およびとるべき措置の決定が、各国それぞれによってではなく、安保理によって集権的になされるようになった点が重要です。日本国憲法の理念である平和主義や国際協調主義(前文・9条)は、こうした国連の集団安保体制を前提としています。

しかし、こうして集団安保体制が創設されても、それが実際に機能するかという不安は残ります。機能するとしても攻撃から時間がかかる可能性もあります。そのため攻撃された国が自国を守る個別的自衛権と、他国がそれに助勢する集団的自衛権とが認められたのです(国連憲章51条)。

(2) もろ刃の剣

このように、国連憲章51条に規定される個別的自衛権も集団的自衛権も、国連の集団安保体制を前提にそれが機能するまでの間、それを補完するために行使されるものとして認められたものです。他方で、自衛権の場合は、安保理が判断する国連の集団安保体制と異なり、A国がB国を攻撃したと判断し反撃の必要性などを決定するのはB国やC国といった個々の国です。とくに集団的自衛権の場合には、C国は自らが攻撃を受けた国でさえないため、攻撃の存在などを恣意的に判断するという濫用(らんよう)の危険が存在します。このように集団的自衛権は、もろ刃の剣と言ってよいでしょう。

もちろん同様のことは、国内法において認められている正当防衛との関係でも、誤想防衛や過剰防衛といった形で問題となります。しかし国内社会において正当防衛が主張される場合には、通常警察や裁判所などによる事後的なコントロールが行われますが、国際社会ではそうした事後的コントロールが行われるとは限らないため、この問題はより深刻になります。

実際にこれまで集団的自衛権の行使と主張されてきたものをみても、集団安保体制を補完するものと、集団的自衛権の濫用と言わざるをえないものとがあります。

集団安保体制を補完した例としては、1990年8月にイラクがクウェートを侵攻した当初に、安保理によって憲章51条にもとづく個別的・集団的自衛権が確認された事例(安保理決議661など)や、2001年9月11日のいわゆる米国同時多発テロの後の、米国を中心としたアフガニスタンに対する武力行使に関連し、安保理決議において個別的・集団的自衛権が確認されている事例(安保理決議1368, 1373)などが挙げられます。

集団的自衛権の濫用と言わざるをえない例としては、冷戦期によく見られた、第三国が集団的自衛権の名の下に行った違法な武力介入が挙げられます。その多くは内戦や国内の騒乱に際して行われたものであり、外部からの武力攻撃の発生自体が疑問視され、また介入を要請した政府の主体性や正統性も疑われるものでした。1960年代から70年代のベトナム戦争に対する米国を中心とした介入や、1979年から89年のアフガニスタンに対する旧ソ連の介入、さらには1980年代のニカラグアの内戦に対する米国の介入(レーガン政権のコントラ支援)などが挙げられます。最後の事例は国際司法裁判所でも問題となり(ニカラグア事件(1986年))、集団的自衛権を行使したという米国の主張は否定されました。

3　集団的自衛権を行使するための国際法上の条件とその本質

集団的自衛権が有するもろ刃の剣と言うべき性質は、国連憲章の起草過程やそれ以前から明確に意識され、その濫用を防ぐための制度作りが重大な関心事になっていました。集団的自衛権の行使を認める際の国際法上の「歯止め」をどうするか、という問題です。以下では、集団的自衛権を行使するにあたっての国際法上の条件と集団的自衛権の本質について整理したいと思います。

(1)　国際法上の条件

国家は、国際法上、どのような場合に集団的自衛権を行使することができるのでしょうか？

国際法上の集団的自衛権は国連憲章51条に規定されており、日本も国連加盟国としてそれに拘束されます。同条は、「この憲章のいかなる規定も、国際連合加盟国に対して武力攻撃が発生した場合には、安全保障理事会が国際の平和及び安全の維持に必要な措置をとるまでの間、個別的又は集団的自衛の固有の権利を害するものではない。この自衛権の行使に当って加盟国がとった措置は、直ちに安全保障理事会に報告しなければならない。」と規定しています。もっとも、この条文に書かれていることがすべてではなく、ここに規定されていることに加えて、慣習国際法も参照した上で、国際法上の集団的自衛権を行使するための条件を理解する必要があります。

①集団的自衛権を行使するための条件の第1は、憲章51条の規定から読み取れるように、ある国に対する「武力攻撃の発生」です。

この点に関連して、国連憲章の起草過程において、集団的自衛権を行使するための条件(発動要件)が、個別的自衛権や集団安保措置の発動要件よりも制限されるべきと認識されていたことが注目されます。もともと個別的自衛権や集団安保措置は侵略(⇒31)に対しても行使できるとされていたのに対し、集団的自衛権は武力攻撃の場合に限られるとされました。武力攻撃は「侵略の明白な場合」とも言われ、侵略よりも狭い概念として位置づけられていたのです。集団的自衛権が濫用される危険に対し、それを行使できる条件を制限することによって「歯止め」をかけることが意図されていたということです。

なお、個別的自衛権については、もともとは武力攻撃よりも広い侵略に対しても行使することができると考えられていましたが、実際に成立した憲章51条ではその点は規定されず、個別的自衛権についても集団的自衛権についても、「国際連合加盟国に対して武力攻撃が発生した場合には」としか規定されていません。そのためもあり、個別的自衛権の行使が武力攻撃の場合に限られるか、それより広い場合にも許されるかについては争いがあります。これは武力攻撃とはどのようなものかという問題とも関連し少々複雑ですが、後の議論との関係では、武力攻撃に限られると考えるにせよ、それより広い場合にも許されると考えるにせよ、それらが自国に向けられたものでなければならないということが重要です。

②集団的自衛権を行使するための条件の第2は、武力攻撃の犠牲国(被攻撃国・B国)が第三国(C国・D国)に対して援助を要請することであり、少なくとも被攻撃国の同意が必要です。被攻撃国が望んでいないのに、第三国が勝手に集団的自衛権を行使することは許されないということです。これは憲章51条には書かれていませんが、国際司法裁判所が先に触れたニカラグア事件で、慣習国際法上の要件として明確にしました。このことは、国際法上の集団的自衛権の本質をどう理解するかという点と関連しますが、この点は(2)で触れます。

③第3に、集団的自衛権を行使するにあたっては、必要性および均衡性が満たされなければなりません。すなわち、集団的自衛としてとられる措置が、被攻撃国に対する武力攻撃に対する対応として具体的に必要であり、かつそうした武力攻撃に対して均衡のとれたものであることが要求されるということです。これらの条件も憲章51条の文言に見出すことはできませんが、やはり国際司法裁判所がこの点を明確にしています。

④第4に、国連安保理への報告義務があります。集団的自衛権を行使した国は、そのことを安保理に報告しなければなりません。

⑤第5に、集団的自衛権の行使が認められるのは、「安全保障理事会が国際の平和及び安全の維持に必要な措置をとるまでの間」に限られます。集団的自衛権が集団安保体制の補完措置であることをよく示しています。但し、いかなる措置

をとれば安保理が「必要な措置」をとったことになるのかについて見解は分かれます。安保理が一定の措置をとったとしても即座に状況が改善されるとは限らず、にもかかわらず自衛権の行使をとりやめなければならないかが問題となるからです。自衛権にもとづく措置の終了あるいは制限を命じる安保理の意思が安保理決議から明確であれば、憲章25条に従いそれに従わなければなりませんが、そうした場合を除いては自衛権を行使し続けることが許されると解されます。

なお、③④⑤は、個別的自衛権を行使するための条件でもあります。

(2) 集団的自衛権の本質

被攻撃国による援助要請が集団的自衛権を行使するための条件と位置づけられたことは、その本質(法的性質)をどのように理解すべきかという点に関わります。集団的自衛権の本質、すなわちそれがなにを守ろうとするものか、そしてどの国がそれを行使できるのかについては、憲章51条の規定が簡潔なこともあり、争いがありました。

しかし、国際司法裁判所によって、ニカラグア事件において、被攻撃国からの援助要請が集団的自衛権を行使するための条件と位置づけられ、それがその後の判例で定着したことから、集団的自衛権は、武力行使が一般に禁止される中で、一国に対して武力攻撃がなされた場合に、その犠牲国の要請にもとづき、それを援助するために第三国が武力を行使することを正当化する法的根拠と理解されるべきだということになりました。すなわち、集団的自衛権の本質は、「他国の個別的自衛権行使の援助」にあり、それが守ろうとするのは被攻撃国の安全や独立であり、またそれを行使できるのは、被攻撃国から援助要請を受けた国に限られる、という形で整理されたのです。

4 国際法上の個別的・集団的自衛権と憲法上許される個別的・集団的自衛権

ここまで集団的自衛権を中心に、それが行使される際の国際法上の条件とその本質について整理してきました。ここで、「1 なにが問題か？」に立ち返って、平和安全法制によって行使することを認められた集団的自衛権が、国際法上一般に認められている集団的自衛権に対してきわめて限定されたものと言えるのかどうか、そしてきわめて限定されているのであれば、そうした事態に対する対応は個別的自衛権によっても認められるのであって、集団的自衛権の行使を認める必要はないという意見について、考えてみましょう。

(1) きわめて限定されたものか？

まず、集団的自衛権の行使に関する政府の理解を確認しましょう。この点では、平和安全法制に先立つ、2014年7月1日の閣議決定を参照することが便利です。同閣議決定において、「①我が国に対する武力攻撃が発生した場合のみならず、②我が国と密接な関係にある他国に対する武力攻撃が発生し、③これにより我が国の存立が脅かされ、国民の生命、自由及び幸福追求の権利が根底から覆される明白な危険がある場合において、④これを排除し、我が国の存立を全うし、国民を守るために他に適当な手段がないときに、⑤必要最小限度の実力を行使することは、⑥従来の政府見解の基本的な論理に基づく自衛のための措置として、⑦憲法上許容されると考えるべきであると判断するに至った」との見解が示されました(「国の存立を全うし、国民を守るための切れ目のない安全保障法制の整備について」(平成26年7月1日閣議決定)〈http://www.cas.go.jp/jp/gaiyou/jimu/pdf/anpohosei.pdf〉3(3)。①―⑦は筆者が付記しました)。ここには集団的自衛権という語は出てきませんが、その直後に、「憲法上許容される上記の『武力の行使』は、国際法上は、集団的自衛権が根拠となる場合がある」と指摘されています。こうした見解は、平和安全法制の中にもそのまま条文化されています。また、①②③を一括して第1要件、④が第2要件、⑤が第3要件として、あわせて「自衛の措置としての武力の行使の新三要件」と呼ばれます(「『国の存立を全うし、国民を守るための切れ目のない安全保障法制の整備について』の一問一答」〈http://www.cas.go.jp/jp/gaiyou/jimu/anzenhoshouhousei.html〉)。

このうち①は、自国に対する武力攻撃の発生という条件であり、もっぱら個別的自衛権に関わります。②は、他国に対する武力攻撃の発生という条件であり、集団的自衛権行使のための基本的な条件です。また④⑤は、先に触れた必要性と均衡性という条件にあたります。また、ここには被攻撃国からの援助要請や安保理との関係については触れられていませんが、それらは平和安全法制の条文や、少なくとも政府答弁において、日本が守らなければならない国際法上の条件であることが確認されています。したがって、日本政府が集団的自衛権を行使する際には、国際法上の条件に従うことが前提となっている、言い換えれば、国際法上の集団的自衛権の範囲内で行うことになっていると言えます。

平和安全法制によって日本が行使することを認められた集団的自衛権が、国際法上一般に認められている集団的自衛権に対してきわめて限定されたものと言えるかどうかという点は、上記閣議決定において、②に③が加えられている点と関わります。②は国際法上の集団的自衛権の基本的な条件です[2]。それに加えて、「③これ〔＝我が国と密接な関係にある他国に対する武力攻撃の発生〕により我が国の存立が脅かされ、国民の生命、自由及び幸福追求の権利が根底から覆される明白な危険がある場合〔存立危機事態〕」という条件が付加されています。この条件によって、日本の集団的自衛権の行使は限定されているわけです。

これは国際法から見ると非常に面白い限定です。というのも、先に述べたように、国際法上集団的自衛権の本質は「他国の援助」にあります。他国(B国)からの援助要請があることが重要なのであって、ある国(C国やD国)がなぜその国(B国)を援助するのかという動機は、国際法上は問題になりません。日本同様、自国の存立に危機が迫っているからという場合もあるでしょうし、必ずしも存立危機という事態ではないが、戦略上援助するという場合もありえます(他国に対する武力攻撃があれば、自国の存立に危機が迫っているか否かにかかわらず行使できるとするのがフルスペックの集団的自衛権と言われていました)。しかし本閣議決定とそれを受けて制定された平和安全法制において、日本が集団的自衛権を行使できる場合は、憲法上の制約から(閣議決定の⑥⑦)、日本の存立が脅かされるなどの場合(存立危機事態)に限定されました。いわば、「他国の援助」でありながらも、同時に日本の存立が脅かされるなどの場合に限定したという意味で、平和安全法制によって行使することを認められた集団的自衛権が、国際法上一般に認められている集団的自衛権に対してきわめて限定されたものと位置づけているわけです(限定された集団的自衛権)。

なお、先ほど国際法から見ると非常に面白いと言いましたが、国際法上問題があるということではありません。国際法上認められる権利を、憲法などによって国内法上制限することには、なんら問題ありません。

---

2) もっとも②は、「我が国と密接な関係にある他国」に対する武力攻撃の場合に限定していますが、国際法上は、密接な関係にある他国に対する武力攻撃の場合にのみ集団的自衛権が行使できるという制限はありません。そうした場合に行使する場合が多いとは思いますが、密接な関係にない他国からの要請があった場合にも、集団的自衛権を行使することは許されます。その点で、②も国際法上の集団的自衛権に対して限定を加えていると言えますが、より重要なのは③が加えられていることです。

他方で、こうした限定をすることで本当にきわめて限定されたものになるかどうかは、存立危機事態とはなにかという問題を考えなければなりません。存立危機事態に限られると言っても、それ自体が広く認められるのであれば、実際上限定されていないことになります。国会でもこの点は激しい論争の対象になりました。

この点については、先に触れた憲法上の制約(閣議決定の⑥⑦)という観点から、存立危機事態は、「我が国に対する武力攻撃は未だ発生してはいないものの、すでに我が国と密接な関係にある国に対する武力攻撃が発生していて、我が国に対しても武力攻撃が加えられる可能性が相当高いような場合」に限られると理解されるべきとの見解もあります。そのように解されるならば、憲法上も問題がなく(「⑥従来の政府見解の基本的な論理に基づく自衛のための措置」と言いうる)、歯止め足りうるとも指摘されますが、同時に、政府がこうした限定的な解釈をとっているかについては疑問も指摘されます(阪田 2016：21–29 頁)。

この点については、国会での論戦を通じ、より明確にすることが望まれたと言えます。同時に、政府によれば、こうした限定的な解釈の例外と位置づけられたホルムズ海峡の機雷敷設の例についても、そうした事態に対処するために行いうるのは、事実上の停戦状態になった場合における機雷除去活動に限られるとされており、その点ではかなり限定されていると言ってよいと思います。

(2) 個別的自衛権によっても認められるか？

集団的自衛権を行使できる場合が限定されていることを強調すると、そうした状況に対する対応は個別的自衛権によっても認められるのではないか、ということが問題になります。ここではとくに問題になったケースとして、日本周辺の米艦船への攻撃の例を取り上げましょう。

問題になるのは、米艦船への攻撃をきっかけにして日本が個別的自衛権を行使できるのかという点です。個別的自衛権を行使できる条件については争いがあると述べましたが、しかしそれが自国に対する攻撃の場合に限られることには争いはありません。したがって、米艦船への攻撃が日本自体に対する攻撃であると言えるかどうかが問題になります。そういう可能性もないとは言えませんが、かなり難しそうです。

第１には、米艦船への攻撃を日本自体に対する攻撃とみなす考え方がありえます。かつての国会での政府の答弁の中にも、攻撃された米艦船が日本を守るために派遣されたものである場合には、それに対する攻撃が日本に対する組織的、計画的な武力の行使と認定される可能性があることを指摘するものがあります(156回平15・5・16〈衆・安保委〉6号13頁、福田官房長官)。しかし、国際司法裁判所はある船舶に対する攻撃がどの国に対する攻撃となるかについて、厳密に認定する立場を示していますので(オイル・プラットフォーム事件)、多くの場合、かなり苦しい説明をすることになるでしょう。

第2には、米艦船への攻撃自体は日本に対する攻撃ではないが、米艦船への攻撃が日本に対する攻撃の着手とみなしうるとする考え方がありえます。攻撃の着手というのは、ミサイル発射の場合を想定すると分かりやすいと思います。すなわち、ある国が日本に対して発射したミサイルが、まだ日本に着弾していないが、発射された段階すなわち着手の段階で、着弾を待つことなく、個別的自衛権を行使して反撃できるとするものです。こうした場合に、攻撃の着手によって武力攻撃が発生しているとみなす見解は、国際的にも認められていると言ってよいと思います。しかし、米艦船への攻撃が日本に対する攻撃の着手であるとみなしうるかは、当然状況によりますが、それほど簡単に言えることではなさそうですし、「攻撃の着手」という概念を広げていくことにつながりそうです。「攻撃の着手」という概念を広げていけば、武力攻撃の発生からかなり離れた場合についても個別的自衛権の行使を認めることになります。

この2つのいずれの場合でも、個別的自衛権による正当化を主張することは、個別的自衛権を行使できる場合を拡張することになるため、日本としてそうした主張をすることが適切かということも考える必要があります。

こうした議論がなされた背景には、日本の憲法上集団的自衛権を行使することは許されないが、日本周辺の米艦が攻撃された場合にそれを見過ごすことはできないという政策判断の上に、(国際法上の問題があったとしても、)憲法上行使が許されている個別的自衛権の拡張によって正当化すればいいという、少し内向きな考えが潜んでいるように思います。この点を質問していた議員は、「国際法という話がありましたけれども、我が国には憲法がある、他国にも憲法がある、その憲法の範囲内でやることについて国際社会が云々かんぬんと言うことは、私はないと思いますよ」(189回平27・7・3〈衆・平安特委〉17号、16頁)と発言しています。その正確な意味は必ずしも明らかではありませんが、もしこれが、憲法上許されることは国際法上も許されるはずだ(さらには憲法上許されるならば国際法など関係ない)という意味であれば、大きな間違いと言わざるをえませんし、国際法上の制約を軽視して個別的自衛権を拡張していくならば、それは集団的自衛権を限定的に認める以上に危険なことだと思われます。

5 まとめ

ここまで、集団的自衛権のなりたち、それがもろ刃の剣と言うべき性質をもっていること、それを行使するための国際法上の条件、その本質について説明し、平和安全法制は日本によるその行使について、日本国憲法に由来するかなりの制限を加えたものであること、さらには、だからと言ってそのすべてを個別的自衛権によって正当化することは国際法との関係では適切ではないことを指摘してきました。

最後に1つ、日本国憲法に由来するかなりの制限を加えたということと「歯止め」との関係について触れておきたいと思います。

日本が集団的自衛権を行使できるのは、我が国と密接な関係にある他国に対する武力攻撃が発生し、その国から援助要請があり、しかもそれが日本にとっての存立危機事態である場合に限られます。これにより、日本が集団的自衛権を行使できる場合はかなり限定されていると考えられます。もっとも、存立危機事態であるか否かの認定は、まずは内閣が行い、その上で国会が行うこととなっています[3]。そのことは、そうした認定は内閣および国会によって行われるのであり、それらの考え次第によっては存立危機事態の理解が広がる可能性があるということを意味します。「存立危機事態」という概念自体が国家の行動に対する「歯止め」になるとは言えず、内閣や国会がどう考えるかということが重要だということです。(もちろん事後的に裁判所の判断が下されることは考えられますが、あくまで事後的なものにとどまります。)

そうした内閣や国会の判断を左右するのが国会の多数派だということは言うまでもありません。そしてそれは私たち国民の投票の結果にほかなりません。そう

3) 平和安全法制の一部である武力攻撃事態・存立危機事態対処法9条4項では、原則として国会承認が求められることとなっています(例外として事後承認が求められる場合もあります)が、同法改正案成立直前に参議院で採決された付帯決議2項によれば、「例外なく事前承認を求めること」とされています。http://www.sangiin.go.jp/japanese/gianjoho/ketsugi/189/f429_091701.pdf

であれば、私たち国民が普段から、すなわち存立危機事態が生じる前から政治に関心をもち、そうした事態において適切に判断することのできる人物を国会に送り込んでおくこと、それこそが真の「歯止め」になるのではないでしょうか？

〔参考文献〕

＊平和安全法制によって集団的自衛権の行使が認められたことと日本国憲法との関係について：
阪田雅裕『憲法9条と安保法制』(有斐閣・2016年)。

＊国際法上の集団的自衛権について：
下中菜都子・樋山千冬「集団的自衛権の援用事例」『レファレンス』2015年3月号2頁以下。
中谷和弘「集団的自衛権と国際法」村瀬信也編『自衛権の現代的展開』(東信堂・2007年)29頁以下。
森肇志「国際法における集団的自衛権の位置」『ジュリスト』1343号(2007年)17頁以下。

＊国際法上の集団的自衛権と平和安全法制との関係について：
森肇志「国連憲章と平和安全法制」『論究ジュリスト』19号(2016年秋号)108頁以下。

＊国際法上の自衛権に関する日本政府の見解について：
浅田正彦「日本と自衛権」国際法学会編『日本と国際法の100年　⑩安全保障』(三省堂・2001年)19頁以下。

＊ニカラグア事件について：
浅田正彦「武力不行使原則と集団的自衛権――ニカラグア事件(本案)」小寺彰ほか編『国際法判例百選〔第2版〕』(有斐閣・2011年)216–217頁。

＊オイル・プラットフォーム事件について：
森肇志「船舶への攻撃と個別的自衛権――オイル・プラットフォーム事件」小寺彰ほか編『国際法判例百選〔第2版〕』(有斐閣・2011年)218–219頁。

30 北朝鮮に対する経済「制裁」？
——経済制裁の意義と役割

岩月直樹

1　なにが問題か？

北朝鮮による度重なる核実験と核弾頭の搭載が可能な長距離弾道ミサイルの発射実験、こうしたいわゆる大量破壊兵器の開発は、北朝鮮メディアの扇動的な映像とも相まって、国際の平和と安全に対する大きな懸念を呼んでいます。国連の安全保障理事会(安保理)は、こうした事態が「平和に対する脅威」にあたると認め、北朝鮮に核開発の放棄を求めて輸出を制限したり、その在外資産を凍結したりするなどの措置を実施しています。日本もこの安保理の決定に従って北朝鮮に対する禁輸・資産凍結措置を実施していますが、加えて日本独自の判断に基づく措置として、人道目的を含む北朝鮮船舶の入港禁止、北朝鮮からの航空チャーター便の乗り入れの禁止、さらにはあらゆる品目の輸出入を禁止する措置などをとっています。つまり、軍事的に転用可能な機械製品だけでなく日用品を含め一切のものについて、北朝鮮また北朝鮮企業との間で取引をすることが禁じられていて、政府の許可を得ずに輸出入を行った場合には処罰されることになっています。実際にも、北朝鮮に向けて食器や衣料品を第三国経由で輸出しようとした例(読売新聞2016年3月10日付大阪夕刊11面、朝日新聞2016年4月21日付朝刊25面)や、北朝鮮からアサリやウニ、松茸を輸入した経営者が逮捕された例(読売新聞2015年5月12日付東京夕刊15面)など、北朝鮮との輸出入制限規制に従わなかった違反事例が、しばしば報じられています。

こうした規制措置は一般に「経済制裁」と呼ばれており、読者の皆さんにとっても良く耳にする言葉になっているのではないかと思います。もっとも、あらためて「経済制裁」とは何ですか？ 何のために実施されているのですか？と尋ねられた場合、すぐに答えられる人は多くはないのではないかと思います。「制裁」

という言葉から、北朝鮮が何か違法なことをしていて、それに対する懲罰として安保理が科しているものと推測する人も多いのではないかと思いますが、そうしたイメージは現実の経済制裁の説明として適当なのでしょうか？

そこで、ここでは北朝鮮の場合を例に取りながら、国際法の観点から「経済制裁」というものについて考えてみましょう。

2　国連憲章に基づく安保理による「経済制裁」の仕組み

(1)　国連憲章７章に基づく強制措置としての「経済制裁」

北朝鮮による核兵器および弾道ミサイルの開発について、安保理はこれまでに都合８回にわたって決議を採択しており、そのうちの６つの決議で経済制裁に訴えることを決定しています(2016年12月１日現在)。経済「制裁」と呼ばれることから、核・弾道ミサイルの開発活動は国際法によって禁止されていて、北朝鮮がそうした義務に違反しているのだと思うかもしれません。しかし、そのような開発活動をすべての国に対して当然に禁止する規則は、国際法には実はありません。核開発については、核兵器不拡散条約(NPT)によって核兵器国(1967年１月１日より前に核兵器その他の核爆発装置を製造しかつ爆発させた米国、ロシア、英国、フランス、中国)以外の国は核兵器の開発・製造・取得を行わずそのための援助を受けないことが義務づけられており、北朝鮮もこれに加盟していました。しかし北朝鮮は1993年に一度、また2003年に改めてNPTからの脱退を通告しています。この通告が有効なもので、北朝鮮がもはやNPTに拘束されないかについては議論のあるところですが、10条が定める脱退手続に照らせば、北朝鮮が依然として同条約の当事国であるとするのは難しいところです。

そうだとすると、安保理は北朝鮮の違法ではない活動に対して「制裁」を下しているという奇妙なことになりそうですが、どうなのでしょうか？ 意外かもしれませんが、実は、国連憲章の仕組みでは、安保理は北朝鮮による核・弾道ミサイルの開発が国際法に違反するものではなくても、経済制裁に訴えることができることになっています。

国連憲章では、安保理は「国際の平和と安全の維持」について主要な責任を負うものとされています(24条１項)。そうした責任を果たすために「国際の平和に対する脅威、平和の破壊または侵略行為」に該当する事態が生じているかを国連安保理は判断することが求められ(39条)、そうした事態が生じていると認めた場合には「国際の平和と安全を維持し回復する」ために必要と認める範囲で経済的措置(非軍事的措置)を(41条)、あるいはそれでは不十分だと考える場合には軍事的措置に訴えることを決定する権限が与えられています(42条)。つまり、違法な行為を原因とするものであれ、そうとは必ずしも言えない場合であれ、「国際の平和と安全」を脅かすような事態がいま現実に生じているのであれば、経済的また軍事的な強制措置を利用して、平和に対する脅威を取り除き平和の回復をはかること、また少なくとも事態の悪化を防ぐことが、安保理には期待されているわけです。実際、北朝鮮に対する経済制裁が初めて決定された際には、北朝鮮による核実験が国際的な緊張を増幅させていることから「国際の平和と安全に対する脅威」が存在すると認定し、憲章7章に基づく措置として北朝鮮によるNPT体制への復帰と核開発関連物資の禁輸措置等を決定しています(決議1718(2006年))。その後の決議でも北朝鮮による開発の継続が「国際の平和と安全に対する脅威」を増大させていると認定した上で、憲章7章に基づく措置として当該開発活動がNPT上の義務に従うことを北朝鮮に求めた安保理決議に違反していると非難するとともに、追加的な経済制裁の発動を決定しています(決議1874(2009年)、決議2087及び2094(2013年)、決議2270及び2321(2016年))。

(2) 国際連盟規約に基づく「経済制裁」との比較

このように、安保理によって実施される経済的な措置があくまで「国際の平和と安全」を害する事態への対処手段として実施されるものだとすると、それを経済「制裁」と呼ぶことに違和感を覚える人もいるかと思います。『広辞苑〔第6版〕』にも、「制裁」とは「道徳・慣習または法規・申合せなどにそむいた者を、こらしめのために罰すること。また、その罰。しおき。」とあります。こうした定義からすれば、国際法違反を必ずしも前提とすることなく実施される安保理の経済的措置を「経済制裁」と呼ぶのは適当ではありません。実際、国際法の専門用語では、安保理による措置は「強制措置」と呼ばれます。それにもかかわらず「経済制裁」という呼び方が広く見られるのは、現在の国連＝国際連合の前身である国際連盟の時代の名残であるように思います。

国際関係の中で経済的措置に訴えることで対処しようとすることそれ自体は非常に古くから見られたものですが、それが「経済制裁」と呼ばれるようになったのは、集団安全保障のための制度的な仕組みを設けた国際連盟規約の採択(1919

年)を契機としています。国際連盟規約では、それまで国家に認められていた戦争に訴える「自由」を手続的に制限し、国際連盟規約に定められた手続に従って紛争の解決が試みられているあいだは戦争に訴えてはならないこととされました(⇒27)。そうした約束に反して違法に戦争に訴えた国がいた場合にはすべての連盟加盟国に対して戦争を行ったものとみなし、連盟加盟国は当該違反国に対して「一切の通商上または金融上の関係を断絶する」などの措置をとることとされました(連盟規約 16 条)。このように、国際連盟規約の仕組みの上では、戦争を手続的に禁止する義務の違反を原因とし、そうした義務違反を犯した国に対する他の連盟加盟国全体による否定的な反応として経済的措置を定めていたために、それは「経済制裁」と呼ばれたわけです。

国際連盟規約ではこのようにして国際平和を維持し回復することを予定していたのですがしかし、こうした「経済制裁」を定めたにもかかわらず第二次世界大戦が勃発し、国際社会は再び戦争の惨禍に苦しむことになりました。その原因については様々に論じられていますが、その一つとして連盟規約の集団安全保障制度が「違法な戦争に対する制裁措置」という考え方に基づいていたことが挙げられています。「違法」な戦争に対して「制裁」を及ぼすことで国際の平和と安全を保障するというのが連盟規約の基本的発想ですが、それは「違法とは言えない」戦争については容認する余地を残すものでもありました。実際、1931 年に満州事変を契機として日本と中国との間で戦闘が勃発した際、日本はそれをあくまで「事変」と呼んで連盟規約や不戦条約で禁止された「戦争」とは区別し、またいずれにしても自衛のための戦争であって国際連盟規約に違反するものではないと主張しました。こうした経験から、戦後の国際秩序の基本的枠組となるものとして国連憲章が検討された際に、「国際の平和と安全の維持」を脅かす事態が現に発生している場合には、その原因の如何を問わずさしあたっての対処としてそうした事態を沈静化させるために経済的措置あるいは場合によっては軍事的措置によるべきこと、またそうした措置の必要性については安保理が決定を下し、各加盟国はそれに当然に従うべきこと、とされました。同じ集団的安全保障体制を定めたものではあっても、連盟規約が「違法な戦争に対する制裁措置」という考え方に基づいていたのに対し、国連憲章は「国際平和に対する今そこにある危機を排除するための警察的措置」という考え方へと発想を転換したわけです。

こうした制度の基礎にある発想・考え方の変化は法的な観点からはとても重要

で見逃すことはできないのですが、具体的に実施される措置には同じものが利用されているために、国際連盟の頃に定着した「経済制裁」という用語が国連憲章の時代になっても引き続き使われてきたのではないかと思います。

3　国連憲章に基づく安保理による「経済制裁」の実態

(1)　包括的経済制裁と選択的経済制裁

さて、経済制裁として具体的に実施される措置には同じものが利用されていると言いましたが、具体的にはどのような措置がとられているのでしょうか。国際連盟規約は具体的な措置として「一切ノ通商上又ハ金融上ノ関係ヲ断絶シ、自国民ト違約国国民トノ一切ノ交通ヲ禁止シ、且連盟国タルト否トヲ問ハズ他ノ総テノ国ノ国民ト違約国国民トノ間ノ一切ノ金融上、通商上又ハ個人的交通を防遏(ぼうあつ)スベキコト」を予定していました(16条)。国連憲章では、安保理は「兵力の使用を伴わないいかなる措置を使用すべきか」を状況に照らして決定することができるとしていますが、そのような措置には「経済関係及び鉄道、航海、航空、郵便、電信、無線通信その他の運輸通信の手段の全部又は一部の中断並びに外交関係の断絶」が含まれるとしています(41条)。書きぶりに違いはありますが、おおよそ①物資の輸出入に関する制限措置、②運輸通信手段に関する制限措置、③金融・資産取引に関する制限措置、そして④人的交流に関する制限措置を通じて経済制裁が実施されることが予定されていることがわかります。もっとも、こうした措置の「利用の仕方」については、国際連盟規約と国際連合憲章とでは違いがあり、また国連安保理によるものでも、とりわけ近年の実行では変化が見られるようになっています。

国際連盟の場合には、「一切の」という言葉が繰り返し用いられていることに示されているように、経済制裁として物資・運輸通信・金融上の関係を断絶し、経済的に孤立化させることが予定されていました。こうした包括的な経済制裁はしかし、経済制裁を実施する側の国の経済にもかなりの負担を生じさせるという不都合がありました。グローバル化がことさらに強調される現代ほどではないにしても、国境を越えた経済活動による相互依存関係は20世紀初めの国際連盟時代にもあったわけですから、輸出入の包括的禁止を含む経済制裁によって自国民や自国企業が経済的利益を得る機会を奪われるという不利益を各国家が被るということになります。そうした不利益がありながら、違法に戦争に訴えた国を孤立化させることで戦争を止めさせるとともに、戦争に訴えることを反省させることの方が重要であり、そうした国際社会の共通利益のためにすべての国が協力すべきだというのが連盟規約の理想でした。しかし現実にはそれを実現することはなかなか難しく、実際に国際連盟加盟国によって経済制裁が実施された例では、具体的にどのような措置をとるかは各加盟国の判断に任されていたこともあって包括的な経済関係の断絶は行われず、自国経済また外交政策に大きな差し障りのない範囲で輸出入制限措置がとられるに留まりました(1935年エチオピア進攻を原因とする対イタリア制裁の例)。

こうした経験をふまえてか、国連憲章の場合には、「一切の」経済関係の断絶をはかることを当然には予定していません。どのような措置がとられるべきかは、問題とされる状況に照らして安保理が選択的に決定することとしています(その結果、包括的措置がとられることももちろんあります)。そして、その決定を各加盟国はそれぞれの国内法を通じて実施することが国連憲章によって義務づけられています。国連憲章が予定する経済制裁はあくまで「国際の平和と安全の維持及び回復」という目的の達成に向けられた措置であり、その目的を達成するために不可欠な手段として安保理が選択し、決定するものです。そしてそうであるからこそ、各加盟国は安保理の決定した措置を義務として実施することを引き受けたわけです。

(2) 近年の国連安保理による経済制裁の特徴――スマート・サンクション

国連憲章が予定する経済制裁のこうした手段的な性格は、近年の安保理決議においてとりわけ顕著に見られるようになってきています。

もともと経済制裁はある特定の「国」を対象としていて、そのために当該対象国全体に対して不利益を及ぼすような措置が選択されてきました。例えば、1964年に英国の植民地であった南ローデシア(現在のジンバブエ)の白人政権がアフリカ系住民を抑圧しつつ独立を宣言した際には、安保理は南ローデシアとの間におけるほぼすべての物資に関する輸出入を禁止した他(食料および医療など人道上特に必要なものは除外)、政府および民間の如何を問わず南ローデシアとの間でのすべての金融援助・資金移転を禁止し、さらに南ローデシアのパスポート所持者の入国を禁止することを決定しました。こうした措置に見られるように、経済制裁の実施に際してはその対象国の国民は政府と必ずしも区別されず、その国民が措置の対象とされることがあります。

もっとも、対象国の政府とその国民を区別しない措置が「国際の平和と安全の維持」という目的の実現にとって有益なわけでは必ずしもありません。食料など人道上必要な物資は例外として禁輸対象から除外されているものの、対象国国民の生活に深刻な影響を及ぼすような措置はむしろ、国連や制裁を実施する国に対する反感を募らせ、政府に対する支持を高めることにもなりかねず、問題とされる事態の固定化や悪化を招く恐れもあります。そうしたことから近年では、経済制裁としてとるべき措置を選択する際に安保理は、具体的な措置の内容と対象を個々の事案における目的にとって直接に関係するものに特定するようになっています。

例えば、北朝鮮に対しては武器弾薬や軍事車両などの軍事物資および大量破壊兵器関連物資の輸出が禁止されていますが、これは経済制裁の目的が北朝鮮による核兵器の開発を停止・放棄させることにあることから、その開発計画を進める上で必要な物資や技術・情報を入手できないようにすることが目的を実現する上で不可欠であるためです。

こうした核兵器の開発に直接関連する物資や技術・情報に対する規制に加え、金融資本取引に関わる規制措置として資金提供の禁止や銀行口座の凍結が決定されていますが、これは単に国としての北朝鮮が対象とされているだけではなく、北朝鮮による核兵器の開発に関連する個人や団体をもその対象としています。これは、経済制裁の対象を問題とされる事態について責任を有する個人・団体や対象国の政策決定に影響力を持つ当事者に特に狙いを定めた措置をとることによって、経済制裁が対象国の行動に及ぼす効果を高める一方で、それが一般市民の生活に影響を及ぼすのを最小限に留めるためです(「スマート・サンクション」と呼ばれます)。狙い撃ちの対象となる個人や団体は安保理によって設置された制裁委員会という補助機関によって特定され、必要に応じて追加されています。こうした個人・団体を特定するリストを作成し、それらの者に対する金融・資産取引制限措置を実施するよう加盟国に求める方法は、最近ではとりわけ、テロリスト集団や「イスラーム国」など国家ではない主体(⇒3)によって国際の平和と安全が害される場合の有効な対処手段として利用されるようになっています。ただ他方で、そうしたリストに誤って掲載された場合に個人が受ける不利益は大きく、人権侵害として問題視される場合も生じています。国際の平和と安全の維持をはかるためにスマート・サンクションを有効に利用しつつ、それによって影響を受ける個人の人権保障を如何に確保していくのかが現在、問われるようにもなっています。

なお、北朝鮮に対する経済制裁に特徴的なものとして、「奢侈品」(贅沢品)の輸出禁止があります。宝飾品、高級乗用車やピアノなどの北朝鮮への輸出を禁止するものですが、これは、北朝鮮の政策決定に関与している政府要人や高位の官僚などに対する影響を及ぼすことを狙って導入されたものと言われています。明示的に個人や団体が特定されているわけではありませんが、実際にこうしたものを北朝鮮で購入できる人たちはおのずと限られることから、これも実質的にはスマート・サンクションの一部と言ってもよいかもしれません。

4　経済制裁として実施される措置の合法性

以上に見た様々な措置が安保理によってとられているわけですが、実際にこうした措置を実施しているのは安保理ではなく、個々の国連加盟国です。経済制裁を現実に実施するには、国だけではなく個人や企業の活動(対象となる国・組織・団体への貨物・技術・情報・資金等の提供)を規制する必要がありますが、安保理自身はそうした規制を実施する手立てを持っていません。そのため、経済制裁の具体的な実施は個々の国連加盟国に任され、加盟国がその国内法令を通じて、裏取引や迂回取引によってそうした規制をかいくぐろうとした者を取り締まるという方法がとられます。

こうした規制を通じてとられる禁輸措置や資産凍結措置は、実はそれ自体も、通常であれば各国が負っている国際法上の義務に違反するとされるような措置です。いま話題の環太平洋経済連携協定(TPP)やWTO関連協定など経済関係に関する条約は自由貿易の維持・拡大を目的としており、輸出入を制限する措置をとることを禁じています(⇒20, 21)。また国際法では一般に、外国政府の資産に対して差押えのような強制執行の対象とすることは禁じられていますし、民間人・企業の資産については国際投資協定が締結されている場合には、そうした協定上の義務に抵触するような措置をとることが禁じられます(⇒22)。それにもかかわらず安保理による経済制裁の決定、またそれを受けて加盟国が実施する具体的な規制措置は、国際法上合法なものとされていますが、なぜでしょうか？ それは、国連憲章が25条で、国連安保理の決定はすべての加盟国を拘束すると定めるとともに、さらに103条で「この憲章に基づく義務と他のいずれかの国際協定に基づく義務とが抵触するときは、この憲章に基づく義務が優先する」としているためです(またこれをふまえて経済関係条約の中にはあらかじめ、国連憲章に基づく経済制裁のための措置などを留保する「安全保障例外」に関する規定を設けているものもあります(GATT 21条、TPP 29.2条等))。国連安保理の決定に基づいてとられた措置については、対象国はそれを正当な措置として認めなければならないことになっているわけです。

ところで、これは国連安保理が決定した経済制裁の実施措置としてとられている場合の話です。冒頭でも指摘したように、日本は国連安保理が決定した措置に加えて独自の判断に基づく措置(人道目的を含む北朝鮮船舶の入港禁止、北朝鮮からの航空チャーター便の乗り入れの禁止、さらにはあらゆる品目の輸出入を禁止する措置など)を実施しています。これらはすべて北朝鮮による核実験と弾道ミサイル発射実験への対応としてとられたものですが、そのために必要であるとして安保理が決定し、加盟国に義務づけたもの以上の措置を日本は実施していることになります。日本は北朝鮮との間に外交関係はなく二国間条約を締結していませんし(⇒5)、また措置の内容的にも国際法に当然に違反するようなものは含まれていないようです(相手国の行為を非難するために、国がその裁量の範囲内で合法的にとる措置を、専門的には「報復措置」と呼びます)。ただ、もし日本が単独でとっている措置が国際法に違反するものであった場合には、安保理決議で認められる範囲を越えた措置であることから、それを国連憲章に基づいて正当化することはできません。その場合、日本はそうした措置を中止・撤回しなければならないのでしょうか?

国家が安保理の決定とは別に、通常であればそれ自体が違法とされる措置を単独で経済制裁としてとることはしばしば見られます。こうした措置は国際法の専門用語では「対抗措置」と呼ばれます。対抗措置は、それに先行して相手国が犯した違法な行為を継続していたり、あるいはそれによって生じた損害に対する救済(損害賠償など)を求めて行われる交渉や裁判にまったく応じない場合等にとられるもので、一定の条件に従うことを条件として国際法によって許容されています。この点日本は、北朝鮮の工作員が日本に侵入し、日本人を拉致したことを非難し、その調査を求めています。日本国内での北朝鮮工作員の活動は日本の領域主権を侵害する違法な行為と言えるため、北朝鮮が適切な救済の提供などその責任を果たさないでいる場合には、日本が北朝鮮に対してとっている措置は、たとえそれが通常であれば国際法に違反するものを含んでいたとしても、対抗措置として正当化される余地があります。

もっとも、日本は拉致問題に関連させて北朝鮮に対する独自の措置を一部解除したことはありますが(拉致に関する特別調査委員会の設置を北朝鮮が約束した2014年5月29日のストックホルム合意をうけた、人的往来の規制措置、送金報告および携帯輸出届出の金額に関する特別規制、および人道目的の北朝鮮船舶の入港禁止措置の解除)、拉致問題への対応を求めて経済措置を実施しているわけでは必ずしもありません。むしろ基本的には、核兵器をはじめとする大量破壊兵器の規制をめぐる国際社会全体の利益の保護に関する国際的な協調行動として実施されています(2014年に解除された措置も、その後の核実験・弾道ミサイル発射実験をうけ、改めて実施されました)。こうした国際社会全体の利益を保護するために各国家が単独で通常であれば違法な措置に訴え、それを対抗措置として正当化できるか、つまり各国家が国際社会全体の利益の擁護者として行動することが認められるかについては、国際法の規則がいまだ確立しておらず、また濫用の危険も大きいことから学説上も議論のあるところです。日本が北朝鮮に対する独自の経済制裁を、国際法に当然に違反するような措置は含めず、おおよそ日本の裁量的な判断に任されているものの中から選んで実施している(つまり報復措置に留めている)のには、そうしたことも関係しているのではないかと思います。

5　まとめ

これまでに見てきたところから、一口に「経済制裁」といっても、法的な観点からは、国際連盟の時代のものと現在の国連におけるものとでは違いがあり、また国連安保理の決定に基づくものと、国家が単独の決定に基づいて実施するものとでも違いがあることがわかるかと思います。国連による経済制裁や単独国家による対抗措置を「制裁」と呼ぶかどうかは単に言葉の問題にすぎないように思われるかもしれませんが、「制裁」という言葉は過去に犯された違法な行為に対する事後的な懲罰というイメージを伴い、そのために現実の経済制裁があくまで現在あるいは将来における目的の実現のための「手段」であるということが見えなくなってしまうということがあれば、それは大きな問題です。手段としての「経済制裁」は、他の手段の利用可能性も考えながら、具体的な必要がある場合に実施されるべきもので、単に違法な行為が犯されたからといって常に実施されなければならないわけではありませんし、また常にそれが実効的なわけでもありません。

手段としての「経済制裁」が効果的であるかについては様々な検討が加えられていますが、ある研究によれば経済制裁が成功した、つまり目的が実現されたと言えるのはせいぜい3割程度であるとされています。また成功したとされる事例についても、それが経済制裁によってもたらされたと言えるのかは、簡単に答えることのできない問題だとされています。こうした指摘が示しているのは、経済制裁を手段として用いることは無意味だ(だから止めるべきだ、あるいは逆に、効果はともかく制裁として科すこと自体に意味がある)ということではなく、経済制裁をどのような場合でもそれ単体で目的を達成することのできる当然に有効な手段と考えるのは現実的ではない、ということです。国連安保理による強制措置であれ、単独国家による対抗措置であれ、手段としての「経済制裁」は、問題とされる状況に対処するための様々な手段のうちの一つでしかありません。それは交渉や調停など(安保理の場合にはさらに軍事的措置を含む)様々な手段と組み合わせることで初めて有効に作用することを期待することができるということは、経済制裁の決定・実施に関わる人たちだけではなく、その影響を受けるすべての人びとによっても意識されなければならないことだと思います。

〔参考文献〕

＊経済制裁・対抗措置一般について：
宮川眞喜雄『経済制裁——日本はそれに耐えられるか』(中央公論新社・1992年)。
中谷和弘『ロースクール　国際法読本』(信山社・2013年)、91–101頁。
酒井啓亘ほか『国際法』(有斐閣・2011年)、とくに373–380頁および517–530頁。

＊経済制裁の実施上の問題について：
吉村祥子『国連非軍事的制裁の法的問題』(国際書院・2003年)。
浅田正彦編『制度と実践　輸出管理』(有信堂高文社・2012年)。
浅田正彦「北朝鮮の核開発と国連の経済制裁」『論究ジュリスト』第19号(2016年)99–107頁。
本多美樹『国連による経済制裁と人道上の諸問題——「スマート・サンクション」の模索』(国際書院・2013年)。
東芝輸出管理部『キャッチオール輸出管理の実務〔第3版〕』(日刊工業新聞社・2010年)。

31 「侵略」の定義は存在しない？
——侵略行為の禁止と処罰をめぐる国際法の歴史と現在

森川幸一

1 なにが問題か？

2015年8月14日、安倍晋三内閣総理大臣は、戦後70年にあたっての総理大臣談話(「戦後70年談話」)を発表しました。「植民地支配」、「痛切な反省」、「お詫び」といったキーワードと並び、談話に盛り込まれるかどうかについて広く世論の関心を集めたのが、「侵略」という用語でした。これに先立つ戦後50年の村山談話、60年の小泉談話では、「わが国は、……植民地支配と侵略によって、多くの国々、とりわけアジア諸国の人々に対して多大の損害と苦痛を与えました」(「村山談話」、以下、傍点筆者)との認識が示され、「痛切な反省の意」と「心からのお詫びの気持ち」が表明されたのですが、安倍総理による戦後70年談話でも、「侵略」をはじめとするこれらの用語をそのまま引き継ぐべきかについては、激しい意見の対立が見られたためです。

こうした対立の背景には、1931年から45年にかけて日本が行った戦争が「侵略」戦争だったのかという点に関する法的評価の対立があり、さらにその根底には、そもそも「侵略」には明確な定義があるのかという点をめぐる見解の対立が存在していました。例えば、戦後70年談話の参考にするため安倍総理が設けた「20世紀を振り返り21世紀の世界秩序と日本の役割を構想するための有識者懇談会(21世紀構想懇談会)」での議論の中で、「『侵略』の定義については、国連総会の侵略の定義決議(1974)、侵略の定義条約、ICC〔国際刑事裁判所〕の侵略犯罪の規定によって、定義が進められているものの、今なお国際社会が完全な一致点を見出したとまでは言えない」との意見が述べられた一方で、「侵略について、……大体の定義は存在している。……侵略というのは、武力の行使によって、典型的には軍隊を送り込み、他国の領土や主権を侵害することである。明らかな定義が昔から存在している」との意見も見られました(21世紀構想懇談会、第2回議事録要旨)。

それでは、国際社会が「侵略」を定義するようになるのは、一体いつ頃からなのでしょうか。また、それは何のためだったのでしょうか。国際社会は「侵略」を定義することに成功したといえるのでしょうか。侵略の定義をめぐる国際社会の歩みを歴史的に振り返ることを通じて、これらの問題を考えてみることにしましょう。

2　戦争の違法化と侵略の定義条約

(1)　戦争の違法化

「侵略(aggression)」という用語は、19世紀に締結された多くの同盟条約の中で、「同盟を発動する事態(*casus foederis*)」のひとつとして用いられました。またそれは、基本的には、一国の軍隊による他国の領域や船舶に対する軍事的な攻撃を意味する、それ自体としては必ずしも違法な行為を意味しない価値中立的な用語でした。この時代の国際法は、国家による「戦争の自由」を広く認めており、戦争に訴えること自体の合法性(*jus ad bellum*)の問題は、国際法の規律の対象外(extra-legal)であるとの考えが有力だったためです。

こうした国際法の状況を一変させたのが人類に未曽有の惨禍をもたらした第一次大戦でした。戦後に設立された国際連盟(「連盟」)の下で、加盟国は、国交断絶に至るおそれがある重大な国際紛争が発生した際には、国際裁判(仲裁裁判または司法的解決)や連盟理事会による審査を通じて紛争を平和的に解決する義務を負い(連盟規約12–15条)、これに違反して戦争に訴えることが禁止されました。また、加盟国は「聯盟各国ノ領土保全及現在ノ政治的独立ヲ尊重シ、且外部ノ侵略ニ対シ之ヲ擁護スルコトヲ約ス」(同10条)とされ、「侵略」は、もはや価値中立的な用語ではなくなり、連盟加盟国が協同して対処すべき違法な戦争とみなされるようになったのです。

(2)　侵略の定義条約

もっとも連盟規約自体には、「侵略」の定義は含まれていなかったため、連盟期を通じて、1923年の相互援助条約案、24年のジュネーヴ議定書など、「侵略」の定義を含む条約の作成が模索されました。しかし、これらは結局条約として実を結ぶことはなく、28年に採択された不戦条約も、国際紛争を解決するための戦争や国家の政策の手段としての戦争を一般的に禁止したものの、自衛のための戦争は当然に認められていると考えられ、これと区別されるべき「侵略」については、連盟規約同様いかなる定義も含むものではありませんでした。

連盟期を通じて、唯一「侵略」の定義に成功したのは、1933年に当時のソ連とその周辺7カ国が作成した「侵略の定義に関する条約」だけでした。この条約は、①他国に対する開戦宣言、②開戦宣言の有無にかかわらず、他国の領域への軍隊による侵入、③開戦宣言の有無にかかわらず、他国の領域や船舶・航空機に対する陸海空軍による攻撃、④他国の沿岸や港湾の海上封鎖、⑤自国領域において組織され他国の領域に侵入した武装集団に対する支援の供与、被侵入国の要請にもかかわらず、これら武装集団からすべての援助・保護を奪うために自国の領域でなしうるあらゆる措置を執ることの拒否、といった具体的な行為を列挙した上で、それらの行為のいずれかを最初に行った国を侵略国としていました(2条)。しかし、この条約は締約国数が少なく地域も限定されていたこともあり、その定義が一般的なものとして普及することはありませんでした。

3　武力行使の違法化と国連の集団安全保障

第二次大戦後に設立された国際連合(「国連」)の下では、「戦争」(⇒27)のみならず、「武力の行使(use of force)」や「武力による威嚇(threat of force)」が一般的に禁止されることになりました(国連憲章2条4項)。そのうえで、国連憲章は、国連の目的の第1に、「国際の平和及び安全を維持すること。そのために、平和に対する脅威の防止及び除去と侵略行為その他の平和の破壊の鎮圧のため有効な集団的措置をとること……」(1条1項)を挙げ、侵略行為などに対処するための国連による「集団安全保障(collective security)」の制度を用意しました(7章)。具体的には、国連の主要機関のひとつである安全保障理事会(「安保理」)が、「平和に対する脅威、平和の破壊又は侵略行為の存在」を決定し、国際の平和と安全の維持・回復のために必要と判断した場合には、停戦や軍隊の撤退といった暫定措置を勧告したり、非軍事的措置や軍事的措置を決定したりすることができるようにしたのです(39–42条)。

国連憲章は同時に、「武力攻撃(armed attack)」が発生した場合の、個別国家やその集団による個別的・集団的自衛権を認めています(51条)。自衛権行使の前提となる「武力攻撃」は、仏語正文では「武力侵略(agression armée)」と表現されていますが、国連憲章の起草過程では、「侵略」は「武力攻撃」より広い概念で、個別的自衛権や集団安全保障のための措置は「侵略」に対してもとりうるが、集団的自衛権はより狭い「武力攻撃」に対してしかとりえないと理解されていました(⇒29)。また、憲章起草時には、「侵略」を定義するための様々な提案が行われたものの、戦争技術の進歩に即応しうる定義を作ることは困難であること、仮に不完全な定義が作られた場合、侵略者に定義をかい潜らせる可能性を与えることになりかねないこと、逆に定義に沿って安保理が自動的に行動すれば、強制措置の時期尚早な適用を招くおそれがあることなどを理由に、結局、採用されるには至りませんでした。

4　国連総会による「侵略の定義」決議

第二次大戦後の国際安全保障の中核を担うべく構想された国連の集団安全保障制度は、国連発足後まもなく顕在化した東西冷戦の結果、1950年の北朝鮮に対する軍事的措置の勧告、1966年の南ローデシア白人政権に対する非軍事的措置(経済制裁)(⇒30)の発動など、ごくわずかな例外を除き、当初予定されたようには機能しませんでした。そうした中、国連総会は、1974年12月、「侵略の定義」に関する決議3314(XXIX)をコンセンサス(総意)で採択しました。この決議を採択することで、「潜在的侵略者を抑止する効果」や安保理による「侵略行為の決定とこれを鎮圧するための措置の実施を容易にすること」などが目指されたのです(前文9項)。侵略行為が行われたか否かの問題は、「個々の事件ごとのあらゆる状況に照らして判断されなければならない」とされつつも、定義には、その判定のための「指針としての基本原則(basic principles as guidance)」の役割を果たすことが期待されました(同10項)。

「侵略の定義」は、一般的定義と具体的定義を併用する方式を採用しています。まず、「侵略とは、一国による他国の主権、領土保全もしくは政治的独立に対する、または国際連合憲章と両立しないその他の方法による武力の行使……をいう」と定義されています(1条)。これは、基本的には、武力不行使原則を定めた国連憲章2条4項の定式を踏襲したものですが、憲章2条4項では「武力の行使」と並んで禁止されている「武力による威嚇」が、定義の1条からは除かれています。また、「侵略」の主体としては、国家承認の有無や国連加盟国か非加盟国かにかかわらず、国や国家群を広く想定していますが(1条注記)、9.11米国同時多発テロ事件以降問題とされるようになった「非国家団体」は含まれていません。

こうした国連憲章に違反する武力の先制行使は侵略行為の一応(*prima facie*)の証拠となる(2条)とされたうえで、次のような具体的行為が、宣戦布告の有無にかかわりなく、侵略行為とされるものとして挙げられています。すなわち、(a)一国の兵力による他国領域への侵入・攻撃、その結果生じた軍事占領・併合、(b)一国の兵力による他国領域への砲爆撃や兵器の使用、(c)一国の兵力による他国の港・沿岸の封鎖、(d)一国の兵力による他国の陸海空軍または船隊・航空隊への攻撃、(e)合意された条件に反する駐留軍の使用・駐留の継続、(f)第三国への侵略のための他国による自国領域使用の容認、(g)以上の諸行為に相当するような重大な武力行為を他国に対して行う武装部隊・集団・不正規兵・傭兵の派遣やそうした行為への国家の実質的関与(3条)。もっとも、これらは網羅的なものではなく、安保理は他の行為を侵略と認定することもできるとされています(4条)。また他方で、これらの行為が実際に存在したとしても、他の関連状況(その行為または結果が十分な重大性を有しないという事実を含む)に照らして、侵略の決定を行わないこともできることになっています(2条)。

「侵略」の具体的行為のひとつとして挙げられた3条(g)は、いわゆる「間接侵略」についての規定ですが、国際司法裁判所(ICJ)は、1986年のニカラグア事件(本案判決)の中で、この規定についての重要な解釈を示しました。この事件では、米国によるニカラグアに対する武力の行使が集団的自衛権で正当化できるかが争点となったのですが、米国の主張が正当化されるためには、ニカラグアによる近隣諸国の反政府軍に対する「武器、兵站(たん)またはその他の支援の供与」が「武力攻撃」を構成することが必要になります。ICJは、定義の3条(g)に盛り込まれた規則が「武力攻撃」に関する慣習国際法(⇒5)を反映したものであるとの判断を示したうえで、ニカラグアの上記行為は、「武力による威嚇または武力の行使」とみなされるかもしれないが、「武力攻撃」には当たらないとして、米国の主張を退けました(*I.C.J. Reports 1986*, para. 195, 230)。

「侵略の定義」は、すでに見たように、安保理が「侵略行為」の存在を決定することを容易にするために作られたのですが、総会決議の性格上、安保理の行動を法的に縛ることはできません。それは、あくまで安保理が「侵略行為」の存在を決定するに際しての「指針」(⇒2)に止まります。定義採択後も、国連憲章7章の措置を発動するに際して、安保理が正式に「侵略行為」の存在を決定した例はなく、安保理は、非難としてはよりゆるやかな「平和に対する脅威」や「平和の破壊」の決定を好む傾向にあります。例えば、「侵略の定義」に照らせば明らかに3条(a)に該当しそうな1990年8月のイラクによるクウェートに対する軍事侵攻・併合は、安保理によって「侵略行為」ではなく「平和の破壊」と決定されたのです。「侵略」の烙印を押すことで、「侵略国」の態度を硬化させ、かえって平和的解決へ向けての誘因を失わせてしまうことへの危惧が、そうした安保理の慣行の背景にあるものと考えられます。

このように、「侵略の定義」は、政治的機関である安保理に広範な裁量権を認めていることから、その本来の目的であった集団安全保障制度の下での安保理による「侵略行為」の決定の「指針」としては、実際上、あまり役に立ってはいないように思われます。他方で、ICJが、この定義の規定(3条(g))を自衛権の発動要件である「武力攻撃」に関する慣習国際法を反映したものと解釈したことで、個別国家やその集団が、個別的・集団的自衛権に訴える際に、その前提である「武力攻撃」の具体的行為の例として、「侵略の定義」を援用する機会が増えることは想像に難くありません。そのことに加えて、「侵略の定義」は、次に見る個人の国際刑事責任の追及という観点からも、今日、再び注目を浴びるようになっているのです。

5　個人の国際刑事責任の追及と「侵略犯罪」

(1)「平和に対する罪」の確立と国際軍事裁判

侵略戦争を始めた個人の責任を追及するために、国際的な刑事手続を設けようとする試みは、第一次大戦後の前ドイツ皇帝ヴィルヘルム2世の訴追の試みに遡ります。ヴェルサイユ講和条約は、前ドイツ皇帝を「国際道義(morality)および条約の尊厳に対する重大な犯罪」(227条)のかどで訴追することを宣言しましたが、前ドイツ皇帝が滞在していたオランダは、十分な法的基盤がないことを理由に引渡しを拒否し、訴追は実現しませんでした。

第二次大戦後、ナチス・ドイツの戦争指導者を裁くためのニュルンベルク国際軍事裁判と、日本の戦争指導者を裁くための極東国際軍事裁判(東京裁判)が、実際に侵略戦争を始めた個人の責任を国際的な刑事手続に基づいて裁いた最初の例となりました。ニュルンベルク国際刑事裁判所憲章6条は、裁判所で個人責任が問われる罪のひとつとして「平和に対する罪」を挙げ、それを「侵略戦争または国際条約、協定もしくは保証に違反する戦争の計画、準備、開始もしくは遂行、または以上の行為のいずれかを達成するための共通の計画もしくは共同謀議への関与」(6条(a))と定義しました。それまでにも、戦争法に違反する行為(戦争犯罪)を交戦国の国内裁判所で裁く例はありましたが、戦争終了後に戦争を始めた指導者の罪を戦勝国が設けた国際裁判所で裁くのは初めてのことでした。そのため、これらの裁判に対しては、「勝者の裁き」、「事後法による処罰」との批判が残ったことも事実です。

(2) 国際刑事裁判所の設立

その後、これらの国際軍事裁判の経験を踏まえて、国連総会は、1947年、国際法の法典化を主な任務として個人資格の委員で構成される国連総会の下部機関である国連国際法委員会(ILC)に対して「人類の平和と安全に対する罪の法典案」の審議を要請し、そのなかで、常設の国際刑事裁判所の設立も議論されるようになりました。しかし、刑事裁判権を国際裁判所に移譲することへの諸国の抵抗は根強く、この構想は長らく頓挫していました。ところが、冷戦終結後の地域紛争の続発と、その過程で犯された集団殺害その他の国際人道法に対する重大な違反に対処するため、国連安保理決議に基づく臨時の裁判所として、1993年に旧ユーゴ国際刑事裁判所が、94年にルワンダ国際刑事裁判所が相次いで設立されました。

もっとも、安保理決議による臨時の刑事裁判所の設立には批判もあり、条約によって常設の国際刑事裁判所を設立すべきとの機運が高まった結果、1998年7月に国際刑事裁判所(ICC)に関するローマ規程が採択され、2002年7月に発効しました(日本は、2007年10月に加入)。ICC規程は、裁判所の管轄権が及ぶ対象犯罪として、「集団殺害犯罪」、「人道に対する犯罪」、「戦争犯罪」と並べて、「侵略犯罪」を挙げています(5条)。しかし、ローマ会議では「侵略犯罪」の定義については合意に達することができず、定義が合意されるまでは、「侵略犯罪」に関する規定は適用されないことになりました。

(3) 「侵略犯罪」に関するカンパラ改正

ウガンダの首都カンパラで開催されたICC規程検討会議で、「侵略犯罪」の定義と同犯罪に対する裁判所による管轄権行使の条件に関する規定が採択されたのは2010年6月のことです。この改正規定で、「侵略犯罪」は、「その性質、重大性および規模に照らして国際連合憲章の明白な違反を構成する侵略行為の、国の政治的または軍事的行動を実質的に管理しまたは指示する地位にある者による計画、準備、開始または実行をいう」と定義されました(ICC規程8条の2第1項)。このように、「侵略犯罪」が成立するためには、まずその前提として、国による「侵略行為」が存在することが必要となります。改正規定では、「侵略行為」とは、「他の国の主権、領土保全または政治的独立に反する、また国際連合憲章と両立しない他の方法による、国による武力の行使をいう」と一般的に定義されたうえで、「次のいずれかの行為は、宣戦布告に関わりなく」1974年の国連総会決議「侵略の定義」により「侵略行為とされる」として、具体的な侵略行為を列挙した「侵略の定義」3条をそのまま採録しています(同2項)。

この改正規定は、安保理が国際の平和と安全の維持の観点から「侵略行為」の存在を決定するのとは異なり、個人の国際刑事責任を追及するための根拠となる規定です。そこでは、事後法による処罰の禁止や類推解釈の禁止といった罪刑法定主義が適用されます(ICC規程22条)。そのような観点から、「侵略の定義」3条に列挙された具体的行為には該当しない場合でも、安保理がその裁量で他の行為を侵略と決定することもできるとする同4条は、改正規定には明示的には取り込まれていません。

加えて、「侵略犯罪」を構成する前提となる「侵略行為」であるためには、「その性質、重大性および規模(character, gravity and scale)」に照らして国連憲章の「明白な違反(manifest violation)を構成する」ような「侵略行為」でなくてはならないとする、いわゆる「敷居条項」が設けられている点も重要です。この敷居条項に関しては、改正規定に関する「了解(understanding)」(⇒2)の中に、カナダの提案によって、「侵略行為が国連憲章の明白な違反を構成するかどうかを認定する際には、性質、重大性および規模の3つの要素が『明白な(manifest)』という決定を正当化するために十分でなければならないことを了解する」という一文が盛り込まれました(7項)。加えて、オブザーバー参加していた米国の提案で、「いずれかひとつの要素がそれ自体として明白性の基準を充たすのに十分に重要となることはない」という一文も追加されました(同項)。「侵略行為」の範囲を限定しようとするこうした試みは、例えば、1999年の北大西洋条約機構(NATO)諸国によるユーゴへの人道的干渉のように、形式的には「侵略の定義」3条の規定に該当する武力の先制行使であっても、その性質上、国連憲章の明白な違反であるかどうかにつき、国際社会の評価が分かれるような行為を「侵略行為」から除外する可能性を残すための妥協の産物といえるでしょう。

カンパラ改正規定のもうひとつの注目点は、安保理による「侵略行為」の決定権限の排他性が破られた点です。安保理の常任理事国からすると、「侵略行為」の存在を決定できるのは安保理だけであると主張できれば、常任理事国には決議の成立を阻止できる拒否権が認められているため(国連憲章27条3項)、自国やその同盟国の行為が「侵略行為」と決定される可能性はないことになり、その結果、その指導者が「侵略犯罪」を問われる可能性もなくなります。

しかし、こうした主張に対しては法の下の平等の見地から批判も根強く、そのため、安保理が一定期間「侵略行為」の決定を行えない場合には、国連総会やICJにも2次的な決定権限を与えることで、裁判所が「侵略犯罪」に管轄権を行使できるようにすべきだとの提案が出されていました。実際に採択された改正規定では、総会やICJによる決定を媒介とすることなく、ICCが、独自に「侵略行為」を決定する途が開かれることになりました。すなわち、検察官が「侵略犯罪」について捜査を進める合理的な根拠があるとして、国連事務総長にその旨を通報した後6カ月以内に安保理が「侵略行為」の決定を行わない場合には、予審裁判部門の許可と安保理がICC規程16条に基づく別段の決定をしないことを条件に、検察官は侵略犯罪についての捜査を開始できることになったのです(同15条の2第6項ないし8項)。

他方で、裁判所の「侵略行為」の決定権限は、他の機関(例えば安保理)による決定に拘束されないことが明記されました(同15条の2第9項)。これまでの安保理の慣行からすると現実味のない想定ではありますが、仮に安保理が「侵略行為」の決定を行ったとしても、裁判所は、「侵略犯罪」に関する個人の刑事責任の追及という観点から、独自の判断権を行使して、「侵略行為」の決定を行わないということも可能になったわけです。

安保理による「侵略行為」の決定権限の排他性を破ることが可能となった背景には、次のような事情があると考えらます。第1に、締約国が予め「侵略犯罪」

については裁判所の管轄権を受諾しない旨を宣言するオプト・アウトの制度が採用されたこと(同15条の2第4項)、第2に、非締約国(米国も現時点では非締約国)については、「侵略犯罪」が自国の国民により、またはその国の領域内で行われた場合には、裁判所は管轄権を有しないとされたこと(同5項)、第3に、仮に予審裁判部門が捜査の開始を許可したとしても、安保理はICC規程16条に基づき、「赤信号(red light)」を灯すことで、12カ月の捜査・訴追の延期要請を行う権限があることが、ここでも確認されたこと(同15条の2第8項)です。こうした条件が認められたことによって、締約国であれ非締約国であれ、「侵略犯罪」に関する裁判所の管轄権行使を望まない国は、裁判所の管轄権行使から保護されることになり、安保理の常任理事国も、安保理が「侵略行為」の決定権限を独占できなくなったとしても、自国にとって大きなリスクはないと考えられるようになったことが、安保理による「侵略行為」の決定権限の排他性を破るような妥協を可能にしたのです。

6　まとめ

以上に見てきたように、「侵略」を定義する国際社会の取組みは、第一次大戦後の戦争違法化の流れの中で、違法な戦争を明確化するための試みとして始まり、第二次大戦後の国連体制下では、安保理が、国際の平和と安全の維持・回復のための措置をとることを容易にするための「指針」を提供する目的で推進されました。こうした国家の「侵略行為」の明確化と並行して、違法な侵略戦争を始めた個人の「侵略犯罪」を追及するためにも、「侵略行為」を正確に定義することは、その不可欠の条件と考えられるようになったのです。

この間、1933年の「侵略の定義に関する条約」、1974年「侵略の定義」決議、2010年のカンパラ改正規定と、「侵略」を定義するという国際社会の取組みは、対立の要素を多分に孕みながらも、国際社会の多くの国を巻き込みながら進展してきました。とりわけ、カンパラ改正規定で、ICCに消極的な態度をとり続けてきた米国の妥協を引き出す形で、曲がりなりにも「侵略行為」と「侵略犯罪」の定義に成功したことは、特筆に値することだといえるでしょう。「『侵略』の定義については、……今なお国際社会が完全な一致点を見出したとまでは言えない」との21世紀構想懇談会で示された意見は、決して誤りではないとはいえ、そうした不一致を埋めるための努力が着実に進められていることもまた事実です。

こうした努力は、「侵略行為」の決定が安保理という政治的機関の独占から解放され、ICCという司法的機関の手にも委ねられることになったことで、今後さらに加速されることが予想されます。

冒頭で紹介した戦後70年談話は、「事変、侵略、戦争。いかなる武力の威嚇や行使も、国際紛争を解決する手段としては、もう二度と用いてはならない。植民地支配から永遠に訣別し、すべての民族の自決の権利が尊重される世界にしなければならない。先の大戦への深い悔悟の念と共に、我が国は、そう誓いました」という形で、「侵略」という用語を談話の中に盛り込みました。村山談話や小泉談話のように、日本による「侵略」という直接的な表現は避けられているものの、文脈をたどれば、日本として二度と繰り返してはならない過去の行為のひとつとして、「侵略」が位置づけられていると読むことも可能です。

カンパラ改正規定に基づき、ICCは、早ければ2017年にも「侵略犯罪」に管轄権を行使できるようになる見込みです。日本としても、早晩、この規定を受諾するかどうかの選択を迫られることになりますが、その際には、「侵略の定義」や「侵略犯罪」についてのこれまでの国際社会の取組みの歴史や現状を十分に踏まえた判断が求められることになるでしょう。

〔参考文献〕

＊侵略の定義に関するもの：
東泰介「国連安全保障理事会と『侵略の定義』」林久茂・山手治之・香西茂編『国際法の新展開』(東信堂・1989年)353–387頁。
Broms, Bengt, “The Definition of Aggression,” *Recueil de Cours,* Vol. 154 (1977/I), pp. 299–399.
Brownlie, Ian, *International Law and the Use of Force by States* (Oxford University Press, 1963), pp. 351–358.
Dinstein, Yoram, “Aggression,” *Max Planck Encyclopedia of Public International Law,* Vol. 1 (2nd ed., Oxford University Press, 2012), pp. 201–209.

＊侵略犯罪に関するもの：
大沼保昭『戦争責任論序説』(東京大学出版会・1975年)。
特集「国際刑事裁判所『侵略犯罪』関連規定への日本の対応」『国際法外交雑誌』第114巻2号(2015年)所収の各論文。
Kress, Claus, and von Holtzendorff, Leonie, “The Kampala Compromise on the Crime of Aggression,” *Journal of International Criminal Justice,* Vol. 8 (2010), pp. 1179–1217(洪恵子・越智萌訳「侵略犯罪に関する『カンパラ合意』」『法経論叢(三重大学)』第29巻2号(2012年)47–77頁).

32 日本に求められる「戦後補償」とは？
——「慰安婦」問題における「法的責任」をめぐる難しさ

岩月直樹

1　なにが問題か？

みなさんは「戦後補償」と聞いて何を思い起こすでしょうか？ 元戦争捕虜、中国人・韓国人の元徴用工、また元「慰安婦」の女性達が日本政府あるいは日本企業に対する賠償請求を求める、いわゆる戦後補償裁判についてはメディアを通して知っている人も多いと思います。戦後70年を過ぎた今、なぜ日本がなおも戦後補償を求められているのだろうかと思う人もいるかもしれません。もっとも、戦後補償を求めているのはなにも外国人に限りません。日本人自身が戦後補償を求めている場合もあります。第二次大戦では沖縄において壮絶な地上戦が戦われ、また日本本土に対しても大規模な空襲やさらには原子爆弾の投下が行われるなど軍人ではない一般国民までもが戦闘に否応なく巻き込まれ、そのために不合理な被害を被りました。そうした被害に対する補償の付与、あるいは立法措置による対応は、国民自身からも求められています。

ひと口に戦後補償問題といっても様々なものがあり、それぞれがそれぞれに固有の問題と難しさを伴っています。とはいえ、それらには共通する特徴があります。それは、第二次大戦の終結までに戦争遂行のために行われた活動・行動によって、本来は戦闘の局外にある者として保護されるべき一般の人々や捕虜が過酷な被害を被ったことに対して、日本政府(および関係する日本企業)の責任を問い、それに対する賠償あるいは補償、謝罪、その他の形で応答することを求めていることです。

もちろん、日本は既にサンフランシスコ平和条約(1951年)をはじめとして各国とのあいだに協定等を締結し、その履行をはかるなど様々な形で戦後処理を行ってきています。また、戦争のような国家の非常事態においては国民すべてがその生命・身体・財産の犠牲を堪え忍ぶことを余儀なくされるのであって、その犠牲は国民が等しく受忍しなければならないとも言われます(いわゆる「戦争被害受忍論」)。しかし、戦後補償を訴える人々が求めているのは、国家間における国家として被った被害・損害についての処理とは別に、戦争に起因する固有の損害を被った被害者として彼等／彼女等を認め、彼等／彼女等が被った被害に対する責任を果たしてほしいということです。また、戦後補償を求める人々等を動かしているのは、そうした被害を「戦争だから」また「戦争を行った国の一員だから」ということで収めることへの疑問です。そうしてみると、戦後補償問題は、戦争によって過酷な被害を被った人々が、国家間問題としての戦後処理や戦争被害受忍論に見られるような「国家の論理」に埋没させられることに対する異議申し立てだとも言えます。

個々の戦後補償問題におけるこうした異議申し立てに対して政府、裁判所あるいは国会はどのように応じるべきでしょうか。これに答えるには、それぞれが有する固有の問題と難しさについて一つひとつ慎重に検討しなければなりませんし、またいずれにしても様々な考え方がありえます。そのためここでは、慰安婦問題を例として取り上げ、その解決を法的に求める場合に乗り越えなければならない問題を検討することで、戦後補償問題の難しさの一端を見てみることにしましょう。

なお、本章では「賠償」や「補償」という言葉が出てきますが、「賠償」は違法な行為の結果に対する金銭的救済、「補償」は原因の違法性を問わず負担すべきいわれのない被害・損失を被った人への金銭的救済のことを言います。ただ、戦後補償という場合の「補償」は謝罪や賠償を含めて、被った被害・結果に対する救済一般を広く意味するものとして使われることが多いことにも、注意してください。

2　慰安婦問題における「道義的責任」と「法的責任」

(1)　慰安婦問題における日本政府の立場

いわゆる「慰安婦問題」とは、「日中戦争・太平洋戦争期、日本軍によって将兵の性の対象となることを強いられた女性」(『広辞苑〔第6版〕』)、すなわち「慰安婦」と呼ばれた女性達が日本政府に対して謝罪と賠償を求めていることに対し、日本としてどのように応じるのが適当であるのか、という問題です。

この問題にかかわる事実関係について、日本政府は1993年に自らの調査の結果として、「慰安婦の募集については、軍の要請を受けた業者が主としてこれに当たったが、その場合も、甘言、強圧による等、本人たちの意思に反して集められた事例が数多くあり、更に、官憲等が直接これに加担したこともあった」としています。そしてまた、「慰安所の設置、管理及び慰安婦の移送については、旧日本軍が直接あるいは間接にこれに関与した」こと、また「慰安所における生活は、強制的な状況の下での痛ましいものであった」ことを認め、「当時の朝鮮半島は我が国の統治下にあり、その募集、移送、管理等も、甘言、強圧による等、総じて本人たちの意思に反して行われた」としました。その上で、「いずれにしても、本件は、当時の軍の関与の下に、多数の女性の名誉と尊厳を深く傷つけた問題である」とし、「いわゆる従軍慰安婦として数多の苦痛を経験され、心身にわたり癒しがたい傷を負われたすべての方々に対し心からお詫びと反省の気持ち」を表明しています(いわゆる「河野談話」。談話の基礎となった調査資料は、『政府調査「従軍慰安婦」関係資料集成』(龍渓書舎・1997–1998年)として公刊されています)。

その後、「女性のためのアジア平和国民基金」(アジア女性基金)が1995年に設立され、同基金による事業として、元慰安婦の女性達に償い金と共に総理大臣の手紙が手渡されることとなりました。その手紙には、「わが国としては、道義的な責任を痛感しつつ、おわびと反省の気持ちを踏まえ、過去の歴史を直視し、正しくこれを後世に伝えるとともに、いわれなき暴力など女性の名誉と尊厳にかかわる諸問題にも積極的に取り組んでいかなければならないと考えております」として、彼女達の過酷な経験に対する道義的責任を認め、将来に向けてその責任を果たしていくことが表明されています。

こうした対応を進める中で日本政府は、慰安婦問題について戦前の日本軍・官憲などによる行為が道義的に問題のあるものであったことを認めながら、しかしそれらに対する法的責任までをも負うものではないとの立場を一貫して示しています。また、元慰安婦の女性達が提訴した裁判(慰安婦訴訟)では、平和条約などによって戦後処理が済んでいる以上、元慰安婦の女性達による請求には応じられないのだとしています。あくまで法的責任を求める立場からの批判が強かった韓国では、こうした立場に対する反発から、道義的責任を前提として設立されたアジア女性基金による償い事業に対する反対運動が展開されました(償い金は国民からの寄付によってまかなうこととされ、日本政府は医療・福祉事業を提供することとされていました)。韓国ではまた、償い事業を受け入れた元慰安婦の女性達が厳しく批判されるなどしたため、中断しなければならなくなりました(韓国ではその後も事業は再開されませんでしたが、フィリピン、台湾、インドネシア、オランダで事業を実施した後、2007年3月にアジア女性基金はその活動を終了し、解散しました。なお、中国については、同国政府の意向もあり被害者個人に対する償い事業は行われていません)。

(2) 「法的責任」をめぐる争点

日本政府はなぜ道義的責任を認めながら、法的責任については認めないのでしょうか? 端的に言えば、そのための法的根拠が国内法に照らしても、国際法に照らしても認められない、というのが日本政府の立場であったためです。慰安婦問題について日本政府の責任が認められるためには、慰安所が設置・運営されていた当時の法に照らして、日本軍による関与が法的責任を生じさせるものであったと認められなければなりませんが、当時の国内法・国際法ではそうした関与を原因として国が法的責任を負うことはなかったというわけです。

国内法に関しては、戦前の日本では、特別な法律がない限り、国は公権力の行使として行った活動については賠償責任を負わないとされてきました(「国家無答責の原則」と言います)。公務員などの国家機関とされる者が権限を濫用して国民の権利を侵害した場合、公務員個人が法的責任を負うことはあり得ても、現在の国家賠償のように国として法的責任を負うことはない、というわけです。こうした考えは日本にだけではなく、例えば英国でも1947年に国家賠償法にあたる法律ができるまでそうでした。

この原則が元慰安婦問題の場合にも適用されるかについては、それを肯定する判断(平成11年(ワ)15638事件・東京地裁平成14年(2002年)10月15日判決)、またそれを否定する判断(平成13年(ネ)2631号事件・東京高裁平成15年(2003年)7月22日判決)が示されており、裁判所の判断は揺れています。

国際法に関しては、そもそも元慰安婦の女性達が個人として日本に対する賠償請求権を国際法に基づいて持つかが問題となります。そうした根拠として元慰安婦の女性達が提起した裁判では、日本が戦前から加盟していた強制労働条約(強制労働の廃止と許容された公共目的での強制労働に対する適正な賃金の支払い等を定めたもの)や醜業禁止条約(売春を目的とした満21歳未満の婦女子の勧誘や売買の犯罪化および取り締まりのために必要な国内的措置の実施等を定めたもの)、また慣習国際法となったものとしての奴隷条約(奴隷売買および奴隷制度の廃止等を定めたもの)等が援用されています。これらが定める義務に照らして実際に義務違反があったと言えるかは、個々の条約などの解釈と事実関係に基づいて認定されることになります。

ただ、そうした国による義務違反の問題と、そうした違反に対する救済を元慰安婦の女性達が個人として請求する権利が認められるのかという問題(国際法上の個人請求権の認定)とは、別の問題です。なぜかというと、国際法が私人の待遇に関する義務を定めることは古くからありましたが、違反国に対して救済を求めるための国際法上の請求権を有するのは、直接に損害を被った私人ではなくその者が属する国、すなわち国籍国に限られてきたためです(この場合に国籍国に認められる請求権を「外交的保護権」と言います)。現在では、国際人権保障条約の実施のために採択された議定書などで、権利侵害を被った私人が個人として国家を相手取って(つまり、法的に国家と平等の立場に立って)侵害の認定とそれに対する救済を求めて国際裁判所や国際的な人権委員会に訴える国際法上の権利が認められるようになっています。しかし戦前には、国籍国の外交的保護権とは別に、私人が個人として国際法上の請求権を持つとは一般には考えられていませんでした。そのため、強制労働条約などの戦前に締結された条約の、戦前における違反を原因とする個人請求権が認められると言えるのかが、それぞれの条約の解釈の問題として問われるわけです。

この点については、慰安婦訴訟に関する国内裁判では否定的な判断が示される一方で(前掲の東京地裁および東京高裁の各判決)、国際的な人権保障について活動している国際機関の場などでは肯定的な見解が示されており(1996年に国連経済社会理事会に提出された「クマラスワミ報告書」および1998年に同委員会に提出された「マクドゥーガル報告書」など)、慰安婦訴訟における難しい争点の一つになっています。特にこれらの報告書は、女性を「性奴隷」とする行為が既に「人道に対する罪」と呼ばれる重大な国際法上の犯罪行為として確立しており、その被害者には個人請求権が認められるとしていますが、第二次大戦以前の時点において既にそうであったと言えるのかなど、関連する条約・国際文書の解釈や慣習国際法としての評価の妥当性をめぐって議論のあるところです。

ただ、こうした国内法あるいは国際法上の請求権が認められるかという争点に加えて、それが認められたとしても元慰安婦の女性達は今日の時点でそうした請求権を行使することができるかどうかが、さらに問題となります。どういうことかというと、日本と韓国は1965年に「財産及び請求権に関する問題の解決並びに経済協力に関する日本国と大韓民国との間の協定」(日韓請求権協定)を締結していて、それによって戦前に日本と韓国との間に存在していた財産・権利・利益及び請求権については、国民のものも含め、すべて処理されている、というのが日本政府の立場です。元慰安婦の女性達の過酷な経験に対して道義的な責任を感じながらも、韓国との協定で請求権の問題は「完全かつ最終的に解決され」ており(2条1項)、たとえ請求権があったとしても、もはや「いかなる主張もすることができない」(2条3項)、というわけです。

読者の中には、個人が持っている請求権を国が勝手に処分するということがあるのか？ そんなことを言うのは日本だけじゃないのか？と思う人もいるかもしれません。確かに不合理さを感じるところがありますが、しかし第二次大戦の戦後処理のために結ばれた条約などにはこうした例が多く見られ、日韓請求権協定もそうした例に倣ったものと見ることができます。次に、この点について少し詳しく見てみることにしましょう。

3 第二次大戦後の戦争賠償処理と日韓請求権協定における請求権処理

(1) 第二次大戦後の戦争賠償処理

日本がかかわる第二次大戦後の戦争賠償処理は、1951年に開催されたサンフランシスコ対日講和会議で採択されたサンフランシスコ平和条約が基本となっています。この条約が予定する戦争賠償処理は、戦争に関連して生じた個々の損害・被害に対する賠償という方式をとっていません。サンフランシスコ平和条約では、日本の一定の資産・財産および役務を賠償として提供することを定めた上で、それぞれの国民を含めて日本と各連合国との間で生じていたすべての請求権については相互に放棄することとしています。

具体的には、各連合国はその管轄の下にある日本及び日本国民等のすべての財産・権利及び利益を差し押さえ、留置し、また清算その他の方法で処分する権利を認められました(14条a項2)。また、特に戦争中その領域が日本によって支配あるいは占領されていた場合には、被った損害を修復する費用を補償するために日本人による役務の提供を求めることができました(14条a項1。「役務賠償」と呼ばれ、どの程度の役務賠償とするかは個別に日本と取り極めることとされています)。その上で、日本は自国民のものも含め、戦争に関連して生じた連合国及びその国民に対するすべての請求権を放棄することとされました(19条a項)。

こうした在外資産の提供、役務賠償、そして請求権放棄によって一括して日本が戦争賠償を提供する一方で、連合国の側もその国民を含め、戦争に関連して生じた日本及び日本国民に対するすべての請求権を放棄することとされています(14条b項)。

このように、損害や被害を生じさせた国が個々の被害者に個別に賠償あるいは補償を行うのではなく、被害者の属する国に一定のまとまった金額を一括して提供し、それをもってすべての請求を包括的に処理し、解決したこととすることを一括的処理(lump-sum settlement)と言います。また、そのために締結される協定のことを一括的処理協定(lump-sum agreement)と言います。こうした方式では、多くの場合、個別の被害者は各国が国内で設けた手続きを通じて、主に一括して支払われた資金から各自の損害・被害に応じた補償の提供を受けることが予定されています。

さて、一括的処理方式では提供される金銭の総額が個々の損害の積算に基づいているわけではないため、すべての請求に対して実損害に即した補償が提供されるわけでは必ずしもありません。しかし実際にどれだけの損害が生じているのか、それが現に戦争によって生じたものと言えるのかを確認していたのではあまりに時間と手間がかかりすぎ、逆に被害者が時宜に応じた救済を得ることができなくなってしまいます。実際、第二次大戦については、長期間かつ広範囲にわたって行われたものであることから、損害が戦争に関連して発生したこと、また損害の額を厳密に査定することは難しく、加えてそのすべてに対して日本が賠償することを求めることは現実的ではありませんでした。そのため、厳密に実損害に即した救済を必ずしも得られないという不都合を考えても、迅速な賠償・補償の提供を確保することが優先される場合には一括的処理は合理的な処理方式と言え、そのようなものとして第二次大戦以降、広く利用されるようになりました。

サンフランシスコ平和条約にはすべての連合国が加わったわけではありませんが、同条約の非締約国であった連合国(及びそれらから戦後に独立した国)との間でもサンフランシスコ平和条約をふまえつつ、賠償・補償問題を経済協力とも組み合わせて調整し、請求権を相互に放棄するという形で、一括的な処理がはかられています。

(2) 日韓請求権協定における請求権処理

韓国は1951年にサンフランシスコ講和会議が開催された際には既に国連総会によってもその独立が承認されていましたが、1910年の日韓併合条約以降、日本の一部としてその植民地支配の下におかれていたため、第二次大戦における交戦国とは認められず、そのためにサンフランシスコ会議への参加は認められませんでした。しかしサンフランシスコ平和条約は韓国(朝鮮半島)にも関係するものであったことから(例えば、旧日本領に残された日本・日本人資産については現地当局が日本と取り極めて処理することとされましたが(4条a項)、在韓資産については米国軍政府が既に日本・日本人資産を韓国政府へ引き渡しており、日本はそれを承認するものとされていました(同b項))、日韓両政府は第二次大戦が終結した1945年8月15日以前に生じた両国間における財産的権利その他の請求権の問題を、サンフランシスコ平和条約をふまえつつ処理するための交渉を行いました。その結果として締結されたのが、日韓請求権協定(1965年)です。

日韓請求権協定はその1条で、日本が経済協力として3億ドル分の生産物及び役務と2億ドル分の長期低利貸付を提供することを約束しています。その上で2条では、日韓両国およびその国民の「財産、権利及び利益並びに〔……〕請求権に関する問題が、〔……〕完全かつ最終的に解決されたこととなることを確認する」としています(同条1項)。それに続けて、日韓両国およびその国民「に対するすべての請求権であって〔1965年6月22日(協定の署名日)〕以前に生じた事由に基づくものに関しては、いかなる主張もすることができないものとする」とされました(同条3項)。

こうした日韓請求権協定における請求権処理は、(1)で見たサンフランシスコ平和条約等にならった一括的処理を定めたものと言えます。実際、本協定の締結後、その実施措置として、韓国では対日民間請求権補償法などを通じて補償措置が実施され、また日本では韓国民に関する財産権措置法により日韓請求権協定に言う財産・権利及び利益は消滅したものとされました。

ただし、日本政府は1条に定められる経済協力は賠償としての性質を持つものではないとしています。戦時中、韓国は日本の一部であったことから日韓の間で戦争賠償は問題とならないけれども、独立後における韓国の経済発展を支援するものとして経済協力を提供することとした、というのが日本政府の立場です。しかし他方で、この経済協力は2条が定める請求権の放棄とパッケージで妥結したものであり、そのためにこの経済協力の支払いをもって日韓間のすべての財産権・請求権処理が包括的に終了されているとしています。日韓請求権協定は他の戦争賠償に関する協定とは異なるものの、一括的処理を採用している点では同じであるというのが、日本政府の理解だと言えます。また、日本の裁判所も、韓国人元慰安婦訴訟など、日韓請求権協定が争点の一つとなった裁判では、日韓両国間における一切の請求権が日韓請求権協定によって処理されているとの判断を示しています(前掲、東京高裁判決)。

他方で韓国政府は、請求権をめぐる当時の交渉の際には請求の一つひとつを質して清算することが事実上不可能であったことから、「わが方の請求権を最大限度に貫徹させる方法として一括解決を見るにいたった」ものであるとの認識を、協定を締結した当初においては示していました。しかしその後、韓国で2005年に協定の交渉記録が開示され、その調査にあたった民官共同委員会が、日韓請求権協定は単に日韓両国間の財政的民事的な債権債務関係を解決するために締結されたものに過ぎず、2条にいう「請求権」には元慰安婦等の賠償請求権は含まれていないし、また日本による反人道的な不法行為については請求権協定によって解決されたと見ることはできないとする報告結果を、2005年8月に公表しました。それ以降、これが韓国政府の立場となっています。

協定と併せて採択された合意議事録では「〔2〕条1にいう〔……〕両国及びその国民の間の請求権に関する問題には、日韓会談において韓国側から提出された『韓国の対日請求要綱』(いわゆる八項目)の範囲に属するすべての請求が含まれて」いることが確認されています。また、その中には「韓国法人又は韓国自然人の日本国又は日本国民に対する日本国債、公債、日本銀行券、被徴用韓人の未収金、補償金及びその他の請求権の弁済」(5項)またその他の「韓国人(自然人及び法人)の日本政府又は日本人(自然人及び法人)に対する権利の行使に関する原則」(6項)が挙げられていました。こうした事情は日本政府の主張を支持するものであるようにも見えますが、しかし、交渉の経緯と慰安婦問題にかかわる請求権の特殊性をふまえれば、それは5項・6項を含めたいずれの項目にも該当せず、請求権協定による処理の対象に含まれていたとはいえない、というのが韓国政府の立場だと言えます。

このように、日韓請求権協定によって放棄された請求権の範囲について、日韓両政府はそれぞれ異なる解釈を提示しています。協定を締結した当事国自身が提示するものとして、それぞれの解釈はそれぞれ尊重されるべきものです。しかし、解釈の相違を解決して共通の了解を得ることが、戦後補償裁判で適切な判断が下されるようにするためにも、望ましいことは確かです。日韓請求権協定3条はそのために、同協定の解釈適用に関する紛争について定めた手続きに従い外交交渉を通じて解決をはかり、またそれによっても解決しなかった場合には国際仲裁委員会(一種の国際裁判)に訴えて解決を求めることができることとしています。そのため日韓両政府のいずれか一方が望めば、ウィーン条約法条約が定める条約解釈の規準(31-33条)に照らしていずれの解釈が妥当なものであるのか、あるいは他に妥当な解釈があるのかを仲裁委員会が判断し、仲裁判断を下してもらうことができます。実際に韓国では、こうした手続きを通じて日本政府へ請求を行うことを韓国政府に求める声が強く、2011年にはそれに応じていないという韓国政府の不作為は韓国憲法上の元慰安婦等の人権を侵害するものである、と憲法裁判所が決定するなどしています。

もっとも、日韓請求権協定の解釈適用をめぐる紛争について行われる外交交渉・国際仲裁手続で解決するのは、あくまで日韓請求権協定の締結によって「完全かつ最終的に」解決されたものとされる請求権の範囲をめぐる問題に留まります。たとえ元慰安婦の女性達が主張する請求権が日韓請求権協定の対象ではなく、処理されているとは言えないとしても、そもそもそうした請求権が存在するのかについては、日韓請求権協定を離れて、他の条約や慣習国際法などに照らして判断しなければ結論を得られません(本章2(2))。その点で、本協定に基づく国際仲裁手続によって慰安婦問題のすべてを解決することができるわけでは必ずしもないことには、注意が必要です。

4 慰安婦問題に対する法的アプローチの難しさとその可能性

慰安婦問題について日本政府の法的責任を問うというのは、その解決を求める上で一つの、しかし重要なアプローチであることは確かです。ただ、これまでに見てきたように、そのためにはいくつもの難しい問題を乗り越える必要があります。国際法のかかわる問題に限ってみても、日本政府について国際法上の違反を問うことができるのかどうか、またそうした違反に対する救済を求めるための個人請求権が元慰安婦の女性達に対して認められるかどうかが問題となります。加えて、日本は日韓請求権協定によって両国間の請求権に関する処理を「完全かつ最終的」なものとして済ませているため、元慰安婦等が個人として日本政府の法的責任を問うためには、そうした国家間処理を前提としても彼女等の個人請求権がなお残存していて、かつそれを主張することを法的に妨げられないということが示されなければなりません。

特に最後の点は、第二次大戦後のドイツ＝イタリア間での一括的処理にかかわる事件で国際司法裁判所が示した立場に照らしてみても、かなりの難問であるといわざるを得ません。ドイツはイタリア占領中、多くのイタリア人をドイツに連行し、強制労働に従事させました。戦後、両国は一括的処理協定を締結することで戦後処理を行っていましたが、それによって補償を得られなかったイタリア人元被抑留者がドイツ政府を相手としてイタリアの国内裁判所に訴えました。通常であれば裁判権免除(⇒10)によって提訴が却下されるはずでしたが、イタリアの裁判所がそれを受理したことからドイツとイタリアの間で紛争となりました(国家免除事件)。本件でイタリアは、あえてドイツ政府を提訴したイタリア人元被抑留者はもはや他に救済を得る方法がなかったのであり、最後の救済策として提訴を認める以外になかったと主張しましたが、国際司法裁判所はそうしたイタリアの主張を認めることは難しいと判断しました。裁判所はその理由として、政府間交渉の結果として一括的処理がはかられた場合に個人がなお請求権を有するかを判断するためには政府間処理の詳細や資金の配分方法に関する難しい検討を国内裁判所に求めることになり、また一括的処理として提供された資金が国民経済と社会基盤を再建するために用いられた場合には、そうした配分を得られなかったということを理由として個々の被害者が請求を行うことが認められると考えることは難しい、と指摘しました。つまり、国家として一括的処理による拠出金を受け取った場合には、それをどのように配分または利用するのかはそれを受け取った政府の判断に委ねられるところが大きく、個々の被害者が個別的な救済を求める請求権が当然に認められるわけではない、というわけです(*I.C.J. Reports 2012*, para. 102. なお本判決は、このことと、重大な戦争犯罪や人道に対する罪にあたる行為が犯された場合に被害者の個人請求権が認められるかとは別の問題であるとしつつ、後者については肯定も否定もせず、単にそうした問題がありうることを指摘するに留めています。同、para. 108)。こうした例に照らしてみても、慰安婦問題について日本政府の法的責任を追及するために乗り越えなければならないハードルは、相当に高いと言わざるを得ないでしょう。

読者の中には、国際法がそうしたハードルを上げることに加担しているのではないか、というように見る人もいるかもしれません。確かにそうした見方には、あながち否定できないところがあります。国際法が国家の合意(条約)や実行(慣習国際法)によって定められるものであることからすれば、国際法は「国家の論理」を体現するものに他ならないとも言えます。戦前においては特にそうだったと言ってもよいでしょう。

しかし第二次大戦以降における植民地支配の否定、そして国際的な人権保障がはかられるようになる中で(⇒4, 16)、国際法自体が大きく変わってきています。実際、現在では国際人権保障は単に国際法の一分野であるに留まらず、国家主権のような国際法の基本的な考え方や規則の理解にも影響を与えるようになっています。そうした発展に照らしてみた場合、「過去の不正義」に対する元慰安婦の女性達の訴えに対して当時の国際法が必ずしも応えられるものではなかったとしても、それとは別に、彼女達が過去に被った不正義に起因し、いまなお被っている現在の苦難に対して、国際人権法をはじめとする国際法に基づいて応答する責務としての「現在の責任」という問題を問うことは可能でしょう。そうした責務は必ずしも権利侵害に対する救済という形は取らないかもしれません。しかし、国際人権保障のための諸条約を通じて現在、国家には単に権利を侵害しないだけではなく、そうした権利の実効的な保護と実現をはかっていくことも求められています。そのような観点から、過去の不正義をふまえつつ、現在において元慰安婦の女性達の人権を保護・尊重するために何がなされるべきかを、現在の責務の問題として問うことはできるでしょう。また実際それは、アジア女性基金における総理大臣の手紙で元慰安婦の女性達に伝えてきたことであり、また現在の安倍首相が戦後70年の節目となる2015年8月14日の談話で表明してきたことでもあります。その談話で安倍首相は次のように述べています。

「私たちは、20世紀において、戦時下、多くの女性たちの尊厳や名誉が深く傷つけられた過去を、この胸に刻み続けます。だからこそ、我が国は、そうした女性たちの心に、常に寄り添う国でありたい。21世紀こそ、女性の人権が傷つけられることのない世紀とするため、世界をリードしてまいります。」

この談話が示されたのと同年の12月28日、日韓両政府は慰安婦問題について合意に達し(日韓慰安婦合意)、共同記者会見における両外相それぞれの声明を通じて合意内容を公にしました。それによれば、第二次大戦の終結までに日本軍の関与の下で多くの韓国人女性が慰安婦としてその名誉と尊厳を深く傷つけられたことの問題性を日本政府は認め、そのような観点から「責任を痛感」しているとし、心からのお詫びと反省の気持ちを表明しました。その上で、彼女達の名誉と尊厳を回復し心の傷を癒やすための事業を行うために韓国政府が設立した財団に対し、日本政府が10億円程の資金を提供することとされました。またこれをもって両国間の慰安婦問題は「最終的かつ不可逆的に」解決されたものとされ、両国は国連等国際社会でこの問題について互いに非難することを控えることとしました。そして韓国政府としても、慰安婦問題の象徴として在ソウル日本大使館前に設置された少女像に関する日本側の懸念(公館の安寧と威厳の確保)に対して、設置主体である民間団体との協議を通じて適切に解決するよう努めるとしました。その後、両政府はこの合意の誠実な実施に向けて動き出しています。

日本政府は本合意に関する交渉は日韓請求権協定3条に基づく外交交渉ではないと説明しており、あくまで同協定によって元慰安婦の女性達のものも含めたすべての請求権が処理されているとの立場を崩していません。しかし、これまで日本政府が示してきたような「道義的」という言葉も、今回の合意には見られません。日韓両政府がどのような意図からそのような文言での合意に至ったのかは現時点ではわかりませんが、一つの考え方としては、先に示したような、元慰安婦の女性達が過去から引き続いて経験している苦難に対する現在における責務としての「責任」を認めたものと考えることができるでしょう。そうした「責任」に基づいて、「日韓両政府が協力し、全ての元慰安婦の方々の名誉と尊厳の回復、心の傷の癒やしのための事業を行う」ことを約束したのが、この日韓慰安婦合意であると考えることができるように思います。

5 まとめ

最後にまとめとして、日韓慰安婦合意にいう「解決」の意味について考えてみたいと思います。日韓両政府が上に見たような合意に至り、慰安婦問題を「完全かつ不可逆的に」解決したことにしても、元慰安婦の女性達が受け入れないのであれば、それは彼女達にとっての「解決」にはなりません。むしろそれは、日韓請求権協定がそうであったように、新たな「国家の論理」で彼女達の「異議申し立て」を覆い隠すものと映っても仕方がないでしょう。この点は実際、政府としてもとりわけ懸念される点であったようであり、韓国政府は国民向けに設けたホームページ上で、本合意が示す解決案は慰安婦であった女性やその支援団体の要望・声を可能な限りで反映させようとしたものであることを説いています(「日本軍慰安婦被害者問題の合意に関するFAQ」〈http://www.mofa.go.kr/trade/faq/〉)。

もっとも、実際に今回の合意が元慰安婦の女性達自身にとっての解決ともなるためには、その実施をはかる中で、過去の不正義に由来し、いまなお彼女達が被っている苦難に対する、現在における責任を果たすこと、そして同じ過ちを繰り返さないための将来に対する責任を果たすことが今回の合意の趣旨であり、そのことを具体的な事業を通じて彼女達に伝えていくことが必要でしょう。その意味では、今回の日韓両政府間の合意は、元慰安婦の女性達を含めた解決に向けた礎石を定めたものであって、これを出発点あるいは枠組みとした解決を具体的にはかっていくことが、合意の誠実な履行として求められると言えるでしょう。

〔参考文献〕

＊戦後補償問題について：
内海愛子『戦後補償から考える日本とアジア〔第2版〕』(山川出版社・2010年)。
酒井啓亘ほか『国際法』(有斐閣・2011年)624–630頁。
大沼保昭・岸俊光編『慰安婦問題という問い――東大ゼミで「人間と歴史と社会」を考える』(勁草書房・2007年)。

＊日本の戦後賠償・日韓請求権協定について：
国際法事例研究会『日本の国際法事例研究(6)戦後賠償』(ミネルヴァ書房・2016年)。
太田修『日韓交渉――請求権問題の研究〔新装新版〕』(クレイン・2015年)。

＊戦後補償問題と国際人権の視点について：
徳川信治「国際人権機関の法実践――『過去の不正義』への取り組み」『法律時報』第87巻10号(2015年)40–45頁。
阿部浩己「『慰安婦』訴訟・再考」『国際法の人権化』(信山社・2014年)217–235頁。

あとがき

本書の企画は、故小寺彰東京大学名誉教授が生前、岩波書店の伊藤耕太郎さんとの仕事の合い間の雑談中に、日本のマスコミや知識人があまりに国際法を知らないことを嘆いたことがきっかけです。それではということで、マスコミや政治家、さらには一般市民や社会人、学生などに向けて、最近のニュースに触れながら国際法を解説する本を出版しようと盛り上がったのだそうです。2012年の秋頃の話です。

その後小寺先生が病に倒れられ、2014年2月にご逝去されたために企画は頓挫してしまったのですが、同年暮れに伊藤さんが編者の一人を訪問したことから、先生の遺志を引き継ぐ形で再起動しました。本書の編者は小寺先生に大変お世話になった者ばかりですし、執筆者の多くも小寺先生とは深い関係にあります。そのおかげもあり、本企画では執筆をお願いしたすべての方が原稿を書いてくださいました。

このことは同時に、はしがきでも触れた本書の企画趣旨が多くの国際法学者に共有されていることを示しているのだと思います。みなさん力のこもった原稿を届けてくれました。そうした原稿については、編者で何度も集まり、毎回数時間かけて議論した上で、専門家以外の一般の読者にとっての分かりやすさという観点からいろいろとコメントさせてもらったのですが、それらにも適確に応えてくれました。そのおかげで、商社やマスコミなどで働いている編者の友人たちにも自信をもって薦められるものになりました。あらためてお礼申し上げます。もちろん、編集委員会からコメントが付されたとはいえ、各項目は執筆者の責任で書かれています。

実は本書の企画の源流は、さらにさかのぼると、小寺先生が企画した雑誌の特集(「用語で確認　国際法の『常識・非常識』」『法学セミナー』661号(2010年1月号))にあります。当時の編集長だった上村真勝氏(現『法律時報』編集長)には、本書の刊行には大きな意義があるとして、快く賛成していただきました。あらためてお礼申し上げます。

岩波書店の伊藤耕太郎さんには、企画の提案から最後の編集作業まで、大変お世話になりました。本書は26名によって執筆された32本の原稿によって構成されており、その編集作業は、執筆者との連絡一つとっても大変だったことと思います。また本書のタイトルを決める際も、伊藤さんが友人のCMプランナー、福里真一さんに相談してくださったことが大きなブレークスルーになりました。あらためて心から感謝申し上げます。

本書を小寺彰先生の墓前に捧げたいと思います。ご冥福をお祈りします。

2016年11月
編者一同

索 引

（太字は詳しい説明の載っているページを示す）

さ

た

な

は

ま

や

ら

執筆者紹介

酒井啓亘(さかい・ひろのぶ)　早稲田大学法学学術院教授

伊藤一頼(いとう・かずより)　東京大学大学院法学政治学研究科教授

深町朋子(ふかまち・ともこ)　福岡女子大学国際文理学部教授

西村　弓(にしむら・ゆみ)　東京大学大学院総合文化研究科教授

許　淑　娟(ほう・すぎょん)　立教大学法学部教授

坂巻静佳(さかまき・しずか)　静岡県立大学国際関係学部教授

水島朋則(みずしま・とものり)　名古屋大学大学院法学研究科教授

竹内真理(たけうち・まり)　神戸大学大学院法学研究科教授

竹村仁美(たけむら・ひとみ)　一橋大学大学院法学研究科教授

安藤貴世(あんどう・たかよ)　日本大学危機管理学部教授

徳川信治(とくがわ・しんじ)　立命館大学法学部教授

堀口健夫(ほりぐち・たけお)　上智大学法学部教授

西本健太郎(にしもと・けんたろう)　東北大学大学院法学研究科教授

石井由梨佳(いしい・ゆりか)　防衛大学校総合安全保障研究科准教授

阿部克則(あべ・よしのり)　学習院大学法学部教授

西元宏治(にしもと・こうじ)　明治大学法学部教授

児矢野マリ(こやの・まり)　北海道大学大学院法学研究科教授

吉田　脩(よしだ・おさむ)　筑波大学人文社会系教授

玉田　大(たまだ・だい)　京都大学大学院法学研究科教授

和仁健太郎(わに・けんたろう)　大阪大学大学院国際公共政策研究科教授

黒﨑将広(くろさき・まさひろ)　防衛大学校総合安全保障研究科教授

森川幸一　専修大学法学部教授

森　肇志　東京大学大学院法学政治学研究科教授

岩月直樹　立教大学法学部教授

藤澤　巌　千葉大学法政経学部教授

北村朋史　東京大学大学院総合文化研究科准教授

国際法で世界がわかる——ニュースを読み解く 32 講

2016 年 12 月 22 日　第 1 刷発行
2024 年 9 月 5 日　第 9 刷発行

編　者　森川幸一（もりかわこういち）　森　肇志（もり ただし）　岩月直樹（いわつきなおき）
藤澤　巌（ふじさわ いわお）　北村朋史（きたむらともふみ）

発行者　坂本政謙

発行所　株式会社 岩波書店
〒101-8002 東京都千代田区一ツ橋 2-5-5
電話案内 03-5210-4000
https://www.iwanami.co.jp/

印刷・理想社　カバー・半七印刷　製本・松岳社

ISBN 978-4-00-022955-5　　Printed in Japan